조직문화 통찰

INSIGHT ON
ORGANIZATIONAL
CULTURE

우 리 조 직 의 운 영 체 제 는 무 엇 인 가

조직문화 통찰

김성준 지음

클라우드나인

사회 초년생으로 회사에 입사한 지 불과 3주 만에 인사발령이 났습니다. 구성원들을 이리저리 뒤섞은 나름 과감한 결정이었습니다. 발표 나기 며칠 전부터 뒤숭숭하고 어수선한 분위기. 누가 어디로 가고 해임되고 새로 임명된다는 확인되지 않은 채 떠다니는 소문. 제게는 사뭇 이질적인 풍경이었나 봅니다. 그때의 기억이 강렬히 남아 조직문화 연구로 관심이 이어졌으니 말입니다.

사실 조직문화는 그 이전에 이미 마주했습니다. 2003년 LG그룹의 인재육성 기관에서 조직문화 담당자 교육을 개발하는 일에 참여했습니다. 대학원 연구실 프로젝트로 참여해 필요한 논문과 자료를 찾고 문서를 작성하는 단순한 일이었습니다. 돌이켜보건대, 그 당시에는 별로 감흥이 일지 않았습니다. 그냥 그런 학문과 실무가 있나 보다 했습니다. 하지만 대기업에 들어가 직접 겪어보니 '도대체 조직문화가 무엇일까? 무엇이길래 사람들이 동요할까?' 하고 강한 호기심이 들었습니다. 그때부터 지금까지 조직문화를 탐구해왔습니다.

처음에는 무엇을 어떻게 공부해야 할지 도통 감이 오질 않았습니다. 『하버드 비즈니스 리뷰』에서 조직문화를 다룬 기사를 읽거나 학자들이 저술한 교과서를 읽는 수준이었습니다. 마침 회사가 기회를 줘서 30여 개 계열사 조직문화를 진단하는 실무에 참여할 수 있었습니다. 하고 싶었던 일이라 깊게 몰입했지만, 한편으로는 '과연 이렇게 하는 게 맞나?' 하는 비판적 시각도 있었습니다. 계속 채워지지 않는 갈급함이 있었습니다. '박사과정에 진학해보자. 폐관수련하듯 그 바닥을 긁어보자.' 싶었습니다. 회사를 그만두고 고픈 배를 움켜쥐며 한동안 조직문화 연구만 파고들었습니다. 궁금하고 답답하던 화두가 술술 풀려가는 나날들이었습니다.

그렇게 박사과정을 수료했습니다. 원래 섣불리 배운 사람이 겁이 없습니다. 조직문화에 정통했다고 건방을 떨었던 것 같습니다. 설익은 실력으로 조직문화 책을 써보자 마음먹었습니다. 하지만 50여 장을 쓰다가 덮었습니다. 현업에 복귀해 다시 실무를 하다 보니 이론으로는 설명할 수 없는 현상을 더 많이 접하게 된 것입니다. '전형'에 어긋나는 '변칙'과 '보편성'을 벗어나는 '특수성'을 여럿 접하니 제가 알던 이론으로는 설명하기 어려웠습니다. 이론과 실제 간의 틈을 메워야 하는데 그러기 위해서는 더 배워야 한다 싶었습니다.

그로부터 수년이 지났습니다. 여전히 갈 길은 멉니다. 하지만 이쯤에서 한적한 곳에 자리를 틀고 앉아 걸어온 길을 돌아봐야겠다고 생각했습니다. 가슴 한편에서는 사명감도 타올랐습니다. 오늘날 우리나라 미래를 걱정하는 분들이 많습니다. 일본과 중국 그리고 미국과 러시아, 그 강대국에 끼어 있는 우리나라가 무엇으로 승부를 걸어야 하나 고민합니다. 이렇다 할 천연자원도, 관광자원도, 거대한 내수시장도 없습니다. 그러니 우리에게는 오로지 사람만이 희망입니다. 그래서 유치원부터 대학교에 이르기까지 교육에 많은 투자를 기울입니다. 사람의 잠재력을 최대로 높이기 위해서 말입니다. 하지만 그토록 초롱초롱하게 빛나던 인재들이 사회로 나가 조직에 들어가면 낮빛이 어두워집니다. 이제 그들이 원대한 포부를 품고 마음껏 뛰어다닐 수 있는 토양인 바로 조직문화를 제대로 고민할 때입니다.

이 책은 조직문화를 제대로 탐구하는 일에 집중하려 합니다. 그동안 우리 사회는 조직문화가 무엇인지 깊게 고찰하지 않고 변화시키는 방법에만 관심을 쏟아부었습니다. 조직 변화 5단계 또는 8단계 같은 방법들 말입니다. 문제의 본질을 꿰차야 그 해결 방법을 제대로 볼 수 있습니다. 우리의 조직문화가 어떻고 왜 그런지 원인을 제대로 톺아볼 수 있어야 합니다. 이 책은 우리 조직문화를 객관적으로 살피고 식견을 틔우는 데 집중하고자 합니다. 조직문화를 변화시키는 방법에 대해서는 3부에서 주요 원칙 중심으로 살펴보도록 하겠습니다.

집필하면서 몇 가지 고민이 생겼습니다. 학자들은 개인에게 '성격'이 있듯 조직에도 '문화'라는 성격이 존재한다고 설명합니다.[1] 개인의 성격과 사생활이 대중에 노출되면 때로는 그 인격에 손상을 입을 수도 있습니다. 조직 또한 그러합니다. 이 책 전반에 걸쳐 여러 조직의 사례를 들어 문화현상을 설명할 예정입니다. 그 현상을 얼마나 세밀하고 사실적으로 묘사해야 하느냐에 대한 내적 갈등이 있었습니다. 인류학자들이 종종 겪는 딜레마처럼 말입니다. 그들이 현장에서 연구한 결과를 논문으로 발표하는 과정에서 현지인의 사생활을 침해할 가능성이 있습니다. 그래서 조사하는 부족, 거주하는 지역, 그리고 부족민의 이름을 바꾸기도 합니다. 때로는 두루뭉술하게 묘사하거나 정보를 생략하거나 달리 기술하는 때도 있습니다.[2] 저 역시도 가능한 객관적으로 기술하되 특정 조직에 불명예가 돌아가거나 사업 수행에 치명적일 수 있는 정보는 달리 기술하는 방식을 택했습니다. 독자 여러분의 넓은 이해를 부탁드립니다.

이 책은 이론과 실제 간의 괴리를 좁히기 위해 탄생했습니다. 독자 여러분의 팔짱을 끼고 이론 세계로 한 발 더 가까이 그리고 실무로 한 발 더 가까이 모시고 가려 합니다. 그러자면 다소 추상적이고 관념적인 이론도 설명해드려야 합니다. 벌써 머리가 지끈 아파질 분도 있을지 모릅니다. 하지만 이론 역시도 사람이 사는 세상에서 탄생했습니다. 때때로 이론은 그 주창자의 개인사와 밀접히 얽혀 있습니다. 경영 사상가인 데니스 루소Denise Rousseau는 아버지가 아침마다 한숨을 쉬며 출근하기 힘들어했던 모습에서 실마리를 얻어 이론을 발전시켰습니다.[3] 경영전략론의 대가인 도널드 햄브릭Donald Hambrick은 중간관리자로 일하던 경험을 살려 유명한 이론을 만듭니다.[4] 이 책에서는 이론을 소개할 때 그 사상가의 삶도 말씀드리고자 합니다. 이론은 그 주창자의 생애와 함께 엮어야 기억에 오래 남습니다.

이 책 일부 장은 객관적인 데이터가 빈한하여 논리적 비약이 관찰될지도 모릅니다. 특히 우리 사회에서 회식문화, 음주문화, 수평적 문화가 어찌 발전하고 주목받아 왔는지를 통시적通時的으로 살펴볼 때 논리 비약이 있을 수 있습니다. 분석 틀로써 '중대한 국면' '결정적 계기' '역사적 분기점critical juncture'으로 불리는 접근 방법이 활용되는데[5] 그 인과관계를 데이터로는 입증하기 어렵습니다. '역사적으로 봤을 때 그럴 개연성이 있다.' 정도로 이해해주시길 바랍니다.

이 책을 집필하는 여정에서 많은 분이 도와주셨습니다. 무엇보다 SK그룹 구성원께 깊은 감사의 말씀을 올립니다. 최태원 회장님께서는 지난 수십여 년간 건설적인 기업문화를 고민할 수 있는 장과 분위기를 만들어오셨습니다. SK아카데미 고대환 원장님, 김홍묵 전 원장님, 현상진 상무님, 임규남 상무님, 그리고 수펙스SUPEX추구협의회 조돈현 부사장님, SK하이닉스 유만석 전무님께서는 따뜻한 아버지로서, 엄한 상사로서, 지혜로운 멘토로서 가르침을 주셨습니다. 이 책에 담긴 제 생각과 사상들은 모두 이분들로부터 배우고 곱씹어 나온 결과입니다. 또한 강두현 팀장님, 전종민 팀장님, 임창현 팀장님, 김정태 팀장님, 하주석 팀장님, 문성욱 부장님, 정형진 팀장님, 김용설 팀장님, 이정권 팀장님은 실무적으로 제게 본이 되어주셨습니다. 배울 게 많은 상사와 선배를 모셔온 저는 정말 행운아입니다.

유년 시절 저를 키워준 롯데그룹 상사와 선배님께 감사드립니다. 전영민 인재개발원장님, 김정달 전 원장님, 윤상선 상무님, 양규철 팀장님, 박현정 팀장님, 이영수 팀장님, 김응조 팀장님, 변영오 팀장님은 철없던 저를 바르게 틀 잡아준 고마운 분들입니다.

학문적으로 틀 잡아주신 석사 은사 봉현철 교수님과 박사 은사 이진규 교수님께 감사드립니다. 이분들이 없었다면 연구자로서 즐거움은 없었을 것입니다. 마지막으로 사랑하는 부모님과 누이에게 이 책을 바칩니다.

2019년 8월
김성준

차례

1부

문화가 지배한다

INSIGHT ON
ORGANIZATIONAL
CULTURE

1
왜 문화를 고민할까?

"우리 조직은 대체 왜 이러는 걸까?"

오늘을 살아가는 직장인이 종종 품는 의문입니다. 조직인으로서 어려워하는 일마다 '문화'라는 표현이 따개비처럼 따라붙습니다. 회식문화, 술문화, 퇴근문화, 보고문화, 회의문화, 갑질문화. 도대체 조직문화는 무엇일까요? 이를 어떻게 정의 내릴 수 있을까요? 어떤 과정을 통해 형성될까요? 구성원들에게 어떻게 영향을 미칠까요?

조직문화는 안개처럼 모호하고 두루뭉술합니다. 파고들어 가면 복잡하고 다시 한 발자국 물러나서 손을 뻗어보면 무언가 어릿어릿 만져질 듯한 개념입니다. 그럴 법도 합니다. 문화는 오랜 시간에 걸쳐 생성되고 견고해지기에 원인과 결과를 구분하기 어렵습니다. 더욱이 문화 대부분은 눈에 잘 보이지 않습니다. 문화가 존재한다고 느끼긴 하지만 어디에 있는지 알 수 없습니다. 특히 그 심층적인 작동원리는 무의식에 존재하기에 말로 설명하기 어렵습니다.[6]

앞으로 조직문화가 무엇인지, 왜 중요한지, 그리고 어떻게 손으로 만져볼지를 여러 사례와 함께 살펴보도록 하겠습니다. 먼저 조직문화가 중요한 이유를 두 가지로 생각해보겠습니다. 하나는 문화가 일하는 방식을 지배한다는 점이고 다른 하나는 전략을 창출하고 선택하고 자라게 한다는 점입니다.

• • •
문화가 일하는 방식을 지배한다

하루는 세계적인 임원 헤드헌팅 회사의 한국 지사장과 면담했습니다. 외국 기업이 한국에 진출해 법인장을 선발할 때 우리나라 사람을 추천하고 면접하는 일을 돕고 있었습니다. 그는 국내 임원을 많이 만나봤고 인터뷰도 적지 않게 했습니다. 그 경험을 토대로 이렇게 말합니다. "우리나라 임원은 정해진 목표는 기가 막히도록 깔끔하게 수행하고 완벽히 마무리합니다. 글로벌 임원과 비교해서 실행력은 정말 끝내주지요."

그가 강점으로 지적한 '실행력'에 흥미가 일었습니다. 실행력은 리더가 목표를 세우고 달성해가는 과정에서 발휘하는 역량입니다. 그 과정에서 어떤 모습이 관찰될까요? 조직마다 실행력이 다르게 나타날까요? 이를 동료 연구자에게 말했더니 "실행력은 어느 조직이나 다 비슷할 것 같다. 리더가 성과를 내는 구조를 보자. 목표를 세우고 매일 수행해야 할 일을 점검하고 구성원들을 독려하는 일 아니겠냐. 그리 본다면 어느 조직에서나 실행력이 발현된 형태는 비슷하지 않겠냐."라고 의견을 피력했습니다.

과연 그럴까요? 맥락이 바뀌면 행동도 바뀌는 법입니다. 목표를 실행하는 일을 땅 위에서 뛰어다니는 일에 비유해보겠습니다. 평지에서 뛰거나, 진창길에서 뛰거나, 돌이 많은 산에 올라가며 뛰는 모습이 같을 수는 없지 않습니까. 땅마다 토질이 다르고 지형이 다른데 그 뛰는 모습이 같을 거라는 가정이 이상하게 여겨졌습니다.

조직마다 리더가 실행하는 모습이 어떻게 다른지 실무계나 학계는 침묵합니다. 실무자들이 정의하는 실행력 행동 기술문을 보시지요. '목표한 수준을 초과해 성공적으로 달성한다.' '결과를 도출하기 위해 자신과 타인을 끊임없이 밀어붙인다.'라고 묘사되어 있습니다.[7] 연구자들이 사용하는 측정 문항은 이러합니다. '요구되는 의무를 적절히 완수한다.' '그에게 기대되는 수준의 과업을 달성한다.'입니다.[8] 리더가 처한 맥락 정보는 탈색된 채 일반적이고 추상적인 형태로 기술되어 있습니다. 이는 어쩌면 당연한 일입니다. 연구자들은 개개 조직에서 드러나는 구체적인 행동 모습보다는 다양한 조직에서 공통으로 나타나는 모습을 포착해 연구하기를 선호하기 때문입니다.

목표 달성을 위해 실행하는 모습이 우리 조직에서는 어떤 형태로 나타납니까? 이직을 한 번 해보셨다면 경험적으로 압니다. 마케팅, 영업, 구매 등 같은 직무를 담당하더라도 성과를 내는 토양과 구조가 다를 수 있다는 점을 말입니다. 제가 면담한 어느 이직자는 이렇게 말합니다.

"저는 8년째 인사 일을 하고 있습니다. 재작년에 이직했지요. 전에 근무하던 회사는 시키는 일을 빠르게 완수하고 보고서에서 숫자만 틀리지 않으면 되었습니다. 숫자를 중시하는 문화였기 때문입니다. 그런데 지금 이직한 회사는 논리 문화입니다. 일을 왜 해야 하는

지 어떻게 할 것인지를 데이터와 논리로 풀어내는 일이 매우 중요합니다. 그렇게 해서 만든 보고서가 통과되어야만 실행을 할 수 있습니다. 같은 인사 일을 하면서도 전에는 숫자로 일했다면 지금은 논리로 일해야만 합니다."

조직마다 리더들의 실행하는 모습이 다를 수 있는지, 만일 다르다면 어떤 양태로 나타나는지 궁금해졌습니다. 데이터로 확인해보자 싶었습니다. 몇몇 조직 구성원에게 "우리 조직 리더가 실행하는 모습은 다른 조직과 얼마나 다릅니까?"라고 물어보면 될까요? 이 문항에 응답한 점수 차이를 보고서 '다르다.' '다르지 않다.'라고 판단할 수는 있겠지만 어떻게 다른지 그 구체적인 모습은 알기 어렵습니다.

이런 문제는 주관식 문항이 더 적절할 수 있습니다. 먼저 "실행력 측면에서 상사의 강점은 무엇입니까?"라고 단도직입적으로 물어보는 방법을 고려했습니다. 그런데 상사가 실행력에 강점이 없다면 응답할 말이 없을 터입니다. 또한 중립적인 질문인 "실행력 측면에서 상사가 보이는 특징은 무엇입니까?"라고 물어보면 나중에 텍스트 데이터를 해석하기 어렵습니다. 응답자가 긍정적으로 묘사할 수도 부정적으로 묘사할 수도 있기 때문입니다. 특정 표현이 어떤 맥락에서 사용되었는지를 알기 어렵습니다. 고심 끝에 상사의 전반적인 강점을 포괄적으로 기술하도록 요청하는 문항을 사용하기로 했습니다. "귀하의 임원급 상사의 강점은 무엇입니까? 구체적으로 기술해주시길 바랍니다."

설문 응답자의 개인 정보나 그 상사에 대한 인적 사항은 전혀 요구하지 않았습니다. 오로지 상사의 강점만 적도록 했습니다. 극히 제한적인 정보만을 요구하는 설문이기에 연구 방법이 엄격하지는 않습니다. 분석결과에 영향을 미치는 제3의 원인이 있을 수 있음에도 통계적으로 고려하지 못해 사실과는 다른 결론을 도출할 수도 있습니다. 그러나 요즘처럼 정보 보안에 예민한 시대에 비교적 수월하게 데이터를 획득할 수 있다는 장점도 큽니다.

우리나라 굴지의 3개 회사를 목표로 설문을 했습니다. 그 결과 회사마다 약 3,000여 건을 얻어 총 9,000여 건의 주관식 데이터를 얻을 수 있었습니다. 이를 어떻게 분석하면 좋을까요? 최근 텍스트 분석 기술이 고도로 발달했습니다. 이를 잘 활용하면 그 차이가 제대로 드러날 수 있겠다 싶었습니다. 리더의 실행력은 '목표'라는 키워드가 핵심입니다. 실행하고 성과를 내는 그 모든 행위의 정점에 목표라는 단어가 있습니다. 목표라는 중심 키워드에 다른 단어가 어떻게 연결되어 있는지 그 언어 네트워크language network를 살펴보면[9] 리더가 실행하고 성과를 만들어가는 과정에서 발현되는 행동을 관찰할 수 있을 겁니다.

분석결과와 그 시사점을 말씀드리기 전에 고려할 사항이 한 가지 있습니다. 인류학자 클리퍼드 기어츠Clifford Geertz가 말한 '중층 기술' 또는 '두터운 기술thick description' 문제입니다. 그는 자신의 저서 『문화의 해석』에서 한 인간의 특정 행위를 묘사하는 일에 더해 그 행위가 일어난 맥락을 복합적으로 두껍게 서술해야만 제대로 이해할 수 있다고 주장했습니다.[10] 특히 그 문화권 밖에 있는 외부인들에게 특정 사건의 의미를 이해시키려면 중층 기술이 필요합니다. 가령 1953년 인도네시아 발리에서 10세 소년이 숨을 거두었습니다. 이는 지역 사회에 상당한 파문을 일으켰습니다. 왜 그랬을까요? 이를 이해하자면 '아이가 죽었다.'라는 사실 외에 중층으로 겹쳐 있는 다양한 맥락 정보가 필요합니다. 발리의 역사, 종교, 파벌, 정치, 제도를 두루 알아야만 그 죽음이 상징하는 바를 이해하고 그 사건이 지역 주민에게 왜 커다란 동요를 일으켰는지를 알 수 있습니다.

제가 시행한 분석도 마찬가지입니다. 텍스트 분석은 매우 좋은 도구이지만 그 자체로는 효용이 제한적입니다. 그 맥락, 즉 각 조직의 산업 특성과 구조 등을 알아야만 데이터가 시사하는 의미를 알 수 있습니다. 그래서 3사 맥락을 소개하려 합니다. 다만 주된 독자가 우리나라 사람으로 3사에 이미 익숙하기에 중층 기술의 수준을 조금 낮추겠습니다. 텍스트 분석결과를 이해하는 데 필요한 사항만 집약해 기술하겠습니다.

[A사 맥락 정보]

A사는 1938년에 대구에 창업한 상회가 모태입니다. 초기에는 농산물과 소면을 팔았습니다. 6.25 전쟁을 맞아 어려움을 겪다가 외국에서 차관을 받아 사세를 키워나갑니다. 1960~1970년대 당시 기업들이 대부분 그러하였듯 A사도 정부와 힘을 합쳐서 경제 부흥을 위해 노력합니다. 의복, 호텔, 건설, 전기, 반도체, 금융으로 확장해 나갑니다.

A사의 창업주는 천석꾼의 아들로 똑똑한 머리와 더불어 장사 수완을 겸비하여 기업을 견실하게 키워나갑니다. 그는 철저하고 치밀한 경영 관리로 유명했습니다. 본인 스스로 철저한 모습을 보였는데 자신이 세운 원칙과 목표는 반드시 지켜냈습니다. 출근해서 여러 서류를 결재하다가 볼펜을 내려놓는 시간이 오후 열두 시 반. 점심을 먹고 또 그만큼 일한 다음 저녁 이후로도 새벽까지 밤을 새워 일하는

경우가 많았습니다. 그의 용인술은 철저한 실력주의와 성과주의로 유명합니다. 출신 지역이나 학력 수준을 가리지 않고 인재를 활용했습니다. 경영 실적이 좋지 않은 관리자는 가차없이 해고했습니다. 그가 폐암으로 생을 마감하면서 A사를 삼남에게 승계하도록 넘깁니다. 그 과정에서 A사는 여러 개 그룹으로 나뉘지만, 본래 사명을 그대로 계승한 A사는 과거보다 수십 배 규모로 성장합니다. 체계적인 승계 과정을 거쳐서 창업주 뒤를 이은 삼남은 회사 전반에 상당한 지배력을 확보합니다. 선대 회장과 비슷하게 치밀하고 철저한 경영을 추구하면서도 강한 카리스마와 선견력으로 A사를 이끌어왔습니다.

[B사 맥락 정보]

B사는 쌀가게와 자동차 수리 공장이 모태입니다. 자동차 공장은 직원이 80명에 달했으나 화재로 모두 타버립니다. 다행히 평소에 창업주의 성실함을 지켜보았던 어느 후원인이 자금을 빌려줘서 재기합니다. 1940년대 후반에는 건설 회사를 세우고 우리나라의 굵직한 사업들을 수주합니다. 특히 1960~1970년대 중동에서 개발 붐이 일면서 해외 공사를 연달아 따냅니다. 이를 발판으로 조선 산업, 자동차 산업, 화재보험 등으로 확장해나갑니다.

창업주는 가난한 농군의 아들이었습니다. 인천 부둣가에서 막노동으로 번 돈을 들고 서울로 상경을 합니다. 그리고 고려대 본관 공사, 용산역 근처 엿 공장 신축 등 닥치는 대로 일을 합니다. 그는 선이 굵직한 사람입니다. "이봐, 해봤어?"라는 말을 입에 달고 살 정도로 도전을 중시했습니다. 그가 일을 추진하는 모습은 불도저나 코뿔소 같았습니다. 그가 2001년에 생을 마감하면서 여러 아들에게 회사를 승계하도록 나누어줍니다.

　창업주의 차남은 완성차 제조 회사 B사를 물려받습니다. 그는 어릴 때부터 키와 덩치가 커서 힘이 셌습니다. 고등학교 재학 시절에는 럭비와 등산에만 열중해 졸업이 늦어질 정도였습니다. B사를 물려받자 스포츠를 즐기듯 열정적으로 사업에 매진합니다. 그는 1990년대부터 품질 경영을 추진하고 정착시킵니다. B사뿐만 아니라 협력사의 품질 경영도 같이 견인했는데 공장에도 벽면마다 '품질이 생명이다'라는 문구를 걸어 품질을 강조했습니다. 그와 동시에 미국 시장의 점유율을 높이기 위해 품질보증기간 10년을 소비자에게 제공하기로 합니다. 경쟁사들이 3~5년 기간을 제공했던 관행에 비하면 파격적인 결정이었습니다. 그만큼 전사적으로 품질 경영에 총력을 기울입니다. 그 결과 생산제품 100개당 불량 건수가 1990년대 초에는 108~112개에 달했으나 2010년대에는 1~2로 크게 떨어졌습니다. 최근까지 그는 연구소에 종종 내려와서 제품을 직접 살펴보고 조작하고 의견을 제시하는 것으로 알려져 있습니다.

　[C사 맥락 정보]

　1929년 수원에 직물 공장이 하나 설립됩니다. 1948년에 공장 터가 정부에 귀속되었다가 당시 생산부장이었던 인물에게 인수됩니다. 1956년에 주식회사로 전환되고 오랫동안 섬유 기술에 집중합니다. 1962년에는 국내 최초로 인견 직물을 홍콩으로 수출합니다. 1970년대는 석유, 정유, 화학 분야에 진출하고 그에 더하여 호텔·건설업까지 확장합니다. 1990년대에는 이동통신, 2000년대 이후에는 반도체 시장에서 왕성하게 활동하고 있습니다.

창업주는 8남매 중에서 장남으로 태어났습니다. 고등학교 기계과를 졸업하자마자 직물 회사에 입사하고 얼마 지나지 않아 생산부장으로 승진합니다. 나중에는 정부로부터 불하를 받아 자기가 다니던 직물 공장을 인수합니다. 사업가인 아버지의 피를 그대로 이었는지 매우 왕성하게 사업을 합니다. 하지만 1973년 폐암으로 갑작스레 작고합니다. 뒤를 이어 그의 동생이 경영권을 승계합니다. 2대 회장은 청년 시절 서울대학교에 다니다 미국 위스콘신 대학교로 편입했고 시카고 대학교 경제학과 석사를 마칩니다. 1962년부터 형을 도와 C사 경영에 참여합니다. 2대 회장은 구성원들이 자발적으로 일하는 방식을 강조했습니다. 상사가 시켜서 일하기보다는 구성원 스스로 아이디어를 내고 일을 만들고 추진하는 문화를 만들고자 했습니다. 그는 C사를 국내 5대 기업으로 발전시킵니다. 그러나 그도 친형처럼 폐암으로 1998년에 생을 마감합니다.

　그는 평소에 형의 세 아들을 친자식처럼 아꼈습니다. 그리고 그의 친아들 두 명과 같이 친형제처럼 지내도록 대했습니다. 그가 죽자 회사 기반을 닦은 창업주의 세 아들과 회사를 크게 성장시킨 2대 회장의 두 아들 중에 누가 경영권을 승계하느냐 하는 이슈가 부상합니다. 그 집안의 장자, 즉 창업주의 장남이 "집안 형제 중에서 작은아버지(2대 회장) 장남이 가장 뛰어나다."라며 승계자로 추천합니다. 이에 그 일가는 만장일치로 2대 회장의 장남에게 지분을 모두 몰아줍니다. 이들 다섯 아들은 끈끈한 우애를 기반으로 그룹 경영에 참여하며 '따로 또 같이'를 경영 원칙으로 삼고 있습니다. 계열사별로 독립적이고 자주적인 경영을 추구하면서도 C사의 경영철학, 핵심가치, 브랜드를 함께 공유하는 방식입니다.

지금까지 A, B, C사 맥락을 살펴봤습니다. 그 면면을 보면 어느 회사인지 알 수 있고 책에 담지 않은 정보까지 머릿속에 떠오르리라 생각합니다. 이제 설문결과 자료를 분석해보겠습니다. 분석 논리는 이렇습니다. 사람은 특정 현상을 묘사할 때 머릿속에서 단어들을 불러옵니다. 그리고 가장 정확한 의미를 전달하는 단어를 선택합니다. 지나가는 사람 500명에게 '엄마'를 주제로 어떤 글이든 써달라고 요청하고 데이터를 만들었다 가정하겠습니다. 엄마라는 단어와 동시 출현하는 표현은 무엇일까요? '사랑, 정, 따스함'이 가장 빈번하게 나타날 겁니다. 그리고 '그리움, 희생'이 빈번하고 그다음으로 '아빠, 언니, 누나, 형, 오빠, 동생'이 빈번할 겁니다. 이처럼 언어 네트워크를 분석해보면 특정 화두를 중심으로 사람들이 어떻게 인식하고 느끼는지를 알 수 있습니다. 그리고 데이터를 몇몇 집단으로 구분하면 각 특성을 비교해볼 수 있습니다. 엄마가 살아계실 가능성이 큰 20대 이하 집단에서는 '사랑, 정'이 가장 많이 나타나겠지만 60대 이상 집단에서는 '그리움'이 가장 두드러질 수 있습니다.

　이제 A, B, C사 데이터를 보겠습니다. '목표'를 중심으로 어떤 단어가 네트워크로 나타나는지 확인해봤습니다. 그리고 그 결과를 가지고 각사 내부 구성원 10명을 인터뷰했습니다. 조직 내부 구성원들은 그 결과를 타당하게 여기는지, 어떻게 해석하는지 확인하기 위한 목적이었습니다. 분석결과를 살펴보겠습니다. 먼저 3사 공통으로 출현하는 의미 군이 보입니다. A사에서는 '추진 – 달성 – 뛰어남'과 '도전 – 의식', B사에서는 '달성 – 추진 – 강력'과 '도전 – 설정', C사에서는 '추진 – 달성 – 강력'과 '도전 – 지향 – 설정'입니다. 이를 문장으로 엮어보면 A, B, C사의 리더가 '목표를 강력하게 추진하고 달성한다.'

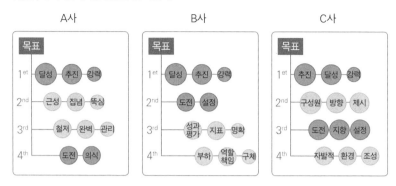

'목표를 도전적으로 설정한다.'라는 의미입니다. 공통으로 나타나기에 A, B, C사 간에 차이를 보여주지는 못합니다.

하늘색 원은 차별적인 표현입니다. 이들이 각사의 고유한 특성입니다. A사에서는 '근성 – 집념 – 뚝심'과 '철저 – 완벽 – 관리'가 차별적 표현으로 나왔습니다. 저는 컴퓨터 프로그램으로 텍스트 분석을 한 후에도 응답결과를 읽어보곤 합니다. A사 구성원이 묘사한 주관식을 읽노라니 목표에 대한 불같은 집념이 잔뜩 묻어났습니다.

A사 맥락을 살펴보겠습니다. A사 창업주는 집념의 화신이었습니다. 한 번 목표로 삼은 일은 반드시 이루어야만 직성이 풀렸습니다. 의자에 앉으면 식사를 하기 전까지는 업무용 펜을 놓지 않았지요. 그는 우리나라에 온정주의가 만연했던 그 당시에도 실력주의와 성과주의로 일관하여 조직을 이끌어왔습니다. 그 누구라도 성과를 내지 못하면 자리를 보전하기 어려웠습니다. 특히 그는 목표를 달성해나가는 과정에서 '철저하고 완벽한 관리'를 강조했습니다. 그의 뒤를 이은 2대 회장은 미래를 내다보는 선견력이 출중했기에 A사가 나가야 할 방향을 제대로 짚어냈습니다. A사 리더들은 그 의지를 받들어

그 목표 달성에 매진하는 역량을 키워왔습니다. 회장이 방향을 제시하면 아무리 험난한 고지라 하더라도 일사불란하게 움직여 반드시 점령해야만 했습니다.

완성차 제조 B사에서는 '성과평가 – 지표 – 명확'과 '부하 – 역할 책임 – 구체'라는 표현이 차별적으로 나왔습니다. 마치 '목표관리경영 MBO, Management by Objectives' 느낌이 들지요? 제가 면담한 내부 구성원들은 산업 특성과 전략적 강조 사항이 원인이라고 추론했습니다. 새로운 자동차를 내후년 연말 12월 1일에 출시하기로 한다면 어떻게 진척될까요? 그 시점에 맞추어 모든 공정이 역으로 추산될 겁니다. 연구개발 부서는 언제까지이고 디자인, 설계, 생산 등은 언제까지인지를 유기적으로 작업 일정을 잡을 겁니다. 커다란 목표를 세분한 다음 소위 캐스케이딩cascading 방식으로 각 과업을 할당하겠지요. 앞단계 작업이 늘어지면 늘어질수록 뒷단계 작업이 영향을 받습니다. 그만큼 내후년 12월 1일 신형 자동차 출시가 불투명하게 되어버립니다. 아울러 정해진 기간 안에 과업을 완료하면서도 품질 하자가 발생하는 상황이 벌어지면 안 됩니다. 그와 같은 맥락에서는 각 부서와 구성원의 역할을 명확히 설정하고 그 진척 상황을 객관적인 지표로 측정하여 일상적으로 점검할 수 있어야 합니다. 제가 면담한 B사 구성원은 이와 같은 맥락으로 인해 리더들의 실행력이 '목표관리경영'스럽게 나타나는 것 같다고 추론했습니다.

C사는 '구성원 – 방향 – 제시'와 '자발적 – 환경 – 조성'이 차별적으로 나왔습니다. '구성원 – 방향 – 제시'를 살펴보니 구성원이 담당한 업무의 방향성을 명확히 제시한다는 의미였습니다. 또한 '자발적 – 환경 – 조성'은 구성원이 스스로 일을 고민하고 목표를 세우고 자기

책임 아래에 추진하도록 동기부여한다는 뜻이었습니다. C사 내부 구성원을 인터뷰해보니 그 결과가 맞다고 확인해주면서 그 원인을 두 가지로 지목했습니다. 첫째, 2대 회장이 지속해서 강조해온 방침이기에 그와 같은 행동이 두드러지게 나타난 결과라 추론했습니다. 둘째, 1979년에 제정하여 반포한 핵심가치에 원인이 있다고 응답했습니다. 2대 회장은 구성원이 반드시 지켜야 할 경영철학, 경영 원칙, 핵심가치를 정립했습니다. 그리고 3대 회장은 이를 계승하여 지속해서 개선해오고 있습니다. 이를 관통하는 핵심가치가 바로 회사와 경영진이 구성원의 선한 의지를 믿고 그들 스스로 일할 수 있는 환경을 만들어줘야 한다는 것이었습니다.

지금까지 살펴봤듯이 리더가 목표를 향해 달려가는 행동이 조직마다 다르게 나타남을 볼 수 있습니다. A사는 철저한 성과주의 용인술과 창업주 스타일에 영향을 받아 강한 집념을 가지고 철저하고 완벽하게 완수하는 행태를 보였습니다. B사는 산업적 특성과 더불어 품질경영이라는 전략적 강조 사항이 밑바탕이 되어 각 부서와 구성원의 역할을 명확히 하고 그 진척 상황을 지표로 관리하는 패턴으로 나타났습니다. C사는 창업주의 강조 사항, 핵심가치 등이 복합적으로 작용해 구성원들에게 방향을 제시하고 그들이 자발적으로 일할 수 있는 환경을 조성해주는 형태로 나타났습니다.

자원 기반 이론resource based view으로 유명한 경영전략 학자 제이 바니Jay Barney는 조직문화를 '기업이 자신의 사업을 실행하는 방식을 결정짓는 가치관, 신념, 가정 등의 복합체'라고 정의합니다.[11] 그에 의하면 조직문화는 창업주와 경영자의 스타일, 산업 특성, 전략적 강조 사항 등으로 인해 빚어지는 고유한 양태를 의미하기도 합니다.[12] 저는 이를 토대로 3사의 분석결과를 이렇게 정리하고자 합니다. '조직문화에 따라 리더가 목표를 달성하는 과정에서 발현되는 행동 양태가 다르다.' 즉 조직문화가 일하는 방식을 좌우한다고 말입니다.

• • •

문화가 전략을 낳고 선택하고 자라게 한다

흔히 "전략에 적합한 조직문화가 있다"고들 합니다. 그래서 어떤 경영진은 이렇게 말합니다. "자, 우리가 새로운 전략을 수립했어. 전략을 잘 실행하려면 조직문화가 걸림돌이 되지 않도록 해야 해. 피터 드러커가 '문화는 아침으로 전략을 먹는다Culture eats strategy for breakfast'라고 했잖아.[13] 전략에 맞도록 문화를 바꾸어야 해. 조직문화 변화 방안을 수립해봐."

이 같은 이야기는 문화를 전략의 수단으로 생각하는 관점입니다. 문화를 '발목' '걸림돌' '장애 요인' 등으로 표현합니다. 마치 전략은 이성적이고 합리적인 의도로 간주하고 문화는 비이성적이고 감정적인 요소로 취급한다고나 할까요? 조직문화 연구자 캐서린 그레고리Kathleen Gregory도 이렇게 이야기합니다. 그녀의 주장이 왜곡되지 않는 수준에서 각색하여 인용해봅니다.[14]

"기존 연구는 조직문화를 비이성적irrational인 영역으로 간주했습니다. 반면 전략은 합리적이고 이성적인 영역으로 생각했습니다. 연구자들은 전략이 제대로 수행될 수 있도록 하려면 비이성적이고 비합리적인 영역인 조직문화를 적극적으로 관리하고 통제해야 한다고 주장해왔습니다."

'전략을 이성적이고 합리적으로 잘 세우고 나서 비이성적이라 골 칫거리 같은 조직문화를 관리해야 한다'는 생각이 지배적이었습니다. 그런데 이런 가정이 과연 바람직할까요? '전략 수립 → 적합한 조 직문화로 변화 추진'과 같은 순차적인 방식이 요즘처럼 빠르게 경쟁 하는 세상에서는 적합할까요? 조직문화를 '토양'으로 간주하면 생각 이 달라집니다. 저는 "조직문화가 전략을 낳는다."라고 주장합니다. 문화가 전략을 낳고 선택하고 자라게 합니다. 전략을 세우고 나서 뭘 해볼 게 아니라 평소에 조직문화를 일상적으로 잘 가꿔야 합니다. 이 를 뒷받침하는 두 가지 사례를 살펴보겠습니다.

스티브 잡스Steve Jobs와 함께 애플의 이상을 실질적으로 구현한 사 람은 스티브 워즈니악Steve Wozniak입니다. 컴퓨터 전자설계 분야의 천 재적 인물입니다. 그는 휴렛팩커드에서 근무하고 있었고 그곳에서 편안하게 여생을 살고 싶어라 했습니다. 그런데 고등학교 후배이자 전자회로에 관심이 많아서 함께 어울렸던 스티브 잡스가 그의 재능 을 탐냅니다. 잡스는 워즈니악에게 같이 사업을 차리자고 계속 설득 했습니다. 주변 사람들에게 "휴렛팩커드는 워즈니악과 같은 인재를 알아볼 안목이 없어요. 그는 나와 함께 회사를 차려야 합니다."라고 말하면서 워즈니악을 설득해달라고 종용했지요.

하지만 워즈니악은 휴렛팩커드에 미련이 많이 있었습니다. 그래서 휴렛팩커드 경영진에게 그가 생각하는 비전을 제안합니다. 바로 개 인용 컴퓨터personal computer 사업이었습니다. 당시에는 공공기관과 기 업에서 사용하는 중대형 컴퓨터 산업만 존재할 때였습니다. 휴렛팩 커드 경영진들은 어떻게 반응했을까요? "컴퓨터 산업에 일대 변혁을 가져올 수 있겠네요. 빨리 추진해봅시다."라거나 "그게 무엇인지 감은 잘 잡히지 않지만, 우리는 구성원들이 하고 싶은 걸 적극적으로 도전하게 하는 회사지요. 한 번 해봅시다."라고 말하지 않았습니다. 그들은 그저 콧방귀만 뀔 뿐이었습니다. 그에 실망한 워즈니악은 결국 휴렛팩커드를 퇴사합니다. 그리고 잡스와 손을 잡고 애플을 만듭니다. 그가 만든 애플 컴퓨터는 대박을 터트립니다.[15]

월트디즈니에서 디자이너로 일하던 존 래시터John Lasseter가 있습니다. 그는 어느 날 친구가 보여준 컴퓨터 애니메이션을 보고는 충격을 받았습니다. 분량은 짧고 영상은 조악했지만 그 안에서 미래를 보았습니다. '앞으로 컴퓨터 애니메이션이 대세다!'라는 확신이 들었습니다. 그는 관리자들에게 발표하는 자리를 만들어 "앞으로는 월트디즈니가 컴퓨터 애니메이션 영화를 만들어야 합니다."라고 강하게 피력했습니다. 관리자들은 그의 의견을 매우 주의 깊이 들었다고 합니다. 래시터는 제안 발표를 마치고 자기 자리로 돌아가면서 아마도 이렇게 생각했을지 모르겠습니다. '리더들이 내 말에 귀를 기울였으니 뭔가 움직임이 있지 않을까?' 아니나 다를까 불과 몇 분 만에 애니메이션 부서장으로부터 전화가 왔습니다. 그런데 그는 다짜고짜 "너 해고야."라고 소리쳤습니다. 지나치게 말도 안 되는 미친 생각을 하는 사람은 월트디즈니에 어울리지 않는다는 이유였습니다. 그는 월트디즈니에서 해고당한 뒤 '루카스 필름'으로 이직합니다. 후에 그 회사 이름은 '픽사Pixar'로 바뀝니다. 래시터가 그 회사에서 만든 컴퓨터 애니메이션 영화인 「토이 스토리」는 전 세계적으로 초대박을 칩니다.[16]

이들 사례에서 공통점 몇 가지가 있습니다. 첫째, 워즈니악이나 래시터 모두 전례없던 고차원적인 전략을 제시하고 새로운 산업을 연

사람들입니다. 기존에 존재하는 제품이나 서비스를 개선해나가는 일은 상대적으로 어렵지 않지만, 미지의 문을 열고 새로운 장르를 개척하는 일이 얼마나 어려운 일이겠습니까? 둘째, 휴렛팩커드와 월트디즈니 경영진들 모두 워즈니악과 래시터의 새로운 아이디어가 말도 안 된다고 판단했다는 점입니다. 그들의 식견이 부족하고 무능해서였을까요? 그럴 수도 있겠습니다만, 한편으로는 문화적인 영향이 크게 작용했을 수도 있습니다. 문화는 조직 안에서 오늘을 살아가는 리더와 구성원들의 인식, 생각, 태도, 행동을 촉진하거나 지배하기 때문입니다.

조직문화 연구자인 제프리 블로어Geoffrey Bloor와 패트릭 도슨Patrick Dawson은 휴렛팩커드나 월트디즈니와 같은 전문가 조직을 대상으로 문화가 형성되는 과정을 고찰합니다. 이들은 '스키마schema', 즉 한 개인이 외부로부터 자극을 인지하고 이를 정보로 받아들이고 그 정보를 조직하는 인지적 개념 틀을 가지고 조직문화를 설명합니다. 이들의 논리로 휴렛팩커드와 월트디즈니를 해석해보겠습니다.

휴렛팩커드 경영진의 스키마는 중대형 컴퓨터 산업에만 갇혀 있었습니다. 이미 그 산업은 상당한 수익을 내고 있었고 많은 기업이 아무리 산업용 컴퓨터가 비싸다 하더라도 충분히 비용을 지급할 의사가 있었습니다. 반면 일반 대중들 가운데서 컴퓨터를 접해보거나 관심을 가진 사람들은 극히 드물었습니다. 그런 상황에서 개인용 컴퓨터는 전혀 시장성이 없는 아이디어로 받아들여졌을 것입니다. 그 경영진들의 스키마가 산업용 컴퓨터와 관련된 자극에만 반응하고 기존에 형성된 범주에 따라 정보를 쌓고 조합하여 최종 판단을 내리게 된 것입니다. '똑똑한 듯하지만, 괴짜 같은 워즈니악의 아이디어는 말도 안 된다.'라고 말입니다.

월트디즈니도 마찬가지입니다. 그들은 극장용 애니메이션을 만들던 유서 깊은 조직입니다. 1937년 「백설 공주와 일곱 난쟁이」를 시작으로 「피노키오」(1940년), 「신데렐라」(1950년), 「이상한 나라의 앨리스」(1951년), 「인어공주」(1989년)를 만들었습니다. 약 60여 년 가까이 화가가 한 장씩 그림을 그리고 초당 24~30장으로 만들어 움직이는 영상을 창조해냈습니다. 당시 월트디즈니 경영자들의 집단적인 스키마는 옛날 작화作畫 방식에 맞추어 형성되어 있었을 것입니다. 기존 방식이 화가의 품이 상당히 많이 들어가긴 했습니다. 하지만 존 래시터가 보여준 그 조악한 컴퓨터 애니메이션보다 훨씬 색조도 풍부하고 유연하게 표현할 수 있었겠지요. 그들의 스키마는 존 래시터가 그리는 미래를 받아들일 수 없었습니다. 만일 그들의 문화가 새로운 기술과 방식에 유연하고 개방적이었다면 존 래시터가 발표한 내용을 기존과는 다른 범주에서 받아들이고 조합하고 해석할 수 있었을지 모릅니다.

휴렛팩커드와 월트디즈니 사례를 다른 렌즈를 가져와 해석할 수도 있습니다. 문화연구자인 제스퍼 소렌슨Jesper Sørensen은 조직문화를 구성원 간에 공유된 가치shared values로 정의하면서[17] 한 조직 내에서 특정 가치가 강하게 자리잡으면 특정 행동이 더 올바르다는 인식이 형성된다고 제시합니다. 반면 그에 반하는 생각과 행동은 빠르게 감지됩니다. 그리고 조직은 이를 신속하게 교정하려 합니다.

월트디즈니는 어린이에게 꿈과 희망을 심어주는 만화를 만들어왔습니다. 그들은 그 일을 60년이나 해왔고 그간 쌓아놓은 찬란한 유산들이 어깨 위에 놓여 있었습니다. 그토록 유려하고 부드러우며 살아 있는 캐릭터를 만들기 위해 실제 배우가 연기하도록 하고 스케치 했습니다. 그리고 일일이 밑그림을 그렸지요. 1989년에 상영해 공전 의 히트를 기록한 「인어공주」는 3년 동안 400명 이상의 예술가와 기 술자들이 동원되었습니다. 그렇게 그들이 작업한 그림은 무려 100 만 장이 넘었습니다. 그들에게 중요한 가치는 화가와 그들이 만들어 내는 월트디즈니다운 생동감과 색감이었을 것입니다. 존 래시터의 제안은 그 가치에 어긋나는 생각이자 과거 60년 동안 쌓아온 찬란한 유산을 모욕하는 것으로 받아들여졌을지 모릅니다. 그래서 부서장이 곧바로 "너 해고야. 너같이 미친 생각을 하는 사람은 필요 없어."라고 통보한 것이었겠지요. 소렌슨이 지적한 바대로 신속하게 교정한 것 입니다. 이처럼 조직문화가 관리자와 구성원의 시야를 가려 새로운 장르나 새로운 산업을 창출할 수 있는 전략을 놓치게 했습니다. 그래 서 저는 문화가 전략을 낳고 선택하고 자라게 한다고 믿습니다.

우리 주변에서도 휴렛팩커드나 월트디즈니와 비슷한 사례들을 종 종 볼 수 있습니다. 홍길동 사원이 A라는 아이디어를 냈습니다. "이 거 해보면 대박 날 것 같아요."라며. 그 위에 과장이 홍 사원의 기획 서를 보자마자 "그래. 네 아이디어가 괜찮다고 쳐보자. 그건 그렇고 왜 이렇게 보고서를 못 쓰냐? 이래서야 윗사람들 설득할 수 있겠어? 그리고 A만으로는 윗분들 설득을 못하니까 여기에 B, C를 덧붙여서 보고서를 써보자." 홍 사원은 과장님이 B+C를 덧붙이라는 말이 이해 가 안 됐지만 뭐 어쩔 수 있겠습니까. 이 조직에서는 자기 직속 상사 인 과장님 허들을 넘어가지 못하면 자기 아이디어가 윗선에 유통이 안 되니 말입니다. 그래서 홍 사원은 A라는 아이디어에 BC를 덧붙여 서 기획서를 다시 써서 과장님에게 올립니다. 이제 과장님은 자기가 말한 BC가 붙어 'A+B+C'가 되었으니 파워포인트에 담기는 도형 위치, 문장 표현, 장표 순서에만 집중합니다. "2페이지 좌측 도형이 뭔가 직관적이지 않아. 딱 봐도 한눈에 알아볼 수 있게 해. 알겠지? 그리고 3페이지 우측 그림은 선들이 너무 두꺼워. 네가 부각하고자 하는 내용이 눈에 더 들어오게 만들어야지. 강약 조절을 할 포인트를 잘 잡으란 말이야." 이제 과장님은 보고서에 담기는 파워포인트 파일 명에 '버전 10'이라는 번호가 붙고 3주 정도 지나서야 겨우 과장님 기준을 통과합니다.

그 보고서를 들고 홍 사원과 과장님은 그 위 부장급 팀장님에게 가져갑니다. 팀장님은 보고서를 보시더니 "요즘 사장님께서는 D에 꽂혀 계시니 여기에 D를 덧붙여봐. 문장도 좀 다듬고!"라고 하십니다. 홍 사원은 과장님과 다시 1주일 정도 보완해서 팀장님에게 가지고 갑니다. 이제 팀장님은 '빨간 펜'을 들고 문장 하나하나 수정합니다. 우여곡절 끝에 팀장님 허들도 겨우 통과합니다.

이제 홍 사원, 과장님, 팀장님이 이 보고서를 들고 이사님 집무실로 향합니다. 이사님은 'ABCD'가 된 아이디어를 보고 받고 나서 이렇게 말합니다. "A는 내가 대략 13년 전 즈음에 한 번 시도해봤지. 그때 잘 안 돼서 실패했지. 실패를 반복할 필요는 없지 않은가. 그나마 B+C+D가 그래도 좀 생각해볼 수는 있을 텐데. 요즘 사장님은 E에 관심을 많이 가지고 계신 듯하니 E를 덧붙여서 만들어보지." 팀장님 등은 집무실에서 나옵니다. 홍 사원은 힘이 빠지고 의욕을 잃습니다. 그가 처음에 그렸던 아이디어는 A입니다. 단순하지만 시장에서 제대로 꽂힐 듯한데 이사님까지 올라가는 동안 보고서 작업으로 힘을 뺐을 뿐더러 본인이 낸 아이디어 A는 쏙 빠져버리고 'B+C+D+E'가 되어버렸습니다.

　문화가 전략의 걸림돌이 되는 게 아니라 문화가 전략이라는 싹을 틔웁니다. 문화가 이 싹을 밟아서 바스러지게 하고 반대로 그 싹에 물을 주어 자라게 만듭니다. 문화가 그 싹에서 꽃을 피우게 합니다.

2
조직문화는 무엇인가?

• • •

무엇이 조직문화인가?

예전에 친구와 얘기하다 툭 던졌습니다. "광주나 놀러 갈까?" 그러자 친구가 이럽니다. "에이, 광주에 뭐 볼 것 있다고. 서울에 비하면 작은 도시인데 뭘." 그래서 제가 그랬습니다. "하긴, 상대적으로 작긴 하지. 그래도 콧바람이나 쐬면 좋잖아. 그냥 가자." "네가 그러고 싶다면 그냥 가지 뭐." "따라와준다니 아주 고맙다. 그런 의미로 내가 KTX 열차 왕복 두 장 끊을게."라고 하자 친구가 흠칫하며 저를 쳐다봅니다. "뭐야! 경기도 광주 말하는 게 아니라 저 아래 광주 말하는 거였어? 아, 그러면 전남 광주라고 콕 집어서 말을 하지!"라며 뭐라했습니다. 각자 따로 출발했으면 서로 다른 곳에 있었을 뻔했습니다. 똑같은 '광주'인데 말이지요.

친구 간에는 '척하면 척'이라 어떤 말을 하더라도 '같은 땅'을 밟고 있어서 개념 정의가 필요 없을 경우가 많습니다. 하지만 간혹 친구 사이도 서로 다른 땅을 밟고 있는 경우가 발생하곤 합니다. 처음 만난 사람들이라면 오죽할까요. 어느 회사의 조직문화를 관찰하려고 그 구성원들과 대화를 나누다 보면 제가 자주 질문하는 유형이 있습니다. "○○○이라는 표현은 어떤 의미인가요?" "방금 ○○을 말씀하셨는데요. 그게 무엇을 말하는 건가요?" 이처럼 무엇을 하든 용어를 사전에 정의하는 작업이 필요합니다.

그런데 조직문화는 안개처럼 모호하고 두루뭉술합니다. 그 정의에 대해 학자마다 의견이 분분합니다. 어떤 학자는 붓으로 수채화를 그렸고 어떤 이는 정과 망치를 들고 조각을 했습니다. 어떤 이는 어여쁜 집 한 채를 세우고 어떤 이는 그 앞에 분수와 정원을 만들어두었고요. 그래서 조직문화를 "A는 B이다."라는 식으로 말씀드리기가 조심스럽습니다.

이 책에서는 조직문화 정의를 이렇게 정리하고자 합니다. 먼저 학자들이 말하는 대표적인 조직문화 정의를 살펴보겠습니다. 다소 이론적이라 그 내용을 읽을 때 고구마를 여러 개 씹는 심정일 텐데요. 제가 중간중간 우유와 함께 소화하실 수 있도록 돕겠습니다. 그러고 나서 초등학생 자녀에게도 설명할 수 있을 정도로 그 정의를 '변환'하는 작업을 해보고자 합니다.

학자들은 문화와 풍토를 구분한다

학자는 '조직문화organizational culture'와 '조직풍토organizational climate'를

구분합니다.[18] 대학원에서 강의하던 시절이었습니다. 제가 맡은 과목은 〈리더십 진단과 평가〉인데 리더십을 논하려면 꼭 조직문화가 언급될 수밖에 없습니다. 어느 날 "조직문화와 조직풍토는 구분해서 봐야 합니다."라고 하면서 양자 간의 차이를 설명했습니다. 그런데 제 설명을 듣던 한 분이 손을 번쩍 드시고 "저는 그에 동의할 수 없습니다. 왜 굳이 구분해야 합니까?"라고 하시더군요. 말문이 막혔습니다. 단지 "참 좋은 질문이십니다. 저도 좀 생각을 해보겠습니다." 하고 슬쩍 넘어갔습니다.

그분의 말씀을 듣고 집에 돌아와서 생각해봤습니다. 저는 학자들의 주장을 수동적으로 받아들여 그 구분을 당연하게만 사용해왔더군요. 이를 비판적으로 생각하거나 질문을 던져본 적이 없었습니다. 자기를 개발하는 진정한 방법은 모든 것을 의심해보는 일이라 했는데요. 저를 돌아보니 참 한심했습니다.

문화와 풍토를 구분하는 일은 유익합니다. 왜 그러한지는 뒤에서 설명해드리도록 하고 두 개념의 차이를 먼저 살펴보겠습니다.

문화와 풍토의 어원

조직문화와 조직풍토는 어떻게 다른 걸까요? 이렇게 구분하는 이유는 무엇일까요? 이 둘의 차이를 이해하려면 그 어원을 먼저 살펴봐야 합니다.

조직문화는 'culture'라고 표기되며 15세기 중반의 라틴어 'cultura'에서 유래되었습니다.[19] 이는 '땅을 일구는 행위, 토지 경작'을 의미했습니다. 1600년경에는 곡물을 키우고 재배하며 식물의 성장을 촉진하는 행위로 의미가 확장되었고 1800년경에는 물고기나 굴을 양식하는 행위를 지칭하기도 했습니다. 문자적으로는 농업 및 양식 행위를 지칭하는 말이었습니다. 비유적으로는 '교육을 받아 정신적으로 세련됨'이라는 상징으로 사용되었습니다. 오늘날 우리가 '야만인' '문화인'으로 대조하여 사용하는 것처럼 말입니다. 1867년에는 지금의 문화를 지칭하는 '인간의 관습 또는 그들이 집단적으로 발전시킨 특별한 형태의 지식'을 의미하게 되었습니다.

반면 조직풍토는 어원이 다릅니다. 세 가지 어원이 있는데 고대 프랑스어 'climat', 라틴어 'clima', 그리스어 'klima'입니다.[20] 고대 프랑스어로는 '지구 적도를 중심으로 평행선들을 그어 만들어진 평평한 구역'을, 라틴어로는 '지구의 특정 지역'을, 그리스어로는 '지구의 경사면 구역'을 의미했습니다. 종합하면 '적도에서 북극까지 지구의 경사면'을 의미했습니다. 지구 경사면이 달라지면 어떤 일이 벌어지지요? 온도 차이 그리고 그로 인한 기후 차이가 납니다. 그래서 14세기 후반부터는 '기후로 확연히 구분되는 지구의 영역'을 의미하는 데 사용되었습니다. 17세기 중반에는 그 의미가 정신 영역으로 확장됩니다. 흔히 우리도 '분위기가 뜨겁다, 차갑다'로 표현하듯이 지구 특정 지역의 기후가 뜨겁고 차갑고를 이르던 말이 특정 장소의 정신적인 분위기를 이르는 말로 발전한 것입니다.

두 단어의 어원을 비교해보시지요. '문화'는 인류가 한 지역에 정착하면서 땅을 경작하고 농사를 짓고 가축을 기르는 삶을 살게 되면서 여러 사람이 평화롭고 안전하게 공생하기 위해 발전시킨 특정 지식, 규약, 관습을 의미하게 되었습니다. 반면 '풍토'는 온도 높낮이를 기준으로 확연하게 구별되는 지역과 장소를 뜻했습니다. 그 단어가 점차 분위기가 뜨겁냐 차갑냐를 이르는 말이 되었습니다.

각 단어의 의미로 미루어볼 때 문화는 – 풍토와 달리 – 상당히 오랜 시간에 걸쳐서 축적되어 어지간해서는 잘 변하지 않는 특성이 있습니다. 조선 시대 농경사회를 한 번 생각해보세요. 우리나라 집단주의의 상징인 두레나 품앗이 같은 풍습은 짧은 시간 나타났다 사라진 공생 규약이 아니지요. 상당히 오랜 기간에 걸쳐 형성되었습니다. 반면 풍토는 상대적으로 짧은 시간에 바뀔 수 있는 분위기를 가리킵니다. 2018년에 유행했던 축약어 '갑분싸'(갑자기 분위기 싸해진다)라는 말처럼.

사례로 보는 두 개념의 차이

문화와 풍토의 개념 차이를 사례를 통해 살펴보겠습니다. 롯데그룹 신격호 회장은 한국에서 고등학교를 졸업하자마자 돈을 벌기 위해 일본으로 건너갑니다. 신문과 우유 배달로 학비를 벌던 중 커다란 고물상을 운영하던 사업가 하나미쓰가 그의 성실함을 높게 평가해서 사업 자금 5만 엔을 빌려줍니다. 당시 일본 대기업 사원의 월봉이 80엔이었다니 엄청난 돈을 투자받은 셈입니다.[21]

신격호 회장은 그 돈으로 윤활유 공장을 세우지만 미군 폭격을 받아서 완전 불타버립니다. 투자금 5만 엔은 고스란히 빚으로 남았지요. 다시 하나미쓰에게 돈을 빌려서 공장을 세우지만 1년 반 뒤에 또 폭격을 받아 건물과 기계가 전소되어 버리고 말지요. 하나미쓰는 신격호 회장에게 "이것도 운명이다. 너도 살길을 찾아라. 나는 시골에 가서 농사나 짓고 살겠다."라고 위로하고 떠납니다.[22] 신격호 회장은 그 당시를 회상하면서 "죽을 만큼 힘들었다."라고 소회를 밝힙니다. 그는 사업 초기의 힘든 경험 때문에 '차입경영'을 극도로 싫어했습니다. 나중에 그는 이런 말을 남기지요.

"빚은 몸 안의 독과 같아서 결국에는 몸을 죽인다."

2008년에 롯데그룹 식품사에서 일하는 임원 25명을 대상으로 경영 시뮬레이션 프로그램을 진행한 적이 있습니다. 네다섯 명의 임원이 한 조를 이루어서 가상의 공간에서 기업을 만들고 사람을 채용하고 공장을 운영하고 제품을 생산하여 판매하고 다른 회사와 경쟁하는 프로그램입니다. 게임 형태를 빌어서 경영 전반의 의사결정을 가상적으로 체험하게 하는 교육입니다. 이를 주도적으로 끌고 나가는 전문가는 1박 2일 교육이 끝나갈 무렵에 롯데 식품사 임원들처럼 독특한 경영 스타일은 처음 봤다고 말했습니다. 경영 시뮬레이션에서 빚이 생기면 바로 갚아버리고 또 빚이 생기면 바로 갚아버리는 행동이 매우 인상 깊었다고요. 보통은 재무 레버리지financial leverage를 극대화하는 방향으로 경영을 하는데 빚만 생겼다 하면 바퀴벌레 보듯이 내쫓는다고. 그래서 그는 이렇게 묻습니다. "여러분들 참 특이합니다. 빚이 그렇게도 싫으십니까?" 그러자 임원들은 창업주가 하나미쓰에게 빚진 일화를 지적하면서 그게 문화로 자리잡은 거 같다고 그들끼리 추론했습니다. 이는 곧 학자들이 '조직문화'라 부르는 현상입니다.

특정 가치나 행동이 외부로부터 보상을 받으면 그 가치와 행동은 더욱 견고해집니다. 빚을 싫어하는 롯데의 문화적 현상은 IMF 외환위기를 겪으면서 보상을 받습니다. 당시 『중앙일보』에 실린 기사 한 토막을 보시지요.[23]

"롯데는 지난해 말(1996년) 현재 부채비율이 196%로 30대 그룹 중 가장 낮다. 5조 2,500억 원에 이르는 빚도 '금융기관 차입금은 절반 정도며 이 가운데 종금사 돈은 20%에 불과하다'고 그룹 관계자는 말한다. 그룹 측은 이에 대해 '무리하게 남의 돈으로 장사하기 싫어하는 신격호 회장의 경영철학에 따른 것'이라고 말한다."

IMF 외환위기에도 롯데그룹은 전혀 흔들리지 않았습니다. 어지간해서는 구성원을 내보내지 않았지요. 이는 곧 롯데그룹의 자부심이 되었습니다. 2000년 초중반 공채 신입사원 교육에서도 이들 이야기가 자랑스럽게 다루어졌습니다.

한편 롯데그룹의 상당수 계열사는 상장회사이기 때문에 CEO가 주기적으로 바뀝니다. 새로운 CEO가 부임하면 회사 분위기가 달라집니다. 꼼꼼하고 세밀하게 챙기는 CEO가 부임하면 조직 분위기가 전반적으로 처음부터 끝까지 챙기고 관리하는 방향으로 흐릅니다. 만약 이 시기에 '치밀하고 완벽하게 업무를 수행하는 회사다.'라는 문항으로 구성원에게 설문하면 대부분 '매우 그렇다.'라고 응답하겠지요. 반면에 '신속하고 과감하게 일을 추진하는 회사다.'라는 문항에는 '아니다.'로 응답할 것입니다. 그런데 과감하게 공격적으로 일을 추진하는 사람이 CEO로 부임하면 어떻게 될까요? 작은 일에 연연하기보다는 굵직한 사안을 빠르게 추진하는 분위기로 바뀝니다. 이 시기에 앞서 언급한 두 문항을 설문하면 이전과는 다른 결과가 나올 겁니다.

차입경영을 물 건너 산 보듯 하고 빚을 싫어하는 가치는 매우 뿌리가 깊어서 쉽게 변하지 않는 특성입니다. 학자들은 이를 '조직문화' 현상이라고 봅니다. 반면 계열사의 CEO가 바뀌어서 구성원들이 느끼는 분위기 변화는 '조직풍토' 현상입니다. 날씨와 온도가 바뀌듯이 말입니다.

학자들은 어떻게 정의할까?

대표적인 학자들의 정의를 살펴보시지요. 문화연구자의 대표 주자인 에드거 샤인Edgar Schein은 조직문화를 이렇게 정의합니다.[24]

> 조직문화는 한 집단이 외부환경에 적응하고 내부를 통합하고 문제를 해결해나가는 과정에서 그 집단이 학습하여 공유된 기본 가정shared basic assumptions으로 정의될 수 있다.

심리학 기반의 풍토 연구자인 벤저민 슈나이더Benjamin Schneider는 이렇게 정의합니다.[25]

> 조직풍토는 작업환경에 대한 구성원들 간에 공유된 지각shared perceptions으로, 특히 공식적인 절차, 제도, 정책 등에 대해 공통적으로 느끼는 생각과 감정을 말한다.

각 정의에서 공통점과 차이점을 보실 수 있나요? 공통점부터 보시겠습니다. 양자 모두 집단 또는 구성원들 사이에 '공유된shared' 무엇이라는 표현이 포함되어 있습니다. 이 말은 곧 '여기에서는 모두가 그렇게 알고 있다. 상사도, 부하도, 동료도 모두 다 그렇게 느끼고 있다.'라는 의미입니다.

차이점은 두 가지입니다. 언제부터 공유했는가, 무엇을 공유하는가입니다. 에드거 샤인의 문화 정의를 보면 '외부환경에 적응하고 내부를 통합하는 문제를 해결해나가는 과정에서'라는 표현이 있습니다. 조직이 만들어지는 과정의 전형은 이렇습니다. 창업자가 아이디어를 냅니다. 이를 실현하고자 사람을 모읍니다. 그 시초부터 외부환경에 적응하고 경쟁자와 겨루는 일들이 발생합니다. 그 과정에서 어떻게 내부적으로 일을 조직하고 어떤 방식으로 협업하는 게 효과적인지를 터득하게 됩니다. 때로는 그 초기에 겪은 트라우마가 반면교사로 작용하기도 합니다.

앞에서 언급한 롯데그룹은 신격호 회장이 처음으로 사업을 시작할 때 두 번이나 공장이 불에 타서 사라져버렸습니다. 그때 빚을 져서 힘들었던 신 회장은 차입경영을 극도로 싫어했고 그 이후로 합류하는 구성원에게도 빚을 지지 말자고 강조했지요. 그 결과 50여 년이나 지속돼온 관습이 되었습니다. 그리고 한 가지 더 있습니다. 롯데에서는 '불조심'이 특히 강조되었습니다. 신 회장은 '현장경영'이라 해서 사업장을 돌아다니며 직접 보고 지도했는데 습관적으로 묻던 말은 "불 끄나?"였습니다. 지난 60년 동안 롯데 사업장에서 불이 나는 일은 가장 용서받지 못할 잘못이라고 여겨지곤 했습니다.

반면 조직풍토는 '지금 이 시점'에서 구성원들이 공통으로 느끼는 상태를 의미합니다. B2C 영업, 즉 일반 고객을 대상으로 사업을 하는 B사를 생각해보겠습니다. 여러 미디어에서 '소비자 심리지수'가 최근 급격히 떨어졌고 앞으로도 감소할 전망이라고 하면 조직 내 어떤 분위기가 돌까요? 갑자기 냉기가 흐르겠지요. 기획, 마케팅, 그리고 영업 부서는 결연한 기운이 감돌겠고요. 돈을 벌기보다는 써야 하는 처지에 있는 지원부서는 비용 절감으로 허리띠를 졸라매는 결기를 보여주려 할 겁니다. 구성원들은 커피를 마시다가도 이런 말을 하겠지요. "작년만 해도 괜찮았는데 요즘 우리 회사 분위기가 냉랭해. 추워 죽겠어." 이처럼 풍토는 지금 시점에서 집단적으로 인지하며 느끼는 상태를 의미합니다.

　두 번째, 무엇을 공유하는가 하는 문제입니다. 위의 정의에서 'shared' 뒤에 붙은 단어들을 비교하여 보시지요. 문화는 '기본 가정basic assumptions', 반면 풍토는 '지각perceptions'입니다. '지각'은 감각기관을 통해 자극을 인식하는 일을 말합니다. B사에서 전략기획, 영업, 마케팅, 시설관리 부서의 대리 동기들끼리 저녁 회식을 합니다. 전략기획 부서 대리가 이렇게 얘기합니다. "사장님이 이대로는 올해 목표한 매출액 달성이 어렵지 않겠냐고 획기적인 방안을 마련하라고 하셨거든. 우리 상무님은 참신한 아이디어 없냐고 계속 닦달하시고. 힘들다." 그러자 마케팅과 영업 부서 대리가 이구동성으로 이렇게 말합니다. "야! 말도 마. 우리는 당장 매출 올리라고 난리라니까. 우리는 자리에 앉아 있을 수도 없어. 상사들이 하나라도 더 영업하고 오라고 한다니까." 그러자 시설관리 대리가 "와, 다들 힘든가보구나. 나는 시설관리 부서에 있다 보니 직접적으로는 느끼지는 못하겠던데. 그런데 다른 부서 사람들을 보면 다들 얼굴이 죽상이던데."라고 합니다. 시설관리 대리는 조금 다르게 말하지만, 이들 모두는 '요즘 경기가 힘들다. 경영진도 조바심을 낸다. 다들 실적 압박에 쫓겨서 힘들어한다.'라고 공통적인 지각을 가지고 있습니다.

　반면 기본 가정basic assumptions은 '지극히 당연하다고 믿는 것'을 말합니다. 구성원들에게 너무도 당연히 여겨져 '우리가 그런 신념을 가지고 있다.'라는 의식조차 못 하는 일이 비일비재합니다. 설문조사로든 인터뷰로든 기본 가정을 파악하기가 쉽지 않습니다. 아울러 그 가정이 어디서 기원되었는지 알기도 어렵습니다.

제가 관찰한 한 회사는 부서 간 경쟁이 심했습니다. 한 부서가 다른 부서의 영업 기밀을 경쟁사에 넘겨서 회사가 발칵 뒤집혔습니다. 구성원에게 설문해보니 '우리 회사는 부서 간에 단절되어 있다.' '협업이 잘 안 된다'는 인식이 강했습니다. 왜 그런 현상이 일어나는지 물어도 제대로 답변하지 못했습니다. 그래서 "우리 부서와 다른 부서 간에 관계를 비유한다면 무엇이라 표현하시겠습니까?"라고 비유적으로 물었더니 "서로 물어뜯는 늑대다." "아생연후살타 我生然後殺他[*]"라고 하더군요. 이렇게 물어봤습니다. "회사 내에서 우리 부서가 다른 부서들에 비해서 1등하는 일이 더 좋습니까? 우리 부서는 뒤처지더라도 우리 회사가 경쟁사들과 겨루어서 1등하는 게 더 좋습니까?" 그러자 하나 같이 "우리 부서가 이기는 상황이 더 마음이 편합니다."라고 했습니다.

이런 문화가 형성된 연원을 파악해 들어가봤습니다. 공동창업자 두 명이 조직을 설립했는데 그 초기부터 구성원들에게 '우리는 하나'라거나 '협력과 협동'을 강조하기보다는 서로 경쟁을 시켰다고 합니다. 매출 경쟁, 충성 경쟁. 회사 규모가 점점 커지면서 창업자 한 명은 경영에서 손을 떼고 나머지 한 명이 대표체제로 나섰습니다. 그는 매월 전사 회의 때마다 실적순으로 자리를 앉혔습니다. 기다란 사각 테이블에 본인이 가운데에 앉고 한 달간 실적이 가장 높았

---

[*] 내가 먼저 살아야 상대방을 공략할 수 있다.

던 부서장이 우측, 그다음이 좌측. 사각 테이블 맨 끝에는 꼴찌에서 두 번째와 맨 꼴찌. 다른 부서장과 경쟁에 밀려 사각 테이블 뒤로 갈수록 부서장은 기분이 최악인 채로 담당 부서에 돌아옵니다. 그들도 부서원들 간에 경쟁을 시키고 부서원을 닦달합니다. 이들은 '피아彼我를 따지지 않는 경쟁이 최고의 선'이라는 기본 가정을 가지고 있었습니다.

문화와 풍토를 구분하는 이유는 무엇일까요? 학자들은 다른 말로 조직문화를 '심층 수준deeper level', 조직풍토는 '표층 수준surface level'이라 부릅니다. 이는 두 가지 효익을 줍니다. 먼저 문화현상을 보는 눈을 보다 세련되게 만들어줍니다. 우리 조직의 특정한 현상을 관찰하면서 그게 겉면에서 일어나는 일인지, 즉 구성원들의 지각 수준에서 벌어지는 문제인지 또는 심층 수준에서 벌어지는 문제인지, 즉 우리 조직의 기본 가정으로부터 유발된 문제인지를 볼 수 있게 해줍니다.

둘째, 원인과 결과를 구분해서 생각할 수 있게 해줍니다. 조직문화 대가인 에드거 샤인이나[26] 조직풍토의 대가인 벤저민 슈나이더는 이런 논지로 말합니다.[27] "풍토는 현재 '우리 조직 상태가 어때? 우리 조직에서 무슨 일이 벌어진 거야?'에 대한 지각이라면 문화는 '왜 무슨 이유로 그런 일이 발생한 거야?'라는 질문을 고찰하는 데 그 답을 제공해줄 수 있습니다."

두 개념을 구분해서 논하면 가장 정확할 수 있겠지만 그러면 책 구성이 다소 혼란스러울 것 같습니다. 이 책에서는 문화와 풍토를 합쳐서 '조직문화'라고 표현하겠습니다. 논지상 그리고 문맥상 필요할 때만 '풍토'를 구분하겠습니다.

● ● ●
학자들이 그린 그림을 감상해보자

본 절에서는 조직문화 연구에서 영향력이 가장 큰 학자 에드거 샤인의 정의를 살펴보겠습니다. 다른 연구자들이 빈번하게 인용할 만큼 유명하기에 그의 모델을 기억해두면 좋습니다. 먼저 그가 어떤 사람이었는지 그의 일생을 살짝 엿보고자 합니다. 개념이 추상적일수록 주창자의 인생사와 함께 버무려져야 오래 기억이 남기 때문입니다. 흥미롭게도 청년 시절 에드거 샤인은 우리나라와 인연이 있습니다. 그 삶을 잠시 살펴보실까요?

조직문화 연구 대가 에드거 샤인

에드거 샤인의 유년 시절을 들여다보면 그가 어떻게 조직문화에 관심을 쏟았는지 유추할 수 있습니다. 그의 아버지 마르셀 샤인Marcel Schein은 슬로바키아인입니다. 스위스로 건너와 유학을 하면서 독일 여성을 만나 결혼했고 1928년에 에드거 샤인을 낳았습니다. 1934년에 실험 물리학 박사 과정을 졸업하고 생계 때문에 일자리를 구하려 했습니다. 그런데 당시 스위스는 외국인 고용 금지법이 있었습니다. 그는 어쩔 수 없이 해외로 눈을 돌립니다. 처음에는 미국 대학교 교수 자리를 알아보고자 했습니다. 미국 록펠러 재단의 장학금을 여러 번 받았는데 그 이력이 도움이 될 줄 알았습니다. 하지만 여의치 않아서 미국은 포기합니다. 결국 그는 아내와 여섯 살 난 아들을 데리고 소련으로 갑니다.

마르셀의 삶은 곧 어린 아들에게 큰 영향을 미칩니다. 에드거 샤인은 여섯 살까지 스위스에서 모국어인 독일어를 사용했는데 갑자기 모든 환경이 뒤바뀝니다. 낯선 땅에서 러시아어와 그 문화를 익혀야만 했습니다. 당시 스탈린 정권은 그의 가족에게 상당히 좋은 대우를 해주었습니다. 주변 이웃들은 고통을 겪고 있었지만 그 가족은 우아한 삶을 살 수 있었습니다. 아버지는 높은 임금을 받았고 러시아 정부는 고급스러운 아파트를 제공해주었습니다. 고위층만 다닐 수 있는 특별한 상점에 갈 수도 있었고 러시아 흑해 근처에 있는 코카서스에 휴가를 가기도 합니다. 러시아에 머물던 초기 3년은 에드거 샤인에게도 좋은 추억으로 남았다고 합니다. 샤인 가족이 스탈린주의의 허상과 만나기 전까지는 말입니다.

"어느 날 아침, 우리가 잘 알고 지내던 어느 가족이 하루아침에 종적 없이 사라졌다는 것을 깨닫게 되었습니다. 저는 그 당시 아버지가 우리 가족이 어떻게 대응해야 할지를 알고 있었던 게 분명하다고 생각합니다. 우리는 러시아에서 갇혀 있을 수도 있었겠지요. 하지만 아버지는 현명하게도 우리 가족을 이끌고 도망쳐 나왔습니다."[28]

도망치듯 러시아를 떠나 체코슬로바키아로 몸을 피합니다. 1년 후에는 미국 시카고 대학교의 한 부설 연구소에 자리를 잡아 이민을 떠납니다. 에드거 샤인은 열 살 즈음에 4개 국어를 익히게 되었습니다. 그는 나중에 이런 말을 하지요. "한 살에서 열 살 사이에 제 내면의 극장이 여러 번 장면을 바꾸었습니다. 스위스, 독일, 러시아, 체코에 이르기까지 문화적 전환이 계속 일어났습니다."

미국에서 학교 다니던 시절을 이렇게 회상합니다. "미국은 발 문화가 아니라 손 문화였습니다. 미국 애들은 축구가 아니라 야구를 좋아했습니다. 그런데 저도 야구를 해보니 꽤 괜찮게 손재주가 있어서 금방 친해질 수 있었습니다. 전형적인 미국 이민 2세처럼 살게 되었지요."

아버지로부터 학문적 엄격성을 추구하는 태도를 물려받았던 것 같습니다. 어릴 적부터 아버지 학문 동지들이 집에 자주 드나들었습니다. "그는 내 아이디어를 훔쳐 갔어." "그는 내 논문을 반드시 언급해야 했어."라고 말하는 광경을 종종 볼 수 있었습니다. 아버지는 학문적인 기준이 높고 야망이 컸는데 매년 노벨 물리학상 발표를 기다렸습니다. 그리고 자기 이름이 후보로 언급되지 않으면 실망하곤 했습니다. 에드거 샤인은 이렇게 회고합니다. "제가 자라난 환경은 매우 특이했습니다."

에드거 샤인은 커서 시카고 대학교에 입학합니다. 아버지 영향을 받아 물리학 수업을 몽땅 신청하여 듣습니다. 그런데 교양 과목으로 생물학 수업을 듣다가 학기 마지막 즈음에 심리학과 관련된 내용을 접합니다. 그 계기로 스탠퍼드 대학교에서 심리학 석사학위를 받고 하버드 대학교에서는 조직심리학 박사학위를 마칩니다.

그리고 나서 그는 미 육군 심리연구소에서 연구원으로 복무합니다. 마침 그때는 미군이 6.25 전쟁에 집중하던 시절이었습니다. 그는 총을 잡는 대신에 정신과의사들, 사회복지사들과 팀을 이루어 본국으로 송환되는 군인의 심리를 치료하는 프로젝트에 참여합니다. 미국에서 일본으로 날아갔다가 다시 일본에서 배를 타고 인천으로 가야 했습니다. 그리고 모종의 이유로 3주 동안 아무 일도 하지 못하고 인천에 머물러야만 하는 상황에 부닥칩니다.

처음에는 답답해하다가 자신이 심리학자라는 정체성을 자각합니다. 외상 후 스트레스 장애PTSD를 겪는 군인들을 찾아다닙니다. 그리고 그들을 심층 인터뷰합니다. 이 경험은 그가 자신의 학문 분야를 실험 심리학에서 응용 심리학으로 바꾸는 계기가 됩니다. 즉 실험실 안에서 엄격하게 통제된 연구로 학문적 시사점을 끌어내는 분야를 버리고 현장의 문제를 찾고 치료하는 분야로 관심이 이동한 것입니다. 그리고 점차 개인의 심리에서 집단으로 그리고 조직으로 발전합니다.

에드거 샤인이 어릴 때부터 다양한 문화와 언어를 접하고 익혔던 일, 갑자기 심리학에 빠져든 일, 6.25 전쟁을 겪으면서 실험 연구보다도 현장 문제 해결에 매혹되었던 일, 이런 경험들이 복합적으로 작용하여 조직문화라는 주제로 관심이 이어졌던 것 같습니다.

에드거 샤인의 조직문화를 구성하는 세 가지 차원

에드거 샤인이 우리나라에 온 기점을 계기로 본인이 평생을 추구할 분야가 바뀌었다는 점이 인상깊지요? 앞에서 살펴봤듯이 그는 조직문화를 '한 집단이 외부환경에 적응하고 내부 통합 문제를 해결해나가는 과정에서 그 집단이 학습해 공유된 기본 가정shared basic assumptions'으로 정의했습니다.[29] 그리고 그는 조직문화를 구성하는 세 개의 차원을 이렇게 제시합니다.

첫째는 그들의 물리적 공간과 겉으로 드러난 행동 등 인공물을 살펴보는 것입니다. 둘째는 그 집단이 표방하는 신념이나 가치관을 조사하는 것입니다. 마지막으로 그 신념과 가치관 이면에 깊숙이 숨겨져 있는 이런저런 가정을 파헤치는 일입니다.[30] 세 가지 개념을 좀 더

조직문화의 세 가지 차원

인공물

표방하는 신념과 가치

암묵적인 기본 가정

자세히 생각해보겠습니다.

[인공물]

영어 단어 'artifact'는 역사적으로 또는 문화적으로 의미 있는 물건을 말합니다. 여러분이 부여시를 여행하면서 야트막한 산 주위를 산책하던 중 작은 도자기를 발견했습니다. 상당히 오래되어 보이는 듯합니다. 혹시 그곳이 백제시대의 유적지가 아닌가 싶어서 그 근처를 손으로 파봅니다. 그 옛날에 만들어진 몇 가지 물건이 더 나왔습니다. 우리는 이를 두고 '유물artifact'이라고 합니다.

국가무형문화재 60호인 박종군은 1만 번의 망치질로 은장도를 만드는 명인입니다. 은장도는 삼국시대부터 귀족이나 상류층에서 차기 시작한 것으로 보이며 조선시대에는 널리 퍼지게 되었습니다. 금과 은은 귀천을 가리는 상징이었기에 연산군 4년에는 평민 이하는 은장도 사용을 금하도록 했습니다. 하지만 제대로 시행되지 못할 정도로 은장도 패용은 일반적인 풍습이었습니다. 여성은 은장도를 장식용으로 달았을 뿐만 아니라 몸을 지키는 호신용으로도 사용했습니다. 여러분은 광양을 여행하다가 그의 작업실에 들렀습니다. 그리고 은장도라는 공예품artifact을 샀습니다. 이처럼 유물 또는 공예품이라는 뜻이 있는 '인공물'은 그 문화권 사람들이 만든 산물로 역사적이고 문화적으로 의미 있는 물건을 의미합니다.

조직문화에서 인공물는 무엇일까요? 그 조직이 문화적으로 표출한 모든 것을 의미합니다. 그 조직에 가서 보고 듣고 느낄 수 있는 현상과 물건 말이지요. 예를 들어 로고, 사가, 근무 복장, 고유한 용어, 의례 등이 있습니다. 또한 조직이 만든 제품, 서비스, 그리고 이를 효과적으로 수행하기 위한 조직구조, 제도, 정책 등을 포함합니다. 즉 우리가 직접 지각하는 그 모든 것을 말합니다.

제가 조직문화를 관찰했던 A사가 있습니다. 사무실에 들어가자마자 깜짝 놀랐습니다. 왜냐고요? 기업 규모에 맞지 않게 구성원들이 지나치게 딱 붙어 앉아 일하고 있었기 때문입니다. 책상들이 여러 라인으로 배치되어 있었는데 개인의 옆 공간도 좁고 뒤 통로도 좁았습니다. 라인 안쪽에 있는 사람이 화장실을 가려면 여러 의자를 살짝살짝 밀고 나와야 하는 구조였습니다. 마치 닭장처럼 생겼습니다. 이와 같은 물리적인 사무 공간 배치도 인공물의 한 종류입니다.

왜 그런 현상이 나타났던 걸까요? 앞서 우리는 문화와 풍토 간의 구분을 살펴봤습니다. 대다수 학자는 인공물 상당수가 조직풍토에 해당한다고 주장합니다. 풍토는 구성원의 공유된 지각으로써 '우리 조직 현재 상태가 어때?what'라는 질문에 답을 줄 수는 있지만, '그 이유가 뭔데?why'라는 질문에 대해서는 침묵한다고 앞서 말씀드렸습니다. 그 이유를 알려면 에드거 샤인이 제시한 심층 차원으로 더 들어가야 합니다. 다음을 계속 살펴보시지요.

[표방하는 신념과 가치]

조직마다 그들이 중요하다고 주장하는 가치가 있습니다. 이런 가치는 어떻게 생기는 것일까요? 여러 경로가 있습니다만, 대표적으로 두 가지만 살펴보시지요. 첫째는 집단이 자연스레 학습한 과정에서 형성됩니다. 어느 스타트업에서는 사업 초반에 고객 수요가 있었다가 어느 순간부터 갑자기 감소하기 시작했습니다. 그러자 누군가 "광고비를 더 써서 홍보를 많이 해야 해요."라고 주장합니다. 뭐라도 해봐야겠다 싶어서 그 주장을 받아들이고 홍보를 많이 합니다. 그리하니 고객 수요가 실제로 늘어났습니다. 수요가 떨어질 즈음에 광고 홍보를 늘리니 수요가 반등하는 경험을 여러 번 반복합니다. 그러면 그 집단에서는 '광고 홍보는 중요해.'라는 신념이 생깁니다.

둘째는 어딘가에서 들은 좋은 말을 그냥 가져다 쓴 경우입니다. 그 조직 구성원들이 그게 중요하다고 믿고 그에 따라 행동해야 하는데 실상은 그러지 못한 경우들도 있습니다. B사는 식음료를 제조하고 판매하는 회사입니다. 이들은 창업 초기부터 '인간존중을 바탕으로 인류의 건강증진에 기여한다.'라는 경영이념을 내세웠습니다. 이 회사 홈페이지에서 이들이 표방하는, 즉 그들이 중요하게 여긴다고 주장하는 가치를 볼 수 있습니다.

고객만족: 고객만족 실현으로 고객과 함께 성장

인간존중: 인간존중의 정신으로 자율과 창조성 고양

사회봉사: 인류의 건강증진에 기여하는 신뢰받는 기업

그런데 B사는 2013년 대리점주 협박 사건으로 우리나라를 떠들썩하게 만든 장본인입니다. 그 회사 어느 영업사원이 아버지뻘인 대리점주에게 폭언과 협박을 한 통화 녹음 파일이 공개되면서 국민의 공분을 샀습니다.

이 사건을 둘러싼 B사의 전후 대응을 살펴보면 한 개인 영업사원의 일탈이라고 치부하기 어렵습니다. 녹취록이 공개되어 논란이 되기 전까지만 해도 B사는 조직적으로 움직여서 피해자인 가맹점주들을 명예훼손으로 고소했습니다.[33] 사회적으로 불매 운동이 벌어지자 대표이사와 임원이 사과문을 냈지만[34] 계속해서 가맹점주들을 고압적으로 대한 일들이 언론에 알려졌습니다. 그 이후에도 또 다른 영업사원(파트장급)이 대리점주에게 '떡값'을 요구하고 수천만 원의 돈을 받아 위에 상납한 정황도 터져나왔습니다.[35]

이 사건이 일어나기 전부터 B사는 고객만족, 인간존중, 사회봉사를 주요 신념이자 가치라고 홍보했습니다. '고객만족'에서 고객이란 B사의 모든 음료를 소비하는 일반 대중들입니다. 그리고 대리점 점주들 또한 고객입니다. 그들의 제품을 현장에서 뛰어다니며 홍보하고 팔아주는 1차 고객인 셈입니다. 그런데 B사는 점주들에게 폭언, 협박, 금품 요구를 지속했습니다. 그들이 중요하다고 믿는 신념 및 가치와 실상은 전혀 달랐던 것입니다. '인간존중'은 제가 말씀드리지 않아도 그들의 가치와 행동 간의 괴리가 얼마나 큰지를 느끼실 수 있을 겁니다.

앞서 제가 언급한 A사 이야기를 해보겠습니다. 그들이 표방하는 가치 중의 하나는 '인재육성'이었습니다. A사 주요 임원들은 인재가 사업성과에 중요하며 그들을 키워야만 회사의 밝은 미래가 보장될 것이라고 주장하곤 했습니다. 그런데 문화적으로 드러난 현상을 유심히 살펴보면 그 가치는 회사 홍보를 위한 표어에 불과한 것처럼 보였습니다. 대내외적으로 긍정적인 회사 이미지를 만들기 위한 수단, 외부에서 유능한 지원자들을 유인하려는 방편에 지나지 않았습니다.

앞서 말한 그들의 사무 공간을 보시지요. 그 많은 구성원이 '닭장' 같은 공간에 밀집해 있었습니다. 사람을 키우는 일은 인간존중을 근간으로 발휘하는 행위입니다. 사람을 중요하게 여기지 않는다면 어떻게 사람을 육성할 수 있겠습니까. 그런데 A사는 사람과 인재가 소중하다면서 그토록 숨 막히는 사무실에 구성원들을 몰아놓고 있었습니다.

[암묵적인 기본 가정]

앞서 조직문화와 조직풍토의 차이를 살피면서 암묵적인 기본 가정Basic Underlying Assumptions이 무엇을 의미하는지 생각해봤습니다. '지극히 당연하다고 믿는 것'을 뜻한다고 했습니다. 조직마다 기본 가정을 이루는 화소話素가 있습니다. 주로 그 부족민들이 가장 중요하게 여기는 자원 또는 개념을 중심으로 형성됩니다. 돈, 인간, 조직, 효율, 성과, 제품, 기술, 서비스, 고객 등이 그렇습니다. 조직문화의 주춧돌이 되는 요소입니다.

앞서 살펴본 A사를 생각해보겠습니다. A사에서 자주 사용한 용어 중의 하나는 '평당 매출액' '평당 영업이익'이었습니다. 한 평에 매출이 얼마나 나왔는지, 이익을 얼마나 남겼는지를 지칭하는 말입니다. 이 산업에 종사하는 관리자들은 어떤 장소와 공간을 보면 '여기는 대략 매출액 얼마짜리 공간이다. 어떤 물건을 놓고 팔면 영업이익이 더 나오겠다.'라는 생각이 바로 튀어나옵니다. 이는 '땅, 공간이 곧 돈이

다.'라는 가정을 형성하게 합니다. 이처럼 그 조직 내에서는 너무나도 당연하게 받아들여져서 그 누구도 옳다 그르다를 따지지 않는 신념이 바로 암묵적인 기본 가정입니다.

흥미롭게도 기본 가정은 서로 경합합니다. 다른 가정과 평행하게 병존하거나, 화학적으로 결합하여 다른 가정을 만들거나, 대립하여 위계를 정하거나, 밀어내고 다른 가정을 불러들이기도 합니다. 가장 빈번하게 마주하는 가정의 경합은 '돈인가? 사람인가?'입니다. A사의 '땅, 공간이 곧 돈이다'는 인간에 대한 가정과 경합합니다. '인간을 존중해야 한다'를 조직 밖으로 완전히 밀어내지는 않았습니다. 하지만 이를 억누르고 지배해 최우선으로 추구할 가정이 됩니다. 그리하여 이러한 지배적 사고를 만들어냅니다. "직원들이 차지하는 자리에 매대를 하나 더 놓으면 매출이 얼만데! 땅을 파봐라. 돈이 나오냐. 직원들은 한쪽에 몰아놓고 여기와 저기에 판매대를 더 놓으라고!"

프레드릭 테일러Frederick Taylor는 과학적 관리법scientific management으로 유명합니다. 1900년대 초 주먹구구로 일하던 경영자와 노동자들을 변화시키고자 한 최초의 시도였습니다. 노동 작업을 여러 동작으로 분해하고 군더더기 없는 최적의 동작과 궤적을 찾아내고 이를 노동자에게 익히도록 요구했습니다. 그가 실시한 시간 연구time study는 1초 단위까지 측정하여 관리했습니다. 이를 문화적으로 해석해보면 테일러가 가지고 있던 기본 가정은 '과학적 효율성이 최고의 덕이다'입니다. 이 가정은 곧 다른 가정들과 경합합니다. '인간을 존중해야 한다.' '생명을 중시해야 한다.'는 가정은 경시됩니다. 효율성을 최고의 선으로 추구하려면 노동자들의 신체적 활동을 마치 기계처럼 간주해야 했기 때문입니다. 그리고 이는 다른 가정으로 화학적으로 변

합니다. '인간은 수단에 불과하다.'

　지금까지 우리는 조직문화의 전설적 인물 에드거 샤인의 세 가지 차원을 살펴보았습니다. 어쩌면 그가 어릴 때부터 다양한 문화와 언어를 접하며 자랐고 논리적인 아버지의 영향을 받았기에 그처럼 세 가지 요소를 예리하게 포착하고 체계적으로 정립할 수 있었지 않았나 싶습니다.

조직문화를 더욱 쉽게 정의해보자

　에드거 샤인이 내린 정의 외에도 다양한 정의가 있습니다. 1998년에 네덜란드 로테르담에 있는 에라스무스 대학교의 연구자들은 조직문화를 정의하는 문장들을 조사했습니다.[36] 이들은 1960년에서 1993년 사이에 출간된 논문과 서적을 깡그리 훑었습니다. 그로부터 총 86개의 정의(조직문화 54개, 조직풍토 32개 정의)를 찾아냅니다. 그리고 이를 분석한 결과 학자마다 조직문화를 정의하는 관점이 서로 달랐습니다. 왜 그랬을까요? 주된 원인 중의 하나는 학자들의 전공이었습니다. 그들이 인류학이라는 땅을 밟고 보느냐, 심리학이냐, 사회학 렌즈로 보느냐에 따라 달랐습니다.

　공통점도 있습니다. 바로 '공유된shared' '지각perceptions' '가치values' '가정assumptions'이라는 표현이 동시에 출현하는 점입니다. 이들 네 가지 단어를 쉽게 풀어보겠습니다. '공유된'은 '누구나 그렇게 알고 있다'는 의미라고 앞서 말씀드렸습니다. 지각은 '우리는 이렇게 느끼며 생각하고 있다.'이고 가치는 '우리는 이것을 중시한다.'이고 가정은 '우리는 이게 당연한 거다.'라는 뜻입니다. 이들을 보통 사람의 눈높이에 맞추어 더욱 쉽게 정의할 수 있을까요? 저는 세 가지 은유적 표현을 사용합니다.

조직문화는 '보이지 않는 율법'이다

먼저 조직문화는 '무엇을 해야 하고 하지 말아야 하느냐'에 대한 '보이지 않은 율법'이라고 비유합니다. 어떤 행동을 하면 부족에게 처벌받고 배척당하는지, 어떤 상황에서 가만히 있어야 하는지, 어떤 일을 하면 칭찬을 받는지 등 그 누가 지시하지 않아도 의식적으로나 무의식적으로나 알게 해주는 총체라고요.

'율법'은 원래 『성경』에서 유래된 말입니다. 『성경』의 하느님은 유대인에게 자신만 섬기도록 요구하면서 모세를 통해 '십계명'을 내려줍니다. '살인하지 말라.' '도둑질하지 말라.' 등 총 10가지로 구성된 최고 법을 말입니다. 그리고 유대인 사회가 점차 발전하면서 부가적인 법률이 제정됩니다. 일상에서 하지 말아야 할 일, 해야 할 일, 하지 않아도 될 일 등이 모세 5경(「창세기」「출애굽기」「레위기」「민수기」「신명기」)에 문자로 기록됩니다. 제가 율법이라는 단어 앞에 '보이지 않는'이란 표현을 덧붙인 이유가 있습니다. 조직문화가 구성원에 지대한 영향을 미치지만 글로 명문화되지 않아 보이지 않기 때문입니다. 한 스타트업 대표가 제게 도움을 요청했습니다. 그의 고민은 이랬습니다.

"사무실에서 그 누구도 다른 구성원에게 다가가 말로 이야기하질 않습니다. 회의할 때도 아이디어를 내지도 않고 그냥 입을 꾹 다물고만 있습니다. 스타트업은 이런저런 아이디어를 내고 빠르게 실행해보고 안 되면 접어서 다시 다른 일 해보는 게 중요하거든요. 시장 반응을 기민하게 살펴보면서 뭔가를 만들어가야 하는데 밖에서 밥을 먹으면 웃고 떠들다가도 회사 사무실에 들어오기만 하면 다들 꿀 먹은 벙어리가 되니 참 이해가 되질 않습니다. 어쩌다가 우리가 이렇게 된 건지 모르겠어요. 어떻게 해야 하는지 감이 잡히질 않습니다."

모든 구성원을 개별적으로 만나 면담하고 그 후에는 전체 워크숍을 여러 번 했습니다. 구성원 중의 한 명은 이렇게 말했습니다.

"제가 생각해도 참 신기합니다. 누가 그렇게 하라고 시키지도 않았는데 그런 분위기가 형성되어 버렸어요. 어느 순간 회의에서도 입을 다물게 되었고……. 이제는 사무실에서 말을 하면 안 될 것 같은 분위기가 되었지요. 여러 가지 원인이 얽혀 있을 듯한데 딱히 꼬집어서 말하기도 어렵네요. 그러다 보니 우리가 무엇을 어떻게 해야만 바뀔 수 있을지 모르겠습니다."

'보이지 않는 율법'이라는 표현은 종교인이라면 피부에 와닿는 은유입니다. 하지만 단점도 있습니다. 율법은 개정 또는 개선하기 어려운 개념입니다. 『성경』이 『구약』과 『신약』으로 구분되는 이유는 하나님이 '모세'를 통해 맺은 계약과 '예수'를 통해 맺은 계약이 서로 다르기 때문입니다. 1,000여 년간 모세의 율법으로 별다른 변화 없이 지속하다가 예수를 통해서 비로소 바뀌었습니다. 이와 같은 배경 지식이 풍부한 사람들에게 '보이지 않는 율법'이라 설명한다면 '조직문화는 변화시킬 수 없다'는 메시지를 은연중에 전달할 수 있습니다.

조직문화는 '컴퓨터 운영체제'이다

두 번째 은유적 표현은 컴퓨터의 운영체제입니다. 몇 년 전에 저는 왜 마이크로소프트 윈도만 고집하면서 사용하고 있나 회의가 들었습니다. '컴퓨터는 인류 문명의 집적체인데 윈도 계열만 쓰다 죽어버리면 무덤 속에서도 무척이나 서운할 것 같다'는 명분으로 애플의 맥북 컴퓨터를 샀습니다. 완전 다른 세상이더군요. 주로 인터넷을 활용하기에 화면으로 보이는 그림은 비슷하지만 그 안의 동작 원리는 달랐습니다. 데스크톱 화면을 구성하는 가정도 다르고 작업 창을 여닫고 정렬하는 방식이 서로 다른데다 컴퓨터 조작을 하기 위한 손가락 움직임도 달라졌습니다. 하는 일은 인터넷 서핑과 문서 작업으로 별반 차이가 없는데 운영체제가 달라지니 그 일을 수행하는 전반적인 방식이 달라졌습니다. 제가 이직하면서 느꼈던 감정과 사뭇 비슷하더군요. 직무는 같은데 일을 추진하고 성과를 인정받기 위해 제가 취해야 할 행동이 달라야만 했습니다. 이전 회사에서 굳어진 저의 사고와 행동 방식이 이직한 회사에서 점진적으로 다르게 변화함을 느낄 수 있었습니다.

'조직문화는 곧 운영체제다.'라는 비유의 장점은 개선할 수 있다는 의미를 전달합니다. 마이크로소프트의 윈도든 애플의 맥 운영체제든 그 운영 성능을 향상하기 위해 주기적으로 업그레이드를 합니다. 또한 여러 소프트웨어 회사가 자사 프로그램을 그에 맞추어 개선합니다. 마치 조직 전체의 문화를 바꾸어나가면 각각의 부서가 그에 맞추어 일하는 방식을 바꾸어나가는 것처럼 말입니다. 반면 단점도 존재합니다. '조직문화 개선을 기계적으로 수행하면 된다거나 개선 작업이 상대적으로 쉽다.'라는 인상을 줍니다. 컴퓨터 운영체제는 0과 1로 이루어진 세상입니다. 원인과 결과가 명확합니다. 어딘가 부족하다거나 고쳐야 한다면 그 원인을 밝히고 그 구체적인 대안을 모색할 수 있습니다. 단계적인 계획을 세워서 하나씩 '패치_patch'해나가면 됩니다. 반면 조직문화는 원인과 결과를 명확하게 구분하기 어렵습니다. 손에 만져지지 않기에 모호합니다. 아귀가 딱딱 맞아떨어지게 개선하기가 어렵습니다.

조직문화는 '토양'이다

한 식품 회사는 한식의 세계화를 목표로 했습니다. 우선 동남아 국가부터 공략하기로 했습니다. 우리나라 음식에서 가장 기본이 되는 재료 중의 하나가 바로 고추, 고춧가루입니다. 한국에서 직접 공수하기에는 물류비용이 많이 들어가기에 그 나라에 씨를 뿌려 직접 재배하기로 합니다. 그렇게 수확한 고추로 한식을 요리해보니 이상하게도 본래 그 맛이 안 나는 겁니다. 분명히 동일 품종의 고추씨를 가져다 심었는데도 불구하고 말이죠. 그리하여 수십 개의 품종을 외국으로 가지고 나가 다 심어봅니다. 그중 한 품종만이 우리나라에서 재배한 고추와 유사한 맛을 내더랍니다.

10대 자녀를 둔 아버지가 있습니다. 학교에서 잘 적응하지 못하고 겉돌기만 합니다. 그 아버지 말에 의하면 '성적은 해저 2만 리 바닥을 기고' 있었습니다. 이 아이를 어떻게 해야 할까 고민이 들었답니다. 아내와 상의한 끝에 가계에 상당한 부담이 되긴 하지만 외국 학교로 보냈습니다. 그런데 한국에서는 비실대던 아이가 외국 학교에서는 공부에 흥미를 느끼기 시작합니다. 권태로 가득한 아이의 눈에 호기심이 가득 찹니다.

이처럼 식물이든 사람이든 문자적으로든 상징적으로든 무언가를 키워내는 데는 '토양'이 매우 중요합니다. 조직문화도 그와 같습니다. 어느 토양은 평범한 사람이 위대한 일을 하도록 하고 비범한 인재로 변모시키는가 하면 어떤 토양은 초롱초롱 빛나던 눈을 고주망태와 같은 상태로 만들기도 합니다. 또한 조직문화는 지형과 유사합니다. 어떤 조직의 지형은 평탄합니다. 그래서 오랜 시간 동안 뛰어도 쉽게 지치지 않습니다. 어떤 조직의 지형은 자갈밭입니다. 뛸 때마다 잡음도 나고 발바닥도 아픕니다. 어느 지형은 굴곡이 심한 산길입니다. 작정하고 뛰고 싶어도 뛸 수 없을 뿐더러 조금만 가도 쉽게 숨이 가쁘고 지칩니다.

토양이나 지형과 같은 메타포 또한 단점이 있습니다. 조직문화의 가장 핵심적인 기능 중의 하나는 '무엇을 해야 하느냐, 하지 말아야 하느냐'를 암묵적으로 알려주는 일입니다. 그런데 토양이나 지형과 같은 메타포는 그와 같은 의미를 전달하지 못합니다.

이처럼 저는 조직문화를 '보이지 않는 율법' '컴퓨터 운영체제'와 같은 비유로 피부에 와닿게 설명하되 그 장단점을 반드시 부연하여 말씀드립니다. 그러면 좀 더 구체적으로 조직문화 개념을 이해할 수 있더군요. 여러분이 생각하는 조직문화는 무엇입니까? 여러분의 경험을 토대로 어떤 비유를 들 수 있겠습니까? 그 비유의 장단점은 무엇입니까? 독자께서 본인만의 조직문화 정의를 갖도록 돕는 일만으로도 이 책을 저술한 보람을 느낄 수 있을 것 같습니다.

3
조직문화는 어떻게 형성되는가?

• • •
한 나라의 문화가 투영된다

나와 타인은 어떤 관계인가?

한 나라의 문화를 고찰할 때 개인주의 – 집단주의는 먼저 접하는 화두입니다. 두드러지게 나타나는 현상이기도 하지만 인간 사회를 규정하는 기본 원리와 관련이 있기 때문입니다.

『성경』의 세계관을 예로 살펴보겠습니다. 하나님이 인류 최초의 인간 '아담'을 창조했습니다. 아담을 에덴동산에 두어 각종 나무를 관리하게 했습니다. 그리고 하나님은 암수로 짝지은 각종 들짐승과 새를 만들고 아담에게 이름을 붙이게 합니다(「창세기」 2:5~20). 아담은 다양한 피조물에 이름을 붙이면서 스스로 '나는 어떤 존재인가,

마커스와 기타야마의 나-타인 관계 도식

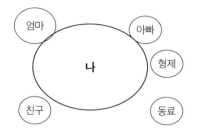

다른 사람으로부터 독립적인 나

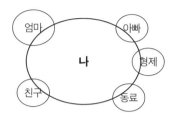

다른 사람과 상호 의존적인 나

나는 누구인가?' 하고 질문을 던졌을 것입니다. 시간이 지나자 하나님은 여자인 '하와'를 창조하고 아담에게로 이끕니다. 아담이 두 번째로 자신에게 던진 질문은 '하와는 누구인가, 그녀는 나에게 있어어떤 의미인가?'였을 것입니다. 이제 아담이 하와와 동침을 하고 카인과 아벨과 같은 자녀를 낳습니다. 그에게는 이제 다음과 같은 질문이 다가왔을 것입니다. "다른 사람들과 나의 관계는 무엇인가?" 헤이즐 마커스Hazel Rose Markus와 시노부 기타야마Shinobu Kitayama는 나와 타인의 관계를 어떻게 상정하느냐가 사회 문화를 구성하는 토대가 된다고 주장합니다.[37] 이들은 '나와 타인'의 관계가 두 가지로 나뉜다고봅니다. '다른 사람으로부터 독립적인 나' 그리고 '다른 사람과 상호의존적인 나'입니다.

왼쪽 그림은 나와 타인이 독립적independent입니다. 주로 미국이나영국에서 가정하는 관계입니다. 이들 나라 사람들은 독립적인 존재로서 자신이 누구인지, 무엇을 하고 싶은지, 어떤 사람이 되고 싶은지를 중시합니다. 자존감, 자아의식, 자긍심, 자립심, 자아실현을 강조합니다. 옷을 입더라도 자기 기호에 맞는 디자인과 색상을 추구합니다. 개인을 독립적인 존재로 가정하기에 채용 면접을 볼 때도 이성 친구가 있는지, 결혼했는지, 부모님은 무엇을 하는지 묻지 않습니다. 아니, 질문할 이유가 없습니다.

오른쪽 그림을 보면 나와 엄마, 아빠, 형제, 친구, 동료가 연결되어 있습니다. 즉 의존적interdependent입니다. 우리나라를 비롯한 중국과 일본이 그와 같은 관계를 상정합니다. 이 문화권에서는 고유한 자아only one을 이루는 일에는 상대적으로 관심이 떨어집니다. 오히려 그가 속한 가족과 집단과의 관계가 더욱 강조됩니다.[38] 우리나라 사람은 낯선 사람을 만나 서로 인사 나누는 과정에서 그의 나이와 가족 사항에 더해서 어디 출신인지, 어디 성씨인지, 본관은 어디인지까지 묻곤 합니다. 상대방이 나와 얼마나 연결되어 있는지를 따져물어 갑니다. 그래서 면접을 볼 때도 지원자가 어떤 사회적 관계를 맺고 있는지를 중시합니다. 부모님이 누구인지, 직업이 무엇인지, 형제 관계가 어떻게 되는지를요. 사람은 서로 연결되어 있다는 가정을 하고 있기 때문입니다.

독립이냐 상호의존이냐 가정은 양육 과정에서도 차이가 납니다. 미국과 영국은 아이를 교육할 때 다른 사람에 비해서 부족한 점을 부각하여 혼내기보다는 그가 잘하는 점을 칭찬하여 그만의 독특함을 꽃피워나가게 합니다. 남들과 비교하지 말고 자기만의 스타일 찾으라고 명시적으로든 암묵적으로든 교육합니다. 이들 세계의 교육 목적은 어린아이가 빨리 자립하도록 돕는 일입니다. 반면 한국이나 일본은 아이를 훈육할 때도 그 아이가 또래보다 잘하지 못하는 점을 꼬집어서 혼내곤 합니다. 남보다 '독창적이다.' '고유하다.'라는 평가를 듣도록 장려하기보다는 다른 사람과 조화로운 관계를 유지하고 집단의 목표를 달성하기 위해 개인에게 주어진 책임을 다하도록 하는 데 집중합니다. 사회 구성원으로서 결격이 되지 않도록 훈육하는 일에 더 집중합니다.

국가별 속담에서도 드러납니다. 미국에서는 "삐걱거리는 바퀴가 기름을 얻는다."라는 말이 있습니다. 원하는 바가 있으면 시끄럽게 굴어야 한다는 의미입니다. 시끄럽다고 뭐라고 하는 주변 사람들을 의식하지 말고 네가 원하는 바를 이루라고 하는 이야기지요. 어릴 때부터 자신의 의견을 피력하도록 장려합니다. 반면 우리나라는 "모난 정이 돌 맞는다."라는 속담이 있습니다. 사람들과 둥글게 어울려 살아야지 혼자서 잘났다고 나대면 탈이 난다는 의미입니다. 일본에도 비슷한 속담이 있습니다. "위로 솟는 말뚝이 망치로 두들겨 맞는다." "삐죽 솟은 못이 맞는다." 주변 사람들과 서로 연결되어 있다는 가정이 깔렸기에 눈치를 보는 법을 먼저 배웁니다.

미국 가정에서는 밥을 먹지 않으려 하는 아이에게 부모가 이렇게 이야기한다고 합니다. "에티오피아 같은 나라에서 굶어죽는 아이를 생각해보렴. 그리고 네가 그 아이들보다 얼마나 행운아인지를 감사하렴."[39] 반면 제가 어릴 때 밥투정을 하면 부모님은 이렇게 말씀하셨습니다. "밥은 쌀로 짓고 쌀은 농부의 땀이 흘려야 얻을 수 있단다. 농부 아저씨에게 감사한 마음으로 먹어야지." 기타야마에 의하면, 일본에서도 부모가 밥투정하는 자녀에게 그와 같은 논지의 말을 한다고 합니다.[40]

초등학교 교과서를 비교해보면 그 차이는 두드러지게 드러납니다. 미국의 어느 초등학교 교과서에서는 우리의 철수와 영희에 해당하는 '딕과 제인'의 이야기가 실려 있습니다.[41] 이 교과서에서는 혼자 노는 딕을 강조합니다.

> 딕이 뛰는 것을 보세요. 딕이 노는 것을 보세요See Dick run. See Dick
> play. 딕이 뛰면서 노는 것을 보세요See Dick run and play.

중국의 초등학교 교과서는 어떨까요? 형과 동생의 관계를 부각합
니다.

> 형이 어린 동생을 돌보고 있구나. 형은 어린 동생을 사랑해.
> 그리고 동생도 형을 사랑한단다.

한국의 초등학교 교과서는 중국과 크게 다르지 않습니다. 가족과
친족 그리고 친구가 서로 연결된 장면을 더 많이 묘사합니다.

> 나는 동생과 버들피리를 불었지요.
> 나는 아버지와 어머니를 따라 바닷가로 가겠어요.

이처럼 다른 사람들과 독립적이냐 의존적이냐 가정이 다릅니다. 그
리고 이에 따라 한 사회 내에서 개인주의 또는 집단주의가 형성됩니다.

나와 타인은 다른가, 같은가?

해리 트리앤디스Harry Triandis는 개인주의 문화권이라 하더라도 나라
마다 서로 다른 양상이 나타날 수 있다고 주장합니다. 예를 들어 미

국의 개인주의는 스웨덴에서 나타나는 개인주의와 다릅니다. 집단주의도 마찬가지입니다. 이스라엘의 집단주의는 우리나라의 집단주의와는 다릅니다. 이를 토대로 그는 '나는 타인과 독립적이냐, 상호의존적이냐'는 가정뿐만 아니라 한 가지 축이 더 존재한다고 주장합니다. 바로 '나는 타인과 다른가, 같은가'라는 가정입니다. 그는 전자를 수직적vertical이라 표현하고 후자를 수평적horizontal이라 표현합니다.

수직적 차원은 내가 다른 사람과 다르다고 생각하는 경향을 말합니다. 그 다름이 '나는 나야!'라는 식의 독특함이 아니라 사회적인 위치가 다르다는 가정입니다. 수직적 차원이 나타나는 문화에서는 구성원 간에 발생하는 불평등을 일정 부분 수용하고 특정 계층에 대한 특권을 용인합니다. 반면에 수평적 차원이 나타나는 문화에서는 나와 타인이 유사하다고 믿습니다. 특히 사회적인 지위에 있어서 큰 차이가 없다고 가정합니다.

최근 MBC 에브리1 채널은 〈어서 와~ 한국은 처음이지?〉라는 프로그램을 방영합니다. 한국에 사는 외국인이 고향 친구나 가족을 한국으로 초청합니다. 주로 JTBC의 〈비정상 회담〉 출연자들이 고국의 친구들을 초대했는데 멕시코, 독일, 러시아, 핀란드, 프랑스, 캐나다 등에서 왔습니다. 이들은 4~5일 동안 한국 곳곳을 여행하면서 다양한 먹거리를 맛보고 한국의 전통문화를 체험합니다. 낯선 이들의 눈으로 비친 모습을 통해 또 다른 한국을 발견할 수 있어서 저도 즐겨봅니다. 방송사에서 권고했는지, 아니면 초청을 받아서 그런지, 외국인 대부분이 한국 여행과 문화에 칭찬 일색인데요. 그들을 유심히 보면 국가별로 문화적 차이를 느낄 수 있습니다. 수직적 – 수평적 차원도 어느 정도 관찰되기도 합니다.

2018년 1월에는 영국인 제임스 후퍼의 친구 두 명과 노인 한 분이 한국에 방문했습니다. 그 시리즈를 보면서 그 노인은 어떤 관계인가 궁금했습니다. 알고 보니 제임스 후퍼가 어릴 때부터 친했던 삼총사 중의 한 친구 아버지였습니다. 그 친구는 모험가로서 살다가 불의의 사고로 죽었고 그를 대신하여 아버지가 함께 한국에 왔던 것이었습니다. 그런데 제임스 후퍼를 포함해서 젊은 친구 세 명이 그 아버지를 대하는 방식이 한국과는 조금은 다른 느낌이었습니다. 한국인만큼 이것저것 챙겨드리거나 예의를 깍듯이 차리는 느낌은 아니었습니다. 친구의 아버지로서 존중하지만 '당신이나 나나 같은 사람입니다.'라는 가정이었지요.

우리는 어떻습니까? 우리나라에서 친구 아버지를 부르는 말을 살펴보겠습니다. 부친父親, 춘부장椿府丈, 춘장, 춘당, 영존, 춘부대인, 대인, 어르신이 있습니다. 영국, 미국, 호주에서는 보통 그의 이름으로 부르는 일에 비하면 우리나라는 남의 아버지를 칭하는 말이 다양합니다. 특정 대상을 지칭하는 용어가 다른 문화권에 비해 다양하게 나타나는 현상은 곧 그 문화권 사람들이 그 대상에 상당한 의미와 가치를 부여하고 있음을 시사합니다.[43] 남의 아버지를 이르는 호칭의 면면을 보면 수직적인 의미가 많이 담겨 있습니다. '춘부장'이라는 표현 하나만 보시지요. 춘椿은 상상 속 나무입니다. 장자는 그 나무가 8,000년을 봄으로 삼고 다시 8,000년을 가을로 삼는다고 했습니다. 즉 1년이 3만 2,000년이나 되는 나무로 그만큼 장수를 상징하는 단어입니다. 부장府丈은 상대방 집안의 어른을 뜻하는 말입니다. 춘부장은 상대방의 아버지가 그 집안에서 높은 분이며 그의 장수를 기원한다는 의미가 내포되어 있습니다. 사회적으로 지위가 다름을 암암리에 가정하고 있습니다.

대기업 신입사원 교육이 대변하는 우리나라 문화

헤이즐 마커스와 시노부 기타야마의 '나는 타인과 독립적인가, 의존적인가?' 그리고 트리앤디스의 '나는 타인과 다른가, 같은가?'라는 가정은 한 사회를 규정하는 지배적인 문화로 나타납니다. 우리나라는 어떻게 나타날까요? 한국의 문화는 다른 사람들과 나를 연결지어 생각하는 집단주의에 가깝고 나보다 더 높은 지위에 있는 사람을 마땅히 존중하고 권위를 인정해야 한다는 수직적인 가정을 가지고 있습니다. 달리 말하면 불평등을 충분히 용인하는 문화입니다. 한 나라의 문화는 곧 조직에 투영됩니다.

우리나라 조직문화를 쉽게 가늠하는 방법은 대기업 공채 신입사원 교육을 살펴보는 일입니다. 이 교육은 문화적으로 가장 상징성이 강한 제도입니다. 인류학자 레비스트로스Levi-Strauss는 문화를 '날것', 즉 자연적이고 야생인 상태와 '익힌 것', 즉 문화를 익혀서 활용하는 상태로 구분합니다.[44] 직무에 배치받기 전의 신입사원은 그야말로 자연인으로서 '날것'인 상태입니다. 이들에게 우리 조직의 문화를 습득하게 해야 합니다. '익힌 것'으로 만들어야 합니다. 그것도 매우 짧은 시간에 말입니다. 그래서 신입사원 교육은 그 조직의 문화 상징이 농축되어 있습니다.

이 교육을 잠시 살펴보겠습니다. 신입사원들이 지정된 장소에 모두 집합합니다. 곧바로 회사 마크가 새겨진 단체복으로 갈아입도록 요구받습니다. 20여 분 후에 다시 모이니 모두 똑같은 옷을 입어 남녀가 모두 비슷해 보입니다. 그때부터 집단 중심의 태도와 행동을 요구받기 시작합니다. 팀별로 여러 가지 과제를 수행합니다. 팀 간 경쟁이라 팀원들이 합심하지 않으면 뒤처지게 마련입니다. 또 매일 아침 6시에 일어나 6시 30분에 운동장에 집합합니다. 조별로 운동장을 다섯 바퀴를 뜁니다. '우리는 하나'라는 의식을 키우기 위한 목적으로 육체적인 운동만큼 효과적인 방법은 없습니다. 모두가 함께 힘들었던 집단적 기억은 동병상련同病相憐의 정을 만들지요. 우리나라의 집단주의가 투영된 대목입니다.

　교육 중에는 창업주의 위대한 행적과 유산을 배우는 시간이 있습니다. 현대그룹의 신입사원 교육자료를 연구한 적이 있습니다. 회사 역사를 소개하는 강의안은 그 기업문화를 연구하는 데 정말 유용합니다. 거의 모든 문화 상징이 그 안에 다 담겨 있기 때문입니다. 현대그룹의 교육자료에는 전설적인 인물인 정주영 회장의 일대기가 상당한 분량으로 담겨 있었습니다. 조선소 사업에 투자를 받기 위해서 거북선이 그려진 500원짜리 지폐 한 장 들고 영국에 투자받으러 갔던 이야기, 1984년에 서해안을 간척하는 공사를 진행하면서 전문가조차 상상하지도 못했던 '폐유조선 공법'을 창조해낸 이야기. 이 상징이 신입사원에게 주는 메시지는 중의적입니다. 하나는 '너희는 우리 그룹에 자부심을 품어야 한다. 너희들이 정주영 회장님만큼 될 수는 없겠지만, 그의 발자취를 따라라.'이고 다른 하나는 '그분과 그 혈족에 존경심을 가져라.'입니다.

　또한 '멘토 사원'이 교육에 참여합니다. 일반적으로는 경력 5~8년차 대리급으로 핵심인재 가운데서 선발하는 경우가 많습니다. 멘토 사원들이 신입사원을 교육하는 과정에서 회사에 대한 '로열티'와 '주인의식'이 높아질 수 있기 때문입니다. 멘토 사원들은 신입사원을 날 것에서 익힌 것으로 바꾸는 일을 합니다. 신입사원들은 이들에게 절대적으로 협조하고 이들의 말에 따르도록 요구받습니다.

회사 사장이나 임원이 와서 특강을 하는 경우가 있습니다. 신입사원들은 모두 일어서서 박수로 맞이합니다. 트리앤디스가 제시한 '나는 타인과 다른가, 같은가?'라는 질문에 있어서 '다른 사람과 지위가 차이가 나는 나'를 암암리에 각인시킵니다. 상하 직급 간에 불평등을 용인하도록 하는 일입니다. 이처럼 한 나라의 사회적인 문화가 조직문화 형성에 적지 않은 영향을 미칩니다.

혹시 이 글을 읽고 읽다가 혹시 이렇게 생각하실 분이 계실지 모르겠습니다. '앞에서 예를 든 면면을 보니 우리 회사 신입사원 교육하고 똑같네. 와, 그동안 우리가 왜 이렇게 관습적으로 실시해왔지? 요즘 같은 세상에 그처럼 고루한 교육을 하다니. 신입사원 교육을 모두 다 바꿔야겠다.'라고요. 좋은 생각입니다. 그런데 말입니다. 회사 내에 형성된 조직문화를 바꾸지 않고 신입사원 교육만 바꿨다가는 큰 탈이 납니다. '날 것'을 '익힌 것'으로 만들어야 하는데 '레어rare'로 살짝 익힌 정도로는 기존 회사 문화가 이를 소화하지 못하기 때문입니다. 그 '레어'를 보면서 기존 구성원들은 이렇게 평할 겁니다. "요즘 신입사원들은 나 때와는 다르네. 개념이 없어, 개념이." 신입사원들도 매우 힘들어할 수 있습니다. 신입사원 교육에서는 '자율, 창의, 주도'를 강조하기에 본인이 책임을 지고 자율적으로 업무를 할 줄 알았는데 실상은 그게 아님을 깨닫는 순간 큰 충격을 받을 것입니다. 이를 '현실 충격reality shock'[45] 또는 '진입 충격 entry shock'[46]이라 합니다.

우리나라 한 기업이 기존의 공고한 조직문화와는 동떨어진 기업

홍보를 시리즈로 오랜 기간 방영했습니다. 그리고 신입사원 교육도 그 광고 기조에 맞춰서 바꾸었지요. 창의적이고 자유롭게. 그런데 신입사원이 실제 업무 배치를 받고 나서는 힘들어했습니다. 현실 충격이 컸던 탓입니다. 신입사원 교육은 해당 조직의 문화가 드러나는 표상이자 '날것을 익힌 것'으로 만드는 장입니다. 그 신입사원 교육 하나만 이질적으로 바꾸면 안 됩니다.

● ● ●
조직의 초기 세팅이 어떤 영향을 미칠까?

어떤 분은 이런 질문을 던질지 모르겠습니다. "우리나라 문화가 조직에 영향을 미친다면 우리나라 조직들은 문화가 다 비슷해야 할 거 아니겠어요? 그런데 같은 대기업군이라 하더라도 회사마다 문화가 다르잖아요? 그 이유가 뭐지요?"라고요. 좋은 질문입니다. 조직문화 연구자들은 국가적인 영향뿐만 아니라 다른 영향요인들도 규명해왔습니다. 그중 하나는 그 조직이 태동하는 당시의 환경이 문화 형성에 영향을 미칠 수 있다는 것입니다.

우리는 무엇을 팔아서 돈을 벌고 성장했는가?

이 질문에 대한 답이 종종 조직문화에 영향을 미칩니다. 두 회사를 살펴보겠습니다. A사는 우리나라 여느 오래된 기업들처럼 정부에서 일본인 재산을 청산하는 과정에서 창업주가 인수한 회사입니다. 1960년대부터 비스킷 생산에 집중하고 그 이후에는 여러 과자를 만들고 팔아왔습니다. 과자는 소위 '한 개에 몇백 원' 사업입니다. 소비자에게 100개를 팔아야 1~2만 원 남습니다. 그렇게 해서 번 돈으로 여러 산업에 진출합니다.

B사는 1960~1970년대 정부 지원에 힘입어 어느 국가 기간 산업을 인수했습니다. 그 산업은 그 당시에도 매출이 몇백억이었고 영업이익이 최소 억 단위였습니다. 시간이 지나 그 회사는 더 크게 성장했습니다. 자금을 축적하게 되자 B사는 다른 산업에 손을 뻗습니다. 그 대부분이 최소 몇백억의 이익을 남길 수 있는 사업에 뛰어듭니다.

신규사업을 추진할 때 A사와 B사는 어떤 지배적인 사고가 드러날까요? 어떤 사업을 구상하고 추진하도록 결정할까요? A사는 대표적인 '원 단위 사고'를 보입니다. 사업 시초가 몇십 원 혹은 100원을 남기는 사업이었기에 소비자에게 한 개를 팔아서 1,000원을 남길 수만 있다면 그 중간이윤이 엄청 크게 느껴집니다. 신규사업을 할 때도 몇십 원, 몇백 원, 몇천 원 사업도 마다하지 않습니다. 사업적인 기회가 보인다 싶으면 골목 사잇길도 마다하지 않습니다. '티끌 모아 태산'이라는 태도가 나타납니다. 반면 B사는 '억 단위 사고'입니다. 정부가 도와줘서 그 초기부터 억 단위 영업이익을 남기곤 했죠. 이들이 신규사업을 구상할 때도 억 단위 산업에만 눈이 갑니다. 몇십 원, 몇백 원을 남기는 일은 사업이 아니라 생각합니다. '뭘 하더라도 크게 한 번 해야지.'라는 생각이 암암리에 스며들어 있습니다.

핵심 성공 요인은 무엇인가?

'그 산업의 핵심 성공 요인은 무엇인가?'라는 개념이 조직문화에 투영되기도 합니다. 국내 한 굴지의 건설 회사는 세 개 사업부를 가지고 있습니다. 전국 방방곡곡에 브랜드 아파트를 짓는 건축사업부, 정유 공장 등 생산 설비를 만드는 플랜트사업부, 산을 뚫고 도로를 놓는 토목사업부로 구성되어 있습니다. 이들 각자는 성공 요인을 비유적으로 말하기를 '밀리미터 싸움' '센티미터 싸움' '미터 싸움'이라 합니다.

건축사업부는 아파트를 짓기에 그 내장 디자인에 심혈을 기울입니다. 침실, 부엌, 화장실 등 몇 밀리미터 이상 오차가 발생하면 일부 기능이 안 될 수도 있고 미관을 해칠 수도 있습니다. 그래서 몇 밀리미터 오차 이내로 일을 마무리하는 게 중요하다고 생각합니다. 플랜트사업부는 시멘트 공장, 정유공장, 가스 정제 시설 등 대규모 공장 단지를 짓습니다. 설계도면에 따라 몇 센티미터 오차 이내로 공장을 짓는 일이 핵심이라 생각합니다. 토목사업부는 국토를 가로지르는 도로를 만들거나 바닷가에 항만 만드는 일을 합니다. 워낙 거대한 일을 하기에 설계도면에 비해 1미터의 오차는 상대적으로 심각한 문제는 아니라고 합니다.

비근한 예지만, 성공 요인은 이들이 사용하는 파워포인트에도 여실히 투영됩니다. 건축, 플랜트, 토목사업부의 각 구성원이 자기 전문분야로 발표를 하기 위해 강의안을 만드는 상황이었습니다. '밀리미터 싸움'을 하는 건축사업부 소속의 사람들은 강의안 한 페이지를 상대적으로 촘촘하게 작성했습니다. 또한 가능한 한 예쁘고 아름답게 구성하는 경향이 있습니다. 일반 소비자를 대상으로 하는 사업이기에 세련되고 아름다운 디자인이 중요하다는 믿음이 표출된 현상입니다. 반면 '미터 싸움'을 하는 토목사업부 사람들은 한 화면에 많은 것을 담지 않습니다. 큼지막한 글자 두세 줄로 한 페이지를 채우는 경향이 있습니다. 센티미터 싸움을 하는 플랜트사업부 구성원들은 그 중간 즈음에 속하는데 좀 더 엔지니어 느낌이 나도록 구성하는 게 특징입니다.

누가 태초를 창조했는가?

'태초를 누가 창조했는가?'도 중요합니다. 혼다 자동차를 설립한 혼다 소이치로는 대장장이 집안의 장남으로 태어났습니다.[47] 아버지 피를 이어받았는지 어렸을 때부터 철로 만들어진 물건이라면 사족을 못 쓸 정도로 좋아했습니다. 철로 만들어진데다가 움직이기도 하는 자동차는 꿈의 세계였습니다. 어릴 적 그는 마을에서 처음 본 차를 보고 엄청나게 흥분했으며 차에서 나는 그 냄새를 잊을 수 없었습니다. 틀에 박힌 학교 교육에 관심이 없었던 그는 중학교를 졸업하자마자 도쿄에 있는 자동차 수리점에 취직합니다. 자신이 좋아하는 자동차를 뜯어보기 위해서 말입니다. 몇 년간 수리 기술을 익힌 다음 22세에 자동차 수리점을 직접 차립니다. 그리고 31세에는 자동차 엔진 부속품 중의 하나인 피스톤링을 직접 제작하는 '토카이 세이키'사를 설립합니다. 기술력이 상당했는지, 그 부품을 도요타 자동차에 납품합니다. 그 당시 공장 두 곳에 직원이 2,000여 명에 이르렀다고 하니 젊은 나이에 엄청난 성공을 거둔 셈입니다.

그런데 그 당시 일본이 제2차 세계대전을 벌인 탓으로 미군이 일본 본토를 폭격합니다. 그 와중에 제1공장이 파괴됩니다. 불행이 쌍으로 겹쳐 그다음 해에는 지진으로 인해 제2공장이 파괴됩니다. 실의에 빠진 혼다는 재생 가능한 자원들을 골라 도요타에 넘깁니다. 그리고 자신의 성을 딴 '혼다 기술 연구소'를 세웁니다. 자동차의 꽃이자 심장인 엔진을 파고들어 개발에만 전념하고자 했습니다. 처음에는 작은 일부터 시작했습니다. '일단은 자전거부터'라는 마음으로 전동 자전거를 만듭니다. 몇 년 뒤 오토바이로 확장했고 1962년부터는 자동차에서 꽃을 피웠습니다.

회사가 점차 커지자 그는 경영자로서 능력의 한계를 느낍니다. 그는 기계를 만지고 연구하고 개발하는 일이 천성인데 경영과 재무를 같이 겸하려니 힘들었던 거지요. 결국 전문 경영자인 다케오 후지사와를 영입합니다. 그에게 전략, 재무, 마케팅, 영업 등을 모두 일임했습니다. 소이치로는 선행 기술과 제품개발에 집중합니다. 나중에 소이치로와 후지사와는 연구소를 회사에서 분리합니다. 연구소는 오로지 기술개발에만 집중하는 체제로 만들지요. 한국이나 일본이나 비슷한 상황이지만 기술 연구자 또는 개발자가 관리자로 승진하지 못하면 무능한 사람이라는 낙인이 찍혀지는 관행을 탈피하고자 했습니다. 그는 나이가 들어도 계속해서 기술개발에만 전념할 수 있도록 전문가 제도를 만듭니다. 그 역시도 전문가 제도에 혜택을 받는 사람 중의 한 명이 되었습니다.

그런데 그는 64세에 돌연 은퇴를 선언합니다.[48] 그 배경은 이렇습니다. 1960년대에 미국 로스앤젤레스는 극심한 스모그 문제를 겪고 있었습니다. 1966년에 캘리포니아주 정부는 공기자원위원회Air Resource Board를 설립하고 배기가스 규제를 논의하기 시작했습니다. 1970년에는 미국의 머스키Muskie 상원의원이 일명 '머스키법', 즉 '대기 정화법 개정안'을 제출합니다. 1976년까지 기존의 배출 허용치의

10분의 1로 감소시켜야 하며 어길 시에는 자동차 대당 1만 달러 벌금을 부과한다는 안이었습니다. 자동차 업계는 충격에 빠졌지요. 당시 자동차 업계 큰 형님들인 GM, 포드, 크라이슬러는 즉각적으로 성명을 내고 반발했습니다. 그리고는 기술개발에 집중하기보다 전방위 로비를 벌여서 그 법안이 통과되지 못하도록 은막 뒤에서 협잡을 일삼았습니다.

반면 소이치로는 배기가스를 대폭 줄이자는 그 방안에 적극적으로 공감하고 있었습니다. 그 방향이 자동차 산업이 나가야 할 미래라 믿었습니다. 그리고 머스키법이 혼다의 기술력을 널리 알릴 절호의 기회라고 생각했습니다. 그런데 기존 엔진을 개선하는 방식으로는 이를 구현하기 어려웠습니다. 모든 것을 다 허물고 원점에서 다시 생각해야 했습니다. 혼다 기술 연구소의 기술개발자들이 모두 모여 사활을 겁니다. 로비와 협잡이 아니라 기술개발로 정면 돌파를 하자고요. 그리고 1972년에 머스키법 기준에 부합하는 CVCCCompound Vortex Controlled Combustion 엔진을 만듭니다. 짧은 시간 안에 구현할 수 없다고 믿었던 GM 등 미국 자동차 3사는 깜짝 놀랍니다. 처음에는 비웃고 의심했지만 CVCC 성능을 확인하자 굴복할 수밖에 없었습니다.

혼다 소이치로는 CVCC 엔진을 개발하는 과정에서 엔진에서 발생하는 열을 식히는 방식으로 '공랭식'이 더 좋다고 보았습니다. 반면 젊은 개발자들은 '수랭식'이 더 적합하다고 주장했습니다. 혼다 소이치로와 젊은 개발자 간에 의견 대립이 발생했고 해결될 기미가 보이지 않았습니다. 결국 개발자들은 전문 경영자 후지사와를 찾아가 하소연합니다. 후지사와는 경영자이긴 하지만 창업주의 눈치를 보면서 그들을 꾸짖을 수도 있었겠지요. 그러나 후지사와는 그러지 않았습니다. 그나 혼다 소이치로나 항상 기술개발자들의 의견과 전문성을 중시해야 한다고 믿었습니다. 결국 후지사와는 소이치로의 연구실에 찾아가 설득합니다. 이때 소이치로는 깨닫습니다. 기술개발자를 소중히 여기던 그가 창업주의 권위로 억누르려 했다는 점을 말입니다. 그는 기술개발자 역할에도 한계를 느껴 은퇴를 선언합니다.

오늘날 이 회사는 '기술의 혼다'라고 불립니다. 기술 중시 문화가 형성되고 강화된 주요 변곡점들을 살펴보실까요. 창업주는 기술개발자로 출발했습니다. 조직이 어느 정도 커지자 경영자로서 한계를 자각하고 전문경영인을 영입합니다. 그리고는 기술개발자들이 존중을 받으며 전문성을 축적할 수 있는 제도도 만듭니다. 그는 머스키법이 발의되었을 때 기술개발로 정면 승부를 겁니다. 배기가스가 대폭 줄어든 엔진을 세계 최초로 만듭니다. 공랭식이냐, 수랭식이냐로 갈등을 겪는 과정에서 소이치로나 전문경영자인 후지사와는 젊은 개발자들의 의견을 따릅니다. 마지막으로 기술 전문성으로도 한계를 느낀 소이치로는 은퇴합니다.

• • •

따르거나 떠나거나

앞서 우리는 한 나라의 문화가 영향을 미치고 조직의 초기 환경이 문화를 형성한다는 점을 살펴보았습니다. 그런데 어떤 분은 이런 질문을 할지 모르겠습니다. "지금까지 살펴본 내용은 마치 환경결정론 같습니다. 그 조직이 어느 나라에서 설립되었고 어떤 맥락에서 태동했는지에 따라 문화가 좌우된다 하니까요. 마치 한 인간이 어느 나라 어떤 집안에서 태어났는가로 그의 특성이 결정된다고 하는 것 같아요. 그런데 한 인간이 태어난 이후에 그가 걸어간 궤적도 간과해서는 안 되잖아요?" 아주 적절한 질문입니다. 조직문화 형성의 과정이론을 함께 살펴보겠습니다.

벤저민 슈나이더Benjamin Schneider는 유인-선택-배제ASA, Attraction–Selection–Attrition 모델을 주창했습니다. 조직문화가 형성되는 과정을 밝히는 이론의 대표 주자입니다. 슈나이더의 주장을 살펴보겠습니다. 심리학에서는 인간에 내재해 있는 특성이 행동을 유발하냐, 인간이 처한 특정한 상황이 행동을 지배하느냐 하는 논란이 오랫동안 있었습니다. 쉽게 말해서 누군가 죄를 저지르는 장면을 보고 '그 사람이 악한 거냐, 아니면 그가 처한 상황이 어쩔 수 없었던 거냐?'로 논란을 벌인 것입니다. 전자의 대표격은 성격 심리학자들trait psychologist입니다. 이들은 개인의 타고난 기질과 성격이 그의 태도와 행동을 유발한다고 믿었습니다. 성실한 성격을 가진 사람은 항상 성실한 행동을 보이고 외향적인 사람은 장소에 구애 없이 항상 활달한 행동을 보인다고 생각했지요. 그리고 본성이 악한 이들이 악한 행동을 한다고 보았습니다. 이들의 주장은 B=f(P)로 표현할 수 있습니다.[49] B는 Behavior의 약자로 행동이고 P는 Person의 약자로 개인 특성입니다. 행동(B)은 개인 특성(P)의 함수(f)라고요.

그 대척점에 서 있는 사람은 상황론자situationist입니다. 상황이 인간의 태도와 행동을 좌우한다는 주장입니다. 이들 주장은 B=f(E)로 표현됩니다.[50] E는 Environment의 약자로 환경인데 행동(B)은 환경(E)의 함수(f)라는 의미입니다. 스탠퍼드 대학교의 월터 미셸Walter Mischel이 대표적입니다. 그는 1973년에 발표한 유명한 논문에서 '사람의 행동은 각각의 상황마다 달라진다.'라고 지적합니다.[51] 저는 극단적으로 내향적인 성격이지만 여러 사람 앞에서 발표할 때는 그 행동이 달라집니다. 비교적 활달하고 적극적인 행동을 보이는 것이지요. 그래서 어떤 분들은 제가 발표할 때 모습만 보고 외향적인 성격으로 평가하곤 합니다. 내향적이지만 상황에 따라 행동이 달라지는 거지요.

후에 심리학자들은 양자의 입장을 포용해 상호작용 모델을 제시합니다interaction perspective.[52] 이들은 앞선 두 관점을 통합해 행동은 개인 특성 – 환경 간 상호작용의 결과라고 주장합니다. B=f(P, E)라고 표현합니다. 슈나이더는 이 함수에서 '도대체 환경과 상황은 무엇을 말하는가?'라고 본질적인 질문을 던집니다. 조직을 한 번 돌아보세요. 환경과 상황이 구성원의 행동을 좌우한다고 합니다. 그렇다면 그 환경과 상황이 과연 무엇인가요? 화려한 회전문도 아니고 아름답게 그려진 벽화도 아니고 책상도 아닙니다. 물론 이들도 사람의 태도와 행동에 영향을 미칠 수 있긴 하지만 본질은 아닙니다. 조직 내에서 환경과 상황은 다른 무엇도 아닌 '사람'입니다. 슈나이더는 위의 함수를 이렇게 치환합니다. E=f(P, B), 즉 환경은 그 안에 있는 사람들의 성격과 행동의 결과라고 말입니다. 이 함수를 토대로 슈나이더는 조직에 모여 있는 사람들이 그들과 유사한 사람을 유인하고attraction, 그들과 유사한 사람을 선택하고selection, 그렇지 않은 사람은 점차 도태시키고 배제attrition한다는 가설을 세웁니다. 이 가설은 '유사성 유인 이론similarity attraction theory'을 근간으로 합니다.[53] 사람은 자신과 성향, 가치관, 스타일, 습관과 취미가 비슷한 사람에게 매력을 느끼고 함께 일하고 싶어하는 현상을 말합니다.

이 이론을 활용한 연구 하나를 소개해보겠습니다. 시카고 대학교

부스경영대학원의 케이틀린 울리Kaitlin Woolley와 아일릿 피시벡Ayelet Fishbach는[54] 협상을 진행하는 과정에서 비슷한 음식을 선택할 경우와 다른 음식을 선택할 때 상호신뢰가 어떻게 달라질 수 있는지를 보고 자 했습니다. 이들은 124명의 학부생과 석사생을 대상으로 두 명씩 짝을 짓게 하고 한 명은 회사를 대표하는 관리자 역할을 맡겼고 다 른 한 명은 노조 간부 역할을 맡겼습니다. 각자 어떤 상황에 부닥쳐 있는지 설명서를 읽게 하고 임금 협상에 임하도록 역할 연기를 시켰 습니다. 참가자들이 서로 협상하는 과정 중에 연구자들은 당분이 많 은 과자(쿠키, 킷캣, 초콜렛 캔디)나 짠 과자(감자칩, 프레첼, 치즈크래커) 를 제공했습니다. 실험결과는 어땠을까요? 서로 같은 간식을 선택할 때 합의에 도달하는 시간이 더 빨랐습니다. 연구자들은 동일한 음식 선택이 서로 가까운 사람으로 느끼게 만들고 서로가 이로운 방향으 로 빠르게 합의에 도달하는 것 같다고 결론을 내립니다.

모집선발recruitment–selection에서도 그와 같은 현상이 두드러집니다. 면접 상황에서 면접관은 자신과 비슷한 특성을 가진 사람에게 더 마 음이 갑니다. 동향 출신이라거나, 같은 학교에 다녔다거나, 자신과 인상이 비슷하다거나, 비슷한 취미를 즐긴다거나, 삶을 대하는 철학 이 같다거나…… 무언가 비슷해서 일단 마음이 가면 객관적인 평가 자료는 만들어내기 나름입니다. 제가 채용 인터뷰를 연구하던 시절 에 면담했던 어느 면접관은 솔직한 얘기를 꺼냈습니다. "사람인지라 비슷하면 마음이 가요. 저는 깔끔함과 완벽함을 좋아하는데 그렇게 보이는 지원자를 보면 좀 더 후하게 평가하게 되는 것 같아요. 자기 소개서 질문 중에 본인 성격의 단점을 기술하라는 항목이 있잖아요. 어떤 친구가 단점으로 완벽주의를 꼽았는데 그 친구에게 눈길이 자꾸 가더군요. 그 친구를 뽑아야 하는 이유를 기술할 때는 그의 역량이 우수했다는 식으로 쓰게 되더라고요."

그래서 하버드 경영대학원 교수이자 『하버드 비즈니스 리뷰』 편집장을 역임했던 로자베스 모스 캔터Rosabeth Moss Kanter는 이 현상에 '동질 사회의 재생산homosocial reproduction'이라는 재미있는 표현을 붙입니다.[56] 조직의 채용 제도는 복제품clones을 골라 선택하는 행위라고요. 더욱 직접적인 연구를 살펴보지요. 슈나이더는 그의 동료와 함께 유인-선택-배제 모델을 직접 검증하기로 합니다. 서로 비슷한 성향을 지닌 사람을 유인하고 선택하고 배제한다면 한 조직에 오래 근무한 사람들끼리는 성향이 서로 유사하게 나타나야 할 터입니다. 그리고 다른 조직과는 그 성향이 유의미하게 달라야 하겠지요? 이들은 어느 기관이 운영하는 리더십 교육 프로그램에서 축적한 성격검사 결과 데이터를 분석합니다. 샘플 개수는 140여 개 조직의 1만 2,300여 명이었습니다. 이들은 동일 조직에서는 성격이 유사해야 한다는 동질성 가설homogeneity hypothesis과 다른 조직 간에는 성격이 유의하게 달라야 한다는 이질성 가설heterogeneity hypothesis을 검증합니다. 그 결과 유인-선택-배제 모델이 맞다는 점을 입증합니다.

유인-선택-배제의 최초 출발점은 창업자입니다. 창업자는 본인과 성격, 스타일, 가치관이 유사한 사람들을 끌어들입니다. 하지만 그의 특성이 조직문화 전부를 규정하지는 않습니다. 전문 경영자도 적지 않은 영향을 미칩니다. 앞서 살펴봤던 혼다 사례를 생각해보겠습니다. 공랭식이냐 수랭식이냐로 창업자와 젊은 개발자들 간에 의견 대립이 벌어집니다. 어쩌면 자존심 싸움이었을지 모릅니다. 혼다 소이치로는 '내가 자동차 개발 분야에서 몇십 년 경력인데!' 하고 생각했을 일입니다. 이때 전문경영인 다케오 후지사와가 어떤 역할을 했는지 보세요. 그는 젊은 개발자들의 불평을 무시하고 창업주에게 바짝 엎드려 그의 역성을 들을 수도 있었습니다. 하지만 그는 하룻밤 동안 고심을 하고 창업주 사무실로 향합니다. 그리고는 재치있는 질문으로 직언을 합니다. 개발자들이 주장을 소신 있게 펼칠 수 있도록 보호합니다. 창업주가 개발자를 중시하는 조직문화에 기초를 놓았다면 후지사와는 그 정점을 찍습니다. 이 일화는 혼다에서 하나의 신화로 자리 잡습니다. 우리 회사에서는 무엇보다 개발자들이 소신 있게 일하는 문화가 중요하다고요. 창업주도 이를 막을 수 없다고 말입니다.

• • •

때로는 문화 반역이 벌어지기도 한다

주류 조직문화에 대항하는 문화를 '반문화counter culture'라 합니다. 조직이 탄생하고 숨을 쉬며 생명을 유지하는 과정에서 반문화가 발생하곤 합니다.

GM의 주류 문화를 반하다

자동차 공화국 GM 사례를 살펴보겠습니다. 1960~1970년대 GM은 두 가지 핵심가치를 가지고 있었습니다. '권위를 존중하라.' '튀지 마라'입니다. 그에 반하여 GM의 하부 조직이었던 폰티악·쉐보레 사업부는 전혀 다른 문화를 만들어갑니다. 이들이 어떻게 반문화를 만들었는지를 이해하려면 GM의 주된 문화를 먼저 이해할 필요가 있습니다.

[권위를 존중하라]

최고경영진과 임원 사무실은 그 당시 본사 14층에 있었습니다. '14층'은 경영진을 상징적으로 지칭하는 은어로 사용되곤 했습니다. 고위 경영자마다 초급 임원들이 배정되었습니다. 오늘날로 치면 멘토–멘티, 사수–부사수라 할 수 있겠지만 이들 관계는 왜곡되어 있었습니다. 그 증거로 초급 임원들은 '개집사dog robbers'라는 별명으로 불렸습니다. 원래 고급스러운 저택에서 주인이 키우는 개가 싸놓은 변을 치우는 하인을 지칭하였던 말입니다. 임원들 간에 이런 표현이 있었다면 그 위계질서가 얼마나 강했는지 알 수 있습니다.

본사에서 상사가 출장 나오면 그 현지에서 근무하는 직원들이 공항까지 마중 나가야 했습니다. 상사가 도착하면 바로 그의 가방을 들어야 했습니다. 속된 말로 '가방모찌'였습니다. 고급 호텔을 예약해 두고는 그가 먹고 마시는 모든 비용을 지급해야 했습니다. 그리고 밤낮없이 상사를 수행해야 했습니다. 상사의 직위가 높으면 높을수록 비행기에서도 수행하는 인원이 따라붙었고 공항에서 환영하는 현지 직원 수가 많아야 했습니다. 본사 임원 한 명이 지방으로 출장을 가면 부장급 한 명이 본사에서부터 수행해야 했고 공항에서는 그 지역의 공장장, 지사장, 지역 홍보 책임자가 마중해야 했습니다. 회장이 출장을 나가면 20명 이상이 그를 위해 봉사해야 했습니다.

[튀지 마라]

그 당시 GM 회장은 토마스 머피Thomas Murphy였습니다. 그의 친구인 포드의 헨리 포드Henry Ford나 CBS 방송국의 윌리엄 페일리William Paley가 신문이나 텔레비전에 자주 얼굴을 비추어 널리 알려졌지만

GM 회장은 미디어에 거의 노출되지 않았습니다. 그의 얼굴을 알아보는 사람이 거의 없을 정도였습니다. 그 당시 GM 구성원은 미디어로부터 주목받는 일을 피해야만 했습니다. GM에게 가장 이상적인 구성원은 존재하지 않는 듯 자기 일에 묵묵히 집중하는 사람이었습니다. 이 가치는 그들의 옷차림으로 상징되었습니다. 어두운색 계열의 양복을 입어야 했고 하얀색 셔츠에 무채색 넥타이를 차야만 했습니다. 사무실도 그 가치를 반영하고 있었습니다. 14층의 임원실은 모두 표준 규격에 맞추어 통일된 디자인이었습니다. 바닥에 깔린 카펫은 아무런 특색이 없는 색상이었고 책상은 모두 옅은 베이지색이었습니다.

튀지 말라는 가치의 또 다른 이면에는 '팀플레이'가 있었습니다. 개인의 뛰어남을 피력하는 일에 힘 쏟지 말고 집단을 위해 희생하라는 의미를 전달하고자 하는 목적이 있었습니다. 임원들은 식사 시간이 되면 그들을 위해 마련된 장소에 모여야 했습니다. 그리고는 회사에서 떠돌아다니는 소문 등을 공유했습니다. 모든 임원은 식사에 참석하기 위해 사생활을 희생해야만 했습니다. 어느 임원이 식사에 참석하지 않으면 단박에 이런 소문이 나돌았습니다. "왜 그는 다른 임원들과 같이 식사를 하지 않는 거지? 그는 팀 플레이어가 아닌 것 같아."라고 말입니다.

[반문화의 탄생]

폰티악·쉐보레 사업부를 이끄는 사람은 존 드로리안John DeLorean이었습니다. 그는 1925년에 태어나 미시간주 로렌스 대학교에서 산업공학을 전공합니다. 대학교에 다니는 동안 크라이슬러 공장에서 아르바이트를 했고 그 덕에 자동차 산업에 관심을 두게 됩니다. 그런데 그가 대학교를 졸업하자마자 취업한 회사는 의외로 자동차가 아니라 생명보험이었습니다. 낯선 사람들과 스스럼없이 소통할 수 있는 능력을 개발하기 위해 생명보험 판매직을 먼저 선택했다고 밝힙니다. 그리고 1953년에 패커드 자동차Packard Motor Company에서 4년간 일하다가 1956년에 GM의 폰티악 사업부에 들어갑니다. 그리고 수년 만에 GM의 한 사업본부를 책임지는 가장 젊은 인물이 되었습니다.

드로리안은 기존 GM 문화에 진절머리를 냈습니다. 그는 '냉장고 이야기'를 하면서 기존 문화를 비판했습니다. 그 유명한 일화는 이렇습니다. 본사에서 영업 담당 임원이 어느 도시를 방문하기로 계획했습니다. 그 도시 영업 책임자는 본사 스태프로부터 연락을 받습니다. "영업 담당 임원께서는 밤에 잠이 들기 전에 맥주, 샌드위치, 그리고 과일이 가득한 거대한 냉장고를 열어서 무언가 드시기를 좋아하십니다."라고 말입니다. 그래서 그 책임자는 부하들과 함께 그 지역의 고급 호텔을 깡그리 조사했습니다. 하지만 큰 냉장고가 있는 방은 없었습니다. 그들은 결국 냉장고를 빌려 숙소에 가져다놓은 다음 주변 식당에 부탁해서 맥주와 음식을 가득 채우기로 했습니다. 하지만 막상 냉장고를 호텔 방으로 들이려 하니 문이 너무 작아서 들어가질 않는 겁니다. 호텔 벽을 허물고 들여보낼 수도 없고 말이죠. 부하 중에 누군가가 크레인 기사를 불러서 창문으로 집어넣자는 아이디어를 냈습니다. 겨우 냉장고를 비집고 들여보내서 맥주와 음식으로 가득 채웠습니다. 그날 밤 영업 담당 임원은 차가운 맥주와 신선한 과일을 마구 흡입했습니다. 다음날 그는 다른 도시로 갔습니다. 그 지역에서도 그와 같은 사달이 또 벌어졌겠지요.

또한 그는 중간관리직에 있을 때 겪었던 일도 회고합니다. 어느 임원이 공항에 도착하는 날이었습니다. 그는 상사와 함께 공항에 나가 임원을 영접해야 했지요. 하지만 그는 나가지 않고 호텔 숙소에 있었습니다. 그가 샤워하고 있었을 때 상사는 갑자기 들이닥쳐서 샤워실 문을 열고 분노에 찬 목소리로 이렇게 외쳤습니다. "오늘 아침 공항에 어째서 영접하러 나오지 않았나? 공항에서 상사들을 모시고 돌아다니느라 내 시간을 다 낭비해버렸어. 이제는 네가 나를 위해 그 일을 해야 할 것이야!"라고 말입니다.

사업부장으로 승진한 드로리안은 공항에서 상사를 맞이하는 관행을 없애고자 마음먹었습니다. 권위에 대한 존중심을 나타내려 의전에 신경 쓰는 시간에 업무에 집중하자고 말이지요. 그는 사업부에 공지를 띄우는 대신에 그 자신이 직접 행동으로 본을 보이기로 했습니다. 어느 날 맨해튼 중부에 있는 맥그로힐 출판사McGraw-Hill 편집장과 간부들 앞에서 오찬 연설을 해야 할 일정이 생겼습니다. 그는 디트로이트 본사에서 맨해튼으로 수행원 없이 혼자 갑니다. 공항에서 직접 렌터카를 몰고 맥그로힐 본사로 갔습니다. 맥그로힐 본사 편집장과 간부는 GM의 의전문화를 익히 알고 있었던 터라 드로리안이 혼자 왔다는 사실에 어리둥절했습니다. 그에게 "당신의 수행원들은 어디에 있습니까? GM의 의전 수준은 국가 수반급인데 말이죠!"라고 묻습니다. 그러자 그는 구성원들이 각자 자신의 업무에 열중하고 있다고 대답합니다. 이 충격적인 사건은 맥그로힐 사람들에 의해 드로리안이 담당하는 사업부 구성원들에게 널리 알려집니다.

튀지 말라는 문화도 철저히 배격하기로 했습니다. 그는 사업부장으로 임명받자마자 폰티악·쉐보레 사업부의 사무실 디자인을 모두 바꿉니다. 특색 없던 카펫을 밝고 경쾌한 색으로 바꾸고 모든 사무 가구를 현대식으로 바꾸었습니다. 또한 본인 산하 임원의 사무실을 각자 자신의 취향에 맞추어서 꾸밀 수 있도록 자율권을 주었습니다. 또한 튀지 말라는 등의 주관적인 평가 항목이 들어가 있는 성과평가 시스템을 전면적으로 폐기합니다. 객관적인 성과 기준만을 평가할 수 있도록 했습니다. 그리고 그 자신이 모범을 보였습니다. 모든 객관적인 성과지표가 최상이었던 어느 부하가 있었습니다. 드로리안은 개인적으로 그를 좋아하지 않았지만 승진시킵니다. 무려 네 번씩이나 말입니다.

건설사의 반문화가 주류 문화가 되다

반문화는 하위문화sub culture에서 시작하곤 합니다. 하위문화는 조직 전체가 아니라 일부 집단에서 형성된 것을 말합니다. 드로리안이 폰티악·쉐보레 사업부 문화를 바꾼 일은 곧 '하위문화에서 반counter 문화를 형성'한 일이라 할 수 있습니다. 한 본부나 부서 단위에서 반문화가 형성되었다가 그 문화를 신봉하는 사람이 조직 전체를 장악하거나 또는 기존 경영진이 그 문화를 주목하고 전사에 전파하도록 할 때 비로소 주된 문화를 형성하게 됩니다.

A사의 B상무는 브랜드 아파트를 짓는 건축사업본부를 이끌고 있었습니다. B상무는 건설업이 무無에서 유有를 창조하는 지식 서비스 산업이라고 생각했습니다. 그런데 당시에는 자신의 전문기술을 공유하지 않는 문화가 강했습니다. 마치 다른 사람이 보고 배우지 못하도록 상시 경계하는 일부 용접기술자들처럼 말입니다. 하지만 B상무는

건축사업본부가 한 단계 도약하려면 각자 손끝 발끝 감각으로 익힌 암묵지를 모두가 쏟아내고 공유할 수 있어야 한다고 믿었습니다. 자신만이 아는 지식과 기술을 공개하면 자신이 설 자리를 잃는 게 아니라 서로 상승작용을 통해서 전문성의 궁극에 도달할 수 있으리라 생각했습니다. 그러자면 구성원들이 학습팀을 이루어 머리를 맞대고 현장 문제를 해결하는 과정에서 학습이 일어나야 한다고 보았습니다. 그는 본인이 책임지고 있는 사업부만이라도 학습하고 공유하는 문화를 만들어보기로 합니다.

B상무는 건축사업본부 구성원들이 자발적으로 학습팀을 이루고 현장 문제를 해결해나가는 과정에서 학습을 유도했습니다. 그가 시도한 첫 단계는 구성원이 기존에 가지고 있던 기본 가정을 변화시키는 일이었습니다. 건설업이 무엇인지, 그 안에서 전문가란 무엇인지, 왜 우리가 변화해야 하는지를 숙고하도록 했습니다. 핵심은 '독점'보다 '나눔' 그리고 '상호학습'이 곧 개인의 성장으로 직결된다는 메시지였습니다. 저도 이 프로젝트에 아주 미약하게나마 손을 얹었습니다. 2003년 1월 폭설이 내린 A사 연수원 풍경이 아직도 눈에 선합니다. 제가 기억하는 B상무는 상당히 카리스마적이었습니다. 건축사업본부 구성원들 모두가 그를 신뢰하였기에 그와 같은 문화적 변화를 시도할 수 있었지 않았나 싶습니다.

마음이 움직인 탓인지 구성원들은 자발적으로 학습팀을 만들었습니다. 그중에 '깔끄미팀'이 수행했던 과제가 인상깊습니다.[58] 2003년 3월에 총 여덟 명으로 팀이 꾸려졌습니다. 이들은 학습 주제를 선정하기 위해 현장으로 달려갑니다. 그들이 처음으로 방문한 곳은 준공이 끝난 자사 아파트였습니다. 이들은 거기서 이상한 점을 발견합니다. 입주를 시작한 지 1년도 되지 않았기에 내부는 여전히 새것이었는데 외부는 상대적으로 오래되어 보였던 것입니다. 그 당시 건축사업본부의 목표는 '아파트 브랜드 가치를 극대화시킨다'였는데 외관이 낡아 보이는 점은 심각한 문제였습니다. 그들은 이 문제를 해결하기로 합니다.

그때부터 여덟 명의 팀원은 주말에 각자 카메라를 들고 서울 지역 17군데와 경기 지역 6군데의 자사 아파트 곳곳을 뒤지고 다닙니다. 지하 주차장, 건물 외벽 페인트칠, 화단, 단지 안내판에 이르기까지 샅샅이 조사합니다. 그들은 1,000여 장의 사진을 모아놓고 머리를 맞댑니다. 아파트 외관이 오염되어 낡아 보이는 현상이 어디에서 기인하는지를 톺아가면서 살핍니다. 설계, 자재, 시공의 세 가지 분야에서 그 원인이 있었습니다. 폭우가 내리면 화단 흙이 건물의 하단변으로 튀어서 아파트 저층부가 빠르게 더럽혀졌고 단지 내에 갓이 씌워진 등불은 거미나 하루살이의 서식지가 되어 지저분하게 보였습니다. 이들은 모든 원인을 파악하고 오염원 하나하나마다 해결방안을 모색합니다. 그리고 서울 시내에서 공사가 임박한 어느 아파트 단지에 적용합니다.

마지막으로 고객들의 반응을 살펴 과제 해결의 성과를 평가하기로 합니다. 당시 그 동네는 A사 외에 같은 시기에 지어진 다른 2개 회사의 브랜드 아파트가 들어 서 있었습니다. 깔끄미팀은 단지 내 주민을 대상으로 만족도 조사를 합니다. 3사의 아파트 외관을 보고 각각 연식이 얼마나 되어 보이는지를 설문했습니다. 그 결과 지은 지 한 달밖에 안 된 다른 회사 아파트는 한 1년쯤 된 것처럼 보인다는 반응이지만, A사 아파트는 아직 사람들이 입주도 안 한 것처럼 보인다는 반응을 보였습니다. 그들의 해결방안이 큰 성공을 거둔 것이었습니다. 깔끄미팀은 그들이 시도하고 해결한 과정을 모든 구성원에게 공유합니다. A사 최고경영진은 그 결과에 큰 감명을 받습니다. 그리고 건축사업본부에 뿌리를 내리기 시작한 팀 학습 문화에 주목합니다. CEO는 회사 전체에 그 문화를 전파하도록 독려합니다.

전문 지식과 기술을 독점하려는 기존 문화에 반하는 문화를 단위 사업본부가 만들었습니다. 자발적으로 학습팀을 구성하고 본인 전문 지식·기술을 공유하고 서로 상승작용을 통해 문제를 해결하고 최종 결과물을 전사에 공유하는 문화를 형성했습니다. 마침내 최고경영자의 후원을 받아 전사로 뻗어 나갑니다.

4
우리나라 조직에서
발견할 수 있는 독특한 문화들

    우리나라 기업이 가진 독특한 문화가 있을까요? 태어나면서부터 한 문화에 젖어들어 살아온 사람들은 잘 모릅니다. 문화는 공기와도 같기 때문입니다. 그 안에서 살아오지만 존재하는지 의식하지 못할 때가 많습니다. 이럴 때는 '낯선 눈'이 필요합니다. 우리와는 전혀 다른 맥락에서 태어나 자라고 일했던 사람이 우리 문화를 관찰하면 그때야 비로소 우리만의 '고유함'이 드러납니다.

    미국인 엘렌 무어Ellen Moore는 1990년대에 한국기업으로 파견을 나옵니다. 그는 우리나라 기업문화를 힘들어했습니다. 비록 20여 년 전의 사례이지만 지금과 크게 달라진 바가 없는 듯해 그 경험담을 소개하고자 합니다.

• • •

엘렌 무어가 관찰한 한국의 기업문화

1990년대 중반에 우리 정부는 IT 시스템 개발을 발주합니다. 7년에서 10년 정도 예상되는 대형 프로젝트였습니다. 우리나라 한 대기업이 북미에 본사를 두고 있는 WSI(Western System Inc. 가칭)사와 손을 잡고 입찰해 그 프로젝트를 수주했습니다. 국내 기업은 여섯 명으로 구성된 컨설팅 팀을 만듭니다. WSI사에서는 세 명의 컨설턴트를 한국으로 파견합니다. 그중에 엘렌 무어가 포함되어 있었습니다. 그리하여 그녀는 1995년 5월에 한국 땅을 밟습니다. 이때부터 엘렌의 경험담이 시작됩니다. 그녀와 동료가 관찰한 우리나라 기업의 독특한 문화는 이렇습니다.

명함 예절

엘렌과 동료는 한국에서 명함을 주고받을 때 적절한 예의로 주고받아야 한다는 점을 알아야만 했습니다. 상대방으로부터 명함을 받았을 때 그것을 제대로 살펴보지 않고 주머니에 바로 집어넣는 행위는 매우 무례하게 여겨졌습니다. 명함을 주의 깊이 살펴보거나 관심 어린 질문을 반드시 해야 했습니다. 가령 "좋은 회사에 다니시는군요." "이 회사는 주로 어떤 제품과 서비스를 제공하고 계시나요?"라고 관심을 표해야 했지요.

호칭 예절

한국 기업인들은 호칭에 매우 민감했습니다. 성을 제외하고 이름만 부르는 행위는 상당히 모욕적인 일이었습니다. 비즈니스를 할 때는 반드시 그의 전체 이름과 직위를 함께 부르거나(홍길동 부장님), 그의 성과 직위를 같이 불러야(홍 부장님) 한다는 점을 배웠습니다.

팀 관리 방법

엘렌에게는 팀을 관리하는 방법도 무척이나 생경했습니다. 팀원이 실수하거나 업무를 제대로 하지 못했을 때 팀장이 여러 사람 앞에서 크게 질책하는 장면을 보고는 매우 놀랐습니다. 미국은 팀원이 일을 잘했을 때 그에 대해 종종 칭찬하고 보상을 해주는데 한국에서는 팀원이 잘못한 일에 리더가 실망감을 강하게 표현하지만 잘한 일에 대해서는 아무런 이야기를 하지 않는 것에 놀랐습니다.

앞서 우리는 '독립적이냐 상호의존적이냐' 가정을 살펴봤습니다. 미국과 영국은 아이를 양육할 때 그가 잘하는 점을 칭찬해서 그만의 고유한 정체성을 꽃피워 나가게 하는 데 심혈을 기울인다 했지요. 반면 한국이나 일본은 한 사회 한 집단 구성원으로서 결격이 없도록 하는 일에 집중합니다. 그가 잘하는 점을 칭찬하기보다는 못하는 점을 지적하고 혼내는 방향으로 양육합니다. 이처럼 기본 가정 자체가 다르니 엘렌이 놀라워했던 일은 당연합니다.

회식문화

한국 직장인은 팀워크를 높이기 위해 상당히 특이한 활동을 하고 있었습니다. 한 번은 한국인 컨설팅 팀이 그들 모기업이 운영하는 야구팀 경기에 초대했습니다. 그것도 토요일에 말입니다! 경기가 끝나자 관광을 시켜주고 한국 식당에서 저녁 식사로 마무리했습니다.

한 번은 한국인 컨설턴트가 자신의 휴일을 가족들과 보내지 않고 미국인 컨설턴트들과 함께 시간을 보내기도 했습니다. 또한 한국인 팀장이 엘렌과 동료들을 자기네 집으로 초대를 하여 저녁 식사를 대접했습니다. 엘렌에게는 매우 유별난 경험이었다고 합니다.

한국의 회사원들은 업무시간 외에도 팀 빌딩 활동을 빈번하게 갖곤 한다는 점을 발견했습니다. 점심시간이 되면 팀원들 모두가 하나도 빠짐없이 무리를 지어 밥을 먹고 그 과정에서 신변잡기 같은 이야기를 나누거나 소문 이야기를 공유했습니다.

음주문화

엘렌의 동료 스콧은 음주가 컨설턴트와 고객의 관계를 매개하는 중요한 행위라는 점을 깨달았습니다. 건강이 문제가 아니라면 팀원들 모두가 함께 술을 마셔야 했습니다. 때로는 과도하게 술 취하는 상황이 벌어지기도 했습니다. 특히 '소주'라는 술을 좋아했는데 상대방 잔이 비워지자마자 바로 소주를 한 가득 채워줘야 했습니다. 만일 본인 잔이 비었을 때는 오른편에 앉아 있는 사람에게 빈 잔을 건네고 소주를 채워서 마시게 해야 했습니다. 그게 친밀감을 표현하는 방법임을 알게 되었습니다. 그러면 상대방은 재빠르게 마시고 빈 잔을 다시 건넨 다음 또다시 가득 채워서 마시도록 권해야 했습니다. 스콧은 이와 관련해서 특이한 에피소드를 이야기했습니다.

"제가 머리가 아파 술을 마실 수가 없었어요. 그날 저녁에 모두가 회식하기 시작했는데 미스터 송이 저에게 그의 잔을 가득 채워서 주는 것이 아니겠어요? 그래서 제가 '오늘은 마실 수 없을 것 같아요. 지금 두통이 너무 심해서요.'라고 얘기했어요. 그랬더니 그는 저를 보면서 이렇게 말했어요. '스콧 씨, 저에게 아스피린이 있어요.' 그날 저녁에 저는 서너 잔을 마셔야만 했습니다."

엘렌은 폭탄주도 마셔야 했습니다. 한국인 컨설턴트뿐만 아니라 프로젝트를 발주한 한국인 고객들과 함께 저녁을 먹었습니다. 그리고 2차 장소로 이동하는 중에 엘렌은 '원래 여자들은 이런 이벤트에 초대되지 않는데 엘렌은 팀원 중에서도 선임이라서 초대를 했다'는 얘기를 들었습니다. 한국인들은 폭탄주를 제조하는 방법을 자세히 설명하고 보여준 다음 마시는 방법도 자세히 알려줬습니다. 위스키는 한 번도 마셔본 적도 없고 맥주는 좋아하지 않기에 폭탄주를 마시기 싫었습니다. 하지만 분위기상 '마시지 못한다.'라고 이야기할 수 없었습니다. 엘렌이 폭탄주를 원 샷으로 마시자 한국인 고객이 "이제 당신은 한국인이요. 당신은 한국인이 된 거요."라고 크게 외쳤다고 합니다.

퇴근문화

상사와 부하 관계가 큰 덩어리의 일을 함께하는 동료라기보다는 마치 주종관계처럼 보였다고 합니다. 극명한 예로 부하는 자기 일을 모두 마쳤음에도 불구하고 상사의 눈치를 봐야만 했습니다. 상사가 퇴근하지 않으면 그 누구도 퇴근하지 못하는 현실을 이해할 수 없었습니다.

갑질문화

미국에서 컨설팅할 때 최우선 목표는 고객이 기대하는 결과물이었습니다. 가장 좋은 결과를 산출하기 위해 고객과 빈번하게 만나서 이야기하고 논의하는 일이 중요했습니다. 그런데 한국은 결과물보다도 조직 위계가 더 중요했습니다. 그 조직 위계를 어떻게 이용하느냐가 프로젝트 성공에 적지 않은 영향을 미치곤 했습니다. 한국에서는 프로젝트를 발주한 고객을 만나러 그 사무실에 갈 때는 사전에 알리고 약속 시각을 미리 잡아야만 했습니다. 미국에서는 컨설팅 수행 기간에 자유롭게 만나서 논의하는 일과는 다르게 말이지요. 더욱이 프로젝트를 발주한 고객사에서 나온 사람이 컨설팅 수행 사무실에 와서 한국인 컨설턴트에게 예상하지 못한 일을 던져주고 가거나 프로젝트 범위를 벗어나는 일들을 시키는 경우도 종종 있었습니다. 그런데 한국인 컨설턴트들은 그에 대해서 이의를 제기하지도 못했고 무조건 할 수 있다고 해야 했습니다.

엘렌과 그 동료들이 겪은 경험은 지금으로부터 20여 년 전에 있었던 일입니다. 예전이나 지금이나 그리 달라진 점이 없는지 참 신기합니다. 이방인의 낯선 눈으로 우리나라 기업문화를 보니 어떤 느낌이 드시는지요? 부끄럽다고 느껴집니까? 아니면, 그건 우리들의 고유한 행동양식이니 부끄러워할 필요가 없다고 생각합니까? '부끄럽다.'라고 여기는 분들은 '문화 절대주의cultural absolutism' 시각을 갖고 있습니다. 특정 문화를 절대적인 기준으로 삼아 다른 문화를 평가하는 관점입니다. 반면에 '부끄러워할 이유가 없다.'라고 생각하는 분들은 '문화 상대주의cultural relativism'입니다. 서로 다른 문화를 그 자체로 인정하고 존중해야 한다는 관점입니다. 이 두 개념은 상당히 중요한데 5장에서 좀 더 깊이 있게 살펴보겠습니다.

지금으로부터 10여 년 전에 제가 엘렌의 이야기를 읽었을 때는 상당히 부끄러웠습니다. 지금도 그렇지만 '글로벌 스탠더드'가 물밀 듯이 밀려오던 시절이었습니다. 미국 중심의 사대주의가 암암리에 있었던지, 엘렌이 미국인이었다는 사실에 더욱더 부끄러워했던 듯합니다. 조직문화를 탐구하던 시절이지만 머리에 지닌 지식이 설익고 생각이 덜 여물었을 때였기 때문입니다.

지금은 엘렌이 겪은 일 중에는 우리만의 고유한 스타일이 있다고 생각합니다. 물론 성찰해야 할 점도 있습니다. 엘렌의 눈에 독특하다고 비친 우리나라 기업문화 중에 두 가지만 살펴보겠습니다. 바로 회식문화와 음주문화입니다.

• • •

마이클 코켄이 관찰한 한국의 회식문화

호주 퍼스Perth 출신인 마이클 코켄Michael Kocken은 2009년에 호주에서 대학교를 졸업하고 '한국호주재단'에서 장학금을 받아 한국에 옵니다. 어학당에서 한국어 공부를 마치고 우리나라 기업에 취직해 인사부서에 일을 시작했습니다. 그는 자신의 애칭을 '마사원'이라 부르는데 본인 이름 '마이클'의 첫 글자와 '사원'을 결합한 표현입니다. 심지어 그의 블로그 이름은 'The Sawon(그 사원)'입니다.[60] 그만큼 한국을 좋아하고 사랑하는 인물입니다. 회사에서 인사 업무를 해서인지 한국기업의 고유한 조직문화를 이방인의 눈으로 참 잘 포착해냅니다. 우리나라에서 3년간 근무하면서 겪은 일 중에 가장 스트레스를 받았던 일은 다름 아니라 회식문화였다고 토로합니다.

독자 여러분도 회식에 참여한 경험을 한 번 떠올려보시지요. 회식이 잡히는 유형은 크게 두 가지입니다. 날짜를 미리 정해놓은 후에 시행하는 경우, 그리고 높은 분께서 늦은 오후 즈음에 "우리 오늘 저녁이나 함께 먹지."라고 예고 없이 벌어지는 경우. 후자는 그 시작부터 눈치 게임이 시작됩니다. 높은 분께서 그 말씀을 하시면 서로 눈치를 봅니다. '무슨 핑계를 대고 빠져야 하지……' '한동안 참석을 못해서 눈 밖에 나면 안 되는데……' '내일 중요한 보고를 드려야 하니 오늘 회식을 하면서 기름칠 좀 해야 하긴 하는데……' 하고 속으로 생각하지요. 퇴근 시간 다 돼서 가뜩이나 지친 머리로 돌지도 않는데 슈퍼 컴퓨터급의 속도로 갖은 경우의 수를 생각하기도 합니다.

우리 회식문화는 눈치 게임의 연속입니다. 회식 장소에 가서도 머릿속으로 빠르게 계산합니다. '전무님은 저기에 상무님은 여기에. 그리고 나는 이쯤에 앉는 게 가장 안전하겠다.'라고 말이지요. 회식 장소에 늦게 도착했다가는 전무님과 상무님 앞자리에 앉아야 할 불상사(?)가 벌어질지도 모릅니다. 자, 이제 자리가 정해졌습니다. 아래 직급 직원들은 장기 기억 장치가 조금 바빠집니다. 높은 분이 어떤 메뉴를 좋아하시는지, 피해야 할 음식은 무엇인지, 맥주와 소주는 어떤 브랜드를 더 선호하는지를 머릿속에서 꺼냅니다. 주문이라는 큰

산을 넘고 나면 얼마간의 적막감이 흐릅니다. 누가 무슨 말이라도 먼저 꺼내면 좋을 텐데 높은 분이 과묵하게 무게 잡고 계시니 그저 기다릴 뿐입니다. 그 침묵을 좀 벗어나보고자 주방 아주머니께 "여기 소맥과 잔이라도 먼저 주세요."라고 아래 직원이 닦달합니다. 자, 이제 누가 소맥을 맛나게 말아야 할까요? 보통은 막내가 주조하지만 풋내기라 잘 못한다면 바로 위 선배가 말기도 합니다. 호기롭게 첫 건배를 하고 나면 이제 높은 분이 나서야 할 때입니다. 그분의 독무대가 깔린 셈입니다. 마이클 코켄은 이렇게 평가합니다.

"첫잔을 나누면서 상사들의 '귀중한' 말씀을 기다립니다. 매번 똑같고 의미도 없고 별로 중요 하지도 않은 말들입니다. 뭐, 뭐, 어쩌고, 어쩌고…… '화이팅!' '위하여' 한 번만 한다면 말씀에 집중하겠지만 회식을 하는 동안 같은 말을 몇 번이나 하고 또 일주일에 회식을 몇 번이나 하기 때문에 상사들의 말을 무시하게 돼버렸습니다."[61]

회식은 마이클 코켄 같은 외국인뿐만 아니라 우리나라 직장인들 대부분이 힘들어하는 일입니다. 대한민국 전체를 대표하는 통계는 아니지만, 두 개의 자료가 있습니다. 취업포털 잡코리아가 2016년에 직장인 456명을 대상으로 설문조사한 결과에 따르면[62] '회식을 업무의 연장이라 생각하는가?'라는 질문에 약 79%가 '그렇다'와 '매우 그렇다'라고 응답했습니다. 또한 약 61%의 직장인들이 '스트레스를 받는다.'라고 답변했습니다. 취업포털 사람인은 2017년에 직장인 989명을 대상으로 비슷한 설문을 했습니다.[63] 그 결과 약 57%의 응답자가 회식을 부담스럽게 여기는 것으로 나타났습니다. 대표성이 약하긴 합니다만 이렇게 정리를 할 수 있을 듯합니다.

"대한민국 직장인 10명 중의 6명은 회식문화를 부담스러워하거나 그로부터 스트레스를 느낀다."

한국인들조차 회식문화를 힘들어하는 이유는 왜일까요? 이를 논하기 위해서는 무엇보다도 회식문화의 정의부터 내려야 합니다.[64] 국립국어원 표준국어대사전에 의하면 회식會食은 '여러 사람이 모여 함께 음식을 먹음'을 의미합니다. 또한 문화는 '사회 구성원에 의하여 습득, 공유, 전달되는 행동양식이나 생활양식'을 뜻합니다. 각 표현에 내포된 의미를 조금 확장해 회식문화를 정의하면 다음과 같습니다.

구성원들이 함께 모여 음식을 먹으면서 업무 이야기를 하고 회포를 풀거나 자기 주변에서 일어나는 여러 가지 일을 공유해 공감대를 형성하고자 하는 행동양식.

왜 우리 민족은 함께 먹기를 즐겼을까?

'음식을 먹는' 행위는 상당히 즐거운 일입니다. 인간이라면 누구나 음식 섭취를 즐기지만 특히 우리나라 사람들은 유별나기도 했나 봅니다. 여기서 다시 푸른 눈의 외국인이 관찰한 바를 빌려와보겠습니다. 흥선대원군의 쇄국정책이 끝난 후인 1880년대 서울 공사관 서기관으로 일했던 미국인 '샤를 사이에 롱Charles Chaillé-Long'은 군인, 변호사, 탐험가이며 외교관이기도 합니다. 그는 1887년 미국 대통령 '그로버 클리블랜드Grover Cleveland'로부터 임명받아 조선의 영사로 부임을 합니다. 그는 조선 땅에서 다양한 경험을 즐기는데 1989년에『하

퍼스 위클리Harpers Weekly』에 이런 내용의 기사를 투고합니다.[65]

"조선인들에게 식사는 엄청나게 즐거운 일입니다. 여기에서는 노동비가 저렴하므로 생활비도 저렴합니다. 국, 고기, 김치, 그리고 감 모두를 50냥이면 먹을 수 있습니다. 이는 4센트에 지나지 않습니다. 조선인들은 불쌍한 사람이 전혀 아닙니다. 오히려 왕자든 농민이든 저녁 식사를 하지 않는 사람을 보지 못했습니다. 사실 한국에서 맛있는 식사는 이들 원주민의 최고의 야망chief ambition인 것처럼 보입니다."

그는 미국 컬럼비아 대학교 법대를 졸업하고 파리로 건너가서 가르치기도 했습니다. 또한 이집트 알렉산드리아에서 영사직을 수행했고요. 그러고 나서 한국으로 건너왔습니다. 그의 거주 이력을 토대로 평가해보면 미국, 프랑스, 이집트인들보다도 조선 사람들이 먹고 마시기를 좋아했다고 볼 수 있습니다. 적어도 그의 눈에는 말이지요.

이처럼 조선인, 한국인은 먹는 걸 좋아했을 뿐만 아니라 모두가 함께 먹기를 즐겨 했습니다. 물론 이는 우리만의 고유한 행동은 아닙니다. 중국과 일본 등 동남아시아는 물론 유럽과 아프리카 사람들도 같이 식사를 합니다. 인간은 사회적 동물이니까요. 함께 밥을 먹으면서 서로 연대감을 느낍니다. 그런데 우리나라 사람들은 유대감의 깊이가 유달리 남다른 듯합니다.[66] 우리네 밥 문화를 한 번 살펴보실까요.

우리나라는 식사를 몇 명과 같이하느냐를 중시했습니다. 외상, 겸상, 셋겸상, 넷겸상, 두레상 등 함께 밥을 먹은 사람 수에 따라 명칭이 각각 달랐습니다.[67] 인류학자들은 그 민족 혹은 부족이 중시하는 가치에 따라 사물의 분류와 세부적인 명칭이 달라진다는 점을 지속해서 관찰해왔습니다. 예를 들어 인류학자인 레비스트로스는 미국 뉴멕시코의 테와족 인디언은 잎사귀 형태를 가리키는 표현이 40개, 옥

수수의 각 부분을 부르는 표현이 15개나 된다고 보고했습니다.[68] 자연에 질서를 부여하는 일을 중시했기 때문입니다. 우리나라에서 함께 식사하는 인원에 따라 밥상 이름이 달랐다는 점은 우리 민족이 '함께 밥을 먹는 행위'를 중시했다는 증거일 수 있습니다.

우리나라는 '밥을 나누는 문화'입니다. 그래서 '밥정情' '밥인심'이라 표현합니다. 물론 어려움에 직면한 사람에게 밥 한 끼를 제공하는 행위는 어느 나라 어느 문화권이나 다르지 않습니다.[69] 허리케인으로 미국 어느 지역이 쑥대밭이 되었다거나 태풍으로 인도네시아 어느 도시가 큰 피해를 보았다 하면 전 세계에서 먹거리를 자발적으로 보내줍니다. 그런데 우리나라 사람들은 딱한 처지에 처한 사람뿐만 아니라 어려움이 없는 사람들에게도 밥을 제공해야 속이 시원합니다. 음식점 계산대 앞에서 더치페이가 아니라 서로 "내가 낼게." "아니야, 내가 낼게." "야, 너 지갑 꺼내지도 마."라고 옥신각신 싸우는 장면도 흔합니다.

우리는 길 가다 원래 알던 사람을 마주치거나 후배를 만나고 헤어질 때면 흔히 한 마디 건넵니다. "언제 밥 한번 먹자!"라고. 그냥 헤어지기는 멋쩍어서 그런 말을 건넬 수도 있지만 '나는 너와 나누고 싶다.' '우리는 나누는 사이다.'라는 의미의 말이기도 합니다. 수필가 신선영이 이렇게 말한 것처럼 말이지요. "밥은 단지 허기를 달래기 위해 먹는 게 아니라고. 밥을 먹는다는 건 마주하는 이의 눈빛과 마음의 언어를 함께 나누는 일이니……"[70]

밥의 재료인 '쌀'도 '우애' '나눔'을 상징합니다. 전래동화 『의좋은 형제』가 있습니다. 고려시대 말기에 충남 예산군에 살았던 이성만과 이순 형제의 일화라고 전해집니다.[71] 이들은 각자 가정을 꾸리고 살았습니다. 어느 가을날 추수를 끝내고 나서 형은 아우의 추수량을 걱정하고 아우는 형의 추수량 걱정합니다. 밤마다 형은 아우네 창고에, 아우는 형님네 창고에 쌀가마니를 몰래 가져다놓습니다. 밤마다 서로 다른 시각에 그 일을 한 덕분에 각자 쌀가마가 줄지도 늘지도 않았습니다. 그러다 어느 날 밤 각자 쌀가마를 들고 가다가 길에서 마주쳤고 서로 얼싸안고 눈물을 흘렸다는 이야기입니다. 한낱 전래동화라 치부할지 모르지만 오늘날 기성세대의 가치관 형성에 영향을 미쳤습니다. 일본강점기인 1937년도 조선총독부에서 발행한 초등학교 교과서인『보통학교 조선어독본 5권』의 제14과에 이 이야기가 수록되어 있습니다. 이후 제1차부터 제6차 교육과정에 이르기까지 (1955~1997) 우리나라 교과서에 계속 실렸습니다.[72] 일본강점기부터 근 70여 년간 우애와 나눔의 상징으로 쓰였던 것입니다.

특히 '한솥밥'이란 단어는 공동 식문화의 결정체입니다. '한솥'은 '우리'와 '우리가 아닌 사람들'을 구분하는 상징적인 도구입니다. 아버지 계열은 5대조, 어머니 계열은 3대조, 아내 집안은 2대조 안에 든 친족들에게 한솥밥을 줄 수 있었습니다. 그 외에는 부엌에 손님들 밥을 짓기 위한 '객솥'이 따로 있어서 그 솥으로 밥을 지어서 내어야만 했습니다.[73] 이를 미루어볼 때 '한솥 + 밥'은 '우리가 함께 모여서 나누는 애정, 우정'을 상징하지요. 더구나 그 한솥밥을 지어내는 사람이 누구인가요? 네. 바로 우리네 어머니입니다. 따라서 한솥밥을 먹는 사람들은 서로 간에 이해득실, 빈부, 지위를 막론하고 서로 협동하고 결속해야 한다는 의미가 은연중에 전달되곤 했습니다. 한솥밥의 다른 명칭은 '일심반一心飯'입니다. 마음이 하나가 되는 밥입니다.[74] 그래서 우리나라 식문화 연구자인 이효지는 이렇게 단언합다. "한솥밥을 나눠 먹는 사람들에게는 밥 이상의 정신적 의미가 부여된다."[75]

그 한솥밥을 먹는 사람들을 무어라 부르지요? '식구食口'라 합니다. 식구라 하니 잊히지 않는 영화 한 장면이 생각납니다. 2006년에 영화배우 조인성이 주연한 「비열한 거리」에서 그는 건달 동생들과 여관 합숙소에서 삼겹살과 소주를 함께 마십니다. 조인성이 가운데서 무게 잡고 있다가 한마디하지요.

"아야, 형이 하나 묻자, 식구가 뭐여? 식구란 건 말이여. 같이 밥 먹는 입구녁이여. 입구녁 하나 둘 서이 너이 다섯 여섯 나까지 일곱. 이것이 다 한 입구녁이여. 알 것냐?"

결정적으로 그 식구라는 표현은 조직 구성원들을 표현할 때 사용하는 말이기도 합니다. 국립국어원의 『표준국어대사전』에서 식구를 검색해보면 원래 의미에 더하여 '한 조직에 속하여 함께 일하는 사람을 비유적으로 이르는 말'로 정의되어 있습니다. 네이버 또는 다음 검색창에 '회사 식구'라는 표현으로 검색해보세요. 다양한 표현들이 나옵니다. '회사 식구들과 저녁 식사' '회사 식구들과 야유회' '신랑 회사 식구들' '회사 식구들 선물' 등.

회식의 장점을 꼽아보자

지금까지 우리 민족의 식문화를 살펴봤습니다. 이로 볼 때 함께 밥 먹기를 즐겼던 우리 조상들의 행동양식이 고스란히 오늘날 '회식'으로 이어진 것 같습니다. 그 덕분에 오늘날 직장인 회식문화는 긍정적인 측면도 가지고 있습니다. 저는 회식문화를 2016년 1월부터 4월까지 연구 조사했습니다. 20대부터 40대까지 총 23명 직장인을 만나 반구조화 인터뷰semi-structured interview를 했습니다.[76] 이 방식은 사전에 기본적인 질문 목록을 만들어놓고 대상자와 이야기를 나누는 방식입니다. 인터뷰 대상자가 말하는 내용에 따라 심도 있는 질문을 하거나 조금 다른 질문을 하기도 하고요.

제가 왜 회식문화를 연구하려 했을까요? 중국과 일본에도 회식이 있긴 하지만 우리나라가 더 과한 경향이 있습니다. 공동체 의식뿐만 아니라 여러 문화요소가 결합하여 개인이 처한 상황과 기호를 고려하지 않는 회식문화가 만들어졌지요. 그래서 흥미로웠습니다. 더구나 제가 회식문화를 어려워했기 때문이기도 합니다. 제가 입사했던 당시 서너 기수 위의 '선배님'들이 계셨는데 이분들은 서로 뭉치기를 좋아했습니다. 빈번하게 회식을 했지요. 기수 간에 위계 서열이 강하다 보니 입사 초반에 저는 마지 못해 회식에 참석해야만 했습니다.

제가 개인적으로 중요하게 여기는 가치가 '자율, 자주, 자극'인데 그러다 보니 반강제적인 회식자리가 상당히 버거웠습니다. 업무시간 이후에 내 시간을 내 자율대로 쓰고 싶었는데 그러질 못하니 아주 답답했습니다. 입사한 지 한두 달 만에 결국 이래저래 핑계를 대고 빠지기 시작하긴 했습니다. 선배들의 눈에 버릇없는 후배였습니다.

제가 회식에 참석하지 않다 보니 다음과 같은 순기능의 수혜를 누리지는 못했던 것 같습니다. 회식의 순기능을 살펴보실까요?

장점 #1 우리는 하나 - 공감대 형성

"저희 팀이 구성된 지 얼마 안 되었거든요. 서로 업무 하는 스타일이 다르다 보니 충돌도 좀 있었어요. 어느 날 아이디어 미팅을 하는데 두 명의 과장님이 서로 언성을 높이게 되었습니다. 대리들이 말려서 두 분이 좀 진정을 하기는 했지만 팀 전체 분위기가 가라앉더군요. 마침 저녁 식사 시간도 다 되었기에 제가 '저녁 식사 시간이네요. 약속 없으시면 모두 함께 저녁 먹으러 가면 어떨까요? 이렇게 모두 기분이 꿀꿀한 날에는 맛난 걸 먹어야 풀리지 않겠습니까? 다 먹고 살자고 하는 일인데요.'라고 했습니다. 같이 저녁을 먹다 보니 두 과장님도 기분이 풀리고 팀 전체 분위기가 살아나더라고요." - 34세 남성

"회사 업무를 하다 보면 어려운 일들을 겪잖아요. 지난번에 일하다가 어느 한 고객 때문에 정신이 나간 적이 있었어요. 마침 저희 팀원들도 그 장면을 지켜보고 있었고요. 그 일은 제 주관이라 팀원들이 나서서 저를 구제해줄 수 있는 상황은 아니었지요. 저희 팀장님이 나서서야 겨우 마무리가 되었어요. 그날 저희 팀원들이 저를 붙잡고 기분도 안 좋은데 어디 맛난 저녁이라도 먹으러 나가자고들 하더라고요. 저녁을 먹으면서 다 같이 그 고객을 뭐라 하고 저를 편들어주었는데요. 뭐랄까, 서러움이 많이 가시더라고요."
- 29세 여성

"우리 팀이 몇 주 동안 함께 준비했던 일이 있었습니다. 저희 나름으로 타당한 대안을 만들어 부사장님께 보고를 드렸습니다. 사실 좀 조마조마했습니다. 부사장님의 눈이 높기로 유명하시거든요. 보고 초반에는 좀 고개를 갸웃갸웃하시길래 속으로 '아이고,

묵사발 날지도 모르겠다.' 싶었는데 끝까지 다 들으시고는 '여기 저기 고심한 흔적들이 많이 묻어나네요. 팀에서 모든 대안을 다 꺼내놓고 하나하나 잘 타진해본 듯합니다. 어차피 우리 업이라는 게 정답이 없는 길인데 제안한 대로 빠르게 실행 모드로 들어갑시다. 고생했습니다.'라고 말씀하셨습니다. 순간 저희 팀원들 모두가 서로 얼굴을 쳐다보더라고요. 부사장님 집무실을 나오는데 다들 오늘이야말로 진짜 우리가 회식해야 하는 날이라고 하더군요. 막내가 맛집 여러 곳을 찾았는데 1차, 2차, 3차를 모두 그곳으로 갔습니다." – 46세 남성

로마 시대의 정치가인 세네카Seneca는 "인간은 사회적 동물animal socialis이다."라고 말했습니다.[77] 그의 말처럼 회식은 모이기를 좋아하는 인간의 본능이 드러난 모임입니다.

우리나라 직장인들은 집단적으로 희로애락喜怒哀樂을 겪을 때 회식하는 경향이 나타납니다. 어떻게 보면 일종의 '의례·의식' 같다고나 할까요?* 유명한 민족지학자 아놀드 방주네프Arnold van Gennep는 사회는 서로 구별되는 집단들로 구성되어 있으며 다시 몇몇 하위 집단으로 구분될 수 있다고 지적합니다. 한 개인은 생애 전체에 걸쳐서 한 집단에 속해 있다가 다른 집단으로 신분 변화를 겪습니다. 방주네프는 그 단계마다 고유한 의례를 치르곤 한다는 점을 관찰했지요. 이를

---

* 리 볼만Lee Bolman과 테렌스 딜Terrence Deal은 『조직의 리프레이밍』이라는 책에서 의례ritual과 의식ceremony을 구분해서 "의식은 일반적으로 의례보다 빈도는 낮지만, 의례보다 더 정교하다."라고 설명합니다. 하지만 그들도 의례와 의식을 정확히 구분하기는 어렵다고 인정합니다. 이 책에서는 의례와 의식을 같은 의미로 간주해 사용하도록 하겠습니다.

토대로 '통과의례the rites of passage'라는 개념을 정립합니다.[78] 우리나라를 한번 생각해보실까요? 아이가 태어나면 '금줄'을 문 앞에 매달았습니다. 남자아이가 태어나면 붉은색 고추를 달고 여자아이가 태어나면 음기를 상징하는 숯을 달았습니다. 그때부터 아이 일생에 걸쳐 각종 의례가 시작됩니다. 돌잔치, 입학식, 졸업식, 성년식, 약혼식, 결혼식 등.

오늘날 다양한 조직에서도 여러 의례를 발견할 수 있습니다. 대표적으로 시무식과 종무식을 들 수 있습니다. 의식과 의례는 저와 같은 조직문화 연구자에게 상당히 유용한 소재입니다. 그 안에 다양한 상징과 의미가 내재하여 관찰할 거리가 많기 때문입니다. 그렇기에 문화 인류학자 클리퍼드 기어츠는 의식과 의례를 문화의 모든 의미를 풀어내는 마스터키master key라고도 불렀습니다.[79]

우리나라 조직에서 회식은 '통합의례rites of integration'에 속합니다.[80] 그 이름에서 알 수 있듯이 집단 구성원들이 '우리는 함께한다.' '우리는 하나다.'라는 인식을 강화하기 위한 의례입니다. 의례는 기능적인technical 결과물일 수도 있고 표현적인expressive 결과물일 수도 있습니다. 위에서 맨 처음에 인용한 34세 남성이 얘기한 사례는 기능적입니다. 팀 분위기를 우호적으로 바꾸고 단합하게 하려고 일부러 회식을 제안했습니다. 직설적으로 표현하자면 '무언가를 노리고' 의례를 시행한 것입니다.

위의 나머지 두 사례는 표현적인 결과물에 가깝습니다. 팀 내 갈등을 봉합하거나 팀워크를 강화하기 위한 목적으로 회식을 했다기보다는 공동체 정신이 그대로 표출된 결과입니다. 29세 여성 대리의 사례를 잠시 보지요. 팀원 한 명이 어려움을 겪으니 모두가 자신이 겪는 일처럼 감정이입을 했지요. 한국인의 '정'이 그대로 드러난 사례라고 할까요.

장점 #2 우리 조직이 어떻게 돌아가고 있지? - 정보 습득

"업무시간에는 일하느라 바빠요. 직장인은 조직이 어떻게 돌아가는지, 적어도 귀동냥은 할 줄 알아야 하잖아요. 제가 담배라도 피우면 우리 팀장님하고 그 짬을 내서 이런저런 얘기를 들을 수 있을 텐데 그럴 기회가 별로 없어요. 회식자리에서 들을 수 있어서 그나마 다행이라고 할까요." - 41세 남성

"어제 저희 옆팀이 몇 개월 준비했던 기획안을 전무님께 보고드렸어요. 전무님이 열불 나게 뭐라고 하신 거예요. 겨우 그 정도밖에 안 되냐며. 그런데 그 팀이 추진하는 일이 저희와 일정 부분 엮여 있는 것들이 있어서 저희에게 불똥이 튈 수도 있거든요. 왜 전무님이 그렇게 탐탁지 않게 여기셨는지 저희 팀원들끼리 회식하면서 이런저런 추론을 했어요." - 31세 여성

"지금 사장님과 전무님 관계가 좀 별로예요. 저희 쪽에서 올리는 주요 안건들이 사장님이 계속 안 좋게 피드백하시는 터라. 상무님이나 저나 힘들어하고 있지요. 상무님과 함께 회식하면서 앞으로 어떤 상황이 벌어질지 함께 예측하려 합니다." - 46세 남성

"제가 속한 본부 내 다른 팀 구성원들과 만나거나 또는 다른 본

> 부에 있는 구성원들과 일부러 자리를 마련하곤 합니다. 우리 고객들의 반응이나 경쟁사 동향도 알 수 있고 각각의 부서에서 무슨 일들이 벌어지고 있는지도 들을 수 있거든요." - 37세 남성

사람은 누구나 자신을 둘러싼 환경이 어떻게 변화하고 있는지를 알고자 합니다. '미어캣'처럼 허리를 곧추 펴고 고개를 좌우로 왔다 갔다 하면서 24시간 내내 살피는 정도는 아니지만 주변에서 무언가 변했다면 그것에 주의가 돌려지게 마련이지요. 인간의 본능입니다.[81] 여러분이 인근에 야트막한 산을 오르고 있다고 해보시지요. 평소에 자주 마실 가던 둘레길이라 평화롭게 거닐고 있는데 갑자기 우측 비탈진 나무들 사이로 어릿어릿 움직이는 무언가 눈에 보입니다. 본능적으로 그게 무엇인지, 나에게 해가 될 생명체인지, 내가 무시하고 그냥 지나쳐도 되는지 순식간에 머리가 돌아갑니다. 이처럼 인간은 환경 변화에 본능적으로 반응하게 되어 있습니다.

조직에서 생활하는 구성원들도 마찬가지입니다. 조직에서 변화가 일어나면 주의가 돌아갑니다. 의식적으로 또는 무의식적으로 그게 왜 일어났는지, 그게 무슨 의미가 있는지, 그게 나와 우리 팀에 어떤 영향을 미칠지를 복기하려 합니다. 오늘날 우리 직장인이 겪는 조직 환경은 우리 조상들이 마주한 환경과 다릅니다. 어떻게 다를까요? 과거 우리 조상들은 자연환경에 둘러싸여 살았습니다. 그들의 터전이었던 논, 밭, 숲, 바다, 그리고 날씨 등의 변화는 누구나 같이 관찰할 수 있는 현상이었습니다. 갑자기 폭우가 내려서 논이 쑥대밭이 되는 일이나, 동료 무리와 함께 숲을 오르다가 갑자기 멧돼지 여러 마리가 튀어나온 일이나, 우리 동네 김 씨가 보아도 옆 동네 박 씨가 보

아도 같은 현상이었습니다. 반면 오늘날 직장인은 조직에서 오랜 시간을 보냅니다. 조직을 구성하는 환경을 생각해보세요. 사무실, 책상, 의자, 기계, 컴퓨터 등의 사물은 객관적이지만 변화를 일으키는 요소들이 아닙니다. 사람 그리고 사람의 관계가 변합니다.

여러분은 오늘 아침에 가뿐한 몸으로 출근을 했습니다. 상쾌한 마음에 회사 근처 카페에서 아메리카노를 주문하고 반쯤 마시다 사무실에 들어왔습니다. 노트북을 켜고 오늘 하루 처리할 일들을 정리해봅니다. 카페인이 혈액을 순환하는지 딱 집중할 수 있는 상태가 되었습니다. 한창 업무를 처리하는 중인데 갑자기 임원 집무실에서 "무슨 기획안이 이따위야!" 하고 큰 소리가 들립니다. 주변 동료들이 미어캣이 됩니다. 분위기가 자유로운 사무실이라면 두세 명이 모여서 "무슨 일이지? 지금 마케팅1팀장님이 들어가 계신 거 아니야?" 하고 얘기를 나누겠지요. 경직된 분위기라면 사내 메신저나 카카오톡이나 라인 메신저의 단톡방이 불납니다. "뭔 일이야? 왜 저래?"

조직은 사람 그리고 그들 간의 관계 때문에 변화가 일어납니다. 그래서 직장인들이 둘러싸여 있는 환경을 '공유된 실재shared reality'라고 부릅니다.[82] 객관적으로 파악한 실재가 아니라 각자가 주관적으로 추론하고 공유한 결과라는 의미입니다. 저 임원실에서 직접 대면 보고를 하는 팀장이라 할지라도 객관적으로 파악할 수 있는 정보가 그리 많지 않습니다. 최선을 다해 기획안을 작성했는데 상사는 별로 이해가 되지 않는 이유로 화를 내고 계시거든요. 혼나면서도 이렇게 생각할지 모릅니다. '아무리 생각해도 그 안이 맞는 것 같은데. 충분히 검토했고 이 이상 더 좋은 대안은 없는데 말이지. 어제 사모님이랑 한바탕하셔서 기분이 안 좋은가.' 결국은 다시 안을 작성하여 말씀드리겠다 하고 임원 집무실을 나옵니다.

잠시 뒤에 마케팅2팀장이 집무실에 들어갑니다. 어라! 집무실 유리 너머로 간간이 웃음소리가 나오는 걸 보니 분위기가 좋은가 봅니다. 혼이 난 마케팅1팀장은 물론이고 다른 구성원들도 지금 상황이 어떻게 돌아가는지 무척이나 궁금합니다. 사내 메신저에서는 구성원들이 갖가지 추론을 합니다. 누가 더 그럴듯하고 타당한 이유를 대는지 서로 경쟁하듯 설이 분분하지만 그 원인에 대해 어느 정도 잠정적인 결론이 납니다.[83] 임원이 그동안 보여주었던 행동 패턴과 스타일을 고려해서요.

직장인들이 사는 세상은 '공유된 실재'이기 때문에 조직이론가로 명성이 높은 칼 와익Karl E. Weick은 의미 창출의 연속이라고 주장했습니다.[84] 이를 센스 메이킹sense making이라 불렀는데 조직 안팎에서 무슨 일이 벌어지는지, 그게 왜 발생했는지, 그게 나에게 의미하는 바는 무엇인지를 지속해서 추론하는 과정입니다. 이를 통해 모호하거나 복잡해 보이는 상황에 질서를 부여하려는 노력입니다.[85] 자신에게 그리고 다른 사람들에게 합리적으로 설명할 이야기를 만들어내는 과정이기도 하고요.

우리나라 직장에서는 센스 메이킹이 주로 회식 장소에서 상당 부분 이루어집니다. 요즘 사장님은 무엇에 관심을 두는지, 심경은 어떤지, 전무님과 상무님은 관계가 어떤지, 타부서는 무엇을 하고 있는지, 타부서에서 일 잘하던 A가 왜 갑자기 그만둔 건지, 그의 문제였는지 아니면 상사와 불화 때문인지를 파악합니다. 그리고 각 이벤트가 내 업무에 어떻게 영향을 미칠지 센스 메이킹합니다.

센스 메이킹 행동을 직장에서 업무시간에 하면 될 일입니다. 그런데 왜 하필 우리나라 직장인들은 퇴근 시간 이후에 회식이라는 형태를 빌려서 할까요? 저는 두 가지 원인이 복합적으로 작용하는 탓이라 생각합니다. 첫째, 정보 집중의 문제입니다. 조직 내에서 정보가 개방적으로 공유되지 않고 상위 직급에만 몰리는 문제입니다. 양성적으로든 음성적으로든 말입니다. 우리나라 기업들은 상당수가 창업주나 CEO 등 핵심인물 중심으로 의사결정을 합니다.[86] 대기업 총수가 구속 수사를 받게 되면 미디어에서 'A 기업의 대규모 투자가 위축된다. 전략적인 결정이 어려워질 수 있다.'라고 우려를 표하지요. 의사결정이 소수에 집중되기에 모든 정보가 그들에게로 흘러 들어가고 집중됩니다.[87] 반면 하부 조직에 있는 구성원들은 우리 조직이 어떻게 돌아가는지 정보가 상대적으로 부족합니다.

두 번째, '권력 거리power distance'가 멀기 때문입니다. 다소 생경한 표현이지요? 권력 거리는 1960~1970년대 조직문화 비교 연구자인 헤이르트 호프스테더Geert Hofstede가 만든 표현입니다. 그는 기계공학 석사를 졸업하고 10년간 직장생활을 하다가 네덜란드 그로닝겐Groningen 대학교에서 사회 심리학 박사 공부를 파트타임으로 합니다. 그와 동시에 IBM으로 이직하고 인재 연구 부서Personnel Research Department를 만듭니다.[88] 그 성과물 중의 하나가 바로 문화 연구였습니다. 당시 IBM은 전 세계에 사무소를 만들면서 다양한 나라와 문화권에 사는 인재들을 자기네 구성원으로 받아들였습니다. 그런데 그 나라의 고유한 문화에 따라서 구성원의 가치관이 다르고 그로 인해 태도와 행동이 달라진다는 점을 관찰할 수 있었습니다. 이를 어떻게 하면 체계적으로 측정하고 관리할 수 있을지를 고심하다가 문화연구를 시작했습니다.

호프스테더는 문화마다 서로 다르게 나타나는 네 가지 차원을 발견합니다.[89] 그중에 하나가 '권력 거리'입니다. 그 사회 구성원이 권력의 차이를 용인하고 그로 인한 불평등한 대우를 수용하는 정도를 의미합니다. 이 거리가 짧은 문화에서는 각자 자신의 역할과 전문성을 근간으로 상호 의논하고 보다 자율적이고 민주적으로 결정합니다. 호프스테더가 저술한 『세계의 문화와 조직』은 권력 거리가 짧은 나라 중의 하나인 스웨덴에서 벌어진 일화를 소개합니다.[90]

1988년 12월 23일 스웨덴 국왕 칼 구스타프Carl Gustav는 자녀들 선물을 사기 위해 가게에서 한참 동안 실랑이를 벌여야만 했습니다. 물건값을 수표로 지급하려고 했는데 신원 확인이 안 된다는 이유로 처리해줄 수 없다고 점원이 거절했기 때문입니다. 보다 못한 주변 사람들이 국왕의 얼굴이 새겨진 1크라운 동전을 자기 주머니에서 꺼내서 점원에게 보여주었습니다. 그제야 점원은 그 동전으로 수표 소유자의 신원을 확인한 것으로 처리하기로 했습니다. 그런데도 그 점원은 위조 수표는 아닌지 꼼꼼히 살펴보고 소유자의 성명과 주소를 철저히 확인하고 나서야 그 수표를 수리했습니다. 권력 거리가 가까운 문화에서 벌어질 수 있는 해프닝입니다.

반면 권력 거리가 먼 문화에서는 권위적이고 가부장적인 관계를 상정합니다. 거리가 먼 만큼 고위 리더에게 직접 다가가기도 어렵습니다. 글로벌 기업에서 근무하다가 국내 대기업으로 이직한 직장인은 이렇게 얘기합니다.

"이전 회사에서는 사내 메신저로 그 누구라도 그 어떤 직급이라도 직접 얘기할 수 있었습니다. 어느 날 미국 본사에서 수행했던 프로젝트 자료가 필요했습니다. 그 일의 총괄 책임자였던 본사 부사장에게 사내 메신저로 직접 연락을 했습니다. 그러자 바로 응답을 하더군요. 도와줄 게 무어냐, 더 필요한 건 없느냐, 물으면서 이메일로 바로 그 자료를 보내주었습니다. 그 일을 좀 더 상세하게 알고 있는 실무자를 C.C(참조)로 붙이면서요. 아무리 고위직이라 하더라도 비즈니스 차원에서 필요하다고 판단되면 자유롭게 다가갈 수 있었습니다. 그런데 우리나라 기업에서는 그게 안 되나 봅니다. 임원에게 직접 전화하기도 어렵고요. 상사를 통해서 하든지, 적어도 비서를 통해서 연락해야 하더군요. 요즘 비즈니스는 '속도전'인데 이렇게 소통 장벽이 커서야 글로벌 기업과 어떻게 싸워서 이기나요. 이점이 무척이나 답답합니다."

'상층부 정보 집중'과 '먼 권력 거리'가 서로 작용하는 문화에서는 어떤 현상이 일어날까요? 아래 직급의 구성원에게는 정보가 별로 없습니다. 조직이 어떻게 움직이느냐에 따라 본인 업무가 영향을 받는데 미리 대비하려면 적어도 현재 우리 조직이 어떤 상황인지를 상사로부터 들어야 합니다. 그러자면 업무시간에 직속 상사나 차상위 상사나 자유롭게 다가가서 질문하고 들을 수 있어야 합니다. 그런데 우리나라 기업은 권력 거리가 멉니다. 상사들에게 다가가기 어렵습니다. 다가가려면 많은 준비를 해야 합니다.

특히 1990년대까지 우리나라 조직에 지배적 정서였던 '정情 문화' 또는 '온정주의'가 폐기해야 할 전근대적 유산으로 여겨지면서 '공公과 사私'를 엄격히 구분해야 한다는 경향이 강해졌습니다.[91] 그 자리를 실력주의와 성과주의가 메웁니다. 이 기조가 올바른 방향으로 자리잡았으면 좋은데 상사 부하 간에 정과 친밀감을 최대한 배제하고 엄격하게 업무에 임하여야만 한다고 생각하게 한 것 같습니다.

아주대학교 조영호 교수 연구팀이 1995년과 2006년에 우리나라 기업문화를 진단하고 비교한 결과에서도 이 점이 드러납니다. 1995년에 비해서 2006년에는 다음과 같은 문항들에 응답한 수준이 통계적으로 유의하게 상승합니다.

- 실수해서는 안 된다.
- 사람을 냉정하게 평가해야 한다.
- 무슨 일을 할 때는 계획을 철저히 세워야 한다.

그러면서 이들은 이렇게 결론을 내립니다. "한국 대기업은 업무수행이 과거보다 훨씬 타이트해졌다."[92] 반면 직속 상사, 차상위 상사는 사적인 자리인 회식에서는 업무시간에 바짝 조였던 허리띠를 풀고 마음이 너그러워집니다. 업무라는 틀을 벗어나니 회사에서 최근에 벌어지고 있는 일들을 풀어냅니다. 객관적인 사실이 뼈라면 그 뼈에 자신의 느낌, 감정, 그리고 본인의 추론까지 덧붙입니다. 이런 이야기들은 부하 구성원들에게 유용한 정보가 됩니다. 본인이 업무를 할 때 어떤 방향으로 추진해야 하는지, 어떤 일을 신경을 쓰고 유의해야 하는지를 가늠할 수 있거든요. 특히 의사결정이 아래가 아니라 윗사람들에게 집중될수록 그렇습니다. 본인의 업무라고 하지만 그 일을 결정하는 사람은 상사들이고 그분들이 생각하는 방향에 맞추지 못하면 일을 진척할 수 없습니다.

상사 없이 구성원들 간에도 회식을 종종 합니다. 이때는 서로 '퍼즐 조각 맞추기'를 합니다. 구성원 각자 파편적인 정보를 듣고 와서 서로 맞추어보는 겁니다. 흩어진 정보를 취합해서 큰 그림을 얼추 그려보는 거지요. 칼 와익이 말한 것처럼 센스 메이킹을 하는 겁니다. 이래서 회식이 정보 획득의 자리로 기능하고 있습니다.

장점 #3 업무 고충을 터놓을 수 있다.

"업무 수행하다 보면 여러 어려움이 있잖아요. 굵직한 건들은 상사에게 호소해서 풀어보지만 상사에게 하소연하기 어려운 자질구레한 일도 있습니다. 사소한 일이 복합적으로 작용하면 업무 진척하는 데 발목이 잡혀요. 그러다 보면 상사가 눈치를 줄 때가 있어요. 그 업무가 좀 늦어지는 거 같은데 어떻게 되어가느냐는 눈치요. 근데 업무시간에는 상사 붙들고 이런 거 세세하게 얘기할 수 없잖아요. 회식 시간에 팀장님 옆에 앉아서 그런 얘기를 살짝 살짝 얘기해요." – 29세 여성

"우리 팀은 11명인데 끌고 나가기 만만치 않습니다. 파벌까지는 아니더라도 두 무리가 서로 따로따로 뭉치는 경향도 있고, 성과를 내지 못해서 이 부서 저 부서 전전하다가 이 팀에 온 친구들도 있고, 우리 회사에서 본의 아니게 상처를 받은 친구들도 있고요. 최근에 제가 그 팀장이 되었습니다. 어느 기업이든 본인 의지대로 팀원을 꾸릴 수 없는 실정이다 보니 제가 이 친구들을 끌고 가기가 참 버겁습니다. 그렇다고 업무시간에는 임원님께 하소연할 수 없잖아요? 제가 리더십이 없는 사람으로 여기실 테니. 그나마 회식을 할 때 조언을 구하는 형태로 슬쩍슬쩍 말씀드립니다. 몇몇 건들이 좀 늦어지거나 부족하더라도 이해를 좀 해주십사 하

고 말입니다." - 41세 남성

세 번째 순기능은 업무 고충 터놓기입니다. 앞서 살펴본 두 번째 순기능은 주로 상사로부터 정보를 획득하는 목적이라면 이번에는 상사에게 어려운 업무 상황이나 고충에 대한 정보를 제공하는 목적입니다.

인터뷰하면서 '심리적 안전감'이라는 개념이 생각났습니다. 이를 연구한 대표적인 학자는 보스턴 대학교의 윌리엄 칸William A. Khan과 하버드 대학교 에이미 에드먼슨Amy Edmondson입니다. 윌리엄 칸은 심리적 안전감을 '조직 내에서 개인이 감정과 의견을 말할 때 본인의 정체성 – 직위 – 경력에 부정적인 영향을 걱정하지 않고 솔직하게 본연의 모습을 드러낼 수 있는 정도'로 정의합니다.[93] 에드먼슨은 '팀이나 부서 구성원들이 서로를 대할 때 어느 정도 위험을 감수하기에 안전하다는 공유된 믿음'이라 정의합니다.[94] 취약성, 즉 실수나 약점이 드러나도 악용하지 않을 거라는 믿음입니다. 윌리엄 칸과 에드먼슨 간에 뉘앙스가 조금 다르긴 하지만 공통점이 있습니다. 주변 사람이 나에게 위해를 가하지 않는다고 믿는 것이지요.

제 면담자들은 업무에서는 하기 어려운 이야기를 회식자리를 빌려서 비교적 편안하게 할 수 있다는 장점을 꼽았지요. 이는 회식의 순기능이기도 하지만 한편으로는 '심리적 안전감'이 부족해서 나타나는 현상일 수도 있습니다. 심리적 안전감이 충분히 확보되어 있다면 어떤 상황이 나타날지 생각해보세요. 심리적 안전감이 극으로 달하는 관계는 친밀한 부부나 친구 사이입니다. 이들 사이는 온갖 것이 대화 소재가 됩니다. 시시콜콜한 사건까지도 다 이야기하지요. 오늘 출근 지하철에서 누군가 내 발을 밟아서 아팠던 이야기, 컴퓨터를 켰는데 업데이트를 하느라 막상 업무에 바로 매진하지 못했던 이야기 등을 할 수 있지요. 그 어떤 감정과 의견을 말하더라도 사사건건 나를 평가하거나 간 보지 않고 그저 나를 이해하고 공감해줄 거라 믿습니다.

반면 우리 조직 내에서 심리적 안전감이 부족하면 어떤 상황이 벌어질까요? 몇 가지 행동이 두드러지게 나타납니다. 구성원이 의견을 말하거나 이의를 제기하지 않습니다.[95] 본인의 실수를 감추려 합니다.[96] 상대방이 듣고 싶어라 하는 말만 하거나 거짓을 포장해서 말합니다. 다른 사람들의 비판이나 피드백을 방어하는 데 집중합니다. 책임을 전가하거나 회피하려 합니다. 반드시 의견을 제시해야만 한다면 비교적 심리적 안전감을 확보받을 타이밍을 엿보려 할 수 있습니다.

앞에서 41세 남성이 말한 내용을 살펴보시지요. 부하 직원들을 관리하기가 만만치 않다는 어려움을 솔직히 토로하면 바로 질책을 받을까 두려워합니다. 자신의 이미지가 나빠질까, 즉 무능한 리더로 낙인이 찍힐까 걱정합니다. 업무시간에는 자신의 모든 언행이 계속해서 평가받는다는 생각으로 고충을 얘기하지 못합니다. 그래서 상대적으로 심리적 안전감을 확보받을 수 있는 타이밍을 엿보지요. 그게 바로 회식자리입니다.

어느 면담자는 제게 이런 얘기를 합니다. 상사가 보고서나 기안서에 대해 뭐라고 어깃장을 놓으면 "죄송합니다. 다시 해오겠습니다."라고 두말하지 않고 물러난다고 합니다. 상사가 보고서 내용을 잘못 이해한 때도 있고 본인 나름대로 상사에게 제시하고 싶은 내용도 있지만 상사가 일단 부정적인 반응을 보이기 시작하면 별다른 반론을

문항	전혀 아니다	아니다	보통 이다	그렇다	매우 그렇다
우리 조직에서 나는 나의 생각을 솔직하게 말할 수 있다.	1	2	3	4	5
만일 내가 우리 조직에서 실수를 했다면 종종 나에게 불리하게 작용할 것이다.	5	4	3	2	1
우리 구성원들은 문제점과 반대 의견을 자유롭게 이야기할 수 있다.	1	2	3	4	5
무엇이 잘 돌아가고 있는지, 무엇이 잘못되고 있는지에 대한 정보를 기꺼이 공유하려 한다.	1	2	3	4	5
이 조직에서 잘 나가려면 속을 드러내지 않는 게 최선의 방법이다.	5	4	3	2	1

하지 않고 그냥 접고 나오는 거지요. 그리고는 상사가 담배 피우러 나갈 때 따라가서 함께 담배를 태우면서 살짝살짝 첨언을 드린다고 합니다. 길게 이야기할 내용은 회식하면서 '사실은 그 업무가 이래 저래서 이렇게 되었다. 죄송하다. 더 잘 해보겠다.'라고 말씀드린다고요.

여러분 회사의 심리적 안전감은 어느 정도 수준인가요? 위의 문항은 에이미 에드먼슨과 그의 동료들이 2008년 『하버드 비즈니스 리뷰』에 공개한 진단 문항입니다.[97] 여러분도 한 번 응답해보시고 평균을 내어보세요.

왜 우리는 회식이 부담스러울까?

회식은 말 그대로 즐거워야 하는 일인데 왜 오늘날 우리네 직장인들은 이를 부담스러워하거나 힘들어할까요? 그 이유를 한마디로 정리하자면 바로 '강제성'에 있습니다. 우리나라 회식문화를 연구한 이혜림과 최규상은 이렇게 지적합니다.[98]

"회식문화는 개인주의적 문화보다는 집단의 이익과 목적을 중시하는 집단주의 문화를 가진 조직에서 나타날 수 있으며 피할 수 없는 공동체 문화라는 인식하에 반강제적인 면을 띠고 있다."

여러분 회사는 회식에 어느 정도나 강제적인가요? 윗분이 회식하자고 하면 아무 거리낌없이 "저는 이번에 참석하기 어렵습니다. 제가 없어도 식사 맛있게 드세요."라고 말씀하실 수 있습니까. 회식에 참석하지 않으면 마음에 뭔가 걸린 느낌이 드십니까. 아니, 업무적으로 부정적인 영향을 받을지 모른다고 두려워하시나요. 각자 회식문화의 강제성이 어느 정도인지를 진단해보겠습니다.

다음 질문은 이혜림과 최규상이 사용한 측정 문항입니다. 그들이 수집한 표본 통계치를 활용해 회식 참석 강제성 수준이 다른 회사들에 비해 몇 % 정도인지를 가늠할 수 있도록 만들어보았습니다. 다음

문항	전혀 아니다	아니다	보통 이다	그렇다	매우 그렇다
우리 조직은 회식 참여에 자율적인 편이다.	5	4	3	2	1
나는 회식에 불참 시 나에 대한 평가에 부정적인 영향을 줄지도 모른다는 생각을 한 적이 있다.	1	2	3	4	5
우리 조직의 회식에 참여하는 경우 2~3차까지 참여해야 한다는 부담감을 받는 편이다.	1	2	3	4	5

1.0	1.3	1.7	2.0	2.3	2.7	3.0	3.3	3.7	4.0	4.3	4.7	5.0
하위 97%	95%	90%	82%	72%	59%	46%	33%	22%	13%	7%	4%	상위 2%

세 가지 문항에 응답을 해보겠습니다. 물론 직속 상사 스타일에 크게 영향을 받겠지만 본인이 속한 팀·부서뿐만 아니라 조직 전체에서 나타나는 경향성을 생각하면서 응답해보겠습니다. 그리고 평균을 내보겠습니다. 예를 들어 첫째 문항에 3점, 둘째 문항에 2점, 셋째 문항에 1점이라 응답했다면 [(3 + 2 + 1) / 3=2]로 계산됩니다. 여러분의 조직 또는 팀은 어느 정도 수준인지요?

제가 만난 면담자들은 강제성으로 인한 여러 파생 문제를 지적합니다. 그들이 언급한 첫 번째 문제는 마이클 코켄이 앞서 지적한 바와 같습니다. "첫잔을 나누면서 상사들의 귀중한 말씀을 기다린다. 매번 똑같고 의미도 없고 별로 중요하지도 않은 말들이다." 위계적인 문화로 인해서 매우 부자연스러운 분위기가 부담스럽다는 겁니다.

"저희 상사는 과묵합니다. 그래서 말이 별로 없으신데, 또 구성원들끼리 지방 방송처럼 따로 얘기하는 것도 싫어합니다. 상사가 간간이 하는 말씀에 맞장구를 치는 수준이라 회식 분위기가 정말 조용하거든요. 그게 너무 싫어요. 그 시간에 제가 무얼 하고 있나 한숨이 나올 정도입니다." - 31세 여성

"제가 모시는 임원은 겉으로는 남자다운 척, 대범한 척하려 하십니다. 그런데 속으로는 감정기복이 심하신 편이라 업무시간에는 물론이고 밥을 먹는 자리라 하더라도 정말 조심스럽거든요. 말 하나 표현 하나 잘못하는 순간 감정이 확 바닥으로 깔려서 분위기가 싸해집니다. 회식은 즐겁자고 하는 건데 살얼음판 걷는 듯하

다 보니…… 종종 회식하자고 하는데 그때마다 마음이 무겁습니다."-38세 남성

두 번째로 지적한 문제는 여가 또는 자기계발 시간을 침해한다는 점입니다. 퇴근 이후에 영어, 중국어, 일어 학원을 가야 하는데 강제적인 회식으로 못 가는 일이 벌어지곤 합니다.

"올해는 책을 깊이 읽고 싶어서 독서모임에 가입했습니다. 지난 주 모이는 날짜에 갑자기 회식이 잡혔습니다. 예고도 없이 바로 그 전날에 말이죠. 새로 합류한 구성원을 환영한다는 취지였어요. 독서모임에 가야 할까, 회식에 참석해야 할까 고민하다가 회식에 참여하지 않으면 나중에 한 소리를 듣거든요. 그게 싫어서 독서모임을 안 나갔습니다."-33세 여성

세 번째 문제는 회식이 종종 일과 가정의 균형을 깬다는 점입니다. 특히 어린 자녀가 있는 직장인들은 가장 곤란한 문제라고 밝혔습니다.

"유치원 다니는 두 아이의 엄마입니다. 아파트 옆동에 사시는 친정엄마가 낮에는 아이들을 돌봐주세요. 그래서 맞벌이를 할 수 있는 건데 회사에서 회식을 자주 하다 보니 친정엄마에게 정말 미안해요. 남편도 야근이 워낙 많아서 일찍 퇴근해 집에 들어가서 아이들을 봐주기도 어렵고 회식 일정이 미리 잡히면 친정엄마에게 미리 말씀드리고요 갑자기 잡히는 날은 어쩔 수 없죠. 친정엄마에게 바로 전화해서 미안하다고 하는 수밖에요."-35세 여성

"장가를 늦게 가서 아이도 늦은 편입니다. 이제 세 살 난 사내아이를 아내가 전업주부로 돌보고 있습니다. 사내아이라 아내가 돌보기 힘에 부치는 모양입니다. 일찍 퇴근해서 육아 활동을 도와주기를 바라거든요. 그런데 회식이 잡혔다고 하는 날은 아내 목소리가 안 좋아집니다. 입으로는 자기도 직장생활해봐서 이해한다고 하는데 감정적으로는 힘든 거지요." - 40세 남성

이처럼 강제적인 회식문화는 여러 문제를 일으킵니다. 그런데 그 문화에 변화의 바람이 불 듯합니다. 2018년부터 시행된 주 52시간 근로제가 변화의 배경입니다. 주당 법정 근로시간을 68시간에서 52시간으로 단축하는 근로기준법 개정안이 시행된 후 몇 개월 후에 보도된 SBS 뉴스에 의하면 주 52시간으로 인해 근로시간이 줄고 퇴근도 빨라지고 있다고 합니다. 그에 따라 회식도 줄고 있다고요.[99]

서론에서도 언급했고 2부의 '우리 조직은 어떤 변곡점을 겪었을까?'에서 살펴보겠지만, 학자들이 '결정적 분기점' '중대한 국면critical juncture'이라 부르는 개념이 있습니다. 특정 사건으로 인해 사회, 경제, 문화, 법적 제도가 결정적으로 변화하게 하는 현상을 이릅니다. 1998년 외환위기가 다양한 변화를 일으켰듯이 말입니다. 어쩌면 2018년의 주 52시간 근무제도는 여러 변화를 촉진할 결정적 분기점이 될 수 있습니다.

그러나 앞서 설명해드린 바대로 권력 거리가 멀고, 정보가 고위 경영자 집단에만 집중되어 있고, 심리적 안전감이 떨어지는 조직에서는 회식문화가 음성적으로 지속하리라고 믿습니다. 업무시간에 공식적으로 이런저런 정보들을 받거나 본인의 의견을 어떤 방식으로든

표출할 수 있는 통로가 필요하기 때문입니다.

• • •
내가 술을 마시는가, 술이 나를 마시는가?

앞서 엘렌과 스콧의 이야기를 들려드렸습니다. 그들이 가장 충격을 받았던 일 중의 하나가 음주문화였습니다. 그들은 우리의 주도를 억지로 배워야 했습니다. 스콧이 두통이 심하다고 말했지만 한국인 컨설턴트가 아스피린을 주면서 술을 마시게 했습니다. 엘렌도 강제적인 분위기에 이끌려 어쩔 수 없이 폭탄주를 마셔야만 했습니다. 엘렌과 스콧이 겪은 음주문화에서 드러난 부정적 측면은 두 가지입니다. 첫째는 주도酒道 강제이고 둘째는 음주 강요입니다.

주도를 강제하는 문화

주도는 술자리에서 상호 지켜야 할 예의범절을 일컫는 말입니다.[100] 업력이 제법 오래된 조직이라면 선배들의 주도와 관련해 전설적인 일화들이 하나들 있지요? 회식문화 연구를 위해 인터뷰하면서 들었던 몇 가지 사례를 옮겨봅니다.

"제가 팀장 된 지 얼마 안 되던 시절이었습니다. 모시던 본부장님이 무척이나 대하기 어려운 분이셨습니다. 술자리에서도 엄격하셨는데요. 한 번은 제가 회식자리에서 술이 많이 취해서 벽에 등을 기대고 있었는데 그걸 보신 겁니다. 갑자기 술잔을 테이블에 강하게 내려치면서 노발대발을 하시더라고요. 감히 팀장 따위가 내 앞에서 벽에 등을 기대고 있냐며 말이지요. 손이 발이 되도록 싹싹 빌어야만 했습니다." - 49세 남성

"첫 직장은 정보통신업계 중에서도 상당히 자유로운 분위기였습니다. 3년 정도 일하다가 국내 대기업에 이직했어요. 이직을 축하한다며 저희 이사님이 전체 회식을 하자고 해서 처음 출근한 그날 끌려갔습니다. 이사님께 술을 올리려 하는데 이사님 얼굴이 찌푸려지더니 저쪽에 계시던 팀장님을 부르시는 겁니다. '박 팀장, 이리로 와봐요. 새로 온 친구가 4년 차라는데 아직 주도를 모르는구먼. 비즈니스맨이라면 적어도 어른께 술을 올리는 예법은 알아야지. 앞으로 잘 가르쳐줘요.'라고 하시는 겁니다. 저희 팀장님은 멋쩍은 듯 웃으며 '네, 이사님. 제가 책임지고 가르치겠습니다.'라고 하셨습니다. 알고 보니 소주를 따를 때 상표를 가리지 않고 따랐다고 그리 정색을 하신 겁니다. 이직한 첫날부터 '이 회사 만만치 않겠다.' 싶었지요." - 31세 남성

이들을 인터뷰하면서 저도 호되게 혼났던 경험이 생각나더군요. 주도 중에는 오른손으로 술잔을 주고받아야 하는 예법이 있습니다. 그와 관련된 일화입니다. 제가 잘 다니던 직장을 그만두고 전 시간 박사과정을 하던 때였습니다. 어느 날 지도교수님과 은퇴하신 교수님들을 모시고 중국 톈진에 갔습니다. 박사과정생이 공부에만 집중하고 연구논문만 쓸 수 있으면 얼마나 좋겠습니까. 때로는 무임금 노예와 거의 다를 바 없을 때도 있습니다. 온갖 궂은일을 도맡아해야

했습니다. 여름이라 톈진 시 온도는 40도에 육박하는데 마음은 살얼음판을 걷는 듯했다고나 할까요. 혹시라도 일정에 차질이 벌어지거나 무언가 실수가 벌어지게 되면 영하 100도 얼음물에 몸을 담근 상황이 될 테니 말이지요.

셋째 날 저녁이었습니다. 고급 중식당에서 저녁을 먹으면서 반주를 하는데 은퇴하신 어느 연로한 교수님이 술을 한 잔 주시겠다며 부르셨습니다. 무릎을 구부리고 조심스럽게 잔을 받드는데 그만 왼손으로 잔을 들고 오른손으로 그 밑을 받친 상태가 됐습니다. 학생이 예의도 없이 오른손이 아니라 왼손으로 술을 받는다며 노발대발하는데 수많은 사람이 있는 식당에서 바닥에 탁 붙어버린 찰떡처럼 완전히 바스러지도록 혼났습니다. 정신 상태는 뜨거운 아스팔트에 아이스크림처럼 퍼졌지요. 제 지도교수님이 "요즘 애들은 그런 예의를 모를 수도 있습니다. 교수님께서 널리 용서해주시지요."라고 말려서야 겨우 상황이 종료되었습니다. 제 지도교수님이 구세주였습니다.

정신을 간신히 부여잡고 자리에 돌아왔는데 속에서는 서러운 눈물이 나더군요. 내가 무엇을 위해 대학원에 왔나 싶더군요. 지금도 인상이 강렬한데 한편으론 '왜 왼손이 아니라 오른손으로 술잔을 받아야 하는 걸까?' 하는 의문이 들었습니다. 실무자는 '방법how to'에 집중하지만 연구자는 항상 '왜why'를 생각해야 한다고 훈련받았습니다. 그 서러운 순간에도 왜 그래야 하는지 호기심이 들었습니다. 학구열에 엄청나게 불타던 시절이었나 봅니다. 어쩌면 그게 왜 잘못인지 알고서 혼나면 서러움이 덜할 듯하여 그랬는지 모르겠습니다.

왜 왼손이 아니라 오른손으로 술잔을 받아야 하는 걸까요? 술자리 예법 중에서 오른손 주도를 깊이 있게 파고들어 가보겠습니다. 조직문화가 가진 특성을 상징적으로 보여주기 때문입니다. 그 특성이 무엇인지는 오른손 주도의 연원을 살펴본 후에 생각해보겠습니다. 먼저 오른손으로 술을 따르고 잔을 받는 행위가 우리 사회에 일반적으로 통용되는 주도인지 살펴봐야겠습니다. 중앙일보 박종권 기자는 수필 「막걸리의 추억」에서 주노를 배운 일을 이야기합니다.[101] 그가 주도를 처음 배운 장소는 바로 대학 신입생 환영회였다고 합니다. 사나이 대장부임을 증명이라도 하듯 선배들이 막걸리를 따라주는 술을 목숨을 걸고 마셨다고 합니다. 그때 선배들은 "술은 오른손으로 들고 오른손으로 받아라. 막걸릿잔을 경망스럽게 젓가락으로 젓지 말아라."라고 강조했다고 합니다. 코가 비뚤어지게 마시고 비몽사몽으로 집에 들어가 정신을 차리고 보니 어머니가 신세 한탄을 하더랍니다. 제 아비가 평생 술로 속을 썩이더니 이제는 아들까지 그런다고요. 반면에 아버지는 반응이 전혀 달랐는데 아들이 통과의례를 거친 성인으로 봐주었다고 합니다. 그리고는 그날 저녁에 친구들을 다 부르라고 하셨답니다. "술은 어른한테 배워야 한다"면서요. 그날 저녁 아버지는 "술은 오른손으로 들고 오른손으로 받아라. 술이 얼마나 남았는지 주전자 뚜껑을 열어보지 마라."라고 주도의 기초를 가르쳐주셨다고 합니다.

어쩌면 군대에서 가르치는 주도가 우리나라를 대표하는 예법이 아닐까 싶습니다. 1999년에 육군 소장으로 예편한 인성경 장군은 『군사논단』에 「건전한 음주문화와 주도」라는 글을 냅니다.[102] 그는 육군사관학교를 졸업하고 장교로 임관하면서 술을 즐기기 시작했습니다. 그런데 1993년에 암이 발견되고 충격을 받아서 금주합니다. 그 이후로 자기자신을 다스리지 못하고 과도한 음주로 망가지는 사람들을 관찰하면서 우리나라 술 문화가 상당히 왜곡되어 있다는 결론에 이릅니다. 그래서 건강에 해가 없도록 마시는 방법인 '주법酒法'과 술 자리에서 지켜야 할 예의인 '주도'를 정립하고 일반 대중들에게 전파해야겠다는 다짐을 합니다. 그가 『군사논단』에 제시한 주도의 서문을 인용해보겠습니다.

주도는 술자리에서 상호 지켜야 할 예의범절이다. 예의범절은 우리가 편안하고 즐거우면서 기쁘게 세상을 살아가기 위해 다 함께 지켜야 할 불문율이다. 주도를 몰라서 즐거워야 할 술자리가 불쾌한 자리가 되든가 개인적으로는 품위를 실추시키는 자리가 되어서는 안 될 것이다. 주도 세항은 다음과 같다. (…중략…)

제2조 술을 권하고 받을 때는 오른손으로 잔과 병을 잡아야 한다. 우右는 온건하고 합리적이고 긍정적이며 화합과 통합 그리고 존중과 우대의 의미를 지니고 있다. 그래서 우리는 오른손 사용을 권장하며 주장하고 있다. 술자리에서 다른 사람에게 술을 권하는 데는 여러 가지의 좋은 뜻이 있는 것을 고려한다면 당연히 예의에 벗어나는 짓이 있어서는 안 될 것이다. 기분 좋은 술자리가 되기 위해서는 상대를 존중하는 생각을 가지고 대해야 한다. 따라서 술을 권하고 받을 때는 권하는 사람이나 받는 사람이나 양측 모두 오른손을 사용해야 한다. (인성경, 2006, p. 203)

『군사논단』에서도 오른손으로 잔과 병을 잡고 술을 주거니 받거니 해야 한다고 알려줍니다. 왜 오른손으로 술잔을 받아야 하는 주도 문화가 생긴 걸까요?

어떤 학자들은 우리 민족의 뿌리가 '맥족_{貊族}'이라 합니다.[104] 중국 한족들이 몽골인을 지칭하던 말로 우리 민족이 몽골에서 유래했다고 보는 관점입니다. 반면 일각에서는 다른 의견을 제시합니다. 몽골이 고조선의 일부였고[105] 후에는 부여와 고구려의 오랫동안 지배를 받았다고 주장합니다.[106] 그래서 일제강점기 독립운동가였던 신채호는 몽골이나 우리 민족이나 모두 고조선족의 한 종족이라 설명합니다.[107] 우리 민족 연원이 어디에 있든지 몽골 문화에 영향을 받은 것은 분명합니다. 1231~1259년 오랜 여몽전쟁을 거치고 결국에는 고려가 몽골의 부마국으로 존속하게 되었습니다. 조선시대에는 1636년 병자호란을 거치면서 몽골인이 중국에 세운 청나라와 종주 관계가 됩니다.

몽골은 오른손 문화입니다. 몽골은 옛날부터 심복을 가리킬 때 '오른팔'이라고 칭했습니다. 칭기즈칸이 서하 땅(중국 서북부 티베트 계통이 세운 나라)을 정복하려 진군하자 서하 사신이 와서 "저희는 칭기즈칸의 높으신 이름을 듣고 두려움에 떨었습니다. 서하는 당신의 오른팔이 되어 힘을 보태고 싶습니다."라고 합니다.[108] 몽골에서는 물건을 다른 사람에게 건넬 때 왼손을 사용하지 말아야 합니다. 반드시 오른손으로 건네야 합니다. 이는 음주 예법에서도 그대로 적용됩니다. 술을 주고받을 때는 왼손바닥으로 오른 팔꿈치를 받치고 오른손으로 잔을 받아 마십니다. 절대 왼손으로 받아서 마시면 안 됩니다.[109] 고려와 조선시대 두 번에 걸쳐 몽골과 종주 관계를 형성하면서 몽골 사신과 지속해서 술을 대작해야 할 상황이 벌어졌습니다. 상국 사신을 잘 모셔야 했기에 몽골의 주도를 그대로 받아들인 결과가 아닐까요?

그런데 오른손 주도는 그보다 훨씬 이전부터 존재했던 것 같습니다. 몽골이 침공한 여몽전쟁(1231년) 이전부터 우리나라는 국가가 정한 주도가 있었습니다. 1136년 고려왕 인종은 '향음주례鄕飮酒禮'를 정했습니다. 이는 각 고을에서 선비들이 모여 학문과 연륜이 높은 사람을 모시고 술을 마시며 벌이는 잔치를 위한 의례였습니다. 조선 시대에는 성종대에 이르러서 편찬한 『국조오례의國朝五禮儀』와 더불어 '향음주례'가 일반화됩니다.[110]

이 주례는 13~28단계에 이르는 상당히 복잡한 절차로 구성되어 있는데 간략히 요약하면 이렇습니다. 연회를 여는 주인이 손님 집에 방문해 향음주례 연회를 알리고 참석을 요청합니다. 연회 준비가 끝나면 주인은 집사를 보내서 손님을 모셔오게 합니다. 주인은 손님이 대문에 도착하면 마중 나가서 맞이하고 자리로 안내합니다. 그리고 공경의 뜻을 담아 술과 안주를 대접합니다. 그러면 손님이 감사의 뜻을 담아 주인에게 술잔을 올리고 그렇게 차례차례 술을 권합니다. 술을 다 마셨을 즈음에 음식을 모두 거두고 연회를 끝냅니다. 손님이 집으로 돌아가고 그다음 날 그가 다시 와서 예를 표하면 모든 과정이 종료됩니다.

고려 말부터 열렸던 이 주례는 1900년 초에 이르러 일본의 침략을 막기 위한 회합 장소가 됩니다. 그런데 일본이 이를 알아차리고 우리나라 향음주례를 전면 금지합니다.[111] 그로부터 74년 만인 1979년 11월 11일에 최성종 성균관 전 전례 위원장이 성균관대학교에서 그 의례를 재현합니다.[112] 절차가 상당히 복잡했을 테니 시간도 오래 걸렸겠지요? 무려 세 시간이나 걸렸다 합니다. 주인과 손님(들)이 지켜야 하는 행동 수칙도 구체적으로 정의되어 있었으니 오래 걸릴 법합니다. 인사는 서로 어떻게 해야 하는지, 대문을 어떻게 들어가는지, 계단은 어떤 식으로 밟아야 하는지, 자리에는 어떻게 앉는지, 술은 어떻게 주고받고 등의 수칙 말이지요. 이에 의하면 술은 오른손으로 주고받게 되어 있습니다.

왜 왼손이 아니라 오른손일까요? 1986년 동양맥주 소속의 서돈영은 『한국식생활문화학회지』에 투고한 「한국의 음주예법에 관한 고찰」이라는 기사를 냅니다. 여기에서 그는 이렇게 주장합니다.[113] "왼손으로 따르는 것은 주기 싫은 술을 받는 것 같아 기분이 나쁘므로 술좌석에서 상대편의 기분을 언짢게 만드는 행위는 삼가는 것이 좋을 듯하다." 인터넷이나 블로그에서 음주 예법을 정리한 글에서는 이렇게 설명하기도 합니다. "왼손으로 술잔을 주는 건 술자리에서 사람을 내쫓는다는 의미로써 금기시되고 있다."

도대체 왜 그래야 하지요? 왜 오른손은 옳고 바르며 왼손은 나쁘고 틀리다는 의미를 갖게 된 것일까요? '오른손 존중'에 대해 문화인류학자인 데이비드 그레이버David Graeber는 납득할 정도로 설명합니다. 그는 저서 『가치 이론에 대한 인류학적 접근』에서[115] 오랫동안 다수의 인류 문명에서 오른쪽이 어떤 의미에서든 왼쪽보다 도덕적으로 우월하다고 인식되는 경향이 있었다고 지적합니다.

인도에서 왼손은 '뒷구멍'(항문)의 배출을 담당하는 더러운 손이지만 오른손은 '앞 구멍'(입)을 책임지는 존귀한 손으로 여겨집니다. 앞서 인용했던 인성경 장군의 "우는 온건하고 합리적이고 긍정적이며 화합과 통합 그리고 존중과 우대의 의미"를 가지고 있다는 주장과 일맥상통합니다.

『성경』에서도 '오른손의 세계관'이 강하게 나타납니다. 『성경』에서

이 세계를 창조한 '여호와'의 능력을 나타낼 때 오른손을 묘사합니다. "여호와여 주의 오른손이 원수를 부수시니이다."(「출애굽기」 15:6), "주의 손은 강하고 주의 오른손은 높으시니이다."(「시편」 89:13). 그리고 신을 대신해 성스러운 일을 수행하는 인물들을 언급할 때도 그의 '오른손'을 지칭합니다. 예를 들어 홍해 앞바다를 가르고 이집트에서 유대인을 탈출시킨 민족 영웅 '모세'에 대해 "모세의 오른손과 함께 하시어…… 그들 앞에서 물로 갈라지게 하시고"(「이사야」 63:12)라고 묘사합니다. 『성경』을 잘 모르는 분이라 하더라도 익히 들어서 알 법한 "너는 구제할 때에 오른손이 하는 것을 왼손이 모르게 하라."(「마태」 6:3)는 구절도 있지요. 왼손은 가만히 있었던 반면에 오른손은 직접 나서서 자비를 베풀었다는 내용입니다.

사우디아라비아 등의 아랍이나[116] 말레이시아 등의 이슬람 문화권에서도 비슷합니다.[117] 오른손은 신성하고 왼손은 열등합니다. 모든 좋은 행위는 오른손으로 해야 합니다. 음식을 먹거나 선물을 주고받을 때는 오른손만 사용합니다. 왼손은 나쁜 신과 관련된 부정한 것으로 여기기 때문에 왼손을 사용하는 일은 매우 큰 실례입니다. 그래서 왼손은 화장실에서 사용하거나 청소와 같은 하찮은 일을 하는 데 씁니다. 그렇다면 왜 많은 문화권에서 오른손을 더 존중하고 있을까요? 도대체 왜요? 어쩌면 '우세손 이론handedness theory'으로 설명할 수도 있겠지요. 우세손은 손으로 작업할 때 주로 사용하고 조작하는 손을 의미합니다. 흔히들 오른손잡이, 왼손잡이, 양손잡이, 두손잡이로 구분합니다. 그중에서도 오른손이 우세손인 사람은 전세계 인구 중에 70~95%로 추산하고 있습니다.[118]

옛날에도 오른손잡이가 그 정도 비율이었는지는 확인할 길은 없습니다. 다만 유전인자가 우세손 결정에 상당한 영향을 미친다는 점을 고려해볼 때[119] 과거에도 오른손잡이가 상당한 비율을 차지했을 것입니다. 성인, 성직자, 위정자들 가운데 오른손잡이가 상당했을 터이고 비유를 들어 설명하더라도 무의식적으로 오른손을 존중하는 예시를 들었을 수 있습니다.

부탄에서 위대한 스승으로 불리는 '딜고켄체 린포체'는 붓다의 예화를 이렇게 제시합니다.[120] 하루는 작은 것 하나도 베풀지 못하는 인색한 사람이 부처님을 찾아와 묻습니다. "부처님, 제가 어떻게 해야 남들에게 베풀 수 있겠습니까?" 이에 붓다는 이렇게 이야기합니다. "이렇게 상상해봐라. 네 오른손이 너이고 왼손이 가난하고 배고 파하는 사람이다. 너에게 필요 없는 약간 오래된 음식을 오른손에서 왼손으로 건네라. 이걸 익숙해질 때까지 해보아라." 이 인색한 남자는 열심히 노력해서 비단이나 황금도 줄 수 있게 되었습니다. 그리고는 재물에 덧없음을 깨닫고 스님이 됩니다. 이 일화에서도 왼손은 궁핍하고 어려운 존재로 묘사됐지만 오른손은 사회적으로 위치도 높고 유복하며 결국에는 스님으로 성불한 존재로 비유가 됩니다. 인류는 오른손잡이가 많았고 성직자와 사회 지배층에 오른손잡이가 많이 포진했을 것입니다. 그 결과로 '오른손 세계관'이 탄생했고 음주 문화에도 스며들었을 가능성도 있겠지요.

술잔을 오른손으로 받아야 하는 이유에 대해 그 근원을 파고파고 들어가도 딱히 "이거다."라고 고개를 끄덕거리게 만들 답을 찾기 어렵습니다. 조상들이 그렇게 해왔고 그게 중요하다고 강조해왔으니까 그렇게 해야 한다는 주장밖에 없습니다. 그러고 보면 상대방이 주도를 모른다고 반드시 그걸 지키라고 강제할 이유는 없습니다. 술을 통해서 서로 즐겁게 교류하고자 하는 목적인데 그 주도를 강제하려 하니 우리 직장인들의 음주문화가 왜곡되는 것입니다. 연장자는 "요즘 젊은 것들은 버릇이 없어."라고 탓하고 밀레니얼 세대들은 윗사람들을 보며 "꼰대가 따로 없다."라며 멀리하고 싶은 거지요.

지금까지 '오른손 주도'를 길게 살펴봤습니다. 이를 통해 우리는 조직문화가 가진 대표적 특성 한 가지를 알 수 있습니다. 때때로 아무도 그 유래와 이유도 모른 채 기존 관행을 답습한다는 점입니다. '왜?'는 온데간데없고 '우리 회사가 창립한 이후로 계속 그래왔으니까 그냥 그렇게 해야 해.'라고 생각하는 경우가 비일비재합니다.

구성원이 500여 명인 어느 회사가 있습니다. 이들은 구성원마다 매주 업무보고를 합니다. 워드 파일에 각자가 작성하여 팀별로 모읍니다. 그리고 이를 취합하는 전사 담당자에게 제출합니다. 100~200페이지나 되는 분량을 전사 담당자가 보기 좋게 정리하지만 아무도 그 내용을 읽지 않습니다. 이게 왜 언제부터 시작되었고 무슨 효용이 있는지는 아무도 모릅니다. 그런 비효율적이고 무가치한 일을 매주 반복합니다.

여러분의 조직에도 '오른손 주도'와 같은 관습이 있습니까? 어떤 일을 오래도록 아무런 의심 없이 당연하게 해왔다면 한 번쯤 '왜?'라는 질문을 해보고 구성원들과 서로 얘기하는 시간을 가져보면 어떨까요.

술을 강제하는 문화

과학자들은 그 옛날 토기나 청동기 그릇에서 술의 흔적을 찾습니다. 이를 통해 인류가 최초로 술을 발견하고 즐겨 마신 연대를 추정하고 그 주정법을 밝혀내고자 합니다. 2000년 초반까지만 해도 술이 출현한 최초 연대를 기원전 5,400년대로 추정하고 있었습니다.[121] 이란에서 토기 항아리가 발견되었는데 거기서 술 성분이 검출되었던 것입니다. 그런데 미국 펜실베이니아 대학교 패트릭 맥거번Patrick McGovern은 인류 최초의 술이 그보다 더 오래되었다고 주장합니다. 2004년 그는 중국 연구자와 함께 중국 후난성에서 기원전 9,000년 경으로 추정되는 유물을 발견합니다. 도자기와 청동 그릇에서 술 성분이 검출되었습니다. 쌀을 재료로 한 술인데 발효재로 꿀을 사용했을 법한 증거를 찾아냅니다.[122]

우리나라는 어떨까요? 우리 역사에서 술이 최초로 언급되는 사건은 고주몽 신화입니다. 천제, 즉 하늘 신은 자기 아들인 해모수를 부여로 내려보냅니다. 해모수는 100여 명의 동료와 함께 지상에 강림합니다. 아침부터 정사를 돌보고 저녁에는 하늘 집으로 올라가곤 했습니다. 그렇게 땅을 다스리다가 하백의 세 딸을 발견합니다.[123] 그중에 가장 아름다웠던 맏딸 유화를 보고는 첫눈에 반합니다. 해모수는 온갖 방법으로 유화를 꾀어냅니다. 그리고 하룻밤 사통합니다. 하늘 신의 아들로 땅의 처자를 범한 죄책감이 들었나 봅니다. 해모수는 그녀의 아버지 하백을 찾아가 유화와 결혼하겠다고 합니다. 하지만 하백은 해모수가 딸을 버리고 하늘로 올라갈까 걱정해 그에게 술을 마시게 합니다. 해모수가 인사불성으로 취하자 아버지 하백은 그와 딸을 가죽 수레에 가둡니다. 그 와중에 유화가 임신하고 주몽이라는 이름을 가지고 태어난 그 아이는 후에 고구려를 건국합니다.

고구려, 백제, 신라시대의 술은 당나라와 일본에서도 꽤 유명했던 모양입니다. 백제 사람 '수수보리'는 술을 만들어 일본 오진 왕에게 받쳤습니다. 오진 왕은 "수수보리가 빚어준 술에 내가 취했네. 마음을 달래주는 술, 웃음을 주는 술에 내가 취했네."라고 술에 취해 노래를 불렀습니다. 당나라 시인 이상은은 신라에서 주조한 술을 마시고는 "한 잔 신라주酒의 기운, 새벽바람에 쉽게 사라질 것이 두렵구나."라고 노래를 했습니다.[124] 얼마나 맛있었으면 그 기운이 빠르게 사라질까 걱정했을까요? 그만큼 주조 분야에서도 우리 민족이 솜씨가 좋았던 모양입니다.

우리나라 민족은 술을 얼마나 즐겨 마셨을까요? 객관적인 수치로 파악하기는 어렵습니다. 과거에 통계량이 있을 리 만무하기 때문입니다. 다만, 낯선 눈의 이방인이 우리 조상을 관찰한 바를 살펴보면 간접적으로 알 수 있을 겁니다. 지금으로부터 150년 전으로 돌아가보겠습니다. 프랑스 주간지 『릴뤼스트라시옹L'Illustration』은 1867년 1월 19일과 1월 26일 두 번에 걸쳐서 조선을 탐사한 결과를 보도합니다. 19일호에는 조선이 어떤 나라이고 교역을 어떻게 하며 현재 어떤 국가가 진출해 있는지 상황을 요약합니다. 26일호에는 조선 왕조를 설명하면서 풍습을 언급합니다. 그리고 기사 끝에 이런 문구를 적습니다.[125]

"조선인은 주로 쌀을 먹습니다. 수확량이 충분하지 않을 때는 중국이나 심지어 싱가포르나 피낭주*에서도 가져옵니다. 남자 백성들은 곡주를 마시며 항상 술에 취해 있습니다. 반면 아편쟁이는 극히 찾아보기 어렵습니다."

---

* 피낭주는 현재의 말레이시아 일부 지역

이 프랑스인 기자는 중국을 다녀왔던 모양입니다. 술과 아편을 대조해서 기술했으니 말입니다. 그가 관찰하기에 중국에서는 아편에 취한 사람들이 많았는데 조선에서는 술에 취해 있는 사람들이 많이 보였던 것 같습니다.

앞서 언급한 미국의 찰스 샤일리 봉은 1889년 1월 12일호『하퍼스 위클리』에 이렇게 묘사했습니다.[126]

"제물포의 거리는 국경에 인접한 여느 마을과 닮았습니다. 그 거리에는 맥주와 밀주 술을 파는 상점이 눈에 띕니다. 맥주와 럼주를 매개로 하여 그들은 서양 문명에 대한 첫발을 내디뎠습니다. 술은 사람을 죽이기도 하고 치료하기도 합니다. 미국 땅에서 술은 인디언 원주민을 죽였지만, 여기 한국에서는 그런 걱정을 할 필요가 없습니다. 왜냐하면 조선인들은 (서양에) 발견되기 전부터 이미 경이로운 술꾼들phenomenal buveur이었습니다."

역시『하퍼스 위클리』1895년 1월 5일호에 다른 기자가 쓴 글에는 이렇게 기술되어 있습니다. "막노동하는 사람들coolie class의 5분의 4는 쌀과 보리를 증류해서 만든 술에 중독되어 있습니다." 1907년에 발행된『르프티주르날Le Petit Journal』8월 4일호에서는 "조선인들은 천성적으로 게으르고 나태하므로 자신의 본능적인 만족을 위해서만 사는 사람들 같습니다. 먹고 마시고 담배 피우고 말이지요. 그들은 사케Sakke*라고 부르는 발효된 술을 많이 마십니다. 그래서 그들은 나이가 들기 전에 일찍 노쇠합니다."라고 말합니다.

예전에도 우리 조상님은 정말 술을 많이 마셨나봅니다. 오죽하면

---

* 당시 조선인들이 마시던 청주를 사케로 오해하여 부른 말

'경이로운 술꾼들'이라고 칭했겠습니까. 그 경이로운 술꾼들은 오늘날도 여전합니다. 늦은 지하철 손잡이에 의지해서 휘청거리는 우리네 직장인들을 심심치 않게 볼 수 있지요. 그런데 우리 조상과 오늘날 직장인 간에는 다른 점이 있습니다. 조상님은 술이 좋아서 자발적으로 마셨던 반면 오늘날 직장인 중의 상당수는 술을 강제하는 분위기 때문에 과음합니다.

앞서 살펴본 우리 조상의 향음주례에서는 다른 사람에게 강압적으로 술을 권해서는 안 되었습니다. 총 세 번을 권하는데 처음 술을 권하는 예를 예청禮請, 그리고 그에 대해 사양하는 일을 예사禮辭, 두 번째를 고청固請과 고사固辭, 세 번째를 강청强請과 종사終辭라 했습니다. 상대방이 종사를 하게 되면 더는 권하지 않는 게 예의였습니다. 세 번 정도 술을 거절하면 더는 들라고 할 수 없었습니다. 그런데 어쩌다가 근대에 들어서 한국인들의 음주문화에 '강제성'이 들어오게 되었을까요?

저는 두 가지 문화적 유산이 복합적으로 영향을 미친 결과라고 주장합니다. 첫째 『소학』의 영향입니다. 『소학』은 송나라 주자朱子의 제자 유자징劉子澄이 스승의 가르침을 담아 편찬한 책으로 1187년에 완성되었습니다. 오늘날로 따지면 유치원생과 초등학생 아이들에게 유교 사상에 기반을 둔 예의범절을 가르치기 위한 책이었습니다. 조선 건국과 더불어 유교를 국가 이념으로 삼으면서 조선 초기부터 『소학』이 우리 일상의 필독서로 자리잡습니다.

아이에게 예법을 가르치는 책이기 때문에 어른과 아이 간의 위계적 차이를 전제합니다. 어른들이 6~9세 아이들에게 가르친 음주 예법을 살펴보시지요. 어른이 술을 권하면 나이 어린 사람은 일어나 어른에게 절을 하고 술잔을 받아야 합니다. 술을 받고 바로 술을 마시면 안 되었습니다. 어른이 먼저 잔에 입을 댄 후에 아랫사람이 술을 마실 수 있었습니다. 특히 어른이 술을 주면 감히 사양해서는 안 되었습니다. 어른이 술을 주겠다고 손을 내밀었는데 마시지 못한다고 마시지 않겠다고 거부하는 일은 있을 수 없는 일이었습니다. 이를 『소학』 원문으로 보겠습니다.

시음어장자侍飮於長者 어른을 모시고 술을 마실 경우

주진칙기酒進則起 술이 나올 때에는 일어나

배수어존소拜受於尊所 술동이가 놓여 있는 곳으로 가서 절하고 받아야 한다

장자사長者辭 어른이 그렇게 하는 것을 말리면(절을 말리면)

소자반석이음少者反席而飮 연소자는 제자리에 돌아와서 마셔야 하며

장자 거미조長者擧未釂 어른이 술잔을 들어서 아직 마시지 않았으면

소자 불감음少者 不敢飮 연소자는 감히 마셔서는 안 된다

장자사長者賜 어른이 내려주시면

소자천자불감사少者賤者不敢辭 연소자는 감히 사양하지 못한다

『소학』이 권하는 내용은 향음주례 예법과는 다르지요? 향음주례는 종사하면 다시는 권하지 않게 되어 있었습니다. 그 주례는 고을에서 명망이 높은 사람들이 모여 치르는 행사였기 때문입니다. 그들 모두가 학문과 연륜이 높았기에 개인의 의사를 충분히 존중해주는 예법이 형성된 것입니다.

반면 『소학』은 일상생활에서 지켜야 할 예법입니다. 비공식적인

술자리는 연장자를 가장 중시했습니다. 그러니 어른이 주는 술을 어떻게 사양할 수 있었겠습니까? 조선 초부터 어린이에게 그와 같은 내용을 훈육해왔으니 무려 500년간이나 내려온 생활양식입니다. 나중에 '강한 문화란 무엇인가?' 장에서 다룰 예정인데 '강한 문화'라 부르는 현상 중의 하나는 '역사적 침투historical penetration', 즉 그 신념 또는 그 행동이 얼마나 오래 지속했는지를 기준으로 판단하기도 합니다. 역사가 깊은 관습은 너무나도 당연하다 여겨져서 왜 그래야 하는지 이의를 제기하지 못합니다. 어른이 주시는 대로 술을 받아야 하는 가치는 우리 사회에 지극히 당연한 일이었습니다. 그리고 그 문화가 직장으로 유입되었습니다. 과거에 비해 다소 간소화되었지만 그 원형은 살아 있습니다. 상사가 술을 주면 절은 하지 않지만 무릎을 꿇고 받거나 각을 잡은 자세로 받아야 합니다. 상사가 술을 주면 감히 못 마신다고 손사래 치기 어렵습니다.

둘째, 집단주의 영향입니다. 집단주의는 개인 차이를 인정하지 않습니다. 집단이 추구하는 표준에 모두가 맞춰야 합니다. 집단주의는 술을 강제하는 기제로 작용합니다. 대표적으로 '파도타기'가 있습니다. 술을 분해하는 능력이 개인마다 차이가 나고 그날 몸 상태가 각자 다를 수 있음에도 불구하고 누구 하나 예외도 없이 마셔야 합니다.

술이 약한 사람을 위해 흑기사(술을 대신 마셔주는 사람을 칭하는 표현)를 허용하긴 합니다. 하지만 이는 두 가지 문화적 의미가 있습니다. 하나는 그 집단이 마셔야 하는 술의 총량은 변함이 없어야 한다는 가치가 깔려 있습니다. 예외가 없어야 하는데 억지로 예외를 만들었으니 대신에 그 예외를 보상하는 구조를 만들어내는 형태입니다.

열 명 중의 한 명이 술을 못 마셔서 다른 한 명에게 흑기사를 시킵니다. 한 명이 못 마시니 소비하는 잔은 아홉 개가 되어야 합니다. 하지만 흑기사라는 변형을 통해 열 잔을 채움으로 집단주의를 완성하는 것입니다. 다른 하나는 집단주의를 깨는 이, 즉 술을 마시지 못하는 이를 간접적으로 처벌하기 위함입니다. 흑기사에게 미안한 심성을 갖게 만드는 것입니다.

지금까지 우리나라 기업의 독특한 특징인 회식, 주도, 음주문화를 길게 살폈습니다. 그 연원이 무엇인지 깊게 파고들었습니다. 앞으로 주 52시간 제도가 정착되면 문화가 어떻게 변화해나갈지 지켜보는 일도 흥미롭습니다. 이 장을 마치기 전에 수필 하나를 소개하려 합니다. 1940~1950년대 활동했던 청록파 중 한 명인 조지훈 시인의 글입니다.[127] 그는 어찌나 소문난 애주가였던지 술을 소재로 수필을 썼습니다.[128] 나라 잃은 슬픔을 저항시로 표현하고 일제 때문에 사장되어가는 우리 민족문화에 대한 애착을 시구로 승화시키는 과정에서 그 비애를 달래고자 애음한 듯싶습니다. 그의 나이 37세에 『신태양』이라는 대구 지역 대중 잡지에 「주도유단酒道有段」이라는 글을 냅니다. 술을 마시는 사람들의 급수를 매긴 글입니다.[129] 9급부터 9단까지 그 실력을 구분한 바둑처럼 그는 술을 마시는 실력과 품격을 9급부터 9단까지 매깁니다. 그 서문부터 중반까지 인용해보면 이렇습니다. 여러분은 몇 급수인지 한 번 가늠해보시기 바랍니다. 여러분의 동료들과 함께 상사가 어느 수준에 올라 있는지를 얘기해보는 것도 재미있겠지요? 8단과 9단에 이르지 않기를 바랍니다.

술을 마시면 누구나 다 기고만장하여 영웅호걸이 되고 위인현

사偉人賢士도 안중에 없는 법이다. 그래서 주정만 하면 다 주정이 되는 줄 안다. 그러나 그 사람의 주정을 보고 그 사람의 인품과 직업은 물론 그 사람의 주력酒歷과 주력酒力을 당장 알아낼 수 있다. 주정도 교양이다. 많이 안다고 해서 다 교양이 높은 것이 아니듯이 많이 마시고 많이 떠드는 것만으로 주격酒格은 높아지지 않는다. 주도에도 엄연히 단段이 있다는 말이다.

첫째, 술을 마신 연륜이 문제. 둘째, 같이 술을 마신 친구가 문제. 셋째, 마신 기회가 문제. 넷째, 술을 마신 동기. 다섯째, 술버릇. 이런 것을 종합해보면 그 단의 높이가 어떤 것인가를 알 수 있다. 음주에는 무릇 18의 계단이 있다.

1. 부주不酒 9급 – 술을 아주 못 먹진 않으나 안 먹는 사람
2. 외주畏酒 8급 – 술을 마시긴 마시나 술을 겁내는 사람
3. 민주憫酒 7급 – 마실 줄도 알고 겁내지도 않으나 취하는 것을 민망하게 여기는 사람
4. 은주隱酒 6급 – 마실 줄도 알고 겁내지도 않고 취할 줄도 알지만 돈이 아쉬워서 혼자 숨어 마시는 사람
5. 상주商酒 5급 – 마실 줄 알고 좋아도 하면서 무슨 잇利속이 있을 때만 술을 내는 사람
6. 색주色酒 4급 – 성생활을 위하여 술을 마시는 사람
7. 반주飯酒 3급 – 밥맛을 돕기 위해서 마시는 사람
8. 학주學酒 2급 – 술의 진경眞境을 배우는 사람
9. 수주睡酒 1급 – 잠이 안 와서 술을 먹는 사람
10. 애주愛酒 초단 – 술의 취미를 맛보는 사람
11. 기주嗜酒 2단 – 술의 진미에 반한 사람[酒客]

12. 탐주耽酒 3단 - 술의 진경眞境을 체득한 사람[酒境]

13. 폭주暴酒 4단 - 주도酒道를 수련修練하는 사람

14. 장주長酒 5단 - 주도 삼매三昧에 든 사람[酒仙]

15. 석주惜酒 6단 - 술을 아끼고 인정을 아끼는 사람[酒賢]

16. 낙주樂酒 7단 - 마셔도 그만 안 마셔도 그만 술과 더불어 유유자적하는 사람[酒聖]

17. 관주觀酒 8단 - 술을 보고 즐거워하되 이미 마실 수는 없는 사람[酒宗]

18. 폐주廢酒 9단 - 열반주涅槃酒, 술로 말미암아 다른 술 세상으로 떠나게 된 사람

5

수평적 문화는 수평적이지 않다
– 문화에 대한 흔한 오해

• • •

어느 문화가 더 좋다고 말할 수 있을까?

"수평적 문화가 위계적 문화보다 더 우월하다." "개방적인 소통 문화가 최고다." 같은 이야기를 들어보셨지요? 이처럼 어떤 이는 우월한 문화가 존재한다고 주장합니다. 이를 문화 절대주의cultural absolutism라 부릅니다.

우리나라에 문화 절대주의가 강하게 일어났던 일대 사건이 있었습니다. 서울대학교 수의학과 황우석 교수는 1999년에 줄기세포 분야에서 쾌거를 이룹니다. 체세포 복제를 통해 젖소 '영롱이'를 만들어낸 겁니다. 당시는 외환위기 때문에 민족적 자존감마저 흔들리던 시기였습니다. 그러다 보니 황우석 교수의 업적은 우리 민족의 우수성을 널리 알리고 이를 통해 국민의 사기를 올릴 수 있는 좋은 소재였습니다. 우리 사회는 그를 주목하기 시작합니다. 그리고 5년 후 마침내 그는 세계적으로 유명한 과학 학술지인 『사이언스Science』에 인간 체세포를 활용한 배아줄기세포 배양에 성공한 연구결과를 발표합니다.[130] 그러자 갑자기 국민적 영웅으로 주목받습니다. 그 기술을 활용해 온갖 병을 모두 치료해낼 수 있다는 전망이 곳곳에서 나옵니다. 마치 제 2의 메시아가 재림한 것 같은 분위기라고나 할까요.

당시 언론에서 자주 나온 단어는 '젓가락'이었습니다. 황 교수가 한국인들이 젓가락을 사용해 식사하기 때문에 극도로 민감하고 세심한 손놀림이 요구되는 작업에 유리했다는 지론을 폈기 때문입니다. 젓가락 문화가 줄기세포 연구에 큰 밑거름이 됐다는 주장이었습니다.[131] 그러자 우리 언론은 한민족의 우수성과 더불어 그 문화의 탁월함을 대대적으로 보도합니다. 문화 절대주의 중에서도 '자문화 중심주의'의 극치를 보여주었습니다.

문화 절대주의자들은 오늘날 조직마다 문화적으로 우열이 있다고 주장합니다. 세계적으로 유명한 기업인 구글과 페이스북의 조직문화는 우리 기업들보다 훨씬 우월하니 우리가 그들의 문화를 배워야 한다고 생각합니다. 또는 국내 조직 중에서도 잘 나가는 기업들은 우월한 문화를 가지고 있으니 벤치마킹해야 한다고 주장합니다.

반면 어떤 이는 조직문화가 고유한 특성이기에 우열이 없는 개념이라 주장합니다. 부족마다 처한 환경이 달라 그에 적응하고 생존하기 위해 독특한 삶의 방식이 발전한 결과라 보는 관점입니다. 이를 문화 상대주의cultural relativism라 합니다. 우리나라는 밥그릇을 상에 놓고 먹습니다. 밥그릇을 들고 먹으면 예의 없다고 혼나곤 했습니다. 반면 일본에서는 밥그릇을 손에 들고 먹습니다. 이처럼 밥을 먹는 방식이 다른 이유는 밥그릇 무게가 얼마나 되느냐, 수저를 사용하느냐, 음식 형태와 종류가 어떠하냐 같은 요인이 복합적으로 작용한 결과입니다.[132] 각자 살아온 궤적이 다를 뿐이지 일본식이 더 우월하다거나 한국식이 더 우월하다고 말할 수 없다는 태도입니다.

문화 상대주의 중에서도 가장 극단적인 주장은 아즈텍Aztec 문명의 인신공양도 옳다 그르다를 말할 수 없다는 견해입니다. 아즈텍은 1200년 중반 라틴아메리카 멕시코 중부에 자리를 잡았다가 1521년 스페인 침공으로 멸망한 나라입니다. 고고학자에 의하면 아즈텍은 고도로 발달한 문명이었다고 합니다. 고유한 문자를 사용했고 천문학이 발달했습니다. 더 나아가 노예를 제외하고는 남녀 구분 없이 모든 자유민에게 의무교육을 했습니다. 역사상 최초의 전 국민 대상 무상교육이었습니다. 이처럼 문명이 고도로 발전했음에도 오늘날 아즈텍은 극도로 야만적인 국가로 여겨지고 있습니다. 바로 인신공양 문화 때문입니다. 아즈텍 사람들은 인간을 희생시켜 바치면 신이 즐거워한다고 믿었습니다. 주기적으로 사람을 바치지 않으면 온 세상이 어지러워지고 평화가 유지되지 않는다고 믿었습니다. 그래서 아즈텍 수도에 있던 신전에서 정기적으로 인신공양 의식을 치렀습니다. 2018년 발표된 연구에 의하면 주로 20~35세 남성인 전쟁포로나 노예가 희생된 것으로 나타났습니다.[133] 문화 상대주의의 극단을 고수하는 사람들은 그 당시 아즈텍 사회에 내재한 논리 때문에 인신공양이 잘못됐다고 평할 수 없다고 말합니다. 아즈텍 사람들이 세상을 보는 독특한 세계관과 종교관 때문에 인신공양이 당연하게 받아들여졌습니다. 그리고 그 의식을 통해 사회 질서를 유지할 수 있었습니다.

문화 상대주의자들은 조직문화도 좋다 나쁘다를 말할 수 없다고 주장합니다. 오늘날 조직도 '부족'이라 비유할 수 있는데 그 문화는 부족이 살아가는 독특한 양식이라 믿기 때문입니다. 그 부족이 최초로 생겨나 외부환경에 대응하고 내부 통합을 이루어 가는 과정에서 독특한 신념과 가치관이 생기는데 – 마치 아즈텍의 세계관처럼 – 조직문화는 이를 토대로 형성된 독특한 양식이라 산수합니다. 그래서 구글, 페이스북, 그리고 우리나라 기업을 각자 고유한 존재로 간주해야 하며 서로 비교할 이유가 없다고 주장합니다. 마치 사람 성격을 옳다 그르다 말할 수 없고 서로 다를 뿐이라 평하는 일과 같습니다.

우리는 어떤 관점을 가져야 할까요? 문화 절대주의와 문화 상대주의 중 무엇이 바람직한 견해일까요? 우선 각자가 근간으로 삼는 이론적 사조를 살펴보겠습니다. 이 지점에서 조직문화와 조직풍토 차이를 다시 거론해야 합니다. 이들은 학문적으로도 차이가 있습니다. 조직문화 연구는 인류학에 상당한 영향을 받았습니다.[134] 1800년대 후반부터 인류학은 국가, 민족, 부족마다 존재하는 고유한 문화현상에 주목합니다. 인류학 초기에는 문화 절대주의 사조가 상당했습니다. 대표적으로 원시 부족을 연구하면서 그들을 '미개인'이라 칭하곤 했습니다. 하지만 자국 중심 또는 서구 중심의 세계관에 비판이 일어납니다. 나와 다를 뿐이지 미개하다 또는 그르다고 평할 수 없다고 말입니다. 시카고 대학교 인류학과 솔 택스Sol Tax는 1960년에 원시인 primitive이라는 표현을 사용하는 관행에 제동을 겁니다.[135] 단어 자체에 문화 절대주의, 특히 자문화 우월주의가 투영되어 있다고 말입니다. 1964년에는 노스웨스턴 대학교 인류학과 프랜시스 슈Francis Hus가 1953년부터 1963년에 출판된 30개 인류학 교과서를 대상으로 미개인, 원시인, 야만인 같은 단어를 사용한 횟수를 조사합니다. 그러고 나서 그는 그처럼 편견 어린 단어를 사용하지 말자고 주장합니다.[136] 이처럼 인류학자들은 문화 상대주의 사조에 따라 '원시'나 '미개'라는 표현을 쓰지 않으려 노력합니다.

오늘날 인류학을 공부하는 학생도 처음에는 그가 태어난 국가 중심으로 세상을 보다가 문화 상대주의로 점차 시야가 넓어지는 현상을 경험하곤 합니다. 고고학자이자 인류학자인 스탠퍼드 대학교 이언 모리스Ian Morris는 본인 경험담을 이렇게 얘기합니다.[137] 그는 학생 시절인 1982년에 고고학 발굴 현장을 탐사하기 위해 그리스 테살로니키로 가서 농촌 마을인 아시로스로 들어갑니다. 처음으로 해외 원정 발굴을 떠났던 상황이라 가슴이 벅찼다고 합니다. 숙소를 잡고 그 앞마당에서 그리스 전통 술을 한두 잔 마시면서 피로를 달래고 있었습니다. 그런데 연로한 부부가 숙소 앞 흙길을 지나가는 모습을 보았습니다. 남편은 당나귀에 앉아 막대기로 엉덩이를 두들기며 가고 있었습니다. 그 옆에는 아내인 노파가 무거운 짐을 지고 걸어가고 있었습니다. 두 사람이 지나갈 때 통역사를 통해 남편에게 인사를 건넵니다. 그러자 그 노인 게오르기오스는 당나귀를 멈추고 웃음을 지으며 인사합니다. 이언 모리스와 동료는 이렇게 물어봤습니다. "왜 부인이 당나귀에 타지 않으십니까?"라고요. 그러자 게오르기오스는 "제 부인은 당나귀가 없기 때문입니다."라고 답변합니다. 그들은 가던 길을 재촉했습니다. 이를 두고 이언 모리스는 이런 후일담을 남깁니다.

"이것이 내가 처음으로 맛본 만고불변의 인류학적 경험, 다른 말로 문화충격이었다. 영국 버밍엄에서 어떤 남자가 자기 아내는 무거운 보따리를 지고 걸어가는데 혼자만 당나귀를 타고 갔다가는 당장 이기적이라는 (또는 더한) 욕을 먹는다. 하지만 이곳 아시로스에서는 이런 행동이 지극히 당연한 것이었고 그 이유마저 너무 자명해서 게오르기오스에게 묻는 우리가 오히려 바보 같았다."[138]

이언 모리스는 모국의 문화 체계에만 갇혀 있다가 그리스 어느 시골 마을에서 문화충격을 받습니다. 그리고 인류학에 조예가 깊어지면서 점차 문화 상대주의로 옮겨갑니다. 어느 국가, 사회, 부족의 고유한 삶의 양식이지 옳다 그르다를 함부로 판단해서는 안 된다고 말입니다.

반면 조직풍토가 발판으로 삼는 학문은 1800년대 후반에 태동한 조직심리학입니다. 조직심리학자는 1910년경부터 '분위기atmosphere'라는 이름으로 작업 공간에서 사람 간에 상호작용하는 맥락을 논하기 시작했습니다.[139] 이들은 '무엇이 성과에 이바지하는가?'에 주된 관심을 가져왔습니다. 조직심리학자가 수행한 핵심적인 연구들을 요약해보면 '조직에 몰입하는 구성원의 성과가 높다. 자기 업무에 만족하면 조직에 이로운 행동을 한다. 과한 스트레스는 성과를 떨어트린다'와 같습니다. 이처럼 성과에 지대한 관심을 둡니다.

조직심리학자는 1960년대부터 조직풍토를 본격적으로 연구합니다. 성과에 집중하던 그들답게 어떤 풍토가 성과창출에 이바지하는지 살펴보고자 했습니다. 예로써 일군의 연구자들은 197개 조직에 종사하는 구성원 641명을 대상으로 설문합니다. 이들은 혁신을 독려하는 분위기, 목표에 집중하는 분위기, 동료들이 서로 돕고 지원하는 분위기가 구성원 행동에 어떻게 영향을 미치는지 살펴보았습니다.[140] 이들이 활용한 측정 문항을 살펴보시지요.

• 우리 조직에서는 새로운 개선 아이디어를 적극 반긴다.

- 우리 조직에서는 목표에 집중하도록 환경을 조성한다.
- 우리 조직에서는 동료가 개인적으로 어려움을 겪으면 관심을 갖고 도와준다.

연구자들은 이들 문항의 응답 점수에 따라 구성원이 업무에 만족하고 조직에 몰입하는 수준이 달라짐을 보여줍니다. 달리 말하면 조직마다 그 풍토에 있어서 우열 수준이 다르며 그에 따라 구성원의 바람직한 태도와 행동이 좌우된다는 점을 보여준 것입니다. 조직심리학자 또는 그 사조에 영향을 받은 컨설턴트들은 탁월한 문화(또는 풍토)가 있고 열등한 문화가 있다고 믿습니다. 문화 절대주의 관점을 취하면서 잘 나가는 기업으로부터 배워야 한다고 주장합니다.

우리는 문화 상대주의와 절대주의, 인류학자와 조직심리학자 중 어떤 관점을 가져야 할까요? 인류학자는 '삶'에 집중합니다. 말리노프스키Malinowski가 인류학의 목적은 원주민의 관점에서 삶을 이해하고 그들 감각으로 그 세상을 고스란히 체험하는 데 있다고 말한 것처럼 말입니다. 반면 조직심리학자는 '성과'에 목적이 있습니다. 효율, 효과, 효용, 생산성에 기여하는 인자를 밝히는 데 소명을 갖습니다. 성과창출을 위해서라면 어떤 문화가 더 낫고 못한지를 밝혀야만 그들 임무를 충족하는 셈입니다. 목적을 기준으로 다시 정리하자면 '성과'를 창출하는 측면에서는 좋거나 나쁜 문화가 존재한다 말할 수 있지만 '삶'을 영위하는 측면에서는 어떤 양식이 좋다 나쁘다를 말할 수 없습니다.

저는 양자의 입장을 포용합니다. 이도 저도 아닌 양비론兩非論 같습니다만, 그 이유는 이렇습니다. 저는 인사관리학을 전공했습니다. 이는 조직행동론과 조직심리학을 근간으로 하는 학문입니다. 그 영향을 받아 짜임새 있는 프레임에 따라 측정 도구를 만들고 여러 회사를 대상으로 설문을 하곤 했습니다. 그러고는 그 우열에 따라ー설문 응답 점수의 높낮이에 따라ー구성원 행동이 어떻게 달라지고 조직 성과는 어떤 차이가 나는지를 탐구했습니다. 그런데 어느 순간 마음이 공허했습니다. 조직이 가진 진정한 모습, 즉 그 뿌리는 살펴보지 않고 통계적으로 비교하는 데만 바빴습니다. 제 개인에 비유해보지요. 제 강약점뿐만 아니라 저의 고유한 본질은 깊이 들여다보지 않고 인스타그램 속 화려한 사람들과 나를 단순 비교하는 일같이 느껴졌습니다.

그 후로 인류학에 심취하여 조직문화 현상을 탐구했습니다. 관찰과 인터뷰뿐만 아니라 인류학자가 부족민과 살 부대끼고 살면서 현장 조사하듯이 저 또한 우리나라 유수의 기업 조직에서 살았습니다. 조직마다 고유한 삶의 양태를 발견할 때마다 신기하고 즐거웠습니다. 하지만 조직은 특수 목적을 달성하기 위해 의도적으로 만들어진 집단입니다. 그 목적 달성을 간과하고 다양한 삶의 양태를 그저 흥미로만 고찰할 수는 없었습니다. 그래서 저는 삶ー성과를 조명하는 양쪽 입장을 동시에 견지하면서 다음 세 가지 원칙을 주장합니다.

[첫 번째 원칙] 조직문화는 그가 속한 사회의 보편적인 가치관과 조화를 이룰 수 있어야 합니다. 2019년 1월에 중국 뉴스 매체들은 어느 미용 기업이 일으킨 사건을 일제히 보도했습니다. 산둥성 텅저우에 있는 이 기업은 매출 목표에 미달한 구성원을 길거리로 끌고 나갔습니다. 그리고 바닥에 엎드려 기어 다니게 했습니다. 맨앞에는

남성이 회사 깃발을 들고 걸어가고 그 뒤를 매출 미달한 여성들이 기어서 따라갔습니다.[142] 오늘날 고용주가 근로자에게 모욕과 체벌을 가하는 일을 금하는 중국 노동계약법에도 어긋날 뿐만 아니라 현재 인류가 가진 보편적인 가치관에도 맞지 않습니다.

어디 중국뿐이겠습니까. 우리나라에서도 우리 국민이 가진 보편적 가치관을 어긴 사건들이 종종 벌어졌습니다. 2018년 말 모 회사 회장이 전직 구성원을 사무실로 불러들여 폭행한 영상으로 우리나라가 발칵 뒤집혔습니다. 더욱이 이 회사는 조직적으로 음란물을 유포했고 그로부터 수많은 이익을 취했음이 밝혀집니다. 각종 온라인 커뮤니티에서는 이들이 벌인 엽기 행각에 떠들썩했습니다. 이처럼 조직문화는 최소한 사회 보편적인 가치와 조화를 이룰 수 있어야만 합니다.

[두 번째 원칙] 우열 문제라기보다는 적자생존 문제입니다. 지구 역사를 보면 우등한 동물이 아니라 환경에 가장 잘 적응하는 개체가 살아남았습니다. 주위 조직들을 한 번 살펴보세요. 같은 산업이지만 어떤 조직은 승승장구하며 어떤 조직은 쇠락하고 결국 사라집니다. 경영학에서는 많이 거론되어 이젠 물리지만 1888년에 설립된 '코닥 Kodak'을 생각해보겠습니다. 이들은 1975년에 세계 최초로 디지털 카메라를 개발합니다. 그만큼 세계적인 기술을 보유한 집단이었습니다. 그런데도 100여 년 동안 연구개발하고 생산한 아날로그 필름에 눈이 가렸습니다. 그들 조직문화는 필름이 쌓아온 위대한 유산을 유지하고 계승하는 일에만 최적화되어 있었습니다. 결국 2012년에 파산보호 신청을 하고 말았습니다. 이처럼 외부환경 또는 그 변화에 적

합한 문화와 부적합한 문화가 존재한다는 점은 분명합니다.

에드거 샤인은 문화 우열론을 어떻게 봤을까요? 그는 심리학을 전공하다가 조직문화 연구에 빠져들었습니다. 그 와중에 인류학자들과 다양하게 교류합니다. 그의 이론을 살펴보면 그는 조직심리학자보다는 인류학자에 상당한 영향을 받았습니다. 그는 이렇게 말합니다.

"당신은 옳은 문화와 옳지 않은 문화no right or wrong culture, 또는 우등한 문화나 열등한 문화가no better or worse culture 존재하지 않는다는 점을 깨닫게 될 것입니다. 조직이 어떤 문화를 추구하고 주위 환경이 어떤 문화를 허용하는가에 따라 바람직하거나 그렇지 못한 문화로 결정될 뿐입니다."[143]

에드거 샤인도 환경 적합성을 거론했습니다. '적자생존' 측면에서 저와 견해가 같습니다. 다만 그는 옳은 문화와 옳지 않은 문화가 없다고 주장하는데 이 지점에서 견해 차이가 있습니다. 저는 '첫 번째 원칙'에서 조직문화는 그 사회의 보편적 가치관과 조화를 이룰 수 있어야 한다고 주장했습니다. 그를 어길 경우, 그 사회에서 배제가 될 수도 있습니다. 보편적인 사회 가치관을 기준으로 미루어 옳지 않은 문화도 분명 존재합니다.

[세 번째 원칙] 우리 부족만의 고유한 문화를 창조할 수 있어야 합니다. 우리나라 많은 조직이 글로벌 기업문화를 따라 하고자 합니다. 그들로부터 배울 점이 분명 있을 수 있습니다. 하지만 마치 '사대주의'처럼 비판적인 과정을 거치지 않고 무작정 따라하려는 태도는 지양해야 합니다. 마치 "저기 마크 주커버그가 사는 집이나 일론 머스크의 집이 근사해 보이니 우리 집도 저렇게 똑같이 만들어요!"라고

부르짖는 일과 같습니다. 우리는 우리 집을 지어야 합니다. 생존에 집중하면서도 우리가 살기 편한 집 구조를 만들고 우리 기호대로 내부를 치장할 수 있어야 합니다.

• • •

수평적 조직문화란 무엇인가?

"4차 산업혁명 시대를 맞이하여 기업들은 수평적 조직문화를 구축해 새로운 아이디어가 조직 내에서 창발할 수 있도록 해야 하며……."

한 신문에 실린 문구입니다. 출처를 밝히지 않고 각색해 인용했습니다. 도대체 '수평적 조직문화'는 무엇인가요? '수평'이 부산 해운대 백사장에서 지평선을 바라보면 보이는 그 일직선을 말하는 건가요? 수평이라고 하니 제 고등학교 수업이 생각납니다. 저는 기계공업고등학교를 다녔습니다. 입학하자마자 수업 시간에 받은 과제는 몽톡한 금속 덩어리를 '줄'로 자르고 갈아서 완전히 평평한 사각형으로 만들어내는 작업이었습니다. 한쪽 면을 열심히 갈다가 얼마나 평평하게 만들어졌는지 가늠하기 위해 수평자에 올려보곤 했습니다. 수평적 조직문화가 그 정도로 수평한 무엇을 말하는 건지요?

'수평'이란 표현은 물질 세상에서는 이해하기 쉽습니다. '기울지 않고 평평한 상태'를 의미하는 상태입니다. 직관적으로 이를 가늠할 수 있습니다. 일례로 거실에 액자를 하나 달려면 어떻게 합니까. 못을 박고 액자를 걸고 두세 발자국 뒤에 물러나서 벽면과 액자를 쳐다봅니다. 바닥 선과 액자 아래 선이 서로 수평을 이루는지를 관찰합니다.

오른쪽으로 조금 비뚤어져 있으면 수평을 맞추기 위해 벽면에 다가가 액자 왼쪽을 잡고 아래로 조금 내리지요. 그러고는 다시 물러서서 관찰합니다. "이 정도면 수평이 잘 맞으려나……" 하고 말이지요.

이토록 물질세계에서는 쉬운 개념이지만 수평이라는 말이 관념세계로 넘어와서 문화와 호응이 되면 골치 아파집니다. 수평적 문화라……. 도대체 무엇이 수평이라는 것인가요? 직급이? 권력이? 인격이? 의사결정의 범위가? 예산을 사용할 수 있는 한계가? 수평적 문화가 도대체 무엇인지 톺아볼 필요가 있습니다. 수평적 조직문화를 전면에 내세우면서 외부에서 인재를 유인하려는 조직들이 최근에 종종 보이기 때문입니다. "우리는 수평적 조직문화라서 자유롭고 신나게 일을 할 수 있는 회사입니다."라고 말입니다. 그런데 도대체 무엇을 '수평'이라고 하는지 생각이 서로 다르다 보니 그에 대한 부작용을 종종 관찰할 수 있습니다.

제가 면담한 스타트업 구성원들은 "수평적 조직문화가 장점이라는 말에 마음이 동했습니다."라고 말했습니다. 신입사원이나 경력사원이나 그 조직에 입사하기 전에 그 회사에 모종의 기대를 형성하게 됩니다.[144] '수평'이라는 표현은 물리적으로는 쉬운 개념이지만 관념적으로는 이해 차이가 상당합니다. 입사자들이 초반에 상상했던 '수평'과 우리 조직의 현상적인 '수평'은 크게 다를 수 있습니다. 어떤 분들은 "이 회사가 수평적이라고 해서 입사를 했는데 실제로는 상당히 수직적인 측면이 있네요."라고 불만을 토로합니다.

수평적 문화를 제대로 살펴봐야겠습니다. 이 개념이 제대로 정의된 바가 없어서 여전히 모호한 채로 남아 있습니다. 먼저 그 표현이 언제 무엇을 계기로 탄생하고 퍼졌는지를 살펴보겠습니다. 그 유래를 충분히 살펴본 다음 끝에 가서 이 책 나름의 정의를 내리는 작업을 하겠습니다.

언제부터 우리나라는 수평적 문화라는 표현을 사용했을까?

먼저 우리나라 연구자들이 그 표현을 언제부터 사용했는지 살펴보겠습니다. 구글 스콜라에서 '수평적 문화' 또는 '수평적 조직문화' 키워드로 문헌들을 검색했습니다. 그리고 각 단어가 어떤 맥락에서 사용되었는지 따지고 조직의 문화현상을 지칭하는 논문만 따로 추려서 세어보았습니다.

우리나라 학술 문헌에서 '수평적 문화'가 처음 출현한 해는 1991년입니다. 당시 충남대학교 행정대학 원장이던 김동훈 교수는 "수직적 통치체제와 문화에 익숙해 있던 우리 국민에게 분권과 수평적 문화를 바탕으로 하는 지방 자치제도가 도입되었으나" 국민의 정치의식이 미약한 관계로 여러 혼란이 일어났다고 지적하면서 사용했습니다.[145]

2003년에는 황창연 박사가 호프스테더가 명명한 '권력 거리'라는 표현을 '수평적 – 수직적 문화'로 바꿉니다.[146] 이후로 여러 연구자가 그러한 관습을 따릅니다. 이들 연구에서 추출한 문장을 인용해보겠습니다. "수직적 문화는 권력 격차가 큰 문화를 의미하며 수평적 문화는 권력 격차가 작은 문화를 의미한다."[147] "미국의 권력 격차가 작은 수평적 문화가 도입되면서"[148] "권력적 격차가 적은 수평적 문화"[149] 등.

전체 추세를 보시지요. 1991년에 처음 등장한 이래 2004년까지는 거의 사용되지 않습니다. 2005년에 살짝 증가하다가 2007년까지는 별로 출현하지 않습니다. 본격적으로 사용된 연도는 2008년부터

키워드 출현 연도별 횟수

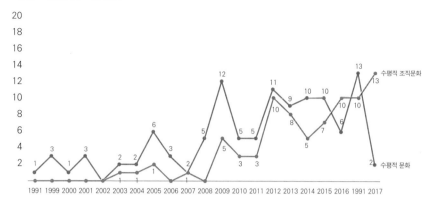

입니다. 그 이후부터는 연평균 약 20건이 출현하는 경향을 보입니다. 이로 볼 때 '수평적 문화'라는 표현이 주목받기 시작한 지 불과 10년 정도밖에 되지 않습니다.

일반인들은 이 표현을 언제부터 사용하기 시작했을까요? 이럴 때 유용한 사이트가 구글 트렌드google trends입니다. 일반 사용자들이 구글 검색을 통해서 검색한 내역을 통계 지표로 만들어서 제공해주는 기능입니다. 해당 단어가 사회적으로 언제 얼마나 관심을 받았는지를 어느 정도 가늠할 수 있습니다. 다음 그림은 '수평적 문화'로 검색

구글 트렌드 검색 결과

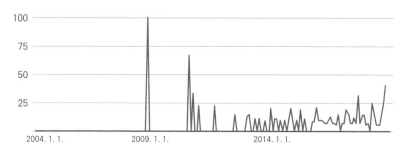

한 추세선입니다. 2008년 10월경에 주목을 받은 후에 2010년부터는 지속해서 출현합니다.

구글 검색창에 입력한 키워드 트렌드뿐만 아니라 인터넷 문서에 출현한 빈도도 살펴보겠습니다. 연도를 지정하고 각각 키워드로 검색해 출현한 웹페이지 개수를 세었습니다. 물론 구글의 검색 로봇을 방지하는 사이트들이 있어서 정확한 결과는 아닙니다. 그렇지만 대략적인 추세는 가늠해볼 수 있겠지요?

다음 그래프를 보시면 2000~2005년 사이에는 출현 빈도가 2~3건으로 거의 나타나지 않습니다. 갑자기 2009년부터 출현 빈도가 상승하기 시작합니다.

구글에서 검색된 연도별 페이지 수

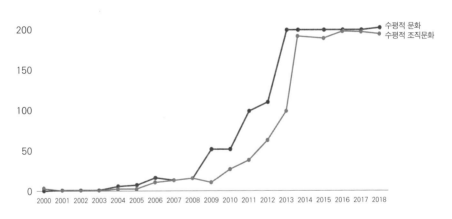

지금까지 세 개의 데이터를 살펴보았습니다. 학계나, 구글 트렌드나, 인터넷 문서나 수평적 문화라는 표현 사용 빈도가 두드러지는 시기가 얼추 비슷합니다. 2008년 말 또는 2009년부터입니다. 왜 그랬을까요?

수평적 문화라는 표현이 태동한 계기는 무엇일까?

우리나라에서 수평적 문화라는 말이 태동한 근원부터 살펴봐야 겠습니다. 제가 입수할 수 있는 모든 자료를 검토해본 결과, 이 용어를 공식적인 문서에서 처음으로 사용한 조직은 삼성그룹인 듯합니다. 삼성경제연구소에서 2000년 5월에 「직급파괴 현황과 개선방안」이라는 제목의 내부 연구 보고서를 냅니다.[150] 이 보고서는 과다하게 세분된 직급체계가 젊고 유능한 인재를 확보하는 데 걸림돌이 되고 있다고 지적합니다. 더 나아가 그 복잡한 직급체계가 너무나도 깊게 뿌리를 내려서 조직의 유연성을 저해하는 결과를 낳는다고 주장합니다. 이러한 폐해를 최소화하기 위해서는 사원 – 주임 – 대리 – 과장 – 차장 – 부장 등으로 이루어져 있는 기존 직급을 파괴해야 하고 그와 더불어 위계적인 뉘앙스가 따라붙는 과장님, 부장님 같은 호칭도 폐지해야 한다고 주장합니다. 이를 통해 기존과는 다른 '수평적 조직구조'를 만들 필요가 있다고 말합니다. 그 결과로 '계층구조가 없는 수평적 조직문화'가 형성되고 조직이 보다 환경 변화에 유연해질 수 있을 것으로 보았습니다. 이들의 주장을 도식으로 만들어보면 다음과 같습니다.

직급파괴, 호칭파괴는 1999년부터 불었던 열풍입니다. 상대적으로 어리고 젊은 청년들이 창업한 벤처 기업과 닷컴 기업이 출현하면서 위계 서열을 최소로 하는 형태를 취합니다. 2000년 4월 『한겨레

21』 잡지에는 벤처 기업 아이비즈넷을 이렇게 소개합니다.[151] 회사 구성원 한 명이 "안녕하세요? 아이비즈넷 2호입니다."라고 소개하자 기자는 "네? 2호라고요?"라고 반문합니다. 그리고는 이렇게 묻지요. "이 회사에는 직급이 없어요?" "네. 저는 그냥 2호입니다."라고 답변합니다. 그 회사 대표는 그 이유를 이렇게 설명합니다. "대기업에 다니던 시절 직급체계가 조직을 경직되게 만든다고 느꼈습니다. 벤처 기업의 특성에 맞게 직급체계를 없애고 누구나 쉽게 자기 의견을 말할 수 있는 풍토를 만들고 싶었습니다."

학자들도 위계적인 호칭이 조직 유연성에 걸림돌이 된다는 주장을 제기했습니다. 그즈음 한 학회에서는 '호칭'이 우리말 중에서 가장 전근대적인 요소로 "이를 좀 더 수평적으로 단순화하지 않으면" 엄청난 사회 비용이 소요되리라 전망했습니다.[152] 또 다른 이는 평생직장이던 시절에는 수직적으로 분화된 직급제가 적합했지만 이직이 일반화된 요즘 세상에서는 그 제도가 노동 유연성을 해친다고 주장했습니다.

왜 갑자기 그런 주장이 1998년과 1999년에 나왔을까요? 연도를 보시면 여러분도 짐작하실 수 있겠지요? 우리나라가 IMF 외환위기를 맞은 탓입니다. 그 당시 한보, 삼미, 진로, 기아, 쌍방울, 해태제과, 뉴코아, 한라, 삼양, 대우그룹 등이 줄줄이 도산합니다. 30대 대기업 중에서도 17개나 망합니다.[153] 수많은 직원이 대량 해고당합니다. 평생 한 직장에 뼈를 묻을 줄 알았던 실직자들은 정신적 충격을 엄청나게 받습니다. 어느 일간지에서는 '서류 가방에 넥타이 매고 등산 출근, 나는 일하고 싶다'는 제목으로 그 당시 세태를 보도합니다.[154] 한 40대 실직자는 가족에게 알리고 싶지 않아서 아침에 넥타이를 매고 출근을 하는 척합니다. 서류가방을 들고 그가 향하는 곳은 회사가 아니라 관악산, 도봉산, 북한산입니다.

통계청 집계에 따르면 IMF 구제금융을 신청하고 나서 그다음 해인 1998년에 직장에서 해고당한 사람이 약 127만 명이나 되었습니다.[155] 갑자기 고용시장에 엄청난 숫자가 쏟아져 나오게 된 것입니다. 그러자 고용시장이 기형적 구조가 되었습니다. 왜냐고요? 허리띠를 졸라맨 기업들이 연차가 낮은 사원들은 될 수 있으면 놔두고 상대적으로 고임금을 주어야만 했던 중장년층을 해고했기 때문입니다. 이들 중장년은 고용시장에서 상당히 불리했습니다.

일자리도 부족했을 뿐더러 더욱이 이전 직장에서 자신이 소유하던 '직급'에 맞추어 이직하기가 어려웠기 때문입니다. 우리나라나 일본은 '직급' 자체가 사회적 신분입니다.[156] 누구나 들으면 알 만한 직장에서 과장, 차장, 부장이라는 정체성이 곧 그의 신분이지요. 특히 우리나라는 체면을 중시하는 문화이기 때문에[157] 이직하더라도 최소한 동일 직급을 유지해야만 합니다. 가족, 친족, 그리고 친구들에게 수치스러운 사람이 되고 싶지 않습니다. 단순히 자존심의 문제가 아니라 그의 자아 정체성이 걸린 문제입니다. 외환위기 당시 중장년 구직자들은 한동안 자기 신분에 맞는 일을 구하고자 여기저기를 기웃거렸습니다. 그러나 시간이 상당히 지나고 경제적으로 더 버틸 수 없는 한계에 이릅니다. 결국 기존 정체성을 포기하고 직급을 낮춘 채로 직장을 잡거나 미숙련공으로서 전혀 다른 일자리를 갖게 됩니다. 중장년은 다시 일자리를 잡기까지 시간이 지나치게 오래 걸렸습니다.[158] 수직적인 직급체계가 우리나라 고용시장의 비효율성을 유발하는 주된 원인 중의 하나였던 것입니다.

고도로 분화된 직급체계는 기업에도 부담이었습니다. 첫째, 채산성이 문제였습니다. 실력이나 성과가 아니라 회사에 오래 근무했다는 이유만으로 직급을 높여주고 그에 따라 고임금을 지급해야만 했기 때문입니다. 이와 같은 수직적인 직급체계는 어려운 경제 환경 가운데서 채산성을 끌어올리는 데 부적절했습니다. 둘째, 채용 문제입니다. 기업으로서는 고용시장을 전전하고 있지만 노련한 중장년을 합리적인 임금으로 데려오고 싶어합니다. 하지만 구직자는 직급을 맞춰서 입사하고 싶어하지요. 그러자면 적어도 차부장 직급을 맞춰줘야 하는데 그에 따르는 비용이 만만치 않습니다. 그래서 최소한 과장 정도의 임금을 제시해보지만 구직자는 거절합니다. 앞서 말씀드린 대로 직급은 사회적 신분이자 자아 정체성이니까요.

학계는 고용시장의 효율성을 높여야 한다는 명분으로 기업계는 채산성과 유연성을 대의로 내세워 직급체계를 파괴해야 한다고 목소리를 키웁니다.[159] 그와 동시에 호칭파괴도 관심을 쏟습니다. 차장님, 부장님 같은 위계적인 호칭 때문에 유발되는 경직된 분위기를 완화하려는 목적이지만 '직급=사회적 신분'이라는 공식을 깨뜨리려는 노력이기도 합니다. 어느 구직자가 "제가 입사한다면 최소한 차장 직급은 받아야겠습니다."라고 회사에 요구했다고 해보시지요. 그러면 회사는 "우리는 직급이 없습니다. 모두가 ○○○님(또는 매니저)으로 부릅니다. 연봉은 당신의 경력과 역량을 토대로 객관적으로 산정하니까 걱정하지 마시고요."라고 말할 수 있습니다. 그 구직자가 주변 사람들에게 "저 이직합니다."라고 했을 때 가족, 친족, 친구들은 이렇게 묻겠지요. "무슨 직급으로 가는 거예요?"라고. 그러면 그 구직자는 "그 회사는 직급이 없고 모두 ○○○님으로 부른답니다. 자율적인 분위기라 일하기 좋을 것 같아요."라고 말할 수 있지요. 부장에서 과장

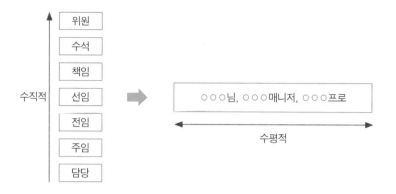

위원
수석
책임
선임
전임
주임
담당

수직적

○○○님, ○○○매니저, ○○○프로

수평적

또는 차장에서 과장으로 직급이 낮아지는 일은 체면이 서지 않아 수치스러운 일이지만 그쪽 회사에서는 다들 '님'이라 부르니 체면 깎일 일이 덜합니다.

마침 벤처 기업이 직급과 호칭을 파괴하고 시장에 빠르게 침투하자 대기업들은 이를 직급·호칭파괴가 필요한 근거로 삼습니다. 삼성경제연구소가 발간한 내부 보고서는 '벤처 기업의 급부상으로 계층구조가 없는 수평적 조직문화가 경쟁력 결정의 핵심요인으로 부상'하고 있다고 적시합니다. 대기업도 벤처 기업처럼 변할 필요가 있다는 말입니다.

이와 같은 초기 담론들을 살펴보면 다음과 같은 의식의 흐름이 관찰됩니다. '기존의 수직적인 직급체계와 인력 구조가 작금의 경영환경에 걸림돌이 되고 있다. 이제는 바꿀 필요가 있다, 이를 어떻게 변화시킬 것이냐, 세분된 직급을 모두 뭉뚱그려서 한 판으로 만들자, 병렬적으로 만들자, 그런데 이를 뭐라고 부를 것이냐, 기존의 구조를 수직적이라 표현했으니 그 반대말인 수평적이라 부르자, 수평적 계층구조, 수평적 직급체계로……. 그리되면 수직적이고 위계적인 분

위기도 바뀌겠지, 이를 수평적 문화라 부르자.'

지금까지 살펴본 바로 미루어볼 때 외환위기로 인해 갑자기 어려워진 경영환경에서 살아남고자 하는 몸부림으로 수직적인 구조와 직급과 호칭을 파괴하는 일이 일차적 주산물이었고 수평적 문화는 그 과정에서 발생하는 이차적 부산물에 가깝습니다.

수평적 문화를 경험한 사건

그런데 그와 같은 호칭파괴와 수평적 문화가 효과적일 수 있음을 우리 사회가 다 함께 체험한 일이 있습니다. 무엇이었을까요? 2002년 히딩크 감독과 축구 국가 대표입니다. 이들은 한일월드컵에서 4강까지 이르는 엄청난 쾌거를 거둡니다. 히딩크 감독이 조직을 운영하던 방식에 있어서 대표적 일화가 있습니다. 선수들끼리 형이라는 호칭을 쓰지 말라고 주문한 것입니다.[160] 나이에 따라 지나치게 서열을 따지면 경기 중에 의사소통 문제가 생긴다면서 '그라운드 반말 문화'를 요구했습니다. 이영표 선수, 이천수 선수는 각각 2016년에 한 라디오 방송에 나와 당시를 이렇게 회상합니다.

다음은 이영표 선수가 한 말입니다. "2002년까지만 해도 국가대표 축구팀 군기가 셌습니다. 그전에는 경기 중에 홍명보를 부를 때 '명보 형'이라고 했는데 히딩크 감독님이 오고 나서 존대를 금지했습니다. 이름만 간단하게 부르든가 '야'라고 부르라고 하셨지요."[161] 다음은 이천수 선수가 한 말입니다. "히딩크 감독이 '너네 0.1초에도 골을 먹는데 경기장에서 형님이라고 부르면 되냐?'라고 하시더군요. 히딩크 감독님이 모두 반말을 하라고 지시했습니다. 홍명보 선배에게 홍명보라고 부르라고 했지요. 그때는 히딩크 감독이 갑이니까, 내가 2002년 월드컵을 가야 하니까 홍명보 선배에게 홍명보라고 불렀습니다. 그런데 되게 웃긴 게 홍명보 선배가 픽 웃었습니다. 그리고 나머지 선수들이 막 놀렸지요. 어쨌든 그 이후로 팀 분위기가 바뀌었습니다. 명보, 선홍, 이렇게 불렀습니다"[162]

2001년 프랑스와 체코전에서 연달아 0대 5로 지면서 '오대영'이라는 불명예스러운 별명이 붙었지만 신속하고 원활한 소통에 더해 실력주의로 조직을 운영하자 점진적으로 성과가 나기 시작했습니다. 코스타리카와 평가전에서는 2대 0으로 이겼지요. 상승세를 타기 시작했습니다. 그리고 월드컵에서 폴란드, 미국, 포르투갈, 이탈리아를 연달아 이겼습니다. 그 당시 히딩크 감독이 조직을 운영한 방식은 여러 책으로 출간되기도 했습니다. 교보문고에서 그의 이름으로 검색되는 책만 해도 40여 권이나 됩니다. 히딩크 그리고 축구 국가대표를 둘러싼 일련의 사건들이 '수평적 문화'를 우리 사회 전체가 간접적으로 체험한 경험이 되었습니다.

수평적 문화라는 표현이 확산된 계기

그런데도 한동안은 '수평적 문화'가 주목받지는 않았습니다. 앞에서 3개 데이터에서 드러나는 바대로 2006년에서야 조금 증가하더니 2008년 말에서 2009년이 되어서야 폭발적인 증가세를 보입니다. 왜 이때 증가했을까요? 확실한 증거를 찾을 수는 없으나 제 개인적으로는 두 가지 결정적 분기점 때문으로 추정합니다.

첫 번째 동인은 2007년에 발표된 대규모 조직문화 진단 결과입니다. 그 당시 중앙일보는 아주대학교 조영호 교수(조직문화 전공)와 함께 4대 그룹, 즉 삼성, 현대자동차, LG, SK 그룹의 기업문화를 진단했습니다. 그룹별로 두 계열사를 선정하고 그룹당 100~150명씩 총 992명을 대상으로 설문했습니다. 기초 분석을 거친 다음 각 그룹의 구성원 표본을 뽑아 직접 인터뷰를 했습니다. 그리고 그 분석 시사점을 총 5회에 걸쳐 기획 기사로 내보냈습니다.[163]

당시만 하더라도 '수평적 문화' 표현이 학계에서 그리 주목을 받지 못하던 때라 진단 프레임워크에 관련된 문항은 없었습니다.[164] 그런데 인터뷰를 하는 도중에 몇몇 회사는 다른 회사에 비해 "할 말이 있으면 상사에게도 해야 한다는 의식"이 높게 나타났으며 "직원들이 스스럼없이 의견을 제시하고 상사가 이에 귀를 기울이며"[165] "위계 서열을 따지지 않는 문화를 바탕으로 사원들이 참신한 아이디어를 거리낌없이 내도록"[166] 독려하는 분위기가 상대적으로 더 강하게 나타났습니다. 연구자는 그 분위기를 '수평주의' '수평적 문화'라는 말로 설명했습니다. 연구자가 의도한 바는 아니었겠습니다만 그와 같은 분위기를 선진적으로 묘사한 경향이 있었습니다. 기사가 나가고 며칠 후에 기획한 기자가 이런 후기를 남깁니다. "4대 그룹 기업문화 시리즈의 반향은 의외로 컸다. 4대 그룹은 물론 그 외의 기업 관계자들도 깊은 관심을 나타냈다."[167] 중앙일보와 조영호 교수가 5회 걸쳐 발표한 기획 기사 덕분에 '수평적 문화'란 표현이 더욱 퍼진 것으로 판단됩니다.

두 번째 동인은 2008년 9월에 터진 '금융위기'입니다. 이 사건은 온 세계가 긴밀히 연결된 시대로 본격 진입했다는 사실을 피부로 느낄 수 있게 해주었습니다. 금융위기는 저 멀리 태평양 건너 미국 땅에서 시작된 부동산 거품 붕괴와 그에 따른 주택담보대출의 부실화가 결합해 발생했습니다. 미국에서 발생한 사건 때문에 전 세계는 물론 한국경제가 힘들어졌습니다. 우리 국민과 기업이 잘못한 일이 없는데도 말이지요. IMF 외환위기만큼은 아니지만 적지 않은 사람들이 해고당해야 했습니다. 그 당시 우리 미디어에서는 '나비효과butterfly effect'라는 상징을 사주 사용하곤 했습니다.[168] 세상 어디에서인가 벌어지는 미세한 변화가 점차 커져서 우리에게 엄청난 결과로 이어질 수 있다는 의미였습니다.

우리 기업에 준 한 가지 화두는 이것입니다. '우리는 외환위기 이후로 지난 10년 동안 무엇을 했나? 앞으로 글로벌 경쟁 시대에 우리는 어떻게 살아남아야 하는가?'입니다. 1998년 외환위기를 겪고 나서 여러 방책을 단행했습니다. 직급, 호칭, 구조를 파괴하기도 했습니다. 다양한 조직 개발 프로그램을 시행하고 지식 경영을 하겠다고 학습조직을 만들기도 했습니다. 일례로 삼성전자 구미사업장에서는 '꿈, 희망, 도전 캠페인'을 1998년 10~12월에 실시하는데 그 기간 사내 아침 방송에서 30여 회를 방영합니다.[169] 또한 1999년에는 '프로팀'이라는 학습조직을 만들기 위해 4,000여 명 가까이 교육하고 2001년에는 '아리랑我理朗'이라는 이름의 조직 개발 프로그램을 시행해 1만 2,000여 명을 참여시킵니다. 비단 삼성전자뿐만 아니라 상당수 기업에서 그와 같은 활동들이 다양하게 벌어졌습니다.

2008년에 위기가 닥치자 우리 기업들은 지난 10년을 회고합니다. 직급파괴 등 여러 방법을 동원하여 조직의 활력을 높이려 했지만 여전히 상당수 기업이 위계적이고 경직적이었습니다. 금융위기로 인해 글로벌 경쟁 시대가 열렸음을 절실히 느낄 수 있게 되었습니다. 그에 비해 우리 기업은 여전히 구시대의 유산에 갇혀 있는 것으로 보였습

니다.[170]

우리 기업이 더욱 심각하게 고민하게 된 화두 중의 하나가 바로 '조직 체질 개선'입니다. 그 바로미터를 CEO·경영자 조찬 모임 등에서 찾아볼 수 있습니다. 그 당시 '국내외 금융위기와 우리 기업의 대응방안'과 같은 주제와 더불어 '인재 중심의 조직문화' '지속가능 경영' 등의 특강이 함께 진행되었습니다. 시대적 요구를 반영해 삼성경제연구소는 '의자에 앉아 있는 것이 일을 잘하는 것처럼 보이는 시대는 끝났다'는 점을 지적하며 개인의 창의성을 극대화하는 창조경영이 필요하다고 주장했습니다.[171] 이를 위해 기존의 획일적인 인력 관리 방식을 버리고 구성원들이 업무를 자기 통제하에 자율적으로 계획하고 수행하는 방식을 제안하기도 했습니다. 엘지경제연구소에서는 「자율적인 기업문화 만들기」라는 리포트를 발간하기도 했습니다.[172] 그들은 이렇게 강조했습니다.

"구성원 자율성이 지속되기 위해서는 대기업 병을 예방하고 관료주의를 타파하기 위한 조직 차원의 노력이 병행되어야 한다. 특히 소규모 조직으로 운영할수록 수평적인 문화를 형성하게 되고 더 자유로운 커뮤니케이션이 가능하며 각 구성원의 권한이 커진다."

2007년의 대규모 기업문화 진단과 2008년의 금융위기가 우리에게 던져준 메시지 등을 계기로 '수평적 문화'라는 표현이 퍼진 것으로 판단됩니다.

해외에서는 수평적 문화라는 표현을 사용할까?

우선 일반 사용자들이 구글에 검색한 트렌드를 살펴보겠습니다.

가장 먼저 검색해본 키워드는 우리말 '수평적 조직문화'을 번역한 키워드인 'horizontal organizational culture'입니다. 그런데 이 키워드는 구글 트렌드에서 표시할 데이터 없다는 결과가 나왔습니다. 다음으로 'horizontal culture'(수평적 문화)를, 그리고 원래 그와 같은 문화현상을 학문석으로 지칭하는 표현인 'power distance'(권력 거리)를, 마지막으로는 'organizational culture'(조직문화)를 함께 검색하여 보았습니다.

구글 트렌드 검색 결과

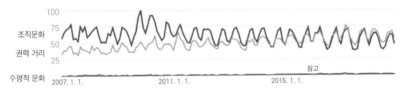

그 결과는 어떤가요? 구글 트렌드 결과를 보시면 수평적 문화라는 표현은 거의 사용되지 않지만 그 대신에 권력 거리를 훨씬 더 많이 활용하고 있는 것으로 나타납니다.

해외 연구자들은 '수평적 문화'라는 표현을 사용할까?

수평적 문화와 가장 근접한 학문적 개념은 앞서 언급한 호프스테더 박사의 '권력 거리power distance입니다. 이 개념은 앞장에서 자세히 설명한 바 있으므로 간단히 개념 정의만 보겠습니다. 권력 거리가 큰 문화에서는 리더와 구성원들 간에 관계를 권위적이고 가부장적으로 상정합니다. 반면 거리가 짧은 문화에서는 상대적으로 평등하고 민주적인 방식이 더 선호됩니다.

구글 스콜라 논문 검색 결과

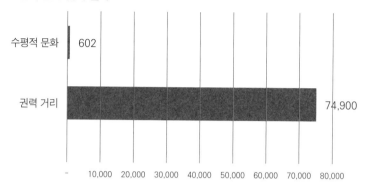

학술 문헌을 검색할 수 있는 구글 스콜라에서 '수평적 문화'와 '권력 거리'에 해당하는 영문 키워드로 검색해보았습니다. 수평적 문화(수평적 조직문화 포함)는 602개의 논문이 검색됩니다. 논문 타이틀에 해당 표현이 출현하는 사례도 없고 수준이 낮은 학술지에서만 검색이 되었습니다. 반면 권력 거리는 7만 4,900건이 나옵니다. 수평적 문화보다 약 123배나 더 많이 사용하고 있습니다.

앞에서 살펴본 두 개의 데이터로 미루어볼 때 해외 일반 대중들이나 해외 연구자들은 '수평적 문화'라는 표현을 잘 사용하지 않는 것으로 판단됩니다.

수평, 그 표현의 문제

우리는 현재 '수평적 문화'라는 말을 명확한 정의나 합의 없이 사용하고 있습니다. 도대체 무엇에 대한 수평인가요? 대표나 사원이나 직급이 없고 모두 다 평등한 상태를 말할까요? 의사결정 범위와 권한이 모두 다 동질함을 의미할까요? 예산을 세우고 집행할 힘이 모두 비슷하다는 의미인가요? 지분이 모두 같다는 말일까요? 그것도 아니면 구성원들 간에 서로 인격적으로 존중해준다는 의미인가요?

조직이 만들어지는 과정을 한 번 생각해보겠습니다. 조직문화 연구로 명성이 높은 에드거 샤인은 이렇게 주장합니다.[173]

"조직은 우발적이거나 자연스럽게 형성되지 않습니다. 오히려 조직은 특정한 목적을 가진 목표 지향적인 집단입니다. 어느 개인의 독자적인 행위보다 다수의 사람이 모여서 협력하고 협주하는 행동이 더 많은 것을 달성할 수 있을 것이라 믿을 때 조직이 탄생합니다. 사회 운동은 그 이상을 품은 카리스마 리더에 의해서 형성되고 새로운 종교는 예언자나 메시아 같은 사람들에 의해 만들어집니다. 정치 집단은 사회적 문제를 해결하고자 새로운 비전과 대안을 제시하는 지도자들에 의해서 시작됩니다. 기업은 구성원들의 합치된 노력을 통해 시장에서 새로운 재화와 서비스를 어떻게 창조할 수 있는지에 대한 비전을 가진 기업가에 의해 만들어집니다."[174]

샤인은 조직이 특정한 목적을 달성하기 위해 만들어졌음을 강조합니다. 공공기관은 국민을 대상으로 공무를 수행하기 위해서, 종교 조직은 신이 제시한 이상에 더 가까이 가기 위해서, 기업은 재화와 서비스를 만들고 이윤을 창출하기 위해서, NGO 조직은 정부와 시장이 간과하는 문제를 해결하기 위하여 만들어졌습니다. 이에 의하면 조직은 필연적으로 '권력 차이'를 배제하기 어렵습니다. 조직은 한정된 자원을 가진 개체입니다. 자금, 시간, 사람 등 모든 게 부족합니다. 목표를 이루기 위해서라면 자원을 한두 부서에 모두 투하해야 하기도 하고 그 외 부서에는 자원을 상당히 제한하기도 해야 합니다. 경쟁에 이기기 위해서 빠르게 치고 나가야 할 때도 있고 "지금 뛰어들어야 할 때입니다."라며 나서려는 구성원들을 다독이며 잠잠히 때를 기다려야 할 때도 있습니다. 모두가 동등한 권리와 권한을 갖는 세상에서 그와 같은 편중된 결정이 가능할까요?

자연 발생한 조직에 가까운 가족과 취미를 공유하고자 모인 동아리조차도 '힘의 차이' 또는 '위계'가 없다고 말하기 어렵습니다. 소설에 그려진 세상이긴 하지만 이문열 작가의 『우리들의 일그러진 영웅』에서도 동급생 간 힘의 차이가 묘사되어 있습니다.[175] 주인공 한병태는 아버지를 따라 서울에서 작은 읍의 초등학교로 전학을 갑니다. 그 반은 동급생 엄석대가 친구들을 좌지우지하는 그만의 제국을 만들었습니다. 그런데 새로운 담임 선생님이 부임하게 되면서 엄석대 권력체제는 붕괴하고 맙니다. 하물며 공공기관, 공기업, 사기업, NGO는 어떨까요? 이들은 자연적으로 발생한 무리가 아닙니다. 공식적으로 구성원들 간에 한 단계든, 두 단계든, 세 단계든 위계가 존재합니다. 리더와 구성원 간에 권력이 차이가 나는 일을 배제할 수 없습니다. 힘, 권력, 권한을 행사하는 측면에서 완벽히 수평적인 조직은 존재하기 어렵습니다.

완벽히 수직적인 조직도 이 세상에 존재하기 어렵습니다. '수직적'이라는 개념이 상명하복의 정도 또는 '까라면 까'를 의미한다고 가정한다면 수직적 조직은 상사가 부하의 일거수일투족을 관리할 뿐만 아니라 생명까지도 자기 의지대로 완벽히 통제할 수 있는 조직을 말하겠지요. 역사적으로 드물게 관찰할 수는 있긴 합니다. 제2차 세계대전 태평양 전쟁 당시 일본군의 가미카제 특공대를 꼽을 수 있습니다. 일본 조종사가 전투기를 몰고 적군의 함선까지 다가가서 자폭하는 부대이지요.

우리나라는 오대양 사건이 대표적입니다. 사이비 교주 박순자가 "나는 오대양을 지배할 사람으로 앞으로 전 세계를 주관하게 될 것이다."라며 '오대양'교를 만들었습니다. 신도를 종용하여 온갖 사채를 끌어와 사업을 했으나 결국 자금난 압박을 받습니다. 경찰과 채권자에 쫓기자 경기도 용인에 있는 한 공장에 숨어듭니다. 결국 1987년 8월 공장 천장에서 박순자뿐만 아니라 신도 31명이 음독자살한 현장이 발견됩니다. 경찰은 박순자 교주가 명령을 내려 모두가 자살한 것으로 결론을 내렸습니다. 이처럼 완벽히 수직적인 조직이 역사적으로 드물게 나타나긴 하나 그 대부분이 인류의 보편적 가치에 어긋나는 조직입니다.

반대로 완벽히 수평적인 조직이 이 세상에 존재할 수 있을까요? '수평적' 표현의 정의에 따라 다르지만 대부분 '구성원 모두가 평등하다'로 받아들이는 경향이 있습니다. 구성원들 모두가 평등한 조직이 현상적으로 과연 존재할 수 있나요? '평등'이라 하면 생각나는 신화가 있습니다. '아서왕과 원탁의 기사'입니다. 아서왕이 기네비어 왕비와 결혼하자 장인이 원탁을 선물합니다. 그 둥근 탁자에 아서왕과 기사들이 앉아서 결정을 내리곤 했습니다. 앉는 위치에 지위 구별 또는 표식이 없었는데 원탁에 앉아 있는 사람들 간에는 위아래가 없이 평등하다는 의미였습니다. 그 덕분에 '원탁'과 '원탁의 기사'는 평등한 세상을 이르는 전형적인 메타포가 되었습니다.

원탁의 기사가 신화에 불과하다는 점을 차치하더라도 사람들이 간과하는 두 가지 사실이 있습니다. 첫째, 평등은 '그들만의 리그'에 불과했습니다. 원탁의 기사 내에서만 평등일 뿐 그밖의 세상에서는 불평등이 존재했습니다. 기사들보다 사회적으로 지위가 낮은 일반 평민들, 그리고 최하층인 종과 노예가 있었습니다. 기업으로 비유하자면 최고경영진 내에서만 평등이 존재했던 것입니다. 둘째, 그 결말입니다. 아서왕파와 란슬롯 파로 파벌이 나뉘고 결국 전쟁을 벌였습니다. 아서왕의 친족이면서 원탁의 기사였던 모드레드가 반란을 일으키고 이를 진압하는 과정에서 거의 모든 기사가 전멸해버렸습니다. 신화조차도 그 결말이 좋지 않았습니다.

지금까지 살펴본 바에 의하면 호프스테더가 명명한 '권력 거리'가 더 적합한 표현입니다. 이 표현에는 기본적으로 구성원 간에 권력 차이가 존재한다는 가정이 있기 때문입니다. 그 거리가 '가까우냐, 머냐'를 따지는 게 현상적으로 더 맞고 오해의 소지도 없다고 생각합니다.

'수평적 문화'를 사용할 때 유의할 점

저는 외국에서 잘 사용하지 않으니 그 용어를 쓰지 말자고 주장하는 바는 아닙니다. 우리만의 고유한 표현을 만들어 사용할 수 있기 때문입니다. 다만, 수평적 문화를 기치로 내세우는 조직이나 회사가 있다면 두 가지를 제언하고자 합니다.

첫째, 내부 구성원들 대상으로 '우리 회사는 수평적 문화를 지향합니다.'라는 문장 하나로만 소통하는 일은 없어야 합니다. 업종, 경쟁 전략, 추구하는 가치를 고려하면서 '수평적 문화' 개념 정의를 제대로 할 필요가 있습니다. 우리 회사에서는 어떤 영역에서 '수평'이고 어디는 '비수평'인지, 어디까지는 자율이고 어디부터는 비자율인지를 명확히 해야 합니다. 그래야 내부 구성원들이 혼란을 겪지 않습니다.

둘째, 외부에서 인재를 유인하기 위한 수단으로 '수평적 문화'를 전면에 내세우고 있다면 재고할 필요가 있습니다. 최근에 채용 브랜딩 목적으로 스타트업에서 '수평적 문화'를 홍보하는 현상이 나타나고 있습니다. 사람은 그 조직에 입사하기 전부터 모종의 기대를 합니다. '이 회사는 아마도 이러지 않을까? 이렇게 운영되지 않을까? 만일 그렇다면 나는 이렇게 일을 해야지.' 하고 시뮬레이션합니다. 그 회사의 '수평적 문화'에 나름의 해석도 미리 합니다. 그런데 반복해서 말씀드렸지만 '수평'은 물질세계에서는 쉽지만 관념세계에서는 어려운 개념입니다. 사람마다 이해하고 받아들이는 정도의 차이가 큽니다. '수평적 문화'를 최상의 복지로 내세우고자 한다면 입사를 희망하는 지원자에게 '우리 회사에서 말하는 수평적 문화란 이것입니다.' 하고 상세하게 설명하는 일이 필요합니다.

'수평적 문화'를 어떻게 정의하면 좋을까?

어느 영역이 수평인지는 각 조직의 산업 특성과 추구하는 가치마다 다를 수 있습니다. 이 책은 개념을 하나로 정의하기보다 세간에서 암묵적으로 사용하는 개념을 집약하여 정리해보고자 합니다. 그 결과를 바탕으로 여러분의 조직에서 '수평적 문화'를 제대로 정의할 수 있도록 돕고자 합니다.

이를 위해 '수평적 문화' '수평적 조직문화' '수평적 기업문화' '수평 문화' 키워드로 데이터를 모았습니다. 그리고 문맥 내 키워드 KWIC, KeyWord In Context 방법으로 추출했습니다. 이 방법은 특정 단어가 문서에서 출현했을 때 그 키워드를 중심으로 앞뒤 문구를 제시해주는 방법입니다. 다음과 같이 말입니다.

전 문구	키워드	후 문구
계층적인 성격을 나타내며	수평적 문화	는 평등을 강조한다
권력적 격차가 적은	수평적 문화	에서 성공할 확률이 높다
언제든 격의 없이 대화할 수 있는	수평적 문화	가 중요하다는 것이었다.

2008년 이후로 '수평적 문화'가 쓰이고 있지만 그 개념을 정확히 밝힌 경우는 상당히 드물었습니다. 'A는 B이다' 'A란 C이다'와 같이 명시적으로 개념을 규정하는 문장을 찾아보기 어려웠습니다. KWIC 결과를 한 줄씩 읽어가면서 수평적 문화 특징을 은연중에 내포하는 문장들을 골라냈습니다. 그 결과 학술적인 문헌에서는 19건, 인터넷 문서(신문 기사 등)에서는 51건으로 총 70건의 정의를 추출할 수 있었습니다. 그리고 핵심 키워드를 중심으로 집단을 나누어보았습니다. 다음은 텍스트를 분석하는 방법의 하나로 '추출어 다차원 척도법'을 활용한 결과입니다.

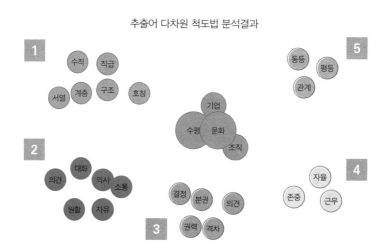

추출어 다차원 척도법 분석결과

세간에서 수평적 문화는 총 다섯 가지의 형태로 활용되고 있습니다. 각각을 하나씩 살펴보도록 하겠습니다.

[1] 조직구조·제도 축소

앞서 2000년 삼성경제연구소에서 구조파괴와 직급파괴를 주장하면서 수평적인 구조와 문화로 변화가 필요하다고 했지요. 그와 같은 맥락에서 수직적이던 조직구조나 직급이나 계층을 축소하고 위계적인 호칭을 폐지하면서 수평적 문화를 언급하는 형태입니다. 2017년 『중앙시사』 매거진에서는 삼성전자가 '과장님' '부장님' 등 전통적인 호칭을 폐지하고 구성원 간 호칭을 '○○○님'으로 하는 개편안을 발표했다고 기사를 냅니다.[176] 그리고 "기존 호칭을 없애는 것은 경직된 구조를 탈피하고 수평적 기업문화를 이식하려는 시도"라고 설명합니다.

[2] 자유롭고 원활한 의사소통 강조

지식을 개방적으로 공유하는 분위기, 직급 고하를 가리지 않고 다양한 의견을 말할 수 있는 분위기를 지칭합니다. 상사가 사장이든 임원이든 팀장이든 그 누군지 간에 그의 결정이 '아니다' 싶을 때도 반대 의견을 낼 수 있는 문화를 조성하고자 할 때 '수평적 문화'라는 표현을 사용합니다.

[3] 의사결정 분권화

조직 상층부에 집중되어 있던 의사결정 권한을 밑으로 내려야 한다고 주장하면서 '수평적 문화'를 언급합니다. 예를 들어 연구자 장수덕과 최석봉은 '수평적 문화는 조정과 통제에 대한 조직의 신념'으로 정의하며 '의사결정 권한의 집중화나 분권화 정도에 의해 파악'되는 개념으로 제시합니다.[177] 이들은 창업가 및 기업가정신이 꽃을 피우려면 분권화된 문화가 필요하다고 주장합니다. 어느 조직개발 전문가는 진정한 수평적 문화란 모든 구성원이 자기 의사결정권을 갖는 일이라 주장합니다. 그는 이렇게 말합니다. 어떤 의견을 제시해도 결국 상층에서 결정하고 만다면 이는 수평적 조직이 아니다."[178]

[4] 자율적이고 다양성이 존중되는 근무환경

위계 문화에서 일이 없어도 억지로 야근을 하거나, 눈치 보면서 퇴근하거나, 사생활이 무시당하는 일을 없애겠다며 그 대안으로 '수평적 조직문화'를 언급합니다.

[5] 평등한 관계와 인격 존중

연구자들인 범기수 등은 '구성원 간 평등한 관계'를 수평적 문화라고 정의합니다.[179] 『소비라이프뉴스』의 전민성 기자는 '수평적 조직문화란 계층이 나누어져 있지 않으며 평등하고 동등한 관계로 일을 수행하는 방식'이라고 제시합니다.[180]

여러분의 직장에서 내세우는 수평적 문화의 진정한 의미는 무엇인가요? 여러분이 직장에 수평적 문화를 정착하려 계획한다면 위의 다섯 개 용법 중에 어디에 더 가까운가요? 그 정의를 명확히 내릴 뿐만 아니라 구성원 모두가 알고 있도록 할 필요가 있습니다. 기대 수준을 서로 맞추는 작업이 필요합니다.

. . .

펀경영이 정말 좋을까?

'펀경영Fun Management', 회사원이라면 여러 번 들어본 표현일 겁니다. 부드럽고 활력이 넘치는 사내 분위기를 만들기 위한 목적으로 다양한 활동을 통해 구성원의 긍정적인 정서를 높이는 경영 방식을 의미합니다. 지금도 국내 회사 중 일부는 펀경영을 적극적으로 추진하고 있다고 미디어에 노출하기도 하지요.

우리나라에서 펀경영은 2000년 초반부터 집중적으로 주목받기 시작했습니다. 그 이유로는 크게 두 가지를 꼽을 수 있겠습니다. 첫째, 1998년 외환위기를 거치면서 상당수 기업이 구조조정을 단행했습니다. 어느 정도 위기를 극복한 후인 2000년 초반부터는 침체한 분위기를 회복시키려는 방안을 찾기 시작했습니다. 그중 하나가 바로 펀경영 또는 GWPGreat Work Place 활동입니다. 미국은 1990년 초반부터 유행하기 시작했다고 알려져 있습니다. 미국 경제가 침체하고 다운사이징이 트렌드가 시작되는 시기였습니다.[181]

둘째, 경쟁이 심화되다 보니 기업은 차별화를 추구하면서도 효율성을 극대화하는 방향으로 움직이기 시작합니다. 이를 위해서는 구성원 개개인의 열정과 헌신이 필수 불가결합니다. 구성원의 몰입을 높이려는 방법을 다양하게 고민하는데 그중 하나가 펀경영입니다. 산업조직심리학과 조직행동론의 오랜 패러다임은 '만족한 종업원이 성과가 높다'입니다. 종업원이 회사 내에서 만족하고 즐거움을 느낄수록 회사를 위해 더 많은 노력을 기울일 것이라는 가정입니다. 펀경영은 그 가정 위에 세워진 개념입니다.

성과주의 문화가 급격히 유입되어 발생하게 된 개인주의, 차가운 분위기, 메마른 문화 등을 낮추고 웃음을 회사에 퍼뜨려 '신바람 나는 직장' 분위기를 조성해야만 한다고 믿었습니다.[182] 그렇게 해야 직장 내 활기가 넘쳐 회사의 생산성이 높아질 수 있다고 본 것이지요.[183]

국내에서는 신바람 일터 만들기, 웃음경영, 유머경영 등 다양한 이름으로 여러 기업에서 적용되고 있습니다. 현재는 'GWP'라는 영어 약자로 종종 언급됩니다. GWP라는 명목으로 다양한 이벤트를 인사 부서에서 기획하고 적용했습니다. 아래는 미국 내 572개 기업 대상으로 설문한 결과로 GWP 목적으로 시행한 이벤트를 조사한 결과입니다.[184]

미국 기업 대상 설문 결과, GWP 시행 이벤트

언급 순위	활동 범주
1	기념일 축하 (생일, 장기근속 등)
2	사교 모임 (소풍, 파티 등)
3	전문적 성취에 대한 공식 축하 행사 (시상식 등)
4	사회 봉사 활동
5	스트레스 해소 활동 (피트니스, 마사지)
6	유머 (만화, 이메일 및 사보 등을 통한 웃음 유발)
7	게임 (다트, 빙고 등)
8	종업원 간의 건전한 경쟁 (세일즈 콘테스트 등)
9	개인 취미 활동 (퀼트, 독서모임)
10	엔터테인먼트 (록그룹 초청 등)

국내 기업도 여러 이벤트를 만들었습니다. 기발한 아이디어들이 많습니다. 심지어 이벤트만 수집한 '모음집 자료'까지 존재합니다.

펀경영의 긍정적인 측면은 무엇일까?

펀경영의 긍정적인 면은 세 가지로 요약할 수 있습니다. 첫째, '펀' 그 자체가 주는 긍정적 효과입니다. 조직 구성원이 직장 내에서 즐거움을 느끼는 횟수와 그 지속 시간이 증가할수록 전반적인 삶의 질이 올라갈 수 있습니다.

둘째, 펀경영이 구성원의 몰입을 촉진할 수 있습니다. 구성원들은 조직이 특정 제도를 추진하려 할 때 그 원인과 목적을 분석하려 합니다. 펀경영은 구성원의 직장 내 즐거움과 행복감 증진이 목적입니다. 따라서 올바르게 시행된다면 구성원들은 '회사가 우리에게 신경을 많이 쓰는구나.'라고 느낄 수 있습니다. 회사가 나에게 잘해주려고 노력하는 만큼 나도 우리 회사에 더 기여하겠다는 태도를 유발해 몰입을 증대시키는 효과를 가져올 수 있습니다.[185]

셋째, 펀경영이 조직 정체성을 강화할 수 있습니다. 우리 회사가 즐겁고 행복한 직장이 될수록 가족과 친구에게 자랑하고 싶어합니다. 회사에 긍정적인 측면이 많을수록 자신을 그 조직과 동일시하려는 경향이 강해집니다.[186] 자기 자신을 조직과 동일시할수록, 소위 말하는 '조직에 대한 로열티'가 형성됩니다. 누군가가 우리 조직을 욕하면 내가 화나고 조직이 미디어로부터 칭찬을 받으면 내가 칭찬받은 일처럼 느낍니다. 유머와 위트를 장려했던 사우스웨스트 항공이 그 대표적인 사례입니다.

펀경영의 부정적인 측면은 무엇일까?

펀경영이 그토록 긍정적인 결과만을 가져오는 걸까요? 부정적인 측면은 없는 것일까요? '펀'이라는 단어가 워낙 긍정적인 의미가 있다 보니 그리고 오랜 통념 중의 하나인 '만족한 종업원이 생산성도 높다'는 가정 아래 아무 비판 없이 도입하지는 않았는지 생각해볼 일입니다.

첫째, 펀경영이 우리 조직의 산업 특성과 전략 방향에 적합한지를 고민해야 합니다.[187] 이는 학술 용어로 '외적 적합성external fit'이라 부릅니다. 펀경영에서 '펀' '즐거움'은 직장 내에서 상당한 수준의 자유가 보장되어 있을 때 생겨나는 것입니다. 자기 생각이나 감정을 솔직하게 드러낼 수 있는 상황에서 생길 수 있습니다.[188] 구글이나 페이스북은 구성원의 창의성과 헌신적인 탐험 행동이 핵심 성공 요인이기 때문에 높은 수준의 자율성을 부여합니다. 그만큼 '펀'이 자연스럽게 작동될 여지가 많습니다.

그러나 산업 특성상 규율, 규칙, 규범을 엄격히 지켜야 하는 사업에서는 펀경영이 제대로 작동할 수 없습니다. 더구나 생산성에 저해 요인이 될 수도 있습니다. 앞서 말한 대로 '펀'은 구성원에게 상당한 자유가 부여되어야 발현될 수 있는 감정입니다. 구성원이 직장 내에서 반응하고 행할 수 있는 경계가 상당히 넓어야 하며 회사가 구성원 행동의 변동성variability을 용인할 수 있어야 합니다. 구성원 태도 및 행동의 변동성은 '다양성'을 증대해 창의적 생각과 행동을 유발하는 데 도움이 되지만 엄격한 규칙 준수가 요구되는 사업에서 '변동성'은 생산성을 떨어뜨리고 불량·에러율을 높일 수 있습니다. 극단적으로 얘기해서 '불량률 제로'가 핵심요인인 산업에서 의도적인 편경영은 암적인 요소로 바뀔 가능성이 큽니다. 제도를 신설하고 추진하기 전에 산업 특성과 전략에 맞는지를 먼저 검토해야 합니다. 돈이 별로 들어가지 않는 제도라고 해서, 남들도 하는 제도라고 해서, 또는 단순히 인간적으로 좋아 보이는 제도라고 해서 비판 없이 도입하는 태도는 지양해야 합니다.

둘째, 비판적인 학자들은 그 자체가 종업원의 노동강도를 심화하고 스트레스를 증가시키는 원인이라고 주장합니다.[189] 편경영이 스트레스를 되레 증가시킨다고요? 편경영 이벤트 중에는 업무시간에 가능한 일도 있지만 정규 업무 이후 시간에 해야 하는 활동들도 있습니다. '무비데이movie day'를 생각해보시지요. 팀원 전체가 영화를 보는 활동인데 퇴근 이후에 개인 시간을 희생하고 참여하도록 하는 조직이 많습니다. 어린 자녀를 돌봐야 하는 직장인에게는 부담일 수밖에 없습니다. 집단의 압력이 강한 한국 문화를 고려하면 빠지기도 뭐하고 참여하자니 집에 있는 어린 자녀가 울고……. 일과 가정 간의 갈등을 더욱 증가시키고 그로 인해 스트레스를 더 받게 만드는 상황이 됩니다. 직장에서 즐거워지자고 만든 제도가 오히려 구성원을 힘들게 할 수 있습니다.

셋째, 영국학자들은 편경영이 가정 – 회사 간의 경계를 모호하게 만드는 제도라고 주장합니다. 이들은 마르크스주의에 영향을 받아서 노동자의 권익을 보다 중시합니다. 편경영이 가정 내에서 느껴야 하는 즐거움을 직장 내에서도 조장하여 일과 가정의 경계를 모호하게 만든다고 주장합니다. 퇴근 시간이 지나서도 노동자들이 직장에 남아 편안하게 계속 일하도록 만들려는 '책략'으로 간주합니다.

그래서 편경영을 어떻게 해야 하는가?

지금까지 편경영의 긍정적, 부정적인 측면을 고찰해보았습니다. 인간에게 즐거움과 재미는 필수적인 요소입니다. 그러나 편경영을 의도적으로 시행하려 할 때 신중하게 접근할 필요가 있습니다. 편경영을 무조건 배격하는 것도 바람직하지 않지만 비판 없이 수용하는 일도 문제입니다. 편경영이 우리 조직의 산업 특성과 전략에 맞는지, 그리고 다른 제도와 조화로운지를 고려할 필요가 있습니다.

편경영을 도입하더라도 지나치게 많은 활동을 나열해 시행하는 것은 지양해야 합니다. 편경영을 수행하는 부서에서 그들 성과로 보이기 위한 목적으로 화려하고 기발한 이벤트를 기안하고 시행하는 일들이 있습니다. 편경영 콘퍼런스에서 발표 사례를 듣고 있다 보면 '누가 더 화려한 이벤트를 벌이는가?' 하고 회사끼리 경쟁하는 듯합니다.

편경영의 긍정적인 면과 부정적인 면을 종합적으로 검토하고 과연 우리 조직에 적합한지를 따질 필요가 있습니다.

• • •

왜 CEO는 '강한 문화'를 좋아할까?

매해 초 사장님들 신년사에서 종종 마주하는 표현이 있습니다. 다음은 신문 기사에서 가져온 문장입니다.

"○○○ 사장이 변화무쌍한 경영환경에서 새로운 성장시대를 열어가기 위해서는 강한 조직문화가 필요하다고 강조했다."[190] "○○○ 사장은 최근 임원 회의에서 '하버드 경영대학원의 조사결과에 따르면 기업문화가 강한 회사는 그렇지 않은 회사보다 순이익과 주주가치가 무려 4~5배나 더 높았다.'라며 '강한 기업문화는 어려운 경영 환경을 정면으로 돌파해 진정한 성장을 이룰 수 있게 만드는 동력'이라고 말했다."[91]

많은 사장님이 '강한 기업문화' 또는 '강한 조직문화'라는 표현을 좋아하시는 듯합니다. 사장님 말 한 마디에 일사불란하게 조직이 움직이는 느낌이 들기 때문일까요, 아니면 거친 강을 헤쳐나가는 카약 kayak팀이 연상돼서일까요, 차가운 바닷물 속에서도 온몸을 뜨겁게 불사르는 해병대가 생각이 들어서일까요, 아니면 경쟁사가 권투경기를 하듯 날리는 잽에 우리 구성원들이 강력한 어퍼컷을 날리는 이미지가 연상되기 때문일까요?

강한 문화란 무엇인가?

먼저 강한 문화가 무엇인지를 알아봐야겠습니다. 학자들이 정의하는 강한 문화 다섯 가지를 살펴보겠습니다.

[1] 신념의 세기

강한 문화를 지칭하는 첫 번째 의미는 '우리 구성원이 어느 정도로 그 신념을 믿는가?' '우리 구성원이 얼마나 그 가치를 중요하다고 믿는가?'입니다. 쉽게 상상할 수 있도록 종교집단을 예로 들어보겠습니다. 종교마다 추구하는 고유한 신념과 가치가 있습니다. 그 종교 내에서도 분파마다 신념의 세기가 다릅니다. 이슬람교에는 극우파와 온건파가 있습니다. 기독교 내에서도 성경 원리주의자가 있고 세속적 가치를 어느 정도 인정하는 종파가 있습니다.

신념의 세기는 다른 말로 심리적 침투psychological penetration라 합니다.[192] 우리 조직의 제1신념이 '고객 중심' 또는 '고객 지향'이라 한다면 구성원 안에 그게 얼마나 내면화되어 침투해 있느냐의 문제입니다. 구성원이 그 가치가 중요하다고 신봉할수록 강한 문화라 할 수 있습니다.

[2] 동질성의 문제

두 번째 의미는 '얼마나 많은 구성원이 동질적으로 믿고 있느냐?'의 문제입니다.[193] 본사 – 현장으로 구분된 기업들이 있습니다. 본사에 속한 구성원은 조직이 표방하는 가치를 잘 알고 있습니다. CEO나 임원들과 가까운 거리에 있다 보니 평소 강조하는 말을 자주 듣기 때문입니다. 반면 현장은 소통 빈도가 낮아서 현장 구성원들은 잘 모르는 경우들이 있습니다. 많은 구성원이 동질적으로 중요하다고 믿을수록 강한 문화라 할 수 있습니다.

[3] 신념과 행동의 연결 강도

세 번째는 그 신념이 실제 행동으로 표출되느냐의 문제입니다.[194] 신념은 강하지만 행동으로는 나타나지 않을 수도 있습니다. 고객 지향이 중요하다고 믿지만 여러 가지 이유로 고객을 위하는 행동이 표출되지 않을 수 있습니다. 신념과 행동이 강하게 연결된 사례를 보시지요. 호텔을 운영하는 A사는 고객 서비스를 강조할 뿐만 아니라 구성원이 행동으로 옮기도록 적극적으로 장려합니다. 한 개인의 일화에 불과하지만 구성원 B의 사례를 대표적으로 보시지요.

체크아웃한 일본인 고객으로부터 연락을 받았습니다. 아이폰 전용 이어폰인 '에어팟'을 호텔에 두고 온 것 같다고 한 번 찾아봐달라는 부탁이었습니다. 이미 비행기를 타고 일본에 도착했기 때문에 직접 찾으러 가기 어려우니 혹시 찾으면 착불로 배송해줄 수 있냐는 말도 덧붙였습니다. 구성원 B는 하우스 키핑팀에 요청했고 그리 어렵지 않게 찾을 수 있었습니다. 마침 그날이 일요일이라 배송 업체가 휴무였습니다. 월요일에 보내드리겠다고 하고 전화를 끊었습니다.

그런데 다음날 월요일은 B가 쉬는 날이었습니다. 그런데도 그는 아침 일찍 나가서 우체국 해외 택배를 보내려 시도했습니다. 하지만 에어팟은 리튬 배터리가 내장된 제품이라 우체국 규정상 보낼 수가 없었습니다. 다른 방법이 없을까 고민하다가 인근 DHL 지점을 확인하고 그곳으로 갑니다. DHL에서는 발송은 가능하지만 통관절차가 까다롭고 발송 요금에 세금까지 부과되어 에어팟 제품 자체보다 배송료가 더 나올 공산이 컸습니다.

일본인 고객에게 전화를 걸어 이 상황을 이야기했습니다. 서로 방법이 없어 막막해합니다. B는 방법이 없을지 더 고심합니다. 그리고 일본으로 출국할 지인을 찾기 시작했습니다. 한 다리 건넌 지인이 다음날 일본으로 출국한다는 소식을 듣고 자초지종을 설명하고 부탁을 합니다. 지인도 그게 애국이 아니겠냐며 흔쾌히 수락하고 일본에 도착하여 편의점에서 택배를 보내주었습니다. B는 이렇게 말합니다. "휴무 날 제시간 다 써가며 했던 거였어요. 그래서 더 뿌듯합니다. 이걸로 고객님의 금전 및 시간 모두 절약할 수 있게 해드려서 얼마나 감사한지 모릅니다. 설령 제 휴무의 절반과 바꿨더라도 말입니다."

앞서 살펴본 [1]과 [2]의 조건에 더해 신념 – 행동이 강하게 연결되어 있을 때 진정으로 강한 문화가 형성되어 있다고 말할 수 있습니다.[195] 다음에 살펴볼 두 가지는 부차적인 이슈로 그냥 참고만 하면 되겠습니다.

[4] 역사적으로 침투한 정도

연구자들이 강한 문화라 부르는 현상의 하나는 '그 신념이 얼마나 오래되었냐'도 있습니다. 이를 '역사적 침투historical penetration'라 부릅니다.[196] 특정 신념 및 가치가 오래전부터 형성되어 오늘날까지 구성원이 당연하다 여길 경우에도 강한 문화라고 표현합니다. 한 세대에서 다음 세대로 학습되어 이어져온 신념입니다.

오늘날 조직은 '한 지붕 네 세대'[197]라 합니다. 1955년 산업화 세대, 1960년대생 베이비붐 세대, X세대, 그리고 밀레니얼 세대가 한 조직에서 부대끼며 살고 있다는 의미입니다. 이들 세대는 각자 추구하는 가치가 다릅니다. 서로 다름에도 불구하고 한 세대에서 다음 세대로, 다시 그다음 세대에게 안정적으로 이어진 우리 조직의 신념이 있다면 강한 문화라 할 수 있습니다.

물론 어느 신념이 형성된 지 얼마 되지 않았다는 이유만으로 강한 문화가 아니다 말할 수 없습니다. 어느 순간에 결정적 분기점인 중대한 사건critical juncture이 터져서 순식간에 강한 신념이 형성되는 예도 있으니 말입니다. 1997년 외환위기가 오자 '평생직장은 이제 없다'는 믿음이 우리 사회 전반에 순식간에 형성된 일처럼 말이지요. '결정적 분기점' 개념은 2부에서 보실 수 있습니다.

[5] 인공물에 침투한 정도

강한 문화라고 표현하는 현상 중의 하나는 '신념이 인공물에 얼마나 드러나느냐'가 있습니다. 이를 '인공물 침투artifactual penetration'라 부릅니다.[198] 우리 조직은 임직원 모두가 평등하다고 강조하면서도 사무실이 감시와 통제가 쉬운 형태로 설계되어 있다면 어떨까요? 에드거 샤인이 제시한 문화의 세 가지 차원에서 '인공물'과 '표방하는 가치' 간에 불일치가 발생한 현상입니다. 이를 두고 강한 문화라 하기는 어렵습니다. 그 조직이 신봉하는 신념 그대로 인공물에 드러나고 표현될 때를 두고도 강한 문화라 부릅니다.

강한 문화의 긍정적 측면은 무엇일까?

강한 조직문화라는 표현을 선호하는 이유는 무엇일까요? 학자들이 관찰한 강한 문화의 긍정적인 측면을 살펴보겠습니다.

[1] 성과에 기여

학자들에게는 '강한 문화 가설strong culture hypothesis'이 있습니다.[199] 1980년 초반에 대두된 가설로 강한 문화가 성과창출에 기여한다는 주장입니다. 이 가설이 대두된 역사적인 배경이 있습니다. 무엇이었을까요?

1970년 후반 일본이 세계적인 경제 강국으로 떠오릅니다. 미국인에게는 큰 충격으로 다가왔습니다. 제2차 세계대전에서 미국에 패한 일본이 불과 30년 만에 신흥 경제 대국으로 부상한 형국이었습니다. 소니, 히타치, 파나소닉과 같은 일본 전자기업이 대거 미국 시장에 뛰어들었습니다. 자동차 없이 살기 어려운 미국에 일본산 자동차가 물밀 듯이 들어옵니다. 미국인들은 고장이 잘 나지 않는 일본 제품에 깜짝 놀랍니다. 포드, GM이 도요타, 혼다, 미쓰비시에 밀리기 시작합니다. 그러자 미국 경영학자들은 일본 기업의 경쟁력이 도대체 어디서 나오는지 탐구하기 시작합니다.

리처드 파스칼Richard T. Pascale과 앤서니 아토스Anthony G. Athos는 1981년에 『일본식 경영의 예술』이라는 책을 출간했고 미국에서 초대박이 났습니다.[200] 이들은 그 당시 일본 경제가 부흥한 데 비해 미국 산업과 경제가 추락하고 있음을 지적하면서 미국 기업의 문제를 파헤치고자 했습니다. 일본과 미국 기업의 차이를 비교하는 프레임으로 톰 피터스Tom Peters가 제시한 '7S 모델'을 차용해 분석합니다. 이 모델은 2부 '진단 모델, 멋있어 보이긴 합니다'에서 보다 자세히 다룰 예정이라 여기서는 간략히 언급하겠습니다. 7S는 조직이 역동적으로 움직이려면 전략strategy, 구조structure, 시스템systems, 역량skills, 구성원staff, 경영 스타일style, 그리고 공유된 가치shared values가 유기적으로 연계되어야 한다는 모델입니다. 연구자들은 미국 - 일본 기업 간에 역량, 구성원, 스타일, 그리고 공유된 가치에서 두드러진 차이가 존재한다고 주장합니다. 한마디로 조직문화가 미국 - 일본 기업의 경쟁력을 좌우한다고 결론을 내립니다.

뒤이어 미국에서 교수로 활동하던 일본인 윌리엄 오우치William G. Ouchi가 『미국 기업들은 어떻게 일본 기업의 도전에 맞서야 하는가?』라는 책을 내서 히트합니다.[201] 그는 일본과 미국 기업 중에서 우수한 업체 각 12개를 선정합니다. 오우치는 일본 기업이 미국 기업보다 생산성이 월등하게 높은 점을 발견하고 그 원인을 파악해보고자 했습니다. 그는 24개 기업의 경영진을 인터뷰하고 구성원에게 설문해 양자 간의 차이점을 분석합니다. 그가 관찰한 바에 의하면 미국 기업은 공식적이고 명확한 통제 시스템에 의존했습니다. 사람이 필요할 때 단기적으로 고용했다가 필요없으면 즉각 해고하고 개인의 역할과 책임을 문서로 명확히 규정하고 그에 부합되지 못하면 성과 평가로 피드백하는 방식이었습니다. 이처럼 미국 기업은 철저히 계약과 문서에 기반을 두어 인력을 운영했습니다. 반면 일본 기업은 종신고용을 보장해 평생토록 구성원을 보살피는 대신에 그로부터 몰입과 충성을 끌어냈습니다. 문제가 발생하면 다 함께 모여 머리를 맞대고 집단으로 합의해 책임을 지는 스타일이었습니다. 미국 경영학자들은 일본 기업이 활용했던 암묵적이고 비공식적인 방식을 '강한 문화'라고 표현했습니다.[202]

그 이후로 미국 학자들은 미국 기업이 가지고 있는 독특한 조직문화에 집중합니다. 그리고 이를 어떻게 강점으로 활용할 수 있을지를 고민합니다. 그들만의 고유하고 강한 문화가 성과를 창출한다는 가정 아래 실증연구를 본격적으로 진행합니다. 이들은 신념의 세기와 동질성의 문제로 강한 문화를 규정한 다음 성과와 어떤 관계를 보이는지 살펴봤습니다.

[2] 안정성 강화

강한 문화가 성과에 기여하는 이유는 무엇일까요? 조직의 안정성을 높이기 때문입니다.[203] 강한 문화의 반대를 상상해보세요. 우리 말에 '당나라 군대'가 있습니다. 오합지졸의 군대라는 뜻으로 군기가 약해 맹공을 펼치지도 못하고 패배만 하는 군대를 이릅니다. 이들은 전쟁 상황에 닥쳤을 때 어찌할 바를 모르고 우왕좌왕합니다. 어떤 이는 상관이 명령을 내리기를 기다리고, 어떤 이는 무서워 그 자리에서 벌벌 떨기만 하고, 어떤 이는 과한 만용으로 자리를 이탈해 치고 나갔다가 장렬히 전사합니다. 반면 강한 문화를 가진 조직은 안정적입니다. 상사가 일거수일투족 지시를 내리지 않아도 그 조직 내에서 '해야 할 일과 하지 말아야 할 일'을 미리 알고 있기에 스스로 움직입니다. 어느 구성원이 헤매고 있으면 옆에서 가르쳐줍니다. 그 조직이 생존하는 데 필요한 일을 효율적으로 처리할 수 있습니다.

[3] 사회적 통제

윌리엄 오우치가 관찰한 바에 의하면, 미국 기업은 공식적인 절차와 문서로 사람을 통제했던 반면 일본 기업은 암묵적이고 비공식적인 방식으로 사람을 통제했습니다. 한 조직에서 특정한 가치가 널리 받아들여지면 특정한 행동이 더 올바르다는 인식이 형성됩니다. 이에 반하는 행동은 빠르게 감지되고 주변으로부터 수정하도록 압력이 들어옵니다.[204] 슬쩍 눈치를 주거나 명시적으로 지적하든지 간에 말입니다. 어느 트위터 사용자는 프랑스에서 근무하는 한국인이 겪은 일을 트윗했습니다. 그의 동료는 한국 스타일로 업무시간이 끝나고 나서도 야근을 반복적으로 했습니다. 그러자 프랑스인 동료가 그에게 한마디했습니다. "우리 노동자들이 힘들게 싸워서 쟁취한 권리를 훼손하지 마세요."라고 말입니다.[205] 이게 바로 사회적 통제입니다.

강한 문화의 부정적 측면은 없을까?

칼 와익은 강한 문화의 단점을 이렇게 표현합니다. "우리가 누구인지, 무엇을 하고 하지 말아야 하는지에 대한 과도한 집착은 다른 사람이 되기 어렵게 만든다"고요.[206] 1장에서 우리는 휴렛팩커드와 월트디즈니의 사례를 살펴봤습니다. 문화연구자인 블로어와 도슨이 '스키마' 개념으로 고찰한 문화적 현상을 살펴봤습니다. 강한 문화에서는 외부로부터 자극을 받아들이고 해석하고 생각하는 인지적 개념 틀이 폐쇄적일 수 있습니다. 휴렛팩커드 경영진은 중대형 컴퓨터 산업에 스키마가 갇혀 있었습니다. 그 산업에서 형성된 신념과 가치관이 너무도 견고했기에 PC의 시장성을 보지 못했습니다. 스티브 워즈니악이 말한 아이디어를 말도 안 되는 소리로 취급해버렸습니다.

월트디즈니 사례도 비슷합니다. 60년간이나 작화 방식으로 애니메이션 영화를 만들어왔습니다. 이들에게 어떤 신념이 역사적으로 침투historical penetration해 있었을까요? 400여 명이나 되는 작화가의 예술혼이 중요하고 그렇게 작업한 유려한 그림이 우리 조직의 핵심이라는 신념이 굳건했습니다. 컴퓨터 애니메이션으로 영화를 만들어야 한다는 존 래시터의 주장은 월트디즈니 경영진에게는 헛소리에 불과했습니다.

두 사례를 토대로 가설 하나를 세워볼 수 있겠지요? 강한 문화는 외부환경이 안정적일 때는 유효하지만 급격히 변화하는 환경에서는 효과적이지 못하다는 것입니다. 휴렛팩커드는 중대형 컴퓨터에서 개인용으로, 월트디즈니는 작화 방식에서 컴퓨터 애니메이션 방식으로, 산업이 변화하는 과정에 유연하게 대응하지 못했지요.

우리나라에서 강한 문화를 가진 조직은 어디일까요? 아마도 특수부대를 떠올릴 듯합니다. 그 강령만 살펴봐도 얼마나 강한 문화를 가지고 있을지 상상이 갑니다. 북파공작부대는 '위국헌신 군인본분'(나라를 위해 몸 바침은 군인의 본분이다), 특전사는 '안 되면 되게 하라.', 제707 특수임무대대는 '결과로서 과정을 입증한다.', UDT·SEAL은 '불가능은 없다.', 해병수색대는 '안 하면 할 때까지! 안 되면 될 때까지! 악에서 악으로!'입니다. 이들은 강한 문화가 매우 효과적입니다. 구성원의 신념이 동질적이고 그에 따른 태도와 행동이 같아야 합니다. 이들은 항상 전시상황을 가정하고 현실을 살아갑니다. 이들 조직의 미션이나 일이 바뀔 경우는 없습니다.

반면 외부환경이 심하게 요동치는 산업에서 강한 문화는 효과적일까요? 스탠퍼드 대학교의 제스퍼 소렌슨Jesper Sørensen은 이를 탐구했습니다.[207] 그는 강한 문화가 구성원 간의 동질성homogeneity을 강화하는 반면 이질성heterogeneity은 최소화한다고 보았습니다. 이질성이 사라지면 어떤 단점이 있을까요? 첫째, 창의적인 생각과 아이디어가 죽습니다. 창의는 평범한 범주를 벗어난 생각입니다. 구성원 모두가 비슷한 사고, 태도, 행동을 보이는 강한 문화에서 '그거 말고 색다르게 해 보자.'라고 하면 어떻게 될까요? 지배적인 가치에 반하는 생각과 행동은 빠르게 감지되고 빠르게 수정당합니다. 새로운 생각의 씨앗이 자라지 못하게 막습니다. 둘째, 강한 문화는 변화의 필요성을 깨닫기 어렵게 만듭니다. 새로운 지식이나 관점을 학습하지 못합니다. 앞서 언급한 휴렛팩커드와 월트디즈니가 이를 극명하게 보여주지요.

소렌슨은 다양한 산업군에 속한 160개 기업을 분석합니다. 그 결과 안정적인 환경에서는 강한 문화의 장점이 두드러졌지만 급변하는 환경에서는 그 장점이 사라졌습니다. 정확히 말하면 문화가 강하면 강할수록 조직 성과가 매년 들쭉날쭉 요동치는 현상을 보였습니다. 소렌슨은 이 결과를 해석하면서 급변하는 경영환경에서는 강한 문화가 경쟁 열위competitive disadvantage에 있다고 결론을 내립니다.

왜 성과가 요동치는 현상을 경쟁 열위에 있다고 평한 걸까요? 매년 성과가 오락가락하면 현금 흐름이 불안정해집니다. 그러면 조직은 중요한 프로젝트에 투자를 제대로 하지 못할 수 있습니다. 짝수달 홀수달이 월급이 다르게 들어오면 우리도 돈을 계획적으로 사용하기 어려운 이치와 같습니다. 또한 현금 흐름이 불안정한 조직은 외부에서 자본을 빌려와야 하고 그로 인해 현금 흐름이 안정적인 조직보다 더 많은 자본 비용을 지급할 가능성이 있습니다. 아울러 예측 가능한 성과를 지속해서 내는 기업을 선호하는 투자자들은 그와 같은 요동치는 기업을 시장에서 외면할 가능성이 큽니다.

그래서 뭐 어쩌면 좋을까?

소렌슨의 논문은 유명한 조직문화 연구입니다. 수많은 학자가 그의 연구를 인용했습니다. 저도 한동안 그의 연구에 집착해서 '강한 문화는 급변하는 환경에서는 좋지 않다'고 주장했던 경향이 있습니다. 하지만 논문 한 편은 무언가 진실에 조금 더 가까워졌다는 점을 보여줄 뿐입니다Single studies can only show researchers getting a little closer to something true.[208] 논문 한 편에 기대어 마치 '그게 진리이고 진실인 양' 단언하지 말아야 합니다. 소렌슨의 연구도 그럴 가능성이 있다는 점을 제시해줄 뿐입니다.

저는 강한 문화 '현상 그 자체'보다도 그 '표현'을 그냥 사용하는 일이 더 큰 문제라고 생각합니다. 서두에서 인용한 신문 기사들을 여기에 다시 인용해보겠습니다.

"○○○ 사장이 변화무쌍한 경영환경에서 새로운 성장시대를 열어가기 위해서는 강한 조직문화가 필요하다고 강조했다.'[209]

"○○○ 사장은 최근 임원 회의에서 '하버드 경영대학원의 조사결과에 따르면 기업문화가 강한 회사는 그렇지 않은 회사보다 순이익과 주주가치가 무려 4~5배나 더 높았다'며 '강한 기업문화는 어려운 경영환경을 정면으로 돌파해 진정한 성장을 이룰 수 있게 만드는 동력'이라고 말했다.'[210]

여기서 말하는 '강한 문화'가 도대체 무엇을 의미하는지 대표도, 임원도, 구성원도 그 누구도 모릅니다. 단순히 '우리 모두 똘똘 뭉치자'를 의미하기도 하고 때로는 '경영진의 결정에 일사불란하게 움직여다오'를 의미하기도 합니다.

우리 조직에서 강한 문화가 무엇인지를 정확히 정의하면서 사용할 필요가 있습니다. 진짜로 강한 문화를 조직에 형성하려면 말입니다. 특히 저는 무엇에 대한 강한 문화인지가 더 중요하다고 생각합니다. 만일 어느 조직이 '외부환경 변화에 유연하게 적응하는 강한 문화'를 가지고 있다고 해보시지요. 다음과 같은 설문 "우리 조직과 구성원은 환경 변화에 적극적으로 적응해 나간다"에 모두가 동질적으로 "매우 그렇다."라고 응답하며 실제 행동도 그러하다면요? 신념의 세기, 동질성 문제, 신념과 행동의 연결 강도의 세 가지 조건이 모두 충족한다면 소렌슨이 지적한 강한 문화의 단점은 그리 우려할 문제가 아닙니다.

• • •

충성심과 주인의식이 과연 좋을까?

서울시립대학교 이춘우 교수는 삼성 임직원을 인터뷰합니다.[211] 그 임직원은 "삼성의 임원들은 오너가 아니면서도 마치 자기가 주인인 것처럼 일한다. '저렇게까지!'라는 탄성이 새어나올 정도로 열심히 일한다."라고 말했다고 합니다. 이춘우 교수는 개인을 희생하고 조직에 헌신하는 선공후사先公後私의 미덕을 강조하는 우리나라 가치관에 영향을 받은 결과라 지적합니다.

이처럼 조직은 사회 문화에 영향을 받습니다. 우리나라는 1950년대부터 산업화하면서 대기업 집단이 생겨납니다. 당시 우리 사회를 지배하던 유교 문화가 고스란히 대기업에 침투합니다. '군군君君, 신신臣臣, 부부父父, 자자子子'와 같은 사상이 스며듭니다. 기원전 6세기경 제齊나라 왕 경공景公이 공자에게 묻지요. "귀공은 정치가 무엇이라 생각하는가?" 그러자 공자가 간단히 말합니다. "임금은 임금답고 신하는 신하다우며 아버지는 아버지답고 아들은 아들다워야 한다."

그게 우리의 사조思潮였기 때문에 상당수 창업자도 자신을 군주 또는 부모이고 종업원은 신하 또는 자녀라 암묵적으로 가정하는 경우들이 있었습니다. 엄하지만 책임감 강한 가장처럼 구성원들을 보살피는 태도지요. 우리나라와 중국의 연구자들은 그와 같은 현상에 '가부장적 리더십paternalistic leadership'이란 이름을 붙이고 연구해왔습니다.[212] 이 리더십 스타일은 특징이 두 가지입니다.[213] 먼저 아버지와 같은 권위주의authoritarianism, 즉 권위와 통제를 강조하는 태도입니다. 다른 하나는 어머니와 같은 자애심benevolence입니다. 부하직원 개개인의 건강을 염려하고 그들의 행복을 챙기는 일입니다. 그래서 조직에 입사하기만 하면 특별한 잘못을 하지 않는 한 정년까지 고용을 보장해주는 '평생직장'을 제공했습니다. 또한 경영자들은 그 반대급부로써 종업원들에게 근면 성실과 충성심을 요구했습니다.[214] 이 심리적 계약이 우리 사회에서는 한동안 유효했습니다.[215]

그러나 외환위기가 우리 사회를 완전히 바꾸어놓았습니다.[216] 기업은 경제가 어려워지자 대규모 구조조정을 단행하면서 직원을 내보내야 했습니다. 국가적 위난을 심하게 겪고 나자 경영자는 사람을 유연하게 모으고 해산하는 일이 중요하다는 점을 깨닫게 됩니다. 기업 경기가 좋을 때는 빠르게 사람을 뽑고 상황이 좋지 않을 때는 신속하게 감축할 수 있는 유연성 말입니다. 이제는 '평생직장'을 제공해주기 어려운 상황이 되었습니다. 경영계와 학계는 그 대안으로 '평생직장에서 평생직업으로'라는 모델을 제시했습니다.[217] 우리 사회 전반에 걸쳐서 경영자－노동자 간에 오랫동안 맺어왔던 평생 고용이라는 '심리적 계약'은 깨져버렸습니다.[218]

경영자의 눈에는 외환위기 전후의 구성원 태도가 달라져 보였던 것 같습니다. 예전 구성원들은 조직을 먼저 챙기면서 경영진이 하자는 대로 무조건 따랐는데 어느 날부터 구성원들은 자기 잇속을 먼저 챙기는 듯해 보입니다. 이때부터 충성심, 로열티, 주인의식이 주목받기 시작했습니다. 이를 입증하는 자료가 있습니다. 아주대학교 조영호 교수 연구팀은 외환위기 이전인 1995년에 대기업 구성원 727명과 IMF 체제를 졸업한 4년 뒤인 2006년에 991명을 대상으로 시행한 연구를 각각 비교했습니다.[219] 그리고 그 결과를 이렇게 해석합니다. "한국 대기업에서 사원들의 조직애착도(소속 조직에 애정을 느끼는 정도)가 낮아지고 있다."

한편 2000년 초중반 우리나라에 '핵심인재 관리'가 유행처럼 도입되었습니다. IMF 외환위기, 그로 인한 구조조정, 그리고 노동 인력의 유연성 강화에 따르는 당연한 순서였습니다. 환경 변화에 따라 노동 인력을 탄력적으로 운영하면서도 핵심 사업을 수행하는 데 필요한 전문성과 창의성을 지닌 인재는 반드시 지키고 유지해야 한다는 생각이 들었던 것입니다.[220] '다른 애들 다 내보내도 저 친구만큼은 지켜야 해. 다른 애들은 충분히 대체할 수 있지만 저 친구는 어디서 구하지도 못해. 또 저 친구가 우리 회사 나가서 경쟁사로 이직하면 우린 끝장이다.'라는 생각 말입니다.

그런데 핵심인재는 조직에 '양날의 검'일 수 있습니다. 이들은 중요한 정보를 가지고 있거나, 그 정보에 접근하여 열람할 권한을 가지고 있거나, 원천기술을 처음부터 끝까지 알고 있거나, 비용예산을 수립하고 사용하는 권한이 더 큽니다. 핵심인재가 자기 일과 조직에 몰입하고 충성스러우면 상당한 가치를 조직에 가져다줍니다. 하지만 그가 조직 이익에 반하는 행동을 하면 그 피해가 일반 구성원보다 더 심할 수 있습니다. 그렇기에 핵심인재에 대해서는 더더욱 충성심과 주인의식을 요구하게 되었습니다. 그들을 체계적으로 관리하는 제도를 수립할 때 그 전문성과 성과뿐만 아니라 충성도 또는 주인의식을 고려하기도 했습니다.

비단 일반 종업원과 핵심인재뿐만 아닙니다. 2007년 모 그룹 법무

팀 소속 어느 변호사가 그룹 비자금 문건을 폭로한 계기로 임원에게도 로열티를 촉구하는 일이 벌어졌습니다. 제가 한 회사에 근무하던 2008년 3~4월경으로 기억합니다. 그 당시 임원 관련 업무를 하고 있었는데 '기밀 유지 서약서'를 나누어주고 사인하도록 했습니다. 그 내용 면면을 뜯어보면 사실은 '충성 서약서'에 가까웠습니다.

이처럼 충성심, 로열티, 주인의식이라는 표현을 두루 사용하고 있습니다. 이들이 어떤 심리적 상태를 의미하는 것일지를 함께 생각해보겠습니다. 일반적으로 사용하는 표현들은 그 정의가 제각각 다를 수 있으므로 사람 심리를 깊이 고찰하는 심리학자의 눈을 빌려보고자 합니다.

심리학자는 세 가지 개념으로 접근해왔습니다. 바로 조직몰입, 조직동일시, 주인의식입니다. 이들은 기본적으로 개인이 '나는 조직과 어떤 관계가 있는가?' '나는 조직에 어떤 감정 상태인가?'를 나타내주는 개념입니다. '개인 - 조직' 간의 (1) 거리 (2) 상하 위치에 따라서 서로 다른 가정을 가지고 있습니다. 먼저 각각의 개념을 빠르게 살펴보고 그 후에 세 개를 모두 묶어서 논의해보겠습니다.

나는 나고 너는 너지만 우리는 좋은 사이야 - 조직몰입

가장 먼저 언급할 수 있는 용어는 '조직몰입organizational commitment'입니다. 1960년대부터 논의가 시작되어 1980년대 초반에 정의가 견고해졌습니다.[221] 본래 세 가지 유형의 조직몰입이 있으나(감정적, 계속적, 규범적 몰입) 본 내용에서는 '감정적 몰입'만을 다루도록 하겠습니다.[222]

'감정적 몰입'은 조직 구성원들이 조직에 감정적으로 애착심과 소속감을 느끼는 상태를 말합니다. 그 핵심가정은 '나와 조직은 별개의 개체로써 교환관계를 맺고 있다'는 것입니다.[223] 나와 조직은 서로 별개의 개체로 존재하지만 서로 주고받는 관계가 좋은 정도를 말합니다. 그 대표적인 측정 문항을 살펴보시지요.[224]

> 나는 이 조직에 감정적으로 애착심을 가지고 있다.
> 나는 이 조직에 근무하면서 가족적인 친밀함을 느낀다.
> 나는 이 조직에서 남은 직장생활을 보낼 수 있다면 행복할 것이다.

내가 너고 네가 나야 - 조직동일시

두 번째는 '조직동일시organizational identification'입니다. 이 개념은 1990년대까지 '조직몰입'과 구분 없이 사용하다가 2000년대 들어서 '조직몰입'과 '조직동일시'가 서로 다른 개념이라는 의견 일치를 보입니다.[225]

'조직동일시'는 그 용어 자체가 말해주듯이 '나와 조직을 동일하게 느끼는 인지적 상태'를 말합니다. 이는 '조직몰입'과 두 가지 관점에서 그 심리 상태가 다릅니다.[226] 첫째, 조직몰입은 '나와 조직을 별개'라고 가정하지만 조직동일시는 '나와 조직은 같다. 즉 내가 조직이고 조직이 곧 나다.'라는 심리적 상태입니다(나=조직). 둘째, 조직몰입은 조직이 나에게 잘해주는가, 나는 조직에 얼마나 기여하는가, 즉 양자 간의 교환관계의 질을 나타냅니다. 반면 '조직동일시'는 자신의 '정체성identity'과 깊은 관련이 있습니다. 학문적으로 봤을 때 전자는 사회적 교환 이론social exchange theory, 후자는 사회적 정체성 이론social identity theory에 근거합니다.[227] 이를 측정하는 대표적인 문항을 보겠습니다.

> 나는 다른 사람이 우리 조직을 비판할 때 모욕감을 느낀다.
> 나는 우리 조직이 잘되면 내가 잘되는 것으로 생각한다.
> 나는 다른 사람이 우리 조직을 칭찬할 때 칭찬받는 기분이 든다.

조직몰입과 조직동일시 문항을 비교해보면 이 둘의 심리적 차이가 느껴지시지요? '조직동일시'는 내가 곧 조직이고 조직이 곧 나인 상태입니다. 누군가 우리 조직을 욕하면 마치 내가 모욕을 받은 기분이 들고, 우리 조직을 좋게 평가하면 마치 내가 칭찬받는 기분이 드는 상태입니다. 말 그대로 '나와 조직이 하나의 개체로 합쳐진 상태'입니다.[228]

조직몰입의 수준이 높았는데 갑자기 감소한 사람을 생각해보겠습니다. 갑자기 감소했다는 것은 개인과 조직 간의 교환관계가 급격히 나빠졌다는 의미입니다. 원래 승진 대상자였는데 이해하기 어려운 사유로 승진을 못했거나 인센티브가 예정되어 있었는데 일방적으로 취소하는 등을 겪을 때 그런 현상이 나타납니다.[229] 개인-조직 양자가 서로 별개라는 가정을 하고 있으므로 관계가 나빠지면 더는 상대방을 안 보면 됩니다. 승진에 누락되어 기분 나쁘다고 이직하겠다는 사람을 주변에서 가끔 볼 수 있지요. 급격한 조직몰입 저하는 이직과 퇴직으로 이어집니다.

반면 '나는 곧 조직이고 조직이 곧 나야!'라는 생각이 강했는데 조직동일시 수준이 갑자기 감소한 사람이 있다고 생각해보겠습니다. 이는 그 사람의 정체성에 손상이 입혀졌다는 것을 의미합니다. 정체성의 손상은 종종 극렬한 감정과 행동으로 이어질 수 있습니다. 이후에 좀 더 설명하겠습니다.

나는 너를 소유하고 있어 – 심리적 주인의식

세 번째는 심리적 주인의식psychological ownership입니다. 세간에서 말하는 주인의식과 학자들이 연구한 개념이 거의 일치합니다. 『시사저널』 차형석 기자는 흥미로운 경험을 이야기합니다. 그는 자신을 '1997년 외환위기로 나라가 쫄딱 망했을 때 대학 문을 나서야 했던 IMF 세대'라고 표현합니다. 그가 대학을 졸업하자마자 출판사에 취직합니다. 그런데 첫 직장에 다닌 지 1년 만에 사표를 냈다고 하는데 그 이유를 이렇게 말합니다.[230]

"첫 회사 엠티를 갔을 때였다. 그날 저녁 책 기획 관련 전체 회의를 했다. 밤 깊도록 책 이야기를 했다. 임금 인상과 회사 경영에 대해서도 잠시 이야기가 나왔는데 그때마다 이런 말이 나왔다. "우리는 '좋은 책'을 내니까." 답답했다. 임금 인상과 '좋은 책'은 무슨 상관인가. '좋은 책'이 임금 인상의 방패가 될 수 있다는 것을 그때 어렴풋이 알게 되었다. 마지막 엠티의 밤. 돌아가면서 한마디씩하는 시간이 있었다. 당시 대표의 가족 중 한 명이 회사에 들어와 있었다. 들어온 지 1년이 조금 안 된 그 직원은 짧게 이렇게 말했다. "직원들이 주인의식을 갖고 있으면 좋겠다"고. 속으로 나는 '주인이 아닌데 어떻게 주인의식을 가져야 하지?' 했다. 그때 사표를 내기로 마음을 굳혔다."

원래 주인의식은 특정 대상을 실질적으로 소유하고 있다거나 그 일부를 자신의 것으로 느끼는 상태를 말합니다.[231] '나의 것mine' '우리의 것ours'이라는 표현으로 드러나지요. "이것은 내(나의) 차야." "여기는 우리(우리의) 집이야." "나의 아이패드를 누군가 가져갔어."처럼 주변에서 흔히 들을 수 있는 말입니다.

경영 사상가 찰스 오레일리Charles A. O'Reilly는 "경영자들이 주인의식을 말할 때 그들이 종업원들에게 주입하고자 하는 바는 재무적financial 주인의식이 아니라 심리적psychological 주인의식이다."라고 지적했습니다.[232] 심리적 주인의식은 주주처럼 '실질적인 소유권은 없지만, 어느 개인이 심리적으로 조직을 소유하거나 자신의 것으로 느끼는 상태'를 의미합니다.[233] 2000년대 들어서야 연구가 시작되었고 최근에 정립되어 가고 있는 상황입니다.[234] 이를 측정하는 대표적인 문항을 살펴보시기 바랍니다.[235]

여기는 나의 조직이다.

나는 이 조직에 대해 개인적으로 소유하고 있다는 감정을 강하게 느낀다.

이곳을 나의 회사라고 생각한다.

우리 조직에서는 어떤 상태가 바람직할까?

조직몰입이 '나와 조직은 별개지만 조직이 잘 대해주니 나도 그만큼 보답해야겠다.'라는 심정이라면 조직동일시는 '나=조직'입니다. 심리적 주인의식은 '내가 조직을 소유하고 있다.'라는 심리적 상태입니다. 조직몰입, 조직동일시, 심리적 주인의식의 차이를 도식으로 나타내면 다음과 같습니다.

개념별 심리 상태

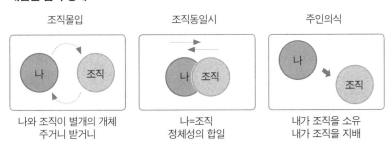

조직몰입	조직동일시	주인의식
나와 조직이 별개의 개체 주거니 받거니	나=조직 정체성의 합일	내가 조직을 소유 내가 조직을 지배

우리 조직 구성원에게 가장 바람직한 심리 상태는 무엇일까요? 외부환경이 안정적이고 조직 운영이 순조로울 때는 세 가지 심리 상태 모두 조직에 긍정적일 수 있습니다. 근면 성실하게 일하고 조직을 아낍니다. 아울러 구성원 스스로 변화 과제를 찾고 스스로 아이디어를 내서 점진적으로 개선하는 때도 효과적입니다.[236] 이와 같은 상황에서는 구성원들이 변화 추진에 열을 다하여 집중할 수 있습니다. 그러나 급격히 변화하는 산업의 경우, 그리고 인수합병, 구조조정, 리엔지니어링, 경영혁신 등이 추진되어야 하는 상황에서는 주인의식과 조직동일시는 조직에 부정적일 수 있습니다. 나와 조직 간의 관계에 대한 가정을 음미해보면 그 이유를 이해할 수 있습니다.

먼저 주인의식을 생각해보겠습니다. 주변에서 '나의 것, 너의 것'이 강한 친구나 동료를 보신 적 있으시지요? 미국 NBC 시트콤 〈프렌즈Friends〉에서 '조이Joey'는 극 중 배우이자 모델인데 자기가 먹을 것을 누군가 빼앗아먹으려 하면 매우 격렬한 반응을 보입니다. '나의 것, 너의 것'이 강한 사람이지요. 누군가 자신의 물건에 손을 대거나 허락도 받지 않은 채 사용하는 걸 보면 강렬하게 부정적인 태도를 보이는 사람들이 있습니다. 심리적 주인의식은 특정 대상에 대한 소유감을 기본 전제로 합니다. 이는 곧 대상에 대한 우월적인 감정을 종종 수반할 수 있습니다. 주인의식이 높은 사람이 구조조정 대상이 되었을 경우, 또는 경영진이 구성원 의견을 충분히 수렴할 시간도 없이 일을 추진해야만 할 경우 구성원의 격렬한 감정적 반응과 직면할 가능성이 있습니다. "내가 주인인데 감히 내 허락도 구하지 않고 무얼 바꾸려 하나." "내가 이 회사의 주인인데 감히 누가 나를……." 같은 격렬한 반응입니다. 이 부정적인 감정은 반생산적인 행동counterproductive behavior, 즉 조직에 해를 가하는 행동으로 이어질 가능성이 있습니다.[237]

조직동일시는 어떨까요? 인수합병 상황에 부닥치게 될 때 구성원은 감정적으로 많은 어려움을 겪을 수 있습니다. 다른 조직에 합병당할 때 자기 정체성에 심한 상실감을 겪게 됩니다. 우리나라 사람들은 낯선 사람을 만났을 때 본인을 소개하는 준거로 '소속된 회사와 직무'를 사용하는 경향이 있습니다. "저는 삼성에서 마케팅 일을 하고 있습니다." "저는 11번가에서 UX 디자인을 담당합니다." "저는 대림산업개발에서 교량 설계 전문가로 일합니다."라고 말입니다. 즉 개인 정체성에서 회사와 그 이름의 가치가 상당한 위치를 차지합니다.

그런데 그 정체성을 본인 의지와는 무관하게 잃어버리게 된다면 어떨까요? 예전에 ○○그룹 B계열사를 인수하는 일에 참여했습니다. B는 그룹의 모체가 되는 기업이었기에 구성원들의 자부심이 상당했습니다. 그들은 오랫동안 자신을 소개할 때 '○○그룹에서 일하는 사람'으로 정의해왔습니다. 그게 바로 그들의 정체성이었습니다. 그런데 어느 날 갑자기 그 정체성을 강제적으로 박탈당하게 된 상황이 되었습니다. 인수 발표 후 5개월이 지나서 B사 구성원 20명을 인터뷰했는데 그 당시를 회고하면서 보여줬던 부정적 감정들이 아직도 생생하게 기억에 남아 있습니다.

> "10여 년간의 직장생활에 빨간 불이 켜진 것 같았습니다. 제 인생에 있어 어두운 시기 중의 하나입니다."
>
> "불안했습니다. 앞이 보이지 않는 깜깜한 길을 걸어가는 기분이었습니다."
>
> "저를 무엇이라고 소개해야 할지 계속 망설여졌습니다. 제 의지와는 관계없이 타인에 의해 제 인생이 좌우된다는 것에 대한 실의가 들었습니다. 마치 독수리 발톱에 끌려가는 토끼 같은 기분이 들었습니다"

이처럼 인수합병 상황에서는 조직동일시가 문제를 유발할 수 있으며[238] 그로 인한 정체성의 붕괴는 분노, 흥분, 우울증, 식욕감퇴, 무력감, 심각한 스트레스로 이어질 수 있습니다.[239]

경영환경이 급격히 변하는 산업에 처한 회사라면 '조직몰입' 수준이 높고 조직동일시는 중간 수준이고 주인의식은 낮은 상태가 가장 이상적일 것 같습니다. 물론 조직에 몰입하는 심리 상태가 조직동일시 또는 주인의식의 상태로 발전이 되지 않는다는 등 다소 비현실적인 가정하에서 주장하는 말입니다. 즉 조직몰입이 높으면 주인의식도 높아질 수 있습니다. 하지만 이는 학문적인 영역이므로 이 책에서는 논의를 제외하겠습니다.

제가 주장하는 바는 이렇습니다. '주인의식'을 강조하기 이전에 우리 회사에서 필요로 하는 '주인의식'이 무엇인지 생각해보고 그 개념의 '긍정적인 측면'과 '부정적인 측면'을 고려해야 합니다. 조직 심리학자들이 연구한 세 가지 개념을 준거로 구성원에게 어떤 뉘앙스로 강조할지를 다음 중에서 한번 골라보시기 바랍니다.

[조직몰입]

"조직에 영원히 남아서 함께 일할 수는 없습니다. 인간도 유한하고 회사도 유한합니다. 경영환경이 어려워지고 여러 부침을 겪으면 사람을 내보내야 하기도 하지요. 정말 안타까운 일이지만 말입니다. 그러나 우리가 함께 일하는 동안에 회사는 여러분에게 최대한 성심을 다하겠습니다. 구성원 여러분도 여기에 머무는 동안 최선을 다해주시길 바랍니다."

[조직동일시]

"여러분이 곧 회사고 회사가 곧 여러분입니다. 여러분 한 분 한 분은 회사를 대표하는 분들입니다. 우리는 하나입니다. 우리 회사를 자기 몸처럼 아껴주십시오."

[심리적 주인의식]

"이 회사의 주인은 누구입니까? 주주도 아니고 사장도 아닙니다.

바로 구성원 여러분입니다. 여러분이 없다면 우리 회사가 제대로 운영되겠습니까? 우리 생산 설비가 잘 돌아가겠습니까? 고객이 유지가 될 수 있을까요? 아닙니다. 여러분이 계셔야 합니다. 여러분이 곧 이 회사의 주인입니다. 이 회사를 여러분의 집처럼 잘 가꾸어나가 주십시오."

6

스타트업과 대기업의 문화는
어떻게 다를까?

• • •

왜 스타트업일까?

저는 대기업 종사자로서 스타트업에서 배울 점을 찾아보고 싶었습니다. 스타트업은 지칠 줄 모르는 열정으로 도전하고 시장에서 기민하게 움직입니다. 그래서인지 대기업은 스타트업의 혁신문화를 이식하고 싶어합니다.[240] 일례로 삼성전자는 '창의적 연구실creative laboratory'이라는 의미를 가진 'C랩'을 기획하고 구성원들이 직접 상품이나 서비스 아이디어를 내고 창업할 수 있도록 지원하고 있습니다. 2018년 말 기준으로 C랩에서 과제를 수행한 구성원이 900여 명이 넘습니다.[241] 네이버도 스타트업처럼 빠르게 움직일 수 있도록 기획자, 개발자, 디자이너가 한 팀으로 구성된 셀cell 단위로 조직을 운영하기도 합니다. 의사결정 단계를 대폭 축소해 실행 속도를 높이려는 의도입니다.[242] 저 역시도 대기업에 소속되어 연구하는 사람이기에 스타트업의 생리가 궁금했습니다.

또한 저는 중국과 일본 사이에 끼어 있는 우리나라 경제에 항상 위기의식을 가지고 있습니다. 2000년대 들어서 우리나라가 잘 나가는 일본 기업들을 따라잡았습니다. 그런데도 일본 경제는 중견 기업, 강소 기업이 그 허리를 받치고 있어 타격을 크게 받지는 않았습니다. 이제는 중국이 우리나라 기업들을 바짝 쫓아오고 있습니다. 그들로 인해 우리나라 대기업들이 빛을 잃는 날이 온다면 어떻게 살아가야 할까 하는 고민도 듭니다. 오래전부터 우리 사회에서 지속해서 논의됐지만 이제부터라도 중소기업, 특히 참신한 아이디어로 승부를 거는 스타트업이 뛰어놀 수 있는 생태계가 제대로 자리잡혀야 한다는 생각이 들었습니다. 그리고 제 전문성으로 어떤 기여를 할 수 있을지를 탐색하고 싶었습니다.

스타트업을 탐구하기 전에 먼저 스타트업이 무엇인지 명확히 정의하는 일이 필요하겠지요? 여러 사람이 스타트업을 정의하려 했습니다. 『기업 창업가 매뉴얼』을 쓴 스티브 블랭크와 밥 도프는 "스타트업은 지속 가능하고 확장 가능한 수익성 있는 비즈니스 모델을 찾는 임시조직"이라고 정의했습니다.[243] 『린스타트업』을 저술한 에릭 리스는 "스타트업이란 극심한 불확실성 속에서 신규 제품이나 서비스를 만들려고 나온 조직"이라면서 정부, 대기업, 비영리 조직이라 할지라도 극심한 불확실 상황에서 신제품이나 새로운 서비스를 만들고 있다면 모두가 스타트업이라고 봐야 한다고 주장합니다.[244] 이 정의는 상당히 범위가 넓고 모호합니다. 우리나라 스타트업 생태계에서 활동하는 내부자의 관점을 참고하면 어떨까요? 저는 스타트업 얼라이

언스 센터장 임정욱의 정의를 선호합니다.[245]

"스타트업이란 대체로 새로운 아이디어, 기술, 비즈니스 모델로 급성장이 기대되는 초기 기업이라고 생각하면 된다. 투자자 입장에서 이런 기업에 자금을 공급해서 나중에 큰 수익을 기대할 수 있는 성장 기업이라고 보면 된다. 그래서 대개는 노동집약적이고 큰 수익을 기대하기 어려운 자영업, 컨설팅업, 출판사 등의 비즈니스는 스타트업이라고 잘 부르지 않는다."

저는 임정욱 센터장의 정의에 부합하는 조직을 선정하여 그들의 세상을 탐험했습니다. 스타트업계에서 유니콘 기업에 가까워지거나 또는 인원 규모가 수백 명이 넘어가는 조직은 제외했습니다. 이들은 상대적으로 성공을 거두어 극단 치outlier에 가깝기 때문입니다. 모든 스타트업 조직이 그와 같이 되기를 염원하지만 극단 치이기에 오히려 대표성이 떨어집니다. 그래서 스타트업계에서 크게 성장한 기업은 제외했습니다.

제가 탐구한 결과를 말씀드리기 전에 한 가지 사항을 짚고 넘어가겠습니다. 대기업과 스타트업이라는 이분법으로 세상을 구분해 비교하는 방식은 다소 무리가 따를 수 있습니다. 우리가 대기업이라고 통칭하기는 하지만 그 안에서도 다양한 문화를 가진 조직이 존재하고 스타트업도 마찬가지입니다. 전경련이 2015년에 발표한 '우리나라 기업생태계 분석'에 따르면 한국에 4,300여 개의 대기업이 존재합니다.[246] '벤처확인·공시시스템'에 의하면 2018년 현재 3만 6,600여 개의 벤처기업이 등록되어 있습니다.[247] 임정욱 센터장의 정의와 합치하는 스타트업 개수를 정확히 추산하기는 어렵지만 벤처 기업의 10%만 잡아도 3,600개가 넘습니다. 대기업 내에서도 스타트업에서도 서로 다른 꽃을 피운 조직들이 많습니다. 대기업보다도 더 대기업다운 스타트업이 존재하기도 하고 스타트업보다 더 스타트업다운 대기업도 있을 수 있습니다. 의도적으로 양자를 구분하고 비교하는 일이 터무니없다 여겨질 수 있습니다.

그런데도 우리의 인식과 관념은 대기업 대 스타트업을 구분합니다. 최근 여러 미디어의 기사 제목을 예로 보지요. "대기업, 스타트업처럼 조직문화 바꾸고……."[248] "대기업에 유행처럼 번지는 스타트업 문화 득인가, 실인가."[249] "대기업이 스타트업을 키우는 이유"[250], "삼성전자, 배민, 야놀자에서 배운다……. 스타트업 조직문화 워크숍 진행"[251] 등. '대기업 대 스타트업'이라 하면 독자 여러분의 머릿속에서도 전형적인 이미지가 떠오르지 않습니까? 그만큼 대기업군과 스타트업군 각자에게 보편적으로 존재한다 여겨지는 대표적인 특성들이 있습니다.

이처럼 사회 또는 집단을 두 가지 유형으로 구분하는 일은 사회과학에서 분석적으로 매우 유용한 가치를 갖습니다. 서로 다른 두 집단을 비교해 그에 내재한 원리와 원칙을 도출할 수 있기 때문입니다. 여기에서는 각 군에서 나타나는 특수성은 무시하고 대기업과 스타트업의 평균적인 모습을 서로 비교해보고자 합니다.

• • •

양쪽 세상을 탐구하기 위한 접근 방법

스타트업 문화 탐구를 위해 제가 취한 방식은 이렇습니다. 우선은 제가 조직문화 특강을 할 때 참석해주었던 튜터링의 최경희 대표에게 먼저 접근했습니다. 그녀는 공동창업자로서 교육사업을 10년간

했고 그 후로 학교 동문과 함께 영어 회화 애플리케이션인 튜터링을 창업했습니다. 매우 활달하고 적극적인 성품을 가지고 있어서 인맥이 넓은데다 문화를 보는 날카로운 눈까지 갖추고 있습니다. 대기업 세상에서만 살던 저에게는 베일로 감춰진 스타트업 세상으로 안내해줄 적임자인 셈이었지요. 그녀에게 대뜸 전화해 만나자 하고 서울역 위워크로 향했습니다. 그녀와 인터뷰하는 3시간 동안 저는 '멘붕'(멘탈 붕괴)에 빠지게 됩니다. 기존에 제가 알던 경영학 이론과 대기업 중심의 인사제도가 스타트업 세상에서는 거의 통용되지 않음을 알게 되었기 때문입니다.

그 이후로 스타트업 세상을 탐구하는 일에 완전히 빠져들었습니다. 제 주된 관심사는 '스타트업과 대기업은 조직문화 측면에서 무엇이 다르며 그 이유는 무엇인가?'였지만 구체적인 가설을 세울 수는 없었습니다. 스타트업 세계를 잘 몰랐기 때문입니다. 그 세상을 어느 정도 제가 감각할 수 있어야 계량적으로 검증할 가설을 세울 수 있는데 말이지요. 그래서 두 단계 접근을 취했습니다.

첫째 단계는 스타트업 세계를 이해하는 작업이었습니다. 캐슬린 그레고리 박사Kathleen L. Gregory의 연구를 많이 참고했습니다. 그녀는 1980년 초반에 실리콘밸리 문화를 탐구하러 갑니다.[252] 프로그래머, 엔지니어, 기술자, 마케터들이 실리콘밸리에서 어떻게 성장하고 경력을 쌓아나가는지를 연구하려 했습니다. 그래서 민족지학ethnography과 원주민 관점native–view paradigm으로 접근합니다. 연구 대상자들의 삶에 깊숙이 들어가 그들 문화에 참여하는 과정에서 지식을 축적하고 정리해내는 방식을 취합니다. 그 부족이 당연하다고 믿는 세상과 그 삶의 양식을 그대로 묘사하려 합니다. 영국의 문화 인류학자 말리노프스키Malinowski는 "현지 사람의 관점, 즉 삶과 그들의 관계를 그들의 입장에서 파악하고 그들의 세계관을 실감하도록" 해야 한다고 말한 것처럼 말입니다.[253] 저 역시도 철학자 미셸 퓌에슈Michel Puech가 무언가를 "설명한다는 것은 누군가를 그가 있는 곳까지 찾아가 어딘가 다른 곳으로 데려가는 일이다."라고 말한 바대로[254] 여러분을 스타트업 원주민이 사는 세상으로 데려가고자 합니다.

제가 만난 인원은 총 101명입니다. 사전에 인터뷰 대상자를 선정하는 방식이 아니라 그레고리 박사처럼 연구가 진행되는 과정에서 점진적으로 발굴해나가는 방식을 취했습니다. 원주민들, 즉 우리나라 스타트업 종사자들이 그 업계에서 어느 정도 대표성이 있다고 생각하는 사람을 추천해주는 방식으로 진행했습니다. 한 명당 2~3시간 정도 일대일 인터뷰를 진행했으며 그중에서 10명은 3회 또는 4회로 반복 인터뷰를 했습니다. 이들이 종사하고 있는 스타트업 회사는 인원 규모 10명에서 100여 명까지 다양했습니다. 교육, 소프트웨어, 마케팅, 소셜 미디어, 하드웨어, 물류, 금융 등 다양한 산업에서 종사하고 있었습니다.

이들을 만나서 탐구할 때 상당히 성긴 '반구조화 인터뷰semi-structured interview' 방식을 활용했습니다.[255] 사전에 기본적인 질문을 만들어놓고 그에 따라 인터뷰 대상자들에게 같은 질문을 하되, 그가 말하는 내용에 따라 다른 질문을 유연하게 던지는 방식입니다. 스타트업 대표나 실무자를 만나 면담할 때면 무엇보다도 먼저 인간적인 공감대를 형성했습니다. 제가 스타트업에 관심을 가지게 된 계기와 인터뷰를 통해서 얻고자 하는 내용 등을 충분히 설명했습니다. 어느 정도 인간적인 교류가 오가고 난 후에 본격적으로 인터뷰가 진행되었습니다. 대상자가 답변하기 쉬운 질문부터 까다로운 순으로 차근차근 단계를 밟아나갔습니다.

공통으로 던진 첫 질문은 그가 대표이거나 공동창업자라면 "어떤 계기로 창업을 하셨습니까?" 구성원이라면 "스타트업에서 종사하게 된 계기는 무엇입니까?"였습니다. 시간 순서에 따라 발생했던 사건 중심으로 묘사하도록 요청했습니다. 본인이 겪은 역사적인 일들은 답변하기 쉽기 때문입니다. 이를 통해 그들의 생각과 말문이 점차 트이도록 유도했습니다. "요즘 어떤 일을 주로 하고 계십니까? 요즘 고민하는 일은 무엇입니까?"라는 질문도 빼놓을 수 없습니다. 현재 가장 고민하는 일은 마음의 창을 읽는 중요한 단서 중의 하나이기 때문입니다. 또한 구성원과 관련된 이슈를 채용 – 배치 – 육성 – 평가 – 보상 – 퇴직이라는 일련의 순서에 따라 질문을 드렸습니다.

그리고 인터뷰 클라이맥스에서는 당연히 "조직문화 측면에서 고민 사항은 무엇입니까?"를 물었습니다. 조직문화 개념이 추상적이기 때문에 인터뷰 초반에 단도직입적으로 묻는 방식은 바람직하지 못합니다. 초반부터 말문이 막혀버리면 의미 있는 인터뷰가 진행되지 못하고 인터뷰어interviewer나 인터뷰이interviewee나 유쾌하지 못한 시간을 보낼 수 있기 때문입니다. 고민하는 일들을 하나하나 풀어나가고 구성원에 대한 생각을 토로하다가 보면 어느 순간 조직문화 차원의 고민을 이야기할 수 있게 됩니다.

그들의 이야기를 온전히 경청하면서 주목해야 할 이슈를 찾고 결정해야만 합니다. '지금 말하고 있는 것이 중요한 것인가, 아니면 스쳐 보내도 괜찮은 것인가?' '중요한 것으로 부각될 가능성이 있다면 어떤 질문을 던져야 효과적일까?' '그 이슈에 얼마나 많은 시간을 들여 파고들어 가야 할까? 지금 여기까지가 과연 끝일까?' 가슴은 온전히 그의 생각과 감정에 집중하면서 머리 한쪽에서는 지속해서 생각하고 고민해야 합니다. 정말로 진을 완전히 빼놓는 일입니다. 어느 하루는 세 명씩 세 시간 인터뷰하니 총 9시간이 지났습니다. 마지막 인터뷰를 마치고 일어서는데 머리가 핑하니 돌더군요. 현기증이 났습니다. 다리는 맥없이 떨렸습니다. 집에 돌아갈 힘조차 없어서 너무 힘들었지요. 인류학자 그랜트 매크래켄Grant McCracken은 그와 같은 작업을 이렇게 말합니다. "민족지학적 분석을 위한 잡역만큼 피로를 주는 일은 세상에 다시 없다."[256]

또한 스타트업 회사 다섯 곳은 지속해서 참여 관찰을 했습니다. 그들이 회의하는 모습을 지켜보고 일하는 방식을 관찰했습니다. 또한 제가 개입을 해 그들과 전체 워크숍을 여러 번 하기도 했습니다. 그럼으로써 그들의 일하는 방식, 협업하는 스타일, 소통하는 방식에 대한 함의를 얻을 수 있었습니다. 아울러 성격검사 도구도 활용했습니다. 제 전문성 중의 하나는 심리 진단 도구를 과학적으로 개발하고 검증하고 개선하는 일입니다. 검사마다 복잡한 그래프로 그 결과물이 표현되는데 그 패턴을 복합적으로 읽어서 사람을 해석하는 작업도 제 전문 영역입니다. 스타트업 종사자들을 심층적으로 이해하기 위해서 성격검사, 가치관검사, 경험진단 도구를 활용했습니다. 인터뷰하기 전에 검사 도구 참여를 안내하고 인터뷰하는 과정에서 함께 해석하는 시간을 가졌습니다. 이를 통해 스타트업 사람들이 세상을 보는 관점, 사고하는 스타일, 주변 자극에 반응하는 특성, 중시하는 가치관 등을 깊이 있게 이해할 수 있었습니다.

혹자는 '조직문화 진단'과 같은 도구를 활용하지 않고 왜 개인 성격을 진단하는 '성격검사 도구'를 사용했느냐고 비판할지 모르겠습니다. 학자들은 개인의 고유한 특성을 '성격'이라고 한다면 조직의 고유한 특성을 '문화'라고 표현할 수 있다고 말합니다.[257] 조직풍토 연구자인 벤저민 슈나이더는 조직의 고유한 문화를 탐구하는 측면에서 개개인의 성격검사 도구가 유용하게 사용될 수 있다고 주장했습니다.[258] 그는 조직은 성격이 유사한 사람들을 유인하고 채용하고 그에 맞지 않는 사람들을 점차 배제한다는 모델을 만들었습니다. 이 모델에 의하면, 구성원 전체의 성격검사 결과가 곧 그 조직문화를 보여주는 결과가 됩니다. 더구나 조직문화 진단은 구성원들이 솔직하게 응답하지 못하는 경향이 있지만 자기 성격을 진단하는 검사에는 진솔하게 응하는 장점이 있습니다.

첫 번째 단계는 스타트업 세상을 이해하는 차원이었습니다. 두 번째 단계는 비교 문화적 관점cross cultural perspective으로 대기업과 스타트업 차이를 모색하는 일이었습니다. 제가 진단했던 대기업의 조직문화 결과 자료를 다시 한 번 검토하는 작업이 필요했습니다. 제가 양쪽 세상에 두 발을 걸치고 각각이 무엇이 어떻게 다른지를 비교 분석했습니다.

• • •

이들의 기본 가정을 탐구해보자

이 책 1부에서 "나와 타인은 연결되어 있는가, 개별적인가?" "나는 다른 사람과 같은가? 다른가?"라는 질문이 한 나라의 문화를 규정하는 가장 기본적인 질문임을 살펴보았습니다. 이는 비단 한 나라뿐만 아니라 조직의 문화를 규정하는 근본 문제이기도 합니다.

나와 타인은 연결되어 있는가, 개별적인가?

우리나라는 서양보다 나와 부모, 형제자매, 친구, 직장 동료가 연결되어 있다고 가정하는 문화입니다. "우리가 남이가?"라는 말로 상징이 됩니다. 술자리에서 상사가 "우리가!"라고 부르짖으면 부하들은 "남이가!"라고 외치는 건배사가 있었듯이요. 이 말은 '부산 초원복집 사건'으로 더욱더 유명해졌습니다. 1991년 대통령 선거를 앞두고 민주자유당 후보인 김영삼이 불리해지자 김기춘 전 법무부 장관이 부산으로 내려와 주요 기관장들을 초원복집으로 초대합니다. 이들은 김영삼 후보를 유리한 고지에 올려놓기 위해 김대중 민주당 후보, 정주영 통일국민당 후보 등 야당 후보를 비방하고 그와 동시에 지역감정을 부추기자는 모의를 합니다. 이때 "우리가 남이가 (…중략…) 부산, 경남, 경북까지만 딱 단결하면 안 되는 일이 없다. (…중략…) 지역감정이 유치할지는 몰라도 고향 발전엔 도움이 돼."라는 말을 나누지요. 이를 계기로 "우리가 남이가."라는 표현이 더욱 유명해집니다. 우리나라 사람들이 가지고 있는 기본 가정을 가장 상징적으로 보여주는 말입니다.

직장 동료들에 대한 가정은 어떨까요? 한 나라 안에 있는 조직이라 하더라도 조직마다 그 가정의 강도가 다를 수 있습니다. 대기업과 스타트업은 나와 동료가 연결되어 있다고 믿을까요? 개별적이라고 간주할까요? 제가 관찰한 바에 의하면 스타트업이 대기업보다는 나와 동료가 서로 연결되어 있다고 가정하는 경향이 있었습니다. 세 가지 원인이 있습니다.

[작은 부족으로서 서로 뭉쳐야 살 수 있다]

첫째, 스타트업은 매우 작은 '부족tribe'입니다. 작게는 3~5명에서 조금 많으면 10~30명 규모가 대부분입니다. 험난한 세상에서 작은 부족이 생존하려면 서로 똘똘 뭉쳐야만 합니다. 어느 스타트업 대표는 2007년에 개봉한 영화 「300」의 주인공과 그 동료들을 예로 들었습니다. 스파르타 레오니다스 왕은 근위대 300명과 함께 페르시아 크세르크세스 1세가 이끄는 15만 대군을 맞이합니다. 스파르타와 그리스의 본대가 오기까지 그리스 북부 트레모필라이Thermophylai에서 페르시아군의 전진을 막아야만 했습니다. 3일 동안이나 페르시아의 파상 공세를 막아내고 장렬히 전사합니다. 스파르타군 300명처럼 스타트업은 운명공동체처럼 움직입니다.

제가 인터뷰한 어느 스타트업 대표는 이런 일화를 들려주었습니다. 이 회사는 공급자－소비자 간의 정보 비대칭성으로 인해 발생하는 비효율적 시장을 몇 년간 지속적으로 파고들었습니다. 시장을 투명하고 건전하게 바꾸어나가고 그 과정에서 역할을 찾아나가자는 목표 아래 40여 명이 한몸처럼 일하고 있습니다. 공급자－소비자 간의 거래 데이터가 상당히 쌓이자 특정 욕구를 가진 소비자에게 '타깃 마케팅'이 가능해지게 되었습니다. 그리고 제가 인터뷰하던 당시 타깃 마케팅을 본격적으로 추진하던 차였습니다.

그런데 추석 전날 대표는 한 공급업체 담당자로부터 간곡한 전화를 받습니다. 그 담당자의 말은 이랬습니다. "귀사의 애플리케이션을 사용하여 일하면서 저희가 참으로 편리했습니다. 그런데 저희 매출에 상당히 기여하고 있는 지역 사장님들이 모두 담합해서 저희에게 귀사와 거래를 끊으라는 압력을 넣고 있습니다. 귀사가 하려 하는 타깃 마케팅이 자기네들 돈줄을 뺏어간다고요. 정말 죄송한데 몇 개월만이라도 저희와 거래를 끊어주시면 고맙겠습니다. 미안합니다." 그와 같은 전화가 여러 업체로부터 오기 시작했습니다. 대표는 충격에 빠집니다. 이를 어찌해야 할까 하고요. 이 회사는 설립 초기부터 '투명한 정보 공유'를 기치로 내세웠기 때문에 통화 내용을 모든 구성원이 함께 듣기로 합니다. 바로 모든 구성원이 모였습니다. 녹취록을 틀었습니다. 서로 얼굴을 보면서 심각한 표정을 짓습니다. 그 대표는 이렇게 말했습니다.

"추석 휴일 내내 거의 모든 구성원이 회사에 나와 일했습니다. 누가 시키지도 않았는데 기획자, 마케터, IOS 개발자, 안드로이드 개발자 모두가 자발적으로 나왔습니다. 대표로서 고마웠고 한편으로는 미안했습니다. 사실 저는 그날이 추석 연휴 전날인지도 몰랐습니다. 워낙 정신이 없었거든요. 만일 알았다면……. 글쎄요, 바로 공개하기를 망설였을 것 같습니다. 모든 구성원이 한마음으로 속도를 내준 덕분에 저희가 기획한 서비스를 훨씬 일정을 앞당겨 출시할 수 있었고 위기를 잘넘어갈 수 있었습니다."

[업무적으로 긴밀하게 연결되어 있다고 느낀다]

둘째, 스타트업 종사자는 그들 간에 업무적으로 긴밀하게 연결되어 있음을 강하게 자각하게 만드는 환경에 있습니다. 대기업을 생각해보시지요. 적게는 수백 명 많게는 몇만 명이 일하는 사회입니다. 본부마다 현재 당면 과제는 무엇이고 앞으로 어떻게 하려 하는지 제대로 알기 어렵습니다. 심지어 한 본부 내에 있는 여러 팀조차도 서로 유기적으로 맞물려 돌아가기 어렵습니다. 구성원 개개인은 어떨까요? 본인 소임을 충실히 하고 그 결과물을 다음 사람에게만 잘 넘기면 된다는 태도로 일하는 경우가 적지는 않습니다. 마치 거대한 컨베이어 벨트에서 사무를 보는 것처럼 말입니다.

스타트업은 규모가 작으므로 그가 일하는 생태계 전체를 한눈에 관조할 수 있습니다. 기획자, UI·UX 디자이너, IOS 개발자, 안드로이드 개발자, 마케터, 그로스해커 등이 동일한 목표를 향해 서로 분업합니다. 협의도 없이 자의적으로 변경한 사안이 어떻게 다른 사람의 일에 파급되는지 몸으로 느낄 수 있습니다. 한 사람의 실수가 어떻게 조직 전체로 다가오는지를 종종 보기도 합니다. 이로 인해 서로가 유기적으로 연결된 존재라 여기는 경향이 더 큽니다.

[경쟁보다는 협력을 추구한다]

셋째, 구성원 간 상호 경쟁보다는 협력을 추구합니다. 예전에 어느 손해보험사 문화를 관찰했을 때 기억이 납니다. 상품기획부문, 개인영업부문, 법인영업부문, 장기보험보상부문, 자동차보험보상부문, 자산운용부문 등의 임원을 직접 만나 인터뷰를 했습니다. 그들 각자 "보험의 꽃은 우리 부문이다."라고 말해 인상 깊었습니다. 부문마다 사일로 효과silos effect, 즉 다른 부문과 담을 쌓은 것처럼 서로 교류하지 않고 자기 부문만의 효율을 꾀하거나 이익을 추구하는 경향이 나타났습니다.

스타트업 종사자는 자신을 '1인 1부서'라 비유하기도 합니다. 대기업은 부서 한 명에 적게는 십여 명 많게는 수십 명이 모여서 일하지만 스타트업은 그럴 여력이 없습니다. 하나의 부서를 한 명이 온전히 A부터 Z까지 모두 수행해야 합니다. 한 명이 그 분야 알파와 오메가입니다. 기능적으로 경쟁할 대상이 없을 뿐더러 어느 한 사람이 협력보다 경쟁을 앞세우는 순간 동료로부터 배척당합니다.

지금까지 살펴본 세 가지 이유로 스타트업 종사자는 '나와 타인(동료)는 서로 연결되어 있다'고 생각하는 경향이 있습니다. 이는 곧 집단주의collectivism로 승화됩니다. 자신을 그 집단의 일원으로 여기며 집단 구성원 간에 결속을 보다 강조하고 집단에 애착을 갖는 가치관이 두드러집니다.[259]

저와 비슷한 결론을 내린 한 인류학자가 있습니다. 케빈 시믈러Kevin Simler는[260] 구성원 수가 10~100명인 중소 규모 조직은 원시 부족과 유사하다고 주장합니다. 인류학자가 부족을 탐구하듯이 그도 신생 스타트업을 인류학 방법론을 사용해 연구합니다. 그는 스타트업들이 종종 추진하는 의식과 의례를 분석하고 이렇게 결론을 내립니다. 스타트업은 구성원 상호 간에 연대를 강화하는 집단주의가 두드러진다고요.

애플도 초창기에 그러했습니다. 킴 카메론Kim Cameron과 로버트 퀸Robert Quinn은 애플의 문화 변천사를 약 20년간 추적해 제시합니다.[261] 애플 이사회가 스티브 잡스를 축출하고 존 스컬리John Scully가 지휘봉을 잡았을 때는 관료주의, 무사안일주의, 의사결정 지체 등으로 악명이 높았습니다. 우리 식으로 표현하면 소위 '대기업병'에 찌든 셈입니다. 하지만 그 초기 시절에는 그 모습이 사뭇 달랐습니다. 1980~1984년의 초창기 애플에는 두드러진 문화 축이 두 가지가 있었습니다. 하나는 혁신과 다른 하나는 구성원 상호 간 신뢰, 협력, 그리고 '우리는 하나'라는 정신이었습니다. 구성원들은 애플 로고가 박힌 옷을 즐겨 입었고 그들 스스로 원해서 자신의 자동차 범퍼에 애

플 로고를 붙이곤 했지요. 또한 그들은 스스로 '애플 가족Apple family'
이라고 부르기를 좋아했습니다.[262]

나와 타인은 서로 같은가, 다른가?

스타트업은 상대적으로 평등한 문화를 지향하는 것으로 알려져 있
습니다. 2013년 미래창조과학부의 주도로 네이버와 카카오 등 인터
넷 기업, 이동 통신사, 투자 기관이 참여해 설립한 '스타트업 얼라이
언스'가 있습니다. 우리나라 스타트업 생태계의 건설적인 발전을 위
한 조직입니다. 이들은 최근 여러 서베이를 실시하여 우리나라 스타
트업 현황을 파악하는 노력을 하고 있습니다. 2018년에 그들이 펴낸
『스타트업 트렌드 리포트 2018』에서는 창업자 114명, 스타트업 재
직자 250명, 대기업 재직자 500명을 대상으로 조사한 결과를 보여
줍니다.[263] 그중 '회사 문화가 어느 정도로 수평적인가?'라는 질문에
응답한 결과가 포함되어 있습니다.

이를 보면, 대기업 재직자는 상당히 낮지만 스타트업에 종사하는

소속 회사의 문화가 얼마나 수평적인가에 대한 응답 점수

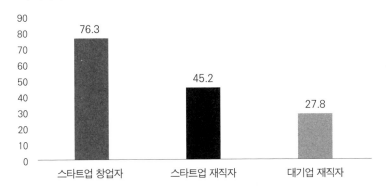

창업자나 구성원은 월등히 높게 응답했습니다. 이처럼 스타트업이 상대적으로 평등한 문화를 보이는 이유는 무엇일까요? 마커스와 키타야마의 근본적인 질문에 더해 트리앤디스가 제시한 질문을 고려해보겠습니다. '나와 타인은 서로 같은가, 다른가?'에 대한 가정은 상대적으로 평등한 관계를 형성하느냐, 위계적인 분위기를 만드느냐를 좌우합니다. 몇 가지 포인트를 짚어가면서 스타트업과 대기업을 비교해서 생각해보겠습니다.

[너도나도 가진 게 없다]

스타트업은 대표나 구성원이나 가진 자원이 별로 없습니다. 2016년 한국 스타트업 생태계 포럼에서 발표한 백서에 따르면 우리나라 스타트업은 평균 세 명 이하의 인원이 모여서 3,100여만 원의 초기 자본금을 가지고 창업을 시도하는 것으로 나타났습니다.[264] 1인당 1,000만 원 정도를 각출하여 돈을 모으고 회사를 만드는 것이지요. 너도나도 가진 게 없습니다. 초기 창업자나 후에 합류한 구성원 간에 차이가 없습니다. 출발선이 비슷합니다. 가진 거라고는 상대적으로 젊은 육체, 열정, 그리고 도전 정신입니다. 마치 2AM의 「이 노래」 가사에서 '줄 수 있는 게 이 노래밖에 없다. 가진 거라곤 이 목소리밖에 없다.'라고 말하듯.

초창기에는 대표나 공동창업자나 구성원이나 헝그리 정신으로 삽니다. 어느 스타트업 대표는 이렇게 묘사합니다.

"서울로 상경했던 2012년 당시 준비한 아이템도 팀원도 없었습니다. 통장에는 딸랑 500만 원 있었고 집은 친구의 자취방에 얹혀 살면서 시작했습니다. 이런 미친 짓을 할 수 있었던 이유는 한 10년 도전하면 결국 뭔가는 만들어낼 수 있겠다는 각오였습니다. 얼마 지나지 않아 네 명의 동료를 만났습니다. 각자 갹출한 돈으로 아파트를 빌려 합숙을 했지요. 남자 다섯 명이 모여 살면서 밥도 지어 먹고 밤에는 단체로 오와 열을 맞춰 조깅도 하고요."

한번 상상해보세요. 남자 다섯 명이 밥을 같이 해 먹으면서 새벽에 단체로 오열을 맞춰서 조깅하는 장면을요. 너와 내가 다를 바가 없습니다. 2018년 기준 이 회사는 30여 명으로 규모가 커졌는데도 상당히 평등한 문화를 가지고 있습니다.

제가 대표와 구성원을 인터뷰한 스타트업 회사가 있습니다. 그해에 자금 조달에 어려움을 몇 번 겪었는데 대표는 이렇게 회상합니다.

"올해 4월에 가장 힘들었던 것 같습니다. 과연 우리가 사업을 계속할 수 있을까 싶었지요. 저는 돈을 많이 벌기보다는 이 일을 정말 하고 싶고 이 일이 즐거워서 시작했거든요. 궁지에 몰렸을 때 구성원들에게 저도 모르게 여러 번 이렇게 얘기했습니다. '다음 달이 우리의 마지막이 될지도 모릅니다.'라고요. 대표로서 의연한 모습을 보여야 했는데 저도 참 많이 힘들었던 거지요."

그 회사의 한 구성원은 이렇게 말합니다.

"업무적으로나 개인적으로나 올해 가장 기뻤던 일을 꼽으면 얼마 전에 우리 회사가 투자를 받아낸 일이었어요. 다음달 월급이나 받을 수 있을까 하는 걱정도 들었지만, 월급 걱정하는 대표의 모습을 보면서 그가 얼마나 힘들지 구성원들도 모두 느끼고 있었거든요. 투자를 받게 되자 우리가 마침내 해냈다는 생각이 들었죠. 어떻게든 버티면 되는구나 하고요."

대표나 구성원이나 가진 것이 없어서 같은 희로애락을 겪습니다.

돈이 없을 때는 모두가 힘들고 조바심 나고 투자를 받으면 함께 기뻐합니다.

대기업은 어떻습니까. 한정된 자원을 효율적으로 사용하기는 마찬가지입니다만, 스타트업보다는 자원이 상대적으로 많습니다. 모든 구성원이 이심전심으로 돈을 고민하는 경우가 극히 드뭅니다. 그나마 있다면 예산 문제지요. 부서 간에 차년도 예산을 타내기 위해 경쟁하는 일이 종종 발생합니다. 내년도 업무 계획을 가능한 부풀려서 그에 따른 지출 비용을 산정하고 올해보다 더 높게 예산안을 냅니다. 전략 기획팀이나 예산팀에서 이를 검토하여 삭감하곤 하지만 말입니다.

또한 구성원 모두가 월급 밀릴 걱정을 별로 하지 않습니다. 회사가 약속한 날에 월급이 따박따박 정확히 나옵니다. 더구나 대표, 임원, 팀장, 구성원 각자 월급이 차등적으로 책정되어 있지요. 조직 내의 위계 위치에 따라 맡은 역할에 따라 임금을 차별화하는 정도를 '수직적 임금 분산vertical pay dispersion'이라고 하는데[265] 대기업은 그 정도가 스타트업보다 큽니다. 대기업 구성원 중에서 어떤 이는 이렇게 말하기도 합니다. 일은 열심히 하지 않고 주식에 정신이 팔린 리더를 보면서 "그만큼 월급을 처받으면서 왜 저렇게 일을 안 하는지 몰라." 일을 정말 열심히 하는 리더를 보면 "그 월급을 받으니 저렇게 열심히 일할 만하지." 하고요. 월급의 크기가 때로는 사회적 지위의 척도로 활용되기도 합니다. 1억 연봉자는 우리나라 소득 상위 몇 %에 해당한다는 기사들이 종종 나옵니다. 대기업에서는 지위에 따라 월급을 책정했지만 그 월급이 그들 간의 지위를 구분하는 상징이기도 합니다.

[이 시장에서 너도나도 초보자!]

스타트업 창업자는 본인 전문 영역에서 회사를 꾸리는 경우도 많지만, 전문성이 없는 산업에 뛰어드는 일도 적지 않습니다. 미국의 대표적인 스타트업인 에어비앤비 창업 이야기를 살펴보시지요. 창업자인 브라이언 체스키Brian Chesky와 조 게비아Joe Gebbia는 샌프란시스코로 이주합니다. 실리콘밸리 인근 지역이라 집 임대료가 엄청났습니다. 그 비용을 감당하기 위해 거실에 공기 매트리스를 놓고 빌려주는 아이디어를 생각해냅니다. 간단한 아침 식사도 함께 제공하면서요. 초기에 이들의 목표는 몇 달러라도 벌어서 식대를 충당하는 일이었습니다. 이들은 수요가 점차 늘어나자 기존의 포화시장인 호텔업, 부동산업에서 새로운 기회를 노릴 수 있겠다는 생각이 들었습니다. 그리하여 최고기술책임자를 영입하고 '공기 침대와 아침 식사AirBed & Breakfast'라는 이름으로 회사를 설립합니다. 이들의 전문적인 영역이 아님에도 불구하고 숙소 임대업 창업을 시도했던 것입니다.

제가 인터뷰했던 우리나라 스타트업 대표는 이렇게 말합니다. "창업 아이템을 들고 퇴사를 하지 않았습니다. 퇴사하고 창업을 하자는 목표를 세우고 그리고 회사를 나와 어떤 시장에 들어가면 좋을지를 연구했지요. 처음에는 비효율적인 시장이 무엇인지를 다 나열해봤어요. 몇 개가 꼽히더라고요. 그런데 그 당시 제가 비효율적인 시장에서 한 서비스를 이용하면서 짜증이 난 일이 있었는데 그곳을 노려보자는 생각이 들었습니다."

물론 본인의 전문성과 간접적으로 관련이 있는 서비스로 창업한 대표도 있었습니다. "저는 음악을 정말 사랑합니다. 제가 직접 작사 작곡한 곡도 있고 음반도 냈지요. 제가 창업을 할 때는 그냥 음악과 관련된 일을 해보면 좋겠다 싶었어요. 회사를 나와 공동창업자와 함께 서너 달 동안 개발자 한 명도 없이 어떤 서비스를 만들면 좋을까 고민했습니다. 그러다 동영상과 결합한 애플리케이션을 만들면 좋겠다 싶어서 영상 스트리밍을 개발할 수 있는 사람들을 찾아나섰습니다."

창업자나 후에 합류한 구성원이나 그 시장에서 경험이 없는 경우가 적지 않습니다. 전문성의 힘이 발휘되지 못합니다. 어느 대표는 상징적으로 이렇게 말합니다. "저나 구성원이나 처음 가보는 길입니다. 답이 없는 경우가 정말 많습니다. 제 의견이라고 해서 맞고 구성원 의견이라고 해서 틀리고 이런 구분이 있을 수가 없습니다. 때로는 제가 맞을 때도 있고 이제 막 들어온 구성원이 맞을 때도 있습니다. 그래서 서로 머리를 맞대야 합니다." 이처럼 너도나도 이 산업에서 초보자라는 가정을 갖는 경우가 많습니다.

반면 대기업은 어떻습니까. 대기업에서 종사하는 밀레니얼 세대가 싫어하는 말 중에 "왕년에 내가 해봤는데 말이야.""이거 해봤는데 ~ 해서 잘 안 되는데."가 있습니다. 그 분야에서 오랜 경력을 자랑하는 왕고참이 젊고 참신한 아이디어를 가진 구성원의 의견을 업력으로 찍어 누르는 전형적인 말입니다. 산업수명주기industry life cycle로[267] 보면 대기업은 대부분 성장기 – 성숙기 – 쇠퇴기에 포진해 있습니다. 해당 산업과 시장에서 적어도 5년에서 10년 이상 종사한 사람들이 많습니다. 경험의 차이, 전문성의 차이가 존재합니다. 존 프렌치John French와 버트람 레이븐Bertram Raven의 사회적 권력 이론 의하면 특정 분야의 전문성은 권력의 원천입니다expert power.[268] 전문성의 편중이 권력의 편중을 만들어낼 수 있습니다.

대기업에서도 조직문화가 폐쇄적인 곳이 바로 연구개발부서 또는 연구소입니다. 제가 관찰한 어느 연구소는 대표, 임원, 팀장이 해당 분야에서 적어도 20~30년의 업력을 자랑했습니다. 20년 전에 어떤 물질을 수입했고 그 특성이 뭐였고 그게 그 당시 시장에서 왜 먹히지 않았는지를 모두 꿰차고 있었습니다. 그 업계에서 사용하는 과거-현재의 모든 원재료와 기술을 알다 보니 구성원들이 허투루 준비해서는 그 어떤 새로운 일을 시도하기 어렵습니다.

구성원이 가장 힘들어했던 리더는 이런 스타일로 반응했습니다. "그걸 왜 하니? 내가 해봤는데 그거 안 된다니까. 그딴 거 고민할 시간에 새로운 것 좀 가져와봐. 요즘 애들은 새로운 연구 안 하고 옛날 것만 우려먹으려 해서 큰일이야. 사골곰탕 끓이는 것도 아니고 말이야!" 그나마 상대적으로 좋은 평판을 가진 리더는 이렇게 반응했습니다. "고민을 많이 했나봐. 좋은 의견이긴 한데. 지금으로부터 15년 전 내가 다른 회사 과장 시절에 깊이 있게 연구해봤어. 그런데 우리나라 맥락에서는 활용하기가 만만치 않아. 시도를 해보려다가 접었지."

[이 회사에서 너도나도 초짜!]

대기업에는 '터줏대감'이 적지 않습니다. 그 조직에서 가장 오래된 사람을 일컫지요. 그 조직의 역사, 전설, 그리고 구성원 간에 얽힌 비화를 가장 많이 알고 있습니다. 또한 각각의 업무가 어떻게 발전하고 진화해서 오늘에 이르렀는지를 잘 알고 있습니다. 그래서 새로 합류한 구성원이 "그 일을 왜 그렇게 해야 하는지 이해가 잘 안 됩니다. 그런 방식이 아니라 이렇게 하면 더 효율적인 것 같은데요."라고 말하면 그 터줏대감은 이렇게 설명합니다. "그게 전전 대표이사님이 강조하신 바가 있었거든요. 그걸 위해서 다른 부서가 특정 일을 중점적으로 하게 되었는데요. 그러자면 우리 부서는 그에 맞춰줘야만 했어요. 그게 관행이 되어서 지금까지 이르렀습니다. 우리 입장에서 보자면 지금 말한 대로 하는 게 가장 효율적이지만 그 부서 입장에서는 일하기 어려워지는 겁니다. 전체최적화를 생각해야만 해요."

한 조직에서 오래 근무한 사람들은 "이 조직이 발전하도록 나는 많은 기여를 해왔다. 우리 조직이 이만큼 성장한 배경에는 내 땀도 스며 들어가 있다.'라고 생각을 하는 경향이 있습니다. 그럴 만도 합니다. 그 직장은 그에게 월급을 주고, 가정을 꾸리게 하고, 사회인으로서 어엿한 역할을 할 수 있도록 기회를 준 장소이기도 합니다만, 그 조직에서 오래 근무한 구성원의 처지에서 생각해보세요. 그의 청춘과 기력을 모두 받친 곳입니다. 새로 합류한 구성원보다 더 목소리 지분이 커질 수밖에 없습니다.

스타트업은 어떠한가요? 우리나라 스타트업 연혁이 평균 2~5년이 대부분입니다. 대기업과 비교하면 업력이 매우 짧습니다. 터줏대감이라 할 사람이 없습니다. 물론 일부 창업자가 '이 세계는 내가 만들었어.'라며 개인적으로 쏟아부은 노력과 시간을 과하게 강조할지 모릅니다. 하지만 그가 그런 태도를 보이면 성공하기 어렵습니다. 유능한 인재를 유인하는 데 적지 않은 어려움을 겪기 때문입니다. '세상에 없는 새로운 가치를 함께 만들어나가자.'라고 설득해도 부족할 판이니 말입니다.

지금까지 우리는 대기업과 스타트업의 조직문화 바탕을 이루는 기본 가정을 살펴보았습니다. 하나는 '나와 타인은 연결되어 있는가?

독립적인가?' 다른 하나는 '나와 타인은 서로 같은가, 다른가?'였습니다. 지금까지 살펴본 바에 의하면 대기업과 스타트업 기본 가정 간에 상당한 차이가 있습니다.[269] 최근 대기업이 스타트업의 조직문화를 배우고 적용하겠다고 나서고 있습니다. 과연 대기업이 스타트업처럼 조직문화가 바뀔 수 있을까요? 스타트업의 표면적인 현상을 그대로 복사-붙이기로 하기보다는 그 문화를 형성하는 기본 가정을 먼저 점검해볼 필요가 있습니다. 그리고 인공물 수준에서 복제하기보다 그 밑단에 있는 기본 가정이 어떻게 형성되어 있는지, 그에 대한 변화를 가할 수만 있다면 어떻게 해야 하는지를 고민해야 합니다.

• • •

대기업과 스타트업의 세계관

어느 스타트업 대표와 성격검사 결과를 함께 해석하던 날 스타트업과 대기업의 세계관, 특히 인과율law of causality이 다를 수 있다는 가설을 갖게 되었습니다.

제가 성격 전문가로서 피드백할 때 두 가지 원칙이 있습니다. 첫 번째 원칙은 '마음을 다해 경청한다'입니다. 성격검사 결과 그래프만으로도 그의 성격이 어떠한지를 묘사할 수 있습니다. 그런데 이는 그 성격을 피상적으로만 해석하는 행위입니다. 한 개인을 깊이 이해하려면 최소한 두 가지를 들어야만 합니다. 하나는 성장 과정입니다.[270] 그가 어떤 가정환경에서 자라왔는지, 부모로부터 어떤 기대를 받고 자랐는지, 부모가 중점적으로 훈육했던 점은 무엇인지, 성장하는 과정에서 겪었던 주요 경험들은 무엇인지, 가장 즐거웠던 적은 언제인지, 트라우마로 남은 기억은 무엇인지를 충분히 들어야만 그의 성격을 심층적으로 이해할 수 있습니다. 취직, 이직, 결혼, 이혼 등 중요한 의사결정에 직면했을 때 그의 성격과 가치관이 어떻게 작용했는지를 해석할 수 있습니다. 다른 하나는 현재 그가 처한 조직·환경에 대해 본인 스스로 어떻게 생각하는지를 들어야 합니다. 개인의 태도와 행동은 맥락에 지배를 받기 때문에 그가 가진 기질이 억압되기도 하고 강하게 드러나기도 합니다.[271] 이 두 가지를 마음을 다해 경청해야 그의 특성을 입체적으로 그려낼 수 있습니다.

두 번째 원칙은 '함께 해석한다'입니다. '성격검사를 해석해보니 당신은 이러이러한 사람이다.'라고 일방적으로 정의하려는 방식은 지양합니다. 피드백 대상자가 '당신이 나를 얼마나 안다고?' 하면서 반감을 품을 수 있기 때문입니다. 전문가로서 알려주려 하지 않고 그 스스로 본인의 기질과 성격을 해석하도록 돕습니다. 마치 거울을 보면서 얼굴을 점검하듯이 말입니다. 함께 해석하는 방식이 그의 발전을 위해 더 효과적입니다.

대표를 인터뷰할 때 성격검사 결과를 피드백하는 세션을 가졌습니다. 앞서 밝힌 제 원칙대로 그의 성장 배경과 현재 그가 처한 상황을 충분히 들었습니다. 그리고 성격검사 결과를 함께 해석하는 세션으로 들어갔습니다. 그런데 제 눈길을 사로잡는 결과가 한 가지 있었습니다. 저와 동료들이 함께 만든 성격검사에는 '통제 소재'가 포함되어 있습니다. 이는 줄리언 로터Julian Rotter가 정립한 개념으로 자신과 타인의 행동 그리고 사건의 결과에 대한 원인을 지각하는 특성을 의미합니다.[272] 자신의 행동 결과나 성공이 자신의 노력 여하에 달려 있다고 믿는 성향을 내적통제라고 하고 우연이나 운 또는 타인에 달

려 있다고 믿는 성향을 외적통제라고 합니다.[273]

성격검사를 만들던 초기에는 통제 소재를 전혀 고려하지 않았습니다. 하지만 성격검사를 개발하고 3년간 다양한 리더의 특성을 검토하면서 설명되지 않는 무언가가 있었습니다. 어떤 리더들은 상황이 받쳐주질 않아서 자기가 일을 못하고 있다고 불평하는가 하면 어떤 리더들은 그 상황을 어떻게든 타개하려고 적극적으로 노력합니다. 어떤 리더들은 일이 실패하면 남 탓 혹은 상황 탓을 하는가 하면 어떤 리더들은 일이 실패하면 본인을 탓했습니다. 그 차이가 무엇일까 고심하다가 성격검사를 업그레이드하면서 통제 소재를 포함했습니다.

제가 인터뷰한 스타트업에 종사하는 사람들은 대부분 내부통제는 낮지만 외부통제는 상당히 높았습니다. 즉 자신의 성공이 본인의 능력보다도 운, 시기, 그리고 타인에게 달렸다고 믿고 있었습니다. 스타트업 대표든, 구성원이든 그 대부분이 그러했습니다. 이는 비단 제가 실시한 성격검사 결과에만 드러난 특성은 아닙니다. 스타트업을 조명하는 여러 콘퍼런스나 미디어에서 '시운'을 언급하는 경우가 적지 않습니다. 예를 들어 마이리얼트립 이동건 대표는 "사업을 하다 보면 분명 운의 영역이 존재하는 것 같습니다. 특히 저에게 사업 초반에 그 운이 좋게 작용했다고 봐요."라고 회고합니다.[274] '정주영 창업 경진대회'에서 연사로 나선 봉봉의 김종화 대표는 창업하고 성공하는 데 가장 중요한 것은 '운'이라고 자기 생각을 밝혔습니다.[275] 소프트웨어 개발과 공학 분야에서 활동하는 굿닥 신현묵 최고기술책임자는 "사업 성공의 비밀은 '운'이 좋아야 한다. 시대적인 배경이건, 주변 인맥의 힘이건, 전쟁이건, 태어난 나라의 혜택이건…… 일단

'운'이 필요하다."라고 말합니다.[276]

우리나라뿐만 아니라 바다 건너 일본에서도 그와 같은 믿음이 존재합니다. 스타트업 컨설턴트인 우마다 타카아키는 "모든 게 갖춰졌다 해도 한 가지 요소가 부족하면 성공하기 어렵다. 바로 '운'이다."라고 말하고 있습니다.[277] 미국은 어떨까요? 구글에서 'startup' 'luck'이라는 단어를 함께 검색하면 수많은 페이지가 검색됩니다. 그중에 한 기사를 골라볼까요? 애퍼처Appature라는 스타트업을 만들고 대기업에 팔아 넘긴 카비르 샤하니Kabir Shahani는 "창업가로서 당신은 운에 의지해야 합니다. 솔직히 말해 기업가가 되는 것은 95%의 행운에 달려 있습니다. 4%는 언제 그것을 인정하느냐에 좌우되고 나머지 1%는 열심히 일하는 것에 달려 있습니다."라고 말하지요.[278]

우리나라 스타트업 종사자 100명과 대기업 종사자 100명의 검사 결과를 살펴보시지요. 대기업 종사자의 성격 결과는 수천 건에 가깝습니다. 반면 스타트업 종사자의 경우 현재까지 제가 얻은 데이터는 100건에 불과하기에 양쪽 집단의 개수를 맞추기 위해 대기업 종사자 수천 건의 표본에서 1,000회 무작위 추출 방식으로random sampling 100명의 평균을 산출했습니다. 스타트업과 비슷한 연령대로 맞추어서 말이죠. 그런데 100명이라는 숫자는 스타트업 및 대기업 모집단을 대표하기에는 상당한 무리가 있습니다. 하지만 앞서 살펴본 바와 같이 한국, 일본, 미국 등의 '스타트업과 시운'을 주제로 한 미디어 기사가 많다는 점을 고려해주시길 바랍니다. '스타트업 종사자들은 성공에는 시운이 중요하다고 믿는다'는 주장을 뒷받침하는 결정적인 근거는 아니더라도 보조 자료로 봐주시길 바랍니다.

왜 스타트업 대표나 재직자는 외부통제, 즉 성공이 본인의 노력 여

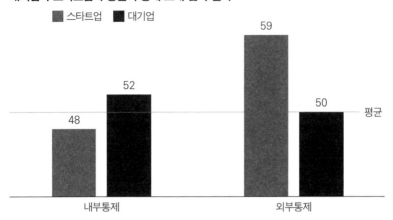

대기업과 스타트업 구성원의 통제 소재 검사 결과

■ 스타트업 ■ 대기업

하에 달려 있다기보다는 운과 시기에 달려 있다고 믿을까요? 내부자들은 어떻게 추론하는지 연이어 들어보겠습니다.

> "주변에서 정말 그런 얘기를 많이 들었어요. 스타트업 대표들끼리 함께하는 모임이 있거든요. 그냥 저희끼리 모여서 어려운 일, 힘든 일 나누면서 서로 조언하는 그런 모임. 그런 자리에서도 시운이 따라줘야 우리 업에서 성공할 수 있다는 얘기를 많이 합니다."-A사 대표

> "개발할 때는 최선을 다해서 코딩해요. 에러가 나지 않도록 말입니다. 앱이 신뢰성 있게 작동하는 게 가장 중요해요. 하지만 우리 앱이 성공할 것이냐, 사용자들이 폭발적으로 늘어날 수 있을 것이냐는…… 음…… 하늘에 맡겨야죠."-B사 IOS 개발자

> "저는 그런 사례 정말 많이 봤어요. 어떤 애플리케이션이나 서

비스는 정말 기가 막히게 잘 만들었다 싶었는데 어느새 소리소문 없이 사라져버리죠. 반면 어떤 앱이나 서비스는 정말 허접한데 사회적으로 갑자기 좋은 분위기를 타고 빵 터지죠. 그런 일들을 직접 보다 보니 운이 상당히 작용한다고 믿습니다."-C사 대표

"제가 대학생 시절인 2000년 중반에 첫 창업을 했어요. 대학생을 대상으로 하는 서비스였습니다. 그 당시는 스마트폰이 나오기 전이었고 모바일 시대가 아니었지요. 문제는 학기 초까지만 해도 트래픽이 폭증하다가 학기가 시작하고 2~3주만 지나면 툭 떨어져버렸습니다. 대학생을 대상으로 타깃 마케팅을 하고자 했는데 학기 중에는 트래픽이 대폭 감소해버리니 방법이 없었습니다. 결국 폐업했어요. 그런데 그다음 해부터 스마트폰 세상이 시작되었지요. 좀 더 버텨볼 걸 하는 후회가 들었어요. 스타트업은 시운이 맞아야 한다는 것을 깨달았습니다."-D사 대표

물론 대기업 회장님도 '모든 비즈니스는 운이 좋아야 한다'고 생각합니다.[279] 하지만 스타트업 세상은 그 정도가 더 강한 듯합니다. 저는 그 이유가 세 가지라고 생각합니다.

하나는 인맥의 차이입니다. 대기업은 인지도가 좋습니다. 그래서 사람들이 모여듭니다. 구성원 수도 많아서 한두 다리 건너면 외부 주요 인사에 줄을 댈 수 있기도 합니다. 반면 스타트업은 인지도도 없고 구성원도 적습니다. 구성원들 상당수가 20~30대 젊은 청년들이라 사회적인 인맥이 약합니다. 이를 만회해보고자 피칭pitching, 즉 투자자들 앞에서 사업 설명하러 다니기도 하고 어떻게 해서든 벤처캐

피털리스트와 연을 만들어보려 합니다. 창업 아이템을 구현하기 위해 열심히 노력하는 와중에 어디에선가 '귀인貴人'이 우연히 나타나기를 기다려야 합니다. 운이 더 많이 필요합니다.

포트폴리오 차이도 있습니다. 대기업은 성공을 수차례 경험하고 여러 포트폴리오를 만들어가면서 지금 모습을 갖추게 되었습니다. 새로 기획하는 사업이 잘 안 된다 하더라도 기업이 망하지는 않습니다. 반면 스타트업은 하나의 제품이나 서비스로 승부를 겁니다. 세련되게 다듬어지지 않은 날것의 사업 아이템을 가지고 말입니다. 만일 그게 시장에서 외면을 받으면 일을 접어야 합니다. 스타트업은 전부를 걸어야 합니다. 가정을 꾸린 스타트업 종사자에게는 가족의 명운까지 달린 문제입니다. 대형 유람선과 카약의 차이라고나 할까요? 대형 유람선은 파도가 아무리 강해도 크게 휘청이지 않습니다. 반면 카약은 작은 변동에도 민감합니다. 그날따라 물이 거세면 얼마 지나지 않아 전복되고 말지요. 날씨 좋은 날에는 의도한 목적지까지 갈 수도 있고 말입니다.

대기업과 스타트업 구성원은 성공을 향해 달리는 운동장이 다릅니다. 흔히 '대기업은 시스템으로 돌아간다'고 합니다.[280] 체계가 견고히 짜인 판에서는 개인의 성공이 그의 노력 여하에 달려 있습니다. 자기 업무에 책임을 다하고 조금 새로운 시도를 하고 작은 가치 하나를 더하려고 노력하면 조직 내에서 성공할 가능성이 커집니다. 그 조직의 성장 단계를 따라 점차 고위직으로 전진할 수 있지요. 물론 위로 올라갈수록 그의 능력과 노력 이외에 여러 변수가 작용하긴 합니다만.

반면 스타트업은 작은 조직입니다. 그 안에서 경력 단계를 차곡차곡 밟아 나가서 위로 승진하는 일은 아주 먼 이야기입니다. 스타트업 대표에게나 구성원에게 성공이란 그들의 서비스를 시장에 안착시키고 투자를 받는 일입니다.

• • •

대기업과 스타트업의 사고관

어느 날 후배로부터 연락을 받았습니다. 사촌이 스타트업을 하는데 공동창업자와 갈등이 심하다고 어떻게 하면 좋겠냐는 고민이었습니다. 중학교 때부터 항상 붙어 다닌 절친이라 사업을 하더라도 의기투합할 줄 알았다고 합니다. 그런데 사업 초기부터 삐걱거리더니 지금은 사이가 안 좋다고 합니다. 두 사람의 성격검사를 비교해보니 사적으로는 엄청 친할 수밖에 없으면서도 업무적으로는 서로 싸울 수밖에 없었습니다. 그들 모두 친화력이 좋고 상대방 처지에서 헤아리는 공감성도 발달해 있는데다 여러 성격 패턴이 사뭇 비슷했습니다. 앞서 말한 바대로 심리학에는 '유사성 유인 이론similarity attraction theory'이 있습니다. 인간은 자기와 성격이나 기호가 비슷한 사람에게 더 끌린다는 이론입니다. 그들의 성격은 그 이론의 전형에 가까웠습니다. 여러 특성이 판박이처럼 비슷하기에 서로 끌렸고 중학교 이후로 10여 년간 죽마고우처럼 지냈습니다.

그런데 업무적으로는 갈등을 겪을 가능성이 있었습니다. 조직에서 다양한 리더를 관찰하면서 흔하게 접할 수 있었던 갈등 유형이었습니다. 바로 사고하는 스타일의 차이였습니다. 후배의 사촌은 상당히 논리적이고 체계적으로 사고하는 성향인데다[281] 인지욕구need for cognition,[282] 즉 무언가를 그 밑단까지 파고들어 가서 온전히 파악하고자 하는 욕구가 강했습니다. 반면 공동창업자는 본인 직감을 신뢰하고 직관적으로 판단하는 스타일이었습니다.[283] 경영을 극히 단순하게 표현하면 계획Plan-실행Do-점검See이라 할 수 있습니다. 경영의 출발은 계획, 즉 생각하고 아이디어를 내는 일에서 시작합니다. 계획 단계부터 서로 사고하는 스타일의 차이로 갈등을 겪는 경우를 많이 볼 수 있었습니다.

복잡한 현상을 이해하기 쉽도록 '논리형'-'직관형'으로 유형화해서 살펴보겠습니다. 물론 유형론은 무리가 따릅니다. 수많은 리더를 칼로 잘라 두 가지 유형으로만 고찰하는 행위이니 말입니다. 이는 전형적인 환원주의reductionism입니다. 복잡한 현상에서 굵직한 몇 개 특징을 뽑아서 축소해서 설명합니다. 누구나 빠르게 이해하고 흡수할 수 있도록 돕습니다. 그 분야를 처음 접하는 사람에게는 정말 유용하지요. 하지만 조심할 필요가 있습니다. 사람은 0과 1로 딱딱 떨어지는 디지털 세상이 아니기 때문입니다. 유형으로 설명하기 어려운 회색지대가 널려 있기 때문입니다. 그런데도 논리형과 직관형의 구분은 대기업-스타트업의 차이를 개괄적으로 탐험하는 데 유용합니다. 무리한 설명이 따르더라도 널리 살펴서 이해해주시길 바랍니다.

제가 관찰한 바에 의하면 대기업에서는 논리형이 두드러지지만 스타트업은 직관형이 두드러지게 나타났습니다. 다음 그래프를 보면, 대기업 샘플에서는 논리적 사고가(53점) 두드러진 반면에 직관적 사고는(47점) 상대적으로 낮습니다. 스타트업 샘플에서는 직관적 사고가 두드러진 반면(54점)에 논리적 사고(44점)은 상당히 낮습니다.

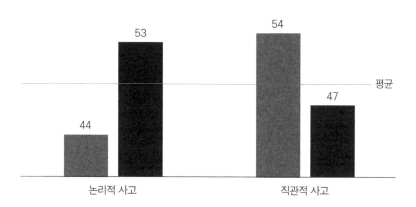

대기업과 스타트업 구성원의 사고 스타일

■ 스타트업 ■ 대기업

논리적 사고: 스타트업 44, 대기업 53
직관적 사고: 스타트업 54, 대기업 47
평균

논리와 분석을 사랑하는 논리형 사람들

논리형은 일할 때 항상 '왜?'를 생각합니다. '그 일을 왜 해야지?' '그걸 하면 좋아지는 게 뭐지?' '그게 진정한 원인이 맞는 건가?' 하고 말입니다. 생각하는 과정에서 객관적인 데이터, 근거, 수치를 참고해 이성적으로 분석하기를 즐겨합니다. 일을 단계적으로 풀어서 사전에 계획을 세우고 체계적인 절차에 따라 추진하기를 좋아합니다. 보통 이런 사고 유형은 치밀하고 꼼꼼하기까지 합니다. 논리적인 빈틈과 왜곡을 싫어하기 때문에 완벽을 추구하는 경향이 있습니다.

어느 CEO는 논리형 리더였습니다. 이 분은 일을 잘하는 사람을 네 가지 특성으로 꼽았습니다. 새로운 아이디어를 내고 누구나 이해할 수 있도록 논리적으로 딴딴하게 풀어서 보고서를 만들고 상사 – 동료 – 부하를 설득하여 동참시키고 실행에 매진하는 사람이 최고의 인재라고 강조하곤 했습니다. 부서별 연말 사업계획을 보다가 항상 던지는 질문은 "무슨 이유지?" "그렇게 판단한 근거는 뭔가?"였습니다. 사업계획 발표를 듣다가 데이터가 이상하면 바로 발표를 멈추게 하고 물었습니다. "저 데이터 출처는 어딘가? 믿을 수 있는 거야?" 파워포인트 장표와 장표 사이에 논리적 괴리가 발생하면 또 바로 멈추게 했습니다. "논리적으로 왜 갑자기 훅 건너뛰지? 나는 지금 이 페이지를 이해할 수가 없네. 뭐, 이렇게 논리적인 비약이 심한가." 그처럼 데이터가 맞지 않거나 논리적으로 틀어져 있는 경우를 몇 번 겪으면 쓴소리를 하곤 했습니다. 그러면서 본인이 평소 강조하던 일 잘하는 사람 네 가지 특징을 다시 강조하곤 했습니다.

제가 관찰한 어느 고위 리더도 상당한 논리형이었습니다. 그가 어떤 문제를 설명하면 마치 미장이가 벽돌을 차곡차곡 빈틈없이 쌓아 올리듯이 그 현상과 원인이 무엇인지 머릿속에 쏙쏙 들어오는 기분이 듭니다. 그는 무슨 일이든 논리적이고 합리적으로 풀어내는 방식을 중시했습니다. "우리도 앞으로 이런 걸 해보면 좋을 것 같아요."라고 부하가 말하면 "새로운 시도를 해보는 건 좋지. 그런데 그걸 왜 해야 하지? 그 논리는 뭐야?"라고 묻곤 했습니다.

대기업에서 임원이 된 리더 대부분은 논리형입니다. 몇 가지 근거를 살펴보겠습니다. 『매경이코노미』기자 3인은 2006년에 대기업 임원의 자질을 조사합니다. 당시 잘 나가는 임원 25명을 인터뷰하고 임원 200명에게 설문을 합니다. 대기업 임원이 되기 위해서는 어떤 능력과 자질이 필요하냐고요. 이를 통해 10가지 자질을 도출하는데 그중의 하나가 논리성과 설득력 있는 언변이었습니다. 기자 3인은 임원들 경력을 보면 유달리 기획실, 전략실, 회장실 등의 출신이 많다는 점을 지적하면서 "전략·기획 분야에서 전문가로 성장한 사람이 임원이 될 확률이 높은 이유는 그들이 논리적이고 설득력이 있기 때문"이라고 결론을 내렸습니다.

근거를 더 살펴보시지요. 미국 미네소타 주립대학교 옆에는 PDIPersonnel Decisions International라는 인재평가 컨설팅 회사가 있었습니다. 미네소타는 미국에서도 춥기로 유명한 곳입니다. 척박하여 쉽사리 우울해지는 환경 탓인지 미네소타 주립대학교는 심리학으로 유명합니다. 널리 사용되는 심리 검사 도구인 미네소타 다면적 인성검사MMPI, Minnesota Multiphasic Personality Inventory도 미네소타 주립대학교 심리학자들이 개발했습니다. 지역적 영향 탓인지 PDI는 인재평가 분야에서 세계적인 명성을 갖고 있었습니다. 지금은 콘 페리Korn Ferry라는 임원 헤드헌팅 회사에 인수되어 역사의 뒤안길로 사라지긴 했습니다만 PDI는 글로벌 성격검사Global Personality Inventory라는 도구를 2000년에 개발했습니다.[285] 학문적으로 검증받고 실무적으로도 널리 사용됐습니다. 우리나라는 2000년 중반부터 2010년 초반까지 여러 기업에서 사용했습니다. 미국이나 영국 등 다른 나라 임원들 대비 우리나라 임원의 차별적인 성격 특성을 비교해볼 수 있기에 유용했습니다.

그들이 내부적으로 작성한 분석 리포트를 접할 수 있었습니다. 그 자료에 의하면 우리나라 대기업 임원의 두드러진 특성은 이렇습니다.

- 논리적이고 분석적임logical and analytical
- 체계적인 계획을 수립하기를 선호함well-planned approach to work
- 디테일에 집중함detail-oriented
- 정확함과 완벽성을 추구함ensuring accuracy

저 또한 이 도구를 오래 사용해왔습니다. 우리나라 대기업 임원 1,000여 명의 데이터를 오랫동안 분석해보았습니다. 제가 분석한 결과도 PDI에서 내부적으로 분석한 결과와 같았습니다.

직관과 영감을 사랑하는 직관형 사람들

직관형은 자기 경험에 우러나온 직감을 믿습니다. 논리적으로 설명하기보다는 '촉이 온다.' '필feel이 온다.' '느낌 아니까'와 같은 표현을 사용합니다. 외부에서 신기한 물건을 보거나 새로운 기술과 트렌드를 보면 쉽사리 매혹됩니다. 곧바로 우리 조직에 적용해보고 싶어 합니다. 그래서 이들은 "어제 콘퍼런스에 가보니 이런 게 있던데 정말 신기했어요. 우리 조직에서도 해보면 좋을 것 같아요."라고 말하는 경우가 잦습니다.

정주영 회장은 대표적인 직관형입니다. 그 사고 패턴이 극명하게 드러나는 일화인 '정주영 공법'을 살펴보겠습니다. 1979년에 박정희 정권은 굴곡이 많은 서해안 바다를 메워서 국토로 만들겠다는 계획을 세웁니다.[286] 정부에서 시행해야 마땅하지만, 민간 기업이 효율적으로 수행할 수 있을 거라 믿고 프로젝트 발주를 냅니다. 하지만 수지타산이 맞지 않아 그 어떤 기업도 나서지 못합니다. 이때 나선 사람이 정주영 회장입니다. 서해안 바다를 메워서 옥토로 만들려면 일단 방조제를 쌓고 물을 빼내야 합니다. 그래야 바닷물에 가려진 육지가 드러나겠지요. 그래서 현대그룹은 방조제를 쌓는 물막이 공사를 시작합니다. 그 길이가 6,400여 미터 정도 되었는데 양쪽에서 쌓아오다가 270미터 정도 남은 지점에서 큰 어려움을 겪습니다. 바닷물이 초속 8미터로 흘렀기 때문입니다. 이는 시속 29킬로미터와 같습니다. 물에서 자맥질하지 않고 가만히 부유하고만 있어도 서울 이쪽에서 저쪽까지 1시간 만에 이동하는 속도와 맞먹습니다. 양재에서 도봉산까지, 김포공항 옆 마곡동에서 상일동까지 말입니다. 트럭이 쉴 새 없이 돌을 나르고 집채만한 바위를 가져다넣어도 모두 떠내려가고 말았습니다. 공사 전문가들이 정주영 회장에게 "최신 장비들을 다 써도 소용이 없습니다." "학계에 문의해보고 해외 건설사에 컨설팅도 해봤는데 속수무책입니다."라고 하소연하기에 이르렀습니다.[287]

정주영 회장은 경부고속도로 공사 등 수많은 건설 경험을 반추하면서 지혜를 짜냅니다. 그는 이렇게 회고합니다. "그러다가 어느 순간 번쩍하고 떠오르는 생각이 있었다. 폐유조선을 끌어다 가라앉혀 물줄기를 막아놓은 뒤 바윗덩어리들을 투하시키면 될 것 같았다."[288] 당시 현대는 23만 톤급에 332미터 길이의 스웨덴 유조선을 30억 원에 사서 보유하고 있었습니다. 모두 해체해서 고철로 팔고자 했습니다. 그 배를 가져다가 막아보자는 아이디어였지요. 그러자 부하들과 전문가들이 반대합니다. "회장님, 그게 가능한지 아직 검증된 바가 없습니다." 하고요. 그러자 정주영 회장은 이렇게 강조합니다. "이론도 중요하지만, 학교에서 배운 이론만 따라하면 공사를 할 수 없다." 하고요. 아무런 논리도 근거도 없는 아이디어였지만 시행 결과는 성공적이었습니다. 그 공법으로 계획 공기 45개월을 36개월로 단축했고[289] 공사비 290억 원을 절감했다고 합니다.[290]

이를 통해 엿볼 수 있듯이 정주영 회장은 논리적으로 설명할 수는 없지만 '이거 하면 되겠다'는 촉이 발달한 인물입니다. 이런 분들은 행동이 빠릅니다. 느낌이 와서 바로 덤벼서 추진해보고 그게 맞다 싶으면 더욱 집중하고, 아니다 싶으면 빠르게 빠지고 다른 방법을 시도합니다. 몸으로 시행착오를 겪고 그 지혜가 육신에 축적되는 스타일입니다. 그의 트레이드마크라 알려진 "이봐, 해봤어?"[291]라는 말이 대표적입니다. '이건 이래서 안 되고 저건 저래서 안 된다'고 주저하는 부하들을 질책하는 의미로 자주 사용했던 표현입니다.

스티브 잡스는 전략적이고 명확하게 사고하는 인물이기도 하지만 대표적인 직관형이기도 합니다.[292] 그는 평소에도 직관의 힘을 강조했는데 2005년 스탠퍼드 대학교 졸업식에서도 이렇게 말합니다. "가장 중요한 것은 당신의 마음과 직관을 따라가는 용기를 갖는 것입니다."[293]

애플에서 축출당했던 스티브 잡스는 1997년에 복귀합니다. 그는 그 당시 굉장히 복잡했던 애플의 제품 라인을 단순하게 축소시킵니다. 그리고 그해 말에 야심 차게 아이맥 G3iMac G3를 출시합니다. 개인 컴퓨터 역사상 유례없는 제품이었는데 본체 내부가 보이도록 만들었습니다. 평론가들은 미래 지향적인 디자인이라 극찬했습니다. 초기 버전은 한 가지 색상인 '본디 블루Bondi Blue'로만 출시했는데 시장 반응이 좋아 다섯 가지 색상을 추가하기로 했습니다. 단순히 색상만 달리하는 일이라 쉬워 보이는 결정 같아 보이지만 실상은 다릅니다. 케이스가 다섯 개로 늘어나면 물류 체계가 달라져야 하고 컴퓨터 판매 소매점에서는 재고 단위가 다섯 배 늘어나는 상황이었습니다.

애플의 수석 디자이너인 조너선 아이브Jonathan Ive는 다른 회사였다면 수개월 걸렸을 일을 불과 하루이틀 만에 직관적으로 판단하고 결정한 스티브 잡스가 정말 대단했다고 회고합니다.[294] 애플 디자인실에서는 케이스 색상을 다양하게 시제품으로 만들어놓았습니다. 그리고 잡스를 스튜디오로 초대했지요. 그는 들어서자마자 "오, 이럴 수가!" 감탄하면서 형형색색의 아이맥을 둘러보기 시작합니다. 그는 하나씩 뜯어보기 시작했습니다. 그러다가 노란색 케이스로 된 아이맥을 집어들고는 스튜디오 한구석에 가져다놓습니다. 그리고는 디자이너들에게 얼굴을 돌리면서 "이 모델은 오줌처럼 보이는군. 노란색은 안 되겠어." 하더랍니다. 몇 가지 색상을 고른 후에 "다 마음에 드는데 소녀를 위한 색상이 빠진 것 같아. 핑크색 계열은 어떨까? 언제쯤 볼 수 있을까?"라고 지적했습니다. 조나단 아이브는 열흘 만에 핑크 계열의 다섯 가지 시안을 들고 갑니다. 그러자 잡스는 바로 그 자리에서 결정해버립니다. 핑크색 계열 중에서 딸기색을 추가해서 출시하자고요. 아이브는 이렇게 회고합니다. "스티브가 결정을 내리기까지 걸린 시간은 딱 30분이었습니다." 그토록 중요한 문제를 직관적으로 결정하는 잡스에게 감탄을 금치 않았습니다.

제가 스타트업 세상을 탐구하면서 만난 이들의 상당수가 직관형 스타일을 가지고 있었습니다.

왜 이런 차이가 나는 것일까?

대기업에서 논리형이 많은 이유는 무엇일까요? 그들이 뛰노는 운동장을 보면 이해가 갑니다. 첫째, 대기업은 층층시하로 의사결정을 받는 구조입니다. 2~3년 차 젊은 사원이 새로운 일을 추진하려 하면 상위, 차상위 리더를 설득할 수 있어야 합니다. 그들로부터 예상치 못한 질문을 받거나 허점을 파고드는 질문을 받는다고 하더라도 즉각적으로 데이터나 근거를 대면서 확고한 논리로 방어할 수 있어야 합니다. 그런 사원을 대기업에서는 "저 친구 일 진짜 잘한다."라고 평가합니다. 그 조직의 핵심인재로 자라날 싹이 있다고 간주합니다.

리더급은 논리적으로 공격받는 일을 가장 두려워합니다. 대기업을 그만두고 배달 세차 서비스 업체 와이퍼Yper를 창업한 문현구 대표는 이렇게 설명합니다. "대기업은 끊임없이 '돈 돼?'를 묻습니다. 그에 대한 논거 제시를 위해서 정량적 근거를 만들어내야 하죠. 그리고 내 위로 여러 라인을 뚫고 올라가기 위한 논리 싸움을 하면서 결재선을 탑니다."[295] 리더가 논리 싸움에서 지면 업무를 진척하기 어렵습니다. 성과도 나지 않을 뿐더러 본인 이미지에 치명타를 입습니다. 일을 풀어내지 못하는 리더라고요. 구성원들로부터 다소 원망 섞인 눈총을 받을 때도 있습니다.

어느 리더는 CEO에게 중요한 보고를 할 때면 완벽한 논리를 만들고자 매번 이렇게 일했습니다. 실무자들과 함께 보고서 줄거리를 잡습니다. 며칠간 실무자들이 집중해서 보고서를 작성해오면 마치 다른 사람으로 빙의한 마냥 논리적으로 비판하기 시작합니다. "이게 말이 돼? 여기는 왜 이렇게 논리가 빈약하지? 여기는 논리가 서울에서 부산만큼 떨어져 있구먼." 그러고는 보고서를 다시 써오라고 합니다. 그 리더가 비판한 내용을 보완해서 보고서를 써가면 또다시 비판합니다. 쳇바퀴 돌 듯 그러기를 수차례. 이번에는 그 리더가 "더는 안 되겠어. 스토리를 철저히 원점에서 다시 생각해봐. 지금까지 작성한 버전은 모두 다 잊어버리고." 이런 뺑뺑이를 30여 차례 겪고 나서야 보고서 최종 버전을 만들어가기 시작합니다. 그동안 여러 사람으로 빙의해가면서 누군가가 비집고 들어올 논리적 허점을 전후좌우로 모두 살펴보는 거지요. 본인이 논리적으로 무장이 다 되었다 싶으면 그때야 최종 버전을 작성하는 방식입니다.

둘째, 투자 규모가 상당히 크기 때문에 논리형을 보다 더 선호합니다. 대기업은 예산 단위가 몇백만 원인 작은 일도 있지만 수천억에서 수조에 이르는 일도 있습니다. SK 하이닉스는 2018년 하반기에 반도체 M16 공장을 착공했습니다.[296] 공사비를 포함해서 총 15조 원이 투하되는 프로젝트입니다. 이처럼 엄청난 규모의 일을 추진하기 위해서는 돌다리도 두들겨 건너는 자세가 필요합니다. 여러 데이터를 활용하고 분석해 앞으로 세계 경제가 어떻게 흘러갈지, 디지털 산업이 얼마나 확장 발전할 수 있는지, 그 와중에 발생할 반도체 수요는 어느 정도일지를 추정해야 합니다. 당연히 논리적이고 분석적으로 접근할 수밖에 없겠지요. 스티브 잡스처럼 직관적으로 30분 만에 결정할 사안이 아닙니다. 설령 그럴 수 있다 하더라도 조직의 정점에 있는 사람이나 가능한 일입니다.

반면 스타트업에서는 직관형이 많습니다. 앙트레프레너entrepreneur, 즉 모험을 즐기는 사업가가 스타트업 산업에 상대적으로 많이 포진해 있기 때문입니다. 앙트레프레너의 두드러진 특성 중의 하나는 직감gut feeling, 직관intuition입니다. 그들은 중요한 의사결정에 직면했을 때 본인의 경험에 우러나온 본능적인 직관을 신뢰한다고 밝힙니다.[297] 1970년대 스타트업을 시작해서 거대한 부를 이룬 빌 게이츠Bill Gates도 본인의 직관을 존중한다고 밝혔고[298] 스티브 잡스도 "직관은 매우 강력한 힘을 가진 것으로 내 생각에는 지성보다 더 강력합니다. 그것은 내 일에 큰 영향을 미쳐왔습니다."라고 말했습니다.[299]

학문 연구도 이를 뒷받침합니다. 영국 리즈 대학교의 크리스토퍼 앨리슨Christopher Allinson과 존 헤이스John Hayes는 앙트레프레너들이 일반 관리자들과 비교해서 직관이 강한지를 검증해보았습니다.[300] 이들은 논리 – 분석적 사고, 직관 – 직감적 사고를 측정하는 도구인 '인지 스타일 지수Cognitive Style Index'를 만든 학자들로 유명합니다.[301] 이 측정 도구를 활용해 스코틀랜드 지역에서 활동하는 앙트레프레너 156명, 건설산업에 종사하는 관리자 64명, 맥주 회사에 근무하는 관리자 225명, 그리고 경영대학 MBA에 파트타임으로 다니는 관리자 257명을 비교했습니다. 그 결과 앙트레프레너들이 통계적으로 유의하게 직감 – 직관이 가장 높게 나타났습니다.

또한 돌다리도 두들겨가며 건너는 대기업에 적응하지 못한 인재들이 스타트업 세상으로 유입된 탓도 있습니다. 대기업에 다니다가 그 문화가 신물 난다며 스타트업을 차린 어느 대표를 만날 수 있었습니다. 그는 이렇게 말합니다.

"제 생각에는 그냥 하면 되는 일이 많거든요. 그런데 어떻게든 논리를 만들고 보고서를 쓰고 층층이 설득을 하는 게 너무 불합리하다고 느꼈습니다. 제가 가장 못 하는 일이기도 하거든요. 이렇게 조직에서 평생 지내기보다는 차라리 창업하자 싶었습니다. 빠르게 움직이는 역동적인 산업에서 일해보자고요. 그래서 창업을 하게 되었습니다."

둘째, 산업 특성 차이도 있습니다. 스타트업의 과반수가 모바일 인터넷 산업에 종사하며[302] 애플 앱스토어나 구글 안드로이드에 애플리케이션을 등록합니다. 입소문을 타고 사용자가 점차 늘기 시작합니다. 다운로드 횟수가 시장 반응의 바로미터입니다. 주기적으로 앱을 변경하거나 새로운 기능을 추가합니다. 제가 만난 어느 스타트업의 최고기술책임자는 자기네 애플리케이션을 2주일에 한 번씩 업데이트를 한다고 합니다. 그러면 기존 사용자들로부터 반응이 비교적 빠르게 온다고 합니다. 이런 환경에서는 직관형이 더 유효할 수 있습니다. 촉이 와서 아이디어를 빠르게 적용하고 시장의 반응을 신속하게 테스트해봅니다. 사용자로부터 반응이 없으면 다른 방법을 찾아서 빠르게 시도해보고 반응이 좋으면 더욱 발전시켜 나갑니다.

반면 대기업은 B2B business to business인 경우도 많고 거대한 장치 산업인 경우도 많습니다. 고객의 반응을 직접 접하지 못하는 때도 있고 피드백이 오기까지 한참 걸리는 때도 있습니다. 에너지 산업에 종사하는 어느 팀장은 제게 이렇게 말합니다.

"우리 회사는 환율에 민감하게 반응하지만 고객의 반응은 없습니다. 더구나 거대 장치 산업이라 무언가를 빠르게 만들고 대응하고 보완하는 비즈니스가 아닙니다. 직관적으로 판단하기에는 상당한 무리가 따릅니다."

논리형 vs 직관형 중 더 나은 스타일이 있을까?

조직이 성장하면서 어느 한 부류의 스타일로 치우치게 되는 일은 바람직하지 않다고 믿습니다. 다양성을 연구하는 학자들은 성별, 인종, 학력, 전공뿐만 아니라 외부환경에 반응하고 인지하고 생각하는 스타일이 다양한 인재가 모일수록 창의성이 향상되고 성과가 좋다는 결과를 지속해서 관찰했습니다.[303]

다만 다음과 같은 특수한 상황만을 제외하고 말입니다. 어느 날 스타트업 대표 일곱 명이 사적으로 모이는 자리에 초대를 받았습니다. 어느 대표가 공동창업자와 스타일이 맞지 않는 문제를 꺼냈습니다. 그냥 지르면 될 일인데 공동창업자는 사사건건 태클을 건다고요. 공동창업자가 근거와 데이터를 따지다 보니 속도가 너무 느려진다고 답답해하더군요. 전형적인 논리형 – 직관형 사고관의 충돌이었습니다.

공동창업자 간에 사고관이 유사하면 좋을까요? 다르면 좋을까요? 학문적으로는 두 가지 관점이 있습니다.[304] 하나는 '유사성 부합 관점supplementary fit'입니다 공동창업자들이 서로 유사한 특성이 있으면 합이 잘 맞고 강한 소속감을 느껴서 일을 빠르게 진척할 수 있다는 주장입니다. 다른 하나는 '보완성 부합 관점complementary fit'입니다. 한 사람의 부족한 점을 다른 사람이 보완하면 기능적으로 더 좋다는 관점입니다.

저는 보완성 부합 관점에 근거하여 말을 꺼냈습니다. 스타트업처럼 작은 조직은 기능적으로 불완전한데 공동창업자가 사고하는 스타일이 달라야 서로 보완하면서 대업을 이룰 수 있지 않겠냐는 주장을 폈습니다. 저는 우리나라 연구자들이 2017년에 수행한 연구결과를 기억하고 있었기에 그에 기반을 두어 주장을 편 것이었습니다. 서울대학교 심리학과 이재윤, 오수진, 김명언은 '누구와 창업할 것인가?'라는 주제로 보완성 부합 관점에서 가설을 만들어 연구했습니다. 이들은 창업한 지 6년 내의 스타트업에 종사하는 19명의 재직자를 대상으로 인터뷰를 합니다. 이 중에 14명은 창업자 또는 경영진이었습니다. 연구자들은 인터뷰 결과를 토대로 성격이 서로 다를수록 좋다는 결론을 내립니다.

그런데 제가 참여한 사적인 모임에서는 그 연구결과와는 다른 이야기가 나왔습니다. 한 대표는 이렇게 말합니다.

"서로 다르면 보완을 한다…… 지나치게 이상적인 생각 같아요. 무언가를 만들기도 전에 서로 티격태격하기 시작하면 답이 없어요.

제로 투 원zero to one, 즉 무無에서 유有를 만들기 전까지만이라도 서로 사고하는 스타일, 일하는 방식이 비슷한 게 더 효과적인 것 같아요. 특히 빠르게 판단하고 결정하는 스타일이 더 좋은 것 같아요."

그러자 다른 대표는 이렇게 말합니다.

"저도 그 말에 동감합니다. 제로 투 원까지는 공동창업자들이 사고하는 스타일이 비슷해야 한다고 생각합니다. 빠른 시간 안에 시장의 반응을 봐야 하거든요. 제품이나 서비스를 어느 정도 구체화한 다음 궤도에 올라가면 그때 즈음에는 서로 다른 사람들이 모여서 일하는 게 좋겠지요. 다양성이 창의성이라고 하니까. 하지만 스타트업의 초기 단계에는 서로 유사하면 좋다고 생각합니다."

창업을 연구하는 배운철 대표도 비슷한 견해를 피력합니다. 그는 창업 전문지에 기고한 글에서 스타트업 초기 팀을 '일사분란형'과 '심사숙고형'으로 구분합니다. 전자는 힘을 한데 모아서 어려운 일을 이겨내고 빠르게 의사결정해 신속하게 실행하는 장점이 있지만 후자는 다양한 가능성을 검토해 잘못된 의사결정을 최소화하는 장점이 있다고 정리합니다. 그러면서 스타트업 초기에는 빠르게 의사결정하고 실행하는 스타일이 더 나을 수 있다고 주장했습니다. 이는 창업한 지 6년 차 스타트업 조직을 대상으로 탐구한 서울대 연구팀과는 사뭇 다른 주장이라 창업 초창기에 공동창업자가 모두 직관형이면 좋을지, 아니면 직관형과 논리형이 조합되는 형태가 좋을지는 앞으로 심층 연구가 필요합니다.

아무튼 스타트업 초기 상황만 제외하고 사고 스타일이 한쪽으로 편중되는 현상은 바람직하지 않다고 믿습니다. 제가 대기업에서 리더를 진단하고 문화를 고찰하는 일을 오래 수행하면서 논리를 과하게 따지고 챙기는 현상을 보아왔습니다. 어느 대기업 CEO는 부하 임원에게 코칭 프로그램에 참여하도록 했습니다. 그 사유가 '신속하게 움직여서 성과는 잘 내는데 그가 내는 아이디어마다 다소 순진한 경향이 있다. 논리적이고 전략적인 사고 함양이 필요하다'였습니다. 그는 전형적인 직관형 스타일로 본능적인 감각을 바탕으로 판단하는 사람이었습니다. 과하게 논리적인 문화에서는 직관형이 다른 게 아니라 틀린 게 됩니다. 조직은 점차 그를 밀어냅니다.

대기업, 왜냐고 묻지 않을 용기

스타트업 조직문화를 탐구하는 동안 제 마음 한쪽에서 '왜냐고 묻지 않을 용기'라는 문장이 떠올랐습니다. 대기업에도 일을 더 잘하고 싶은 의욕을 가진 구성원들이 상당합니다. 새로운 가치를 만들어보고 싶은 욕구도 있습니다. 요즘 대기업 신입사원들을 보세요. 그 처음부터 '적당주의', 즉 월급 적당히 받아가면서 일도 적당히 잘리지 않을 정도로만 해야겠다고 마음을 먹는 신입사원이 있던가요. 오히려 하나라도 더 배우겠다는 열의로 눈망울을 초롱초롱 빛냅니다. 그가 어느 정도 업무가 손에 익을 무렵 새로운 시도를 해볼라치면 어떻게 될까요?

대기업 시스템을 움직이는 소프트웨어

대기업의 거대한 시스템을 움직이는 소프트웨어는 두 가지입니다. 위에서 아래로는 '지시'이고 아래에서 위로는 '논리'로 움직입니다.

구성원이 새로운 일을 추진해보려 하면 아래에서 위로 층층이 서 있는 리더를 설득해야 합니다. 설득이 안 되면 일을 진척시킬 수 없습니다. 관리자는 이런 질문부터 합니다. "그걸 왜 해야 하지? 그 논리는 뭐지? 윗분들을 설득할 수 있게 탄탄하게 보고서를 좀 만들어봐." 일을 벌이고 추진하는 데 힘을 쏟아붓기보다는 논리를 세우는 일에 힘을 모두 소진합니다.

대기업 조직의 운영 소프트웨어

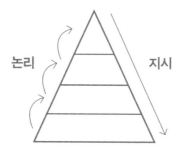

위를 설득하는 과정에서 이런 일도 벌어집니다. 장기적으로는 조직에 기여하는 일이지만 당장에 효과가 나지 않을 듯 보이거나 최고경영층에 구체적 성과로 보여줄 수 없는 일은 그냥 묻혀버리곤 합니다. 씨앗을 뿌리기도 전에 그 씨앗을 말려 죽이는 일을 흔히 마주치곤 합니다.

어느 대기업에서는 '바이킹Viking 인재'를 뽑겠다고 시도를 한 적이 있습니다. '넘치는 끼와 열정을 바탕으로 기득권을 포기하면서까지 새로운 도전을 즐기는 인재'라 정의하고 위험을 감수하면서 새로운 경험을 즐기고 적극적으로 도전하는 사람을 신입사원으로 선발했습니다. 원래 '바이킹'은 8세기 말에서 11세기 중반에 게르만 일족인 노르드인들을 지칭합니다. 오늘날 스웨덴과 덴마크에 살던 인종인데 그 당시 중세 온난기Medieval Warm Period의 영향으로 기후가 따뜻해지면서 스칸디나비아반도 인구가 대폭 증가합니다. 인구는 비약적으로 증가했지만 땅은 한정되어 있어 노르드인들인 식량과 땅을 찾아 나섭니다. 그리고 유럽 전역을 향한 약탈을 시작했습니다.

바이킹은 상징적으로도 논리형이 아니라 직관형입니다. 그들이 탐험에 나설 때 논리적으로 따졌다면 몇 발자국 떼지도 못했을 겁니다. 그 당시 유럽은 지구가 둥글지 않고 사각형 모양의 평평한 판으로 되어 있다고 믿었습니다. 조금이라도 멀리 나가면 떨어져 죽는다고 생각했습니다. 바이킹이 신봉했던 북유럽 신화조차 지구가 미드가르드Midgard라는 평평한 땅으로 이루어져 있다고 믿었습니다.[306] 그들은 평평한 땅끝에서 떨어져 죽을 각오로 직접 몸으로 부딪쳐서 전진하기를 선택했습니다.

대기업에서 뽑은 바이킹 인재들은 어찌 되었을까요? 벤저민 슈나이더의 유인-선택-배제ASA 모델을 한 번 생각해보겠습니다. 이 모델은 그 기본적인 작동원리가 유사성 유인 이론입니다. 사람은 자신과 성격과 기호가 비슷한 사람에게 끌립니다. 그런 사람들을 조직으로 유인하고 선발합니다. 맞지 않는 사람은 점차 배척합니다.[307] 이 모델에 의하면 바이킹 인재가 어찌 일하고 있을지 굳이 조사하지 않아도 미루어 짐작할 수 있지 않을까요?

원래 논리는 동양이 선호하는 사고관이 아니었다

우리나라 대기업이 체계적이고 논리적인 사람을 선호하게 된 계기가 있을까요? 동서양의 사고관을 오랫동안 연구한 미시간 대학교 심리학과 리처드 니스벳Richard Nisbett에 의하면 원래 논리적인 사고방식은 동양의 전통적인 사고관이 아니었습니다.[308]

서양은 자연과 환경을 인간의 지성으로 충분히 이해할 수 있다고 가정했습니다. 인간이 자연을 지배하고 통제할 수 있다고 믿었습니다. 서양인은 인간계와 자연계로 구분하고 자연계의 모든 사물을 세세하게 범주를 나누었습니다. 전체 맥락에서 한 범주를 떼어내서 깊게 파고들어 가서 분석하면 그 범주에 내재해 있는 원칙, 규칙, 원리를 알아낼 수 있다고 생각했습니다. 니스벳은 서양의 사고관을 다음과 같이 집약합니다.

(1) 사물의 세부적인 속성 자체에 주의를 기울인다.
(2) 그 속성에 근거하여 범주를 만든다.
(3) 그 범주들을 사용하여 논리적인 규칙을 만든다.
(4) 사물들의 움직임 간의 관계를 논리적인 규칙으로 설명한다.

서양인들은 이 사고관에 근거해서 관념적으로나 물리적으로나 자연계를 파악하고 장악해왔습니다. 그래서 영국의 철학자 버트란드 러셀Bertrand Russell은 '논리로 인간의 모든 문제를 해결할 수 있다'고 보았습니다.

동양적 사고관은 어떨까요? 우리 일상을 지배해온 철학이나 종교를 살펴보면 그 주된 사고를 알 수 있습니다. 유교, 도교, 불교는 인간계와 자연계를 구분하지 않았습니다. 동양에서는 인간이 자연의 일부였습니다. 그 모든 사물이 조화를 이루고 있기에 범주화할 수 없다고 보았습니다. 동양인은 굉장히 복잡한 세상이라 인간의 이지로는 이해하기 어렵다고 보았습니다. 문제를 해결하기 위해 세부적으로 나누고 형식을 만드는 일은 거의 사용하지 않았습니다. 그래서 동양 사상가들은 극단적인 논리주의를 배격했습니다. 예를 들어 중국 철학자 류수센은 "중국인은 지나치게 이성적으로만 사고하는 것을 거부한다."라고 했고 문예 비평가 린위탕은 "중국 문화에서 교양인이란 건전한 상식, 중용의 도, 그리고 절제를 겸비한 사람이며 지나친 추상적 이론과 논리적 극단을 거부하는 사람이다."라고 했고 일본의 노부히로 나가시마는 "논리적 일관성을 무기로 논쟁하는 것은 불쾌감을 일으킬 뿐 아니라 미숙한 것으로 간주될 수 있다."라고 주장한 바와 같습니다. 그래서 니스벳은 이렇게 정리합니다. "원래 동양에서는 지나치게 논리적으로 문제를 해결하려는 사람은 미숙한 인간으로 간주된다."라고요.[309]

이와 같은 사고관의 차이는 의술에서 가장 두드러지게 나타납니다. 양방 의술은 어떻습니까? 인체를 매우 치밀하게 세부적으로 구분하고 그 장기 하나하나의 기능에 집중해왔습니다. 그리고 특정 장기에 문제가 생기면 그 일부를 제거하는 수술을 해왔습니다. 인간관계의 문제는 인간의 힘으로 해결할 수 있고 세부를 분석해서 그 논리적인 원리를 찾고 이를 직접 고칠 수 있다는 생각이 투영되어 있습니다. 반면 한방 의술은 종합주의holism에 기초합니다. 우주 만물의 모든 사물이 서로 조화롭게 연결되어 있다고 믿습니다. 한 사람이 병이 난 이유는 그 조화가 깨졌기 때문입니다. 그래서 병을 고치려면 그 특정 부위에만 주의를 기울이면 안 된다고 보았습니다. 우리네 침술이 바로 그러합니다.

대기업이 논리형을 선호하게 된 배경은 무엇일까?

역사적으로 동서양의 사고관에 차이가 존재했음에도 우리나라 대기업이 논리형을 더욱 선호하게 된 배경은 무엇일까요? 위계적 구조가 본질적으로 논리 싸움을 강화해온 경향이 있지만 우리나라에 오랫동안 회자되어 온 '글로벌 스탠더드'의 영향이 크다고 믿습니다. 특히 경영 컨설팅 회사와 그들의 출판물이 영향을 미쳤다고 추정합니다.

철저하게 데이터, 근거, 분석, 논리로 무장하는 유명 컨설팅 회사가 우리나라에 공식적으로 진출한 시기는 1986년입니다. 앤더슨 컨설팅이 처음으로 한국 사무소를 개설했습니다. 1988년도 서울올림픽 이후로 1990년 중반까지 맥킨지, 보스턴컨설팅그룹, 베인앤컴퍼니가 경쟁적으로 한국 사무소를 설립합니다.[310] 1990년대 초반만 하더라도 우리나라 기업은 '컨설팅' 개념조차 없었습니다. 그래서 이들 컨설팅 회사는 한국 기업에게 컨설팅이 무슨 일을 하는지, 그 가치가 무엇인지, 어떤 일에 유용한지를 설명하는 데 대부분의 힘을 쏟습니다.[311]

하지만 1998년 IMF 경제위기를 분수령으로 우리나라 기업이 이들 컨설팅 회사를 대하는 태도가 달라집니다. 경제위기가 발생하기 전인 1997년 초반에 SK텔레콤은 AT커니에 100억 규모의 경영컨설팅을 의뢰합니다. AT커니는 그 컨설팅에서 인원 감축을 제안했고 SK텔레콤이 이를 받아들여 5,200명에서 4,000명으로 조직을 정비합니다. 그 구조조정을 통해 SK텔레콤은 외환위기를 무사히 넘길 수 있었다는 세간의 평이 있었습니다.[312]

같은 해에 LG전자는 멀티미디어 사업부가 고전하고 있었습니다. 당시 남용 사업부장은 그 회생 방안을 맥킨지 컨설팅에 의뢰합니다. 그들의 제안대로 실행한 결과 그 사업부는 기적적으로 회생합니다. 그 덕분에 2000년 초중반부터 엘지전자 내에서는 컨설팅 회사가 작성하는 보고서 양식을 차용하기 시작합니다. 서론부터 시작해서 체계적으로 논리를 펴나가는 와중에 각 페이지를 화려한 도식으로 꾸미는 스타일입니다. 후에 남용 사업부장은 부회장으로 승진하고 2007년에 LG 전자 수장이 됩니다. 그는 맥킨지 컨설팅을 전적으로 신뢰해 소위 '맥킨지 경영'에 나섭니다.[313]

우리나라 대기업 직장인에게 컨설팅 회사가 저술한 도서도 적지 않은 영향을 끼칩니다. 1999년에 와튼 경영대학 출신으로 맥킨지 뉴욕 사무소에서 근무하던 에단 라지엘이 쓴 『맥킨지는 일하는 방식이 다르다』,[314] 2003년에 일본인으로서 미국 맥킨지에서 근무했던 사이토 요시노리의 『맥킨지식 사고와 기술』,[315] 2004년에 맥킨지 컨설턴트들의 보고서 작성법을 훈련하는 일로 유명한 바바라 민토의 『논리의 기술』[316]이 소개되었습니다. 대기업 직장인의 필독서로 널리 알려졌습니다. 이 책들은 문제 원인을 논리적으로 파악하고 이를 보고서로 옮기는 다양한 스킬을 소개했습니다. 어떤 현상을 접할 때면 논리적인 사고의 기본 원칙인 미씨MECE, Mutually Exclusive Collectively Exhaustive[*], 문제의 근본 원인과 핵심을 구체적으로 파고들기 위해 최소한 다섯 번은 '왜?'를 따져 물으라는 파이브 와이5whys, 현상이나 사물을 논리적으로 분류하는 로직트리logic tree 등을 익히도록 권고했습니다. 이들

---

[*] 서로 겹치지 않으면서도 어느 하나 빠짐이 없는 것

은 세상의 모든 현상을 논리적으로 파악하고 설명하고 해결할 수 있다고 강조했습니다. 그처럼 논리적으로 일하는 사람이 '스마트한 비즈니스맨'이라고 생각하게 했고 암암리에 '직관'을 비과학적인 것으로 치부하게 했습니다.

요즘 세상을 뷰카VUCA라고 부르곤 합니다. 변동성Volatility, 불확실성Uncertainty, 복잡성Complexity, 모호성Ambiguity의 약자로 매우 빠르게 변하는데다 그 양상이 복잡하고 불확실하며 모호한 환경을 이룹니다. 저는 뷰카를 한 문장으로 정리하면 "기존의 논리 체계로는 더는 설명되지 않는 세상"이라 말합니다. 만일 원인과 결과가 명확한 단선적 세상이고 논리를 가지고 순차적으로 풀어나갈 수 있는 세상이라면 뷰카라는 표현이 회자하지 않았을 겁니다. 그런데 인간 역사상 가장 당혹스러운 시기가 도래했습니다. 전혀 상상하지 못했던 기술과 사업의 이종 교배가 세계 곳곳에서 벌어지고 있습니다. 변화가 복잡하고 모호합니다. 세계 시장은 더는 논리적이지 않습니다.

저는 과도한 논리 집착이 대기업의 경쟁우위를 위협할 것이라 믿습니다. '파이브 와이'가 대기업에 독이 되는 경우를 종종 볼 수 있었습니다. 업무 담당자 스스로가 다섯 번이나 '왜?'를 던지고 일을 추진하도록 교육을 해왔으면 그가 자기 완결적으로 해결하고 마무리할 수 있도록 하면 됩니다. 하지만 사원-파트장-팀장-임원-사장에 올라가는 과정에서 또다시 '파이브 와이'가 반복됩니다. 논리학 세계라면 모를까, 비즈니스 세계에서 논리는 '이현령비현령耳懸鈴鼻懸鈴'인 경우가 적지 않습니다. 참신했던 아이디어는 위계를 타고 올라가는 동안 무뎌집니다. 시장에 침투하는 시간은 점점 지연됩니다. 불타올랐던 구성원들의 열정은 점차 식어갑니다. 학습된 무기력에 빠지고 그들의 눈빛은 점차 수면 아래로 가라앉습니다.

저는 중국에서 왕성하게 활동하는 스타트업 기업이 무섭습니다. 베이징, 상하이, 선전, 광저우는 미국 실리콘밸리 저리 가라 합니다. 그동안 중국이 쌓아놓은 엄청난 부가 스타트업 생태계에 몰리고 13억 인구가 주목하여 인재가 몰려들고 있습니다. 스타트업이 하루에 1만 5,000개씩 탄생합니다.[317] 스타트업을 시작하는 비용도 저렴합니다. 프로토타입 제품을 만드는 데 서울이 3~5이고 실리콘밸리는 5~8의 비용이 들어가는 반면에 중국의 선전시에서는 1에 불과할 정도입니다.[318] 이들 스타트업의 성공은 곧 우리나라 대기업에 위협입니다. 2010년에 레이쥔이 창업한 '샤오미'는 우리나라 전자 산업의 아성을 넘보고 있지 않습니까?

그래서 대기업은 어떻게 해야 하는가?

글로벌 대기업은 미국과 중국의 스타트업 기업을 무시 못할 경쟁자로 간주하고 있습니다. 지금은 은퇴한 GE 그룹의 제프리 이멜트는 스타트업이 일하는 방식과 속도가 GE를 위협하리라 보았습니다. 120여 년 동안 사업을 영위해온 제조업이지만 한 방에 훅 무너질 수 있다는 위기감이 들었습니다.[319] 그는『린 스타트업』을 저술한 에릭 리스를 초청하고 스타트업이 일하는 방식을 모방하여 패스트웍스 fastworks라는 방법론을 만들고 GE 내부에 전파했습니다. 고객이 원하는 바를 빠르게 파악하고 반복적으로 시행착오를 거치면서 만족하게 할 방안을 찾아나가는 방법입니다.[320] 하지만 그럼에도 불구하고 100여 년 역사를 자랑하는 GE 그룹조차 현재 휘청이고 있습니다.

우리나라 유수의 대기업도 스타트업에 위기감을 느꼈고 그들 문화를 이식하기 위해 여러 시도를 했습니다. 일례로 2016년 어느 대기업은 스타트업 문화를 심겠다고 아홉 가지 행동양식을 구성원들에게 공표했습니다. 이를 인용해보겠습니다.[321]

상호 존중

서로 보는 사람이 먼저 인사하기, 상대방을 존중하는 언어 사용, 서로의 경험과 생각차를 이해하기

양방향 소통

회의할 때 참석자 모두가 발언, 지시할 때는 일의 목표를 명확히 공유, 자신의 의견만 내세우지 말고 경청하기

형식타파

보고서보다는 내용에 집중, 상사 중심보다는 고객 중심으로 사고, 과도한 의전 금지

이런 행동강령을 구성원에게 지키도록 권고한다 하더라도 스타트업 문화를 대기업에 이식하기는 무척이나 어렵다고 믿습니다. 왜냐고 묻지 않을 용기, 즉 '왜?'를 물어야 할 때와 묻지 말아야 할 때를 구분할 줄 아는 일이 필요한데 그게 말처럼 쉬운 일이 아니기 때문입니다. 대기업은 기질적으로 논리 따지기를 좋아하는 리더들이 포진해 있을 뿐더러 거대한 자본을 투하하기 때문에 심사숙고해서 결정해야 하는 사안도 많기 때문입니다.

제가 대기업-스타트업 간의 조직문화를 연구하는 과정에서 내린 결론은 이렇습니다. 대기업이라는 거대한 제국을 움직이게 하는 운영체제가 있고 스타트업이라는 작은 하드웨어를 돌리는 체제가 있다고 말입니다. 스타트업 기업의 몸집이 점차 불어 대기업 운영체제를 탑재할 수는 있어도 대기업에 스타트업 운영체제를 설치할 수는 없습니다. 대기업이 배울 점은 스타트업 조직문화 그 자체가 아닙니다. 그들 문화를 대기업에 고스란히 복제해 구현해내는 일이 아닙니다. 그들이 보이는 기민한 속도와 새로운 시장에 빠르게 침투하는 능력입니다. 기민한 행동을 촉진하기 위해 몇 가지 시도는 해볼 수 있습니다.

첫째, 직급 구조 축소입니다. 층층시하로 거쳐야 하는 '논리 관문'을 줄여서 의사결정에 들어가는 시간을 줄이려는 노력입니다. 최근에 적지 않은 대기업이 사원-대리-과장-차장-부장-상무-전무-부사장-사장의 구조를 줄이고 있습니다. 만일 스타트업만큼이나 속도를 내고자 한다면 외형적으로는 그들처럼 최종 의사결정자까지 3~4단계 이내로 축소해야 합니다.

둘째, 신사업과 기존사업의 분리입니다. 인적, 제도적, 문화적, 물리적 분리가 필요합니다. 업종에 따라 달라질 수 있기는 하지만 신사업은 탐험가처럼 빠르게 시장에 침투해서 반응을 보는 일이 중요할 수 있습니다. 이를 위해 주요 직책에 기민하게 움직이는 리더를 임명하는 일, 해당 조직을 기존 경영 프로세스에서 배제하고(월간 임원 회의 등) 별도로 관리하는 일, 본사와는 다른 하위문화sub culture를 형성하도록 장려하는 일, 해당 조직 사무실을 지역적으로 분리하는 일 등을 고려할 수 있습니다. 국내 유력 일간지 회사는 사내 스타트업을 추진하면서 앞의 네 가지를 모두 분리했습니다. 현재 그 스타트업은 가파른 성장세를 보이고 있습니다.

셋째, 대기업의 거대 자본을 충분히 활용해 시장에 레이더망을 돌리면서 빠르게 침투하는 스타트업을 인수하는 일입니다. 그리고 그들의 독립성을 용인하는 방법입니다. 공룡이 이곳저곳을 토끼처럼 빠르게 뛰어다닐 수는 없다고 느낀다면 이 방식을 활용할 수 있습니다.

그런데 외국과는 달리 우리나라에서는 대기업이 스타트업을 인수하는 사례가 상대적으로 드뭅니다. 대기업이 스타트업의 속도를 마냥 부러워할 뿐만이 아니라 스타트업 생태계를 키우는 일에 더 많은 관심을 가져야 합니다.

스타트업에서 사고관 차이로 인한 충돌을 잘 관찰해보자

여러분이 스타트업에 종사한다면 사고관 차이로 인한 충돌이 일하는 분위기를 어떻게 좌우하는지를 잘 관찰해보길 바랍니다. 스타트업에 직관형 스타일이 상당히 많긴 합니다만 논리형도 있습니다. 저는 이들 사고관이 충돌하는 모습을 여러 번 봤습니다. 몇 가지 사례를 살펴보고자 합니다.

A사는 C레벨이 3명입니다. 최고경영자CEO, 최고마케팅책임자 CMO, 최고기술책임자CTO로 구성되어 있습니다. 이들 모두가 직관형 스타일입니다. 최고경영자는 투자를 유치하러 외부 활동을 많이 다닙니다. 인맥을 만들기 위해 포럼이나 콘퍼런스에도 지속 참석하고 있고요. 그러다 보면 내부에서 일하는 구성원들보다 새로운 정보와 기술을 많이 듣습니다. 그는 직관형인데다 행동이 먼저 앞서

는 사람입니다. 그가 정보와 기술의 유용성을 꼼꼼히 따지기 전에 시도해보기를 좋아합니다. 한 마디로 서부 시대의 개척자 같은 인물입니다.

최고마케팅책임자는 디자인 업계에서 성장한 사람으로 예술과 아름다움을 사랑하는 사람입니다. 참신한 영감에 매혹되는 경향이 있습니다. 최고기술책임자는 IT 분야에서 잔뼈가 굵은 인물로 경험에서 우러나온 직관에 의존해 문제를 해결하는 방식을 선호합니다. CEO가 새로운 시도를 해보자고 하고 그게 그들의 촉에 맞다 싶으면 셋이 빠르게 합의가 이루어집니다. 그리고는 개발자들과 함께 미팅합니다.

A사 개발자는 앱스토어와 구글 플레이에 등록하는 애플리케이션을 만듭니다. A사 개발자들은 전부 논리형이었습니다. 이들은 업무를 할 때 체계적으로 계획을 세우고 작은 일 하나라도 꼼꼼하고 완벽하게 마무리 짓기를 선호했습니다. 또한 한 번 일을 손에 잡으면 물고 늘어져 그 끝을 보고자 하는 성향이 강했습니다.

직관형 스타일인 C레벨급 책임자와 개발자 간에 어떤 일들이 벌어질지 충분히 상상할 수 있으시지요? 개발자 중의 한 명은 이렇게 얘기합니다.

"스타트업에서 의사결정이 자주 왔다갔다할 수 있습니다. 저도 그걸 감수하고 스타트업에 취직했습니다. 다만, 원래 추진하기로 했던 일을 뒤엎고 새로운 일을 해보자고 하는 경우가 비일비재하다 보니 의욕이 잘 안 납니다. 개발자들은 무슨 일을 하려면 체계적으로 계획을 세웁니다. 그리고 그에 따라 하나씩 개발해나가고 그렇게 제 손으로 만든 세상이 잘 돌아가는 걸 보면 희열을 느낍니다. 그런데 한 2주간 개발 작업에 몰입하다가 갑자기 그거 말고 다른 일을 시도해보자고 하면 맥이 탁 풀립니다."

　그로부터 회복하는 데 얼마 정도의 기간이 드느냐고 물으니 "적어도 1주 정도는 아무것도 손에 잘 잡히지 않습니다."라고 대답하더군요. 다른 개발자는 최고기술책임자 역할에 살짝 아쉬움을 언급하기도 했습니다. 최고기술책임자가 C레벨급 책임자들 회의에서 적당히 쳐낼 건 쳐내고 받을 건 받아야 하는데 정이 많아서 아이디어를 다 가져온다고 말이지요. 구성원 전체가 모여 이 문제를 어떻게 해소할 수 있을지에 대해 두세 번 워크숍을 했습니다. 그리고 이들이 스스로 솔루션을 찾도록 도와주었습니다.

　A사의 사례는 스타트업에서 기획자 – 개발자, 마케터 – 개발자 간에도 종종 발생하는 현상인 듯합니다. 사고방식의 차이로 인한 충돌 자체가 문제는 아닙니다. 각자의 자리에서 최선을 고민하다 보면 서로 밟고 있는 땅이 점차 벌어질 수도 있지요. 그 갈등을 어떻게 대하고 해소하느냐가 더 중요합니다. 상대방이 틀린 것이 아니라 스타일이 다른 것일 뿐 너나 나나 조직의 발전을 위해 애쓰고 있다는 점을 깊게 자각하는 일만으로도 협업하는 분위기가 원활해지는 경우를 종종 보았습니다.

　B사는 불과 몇 년 만에 상당한 영업이익을 거둘 수 있었습니다. 이 회사의 최고제품책임자cpo는 전형적인 직관형 리더입니다. 그는 새로운 기술을 보면 촉이 오는지 가늠을 합니다. 무언가 되겠다는 느낌을 받으면 바로 시도해 적용해보고자 했지요. 이제 막 시작하는 산업에서는 그처럼 빠른 촉을 가지고 좌충우돌 시도를 해보는 일이 중요할 수 있습니다. 광활한 대지가 펼쳐져 있으니 돌다리도 두드리

면서 건너기보다는 빠르게 돌아다니며 깃발을 꽂아보고 안 꽂히면 다른 곳으로 빨리 이동해서 다시 꽂아보는 일이 중요할 수 있을 터입니다.

회사가 성장하면서 최고재무책임자CFO를 외부에서 영입했습니다. 그는 대기업에서 재무통으로 성장한 사람이었습니다. 보통 최고재무책임자들은 새로운 사업 프로젝트에 보수적인 태도를 보입니다. 제가 인터뷰했던 다른 회사 최고재무책임자가 피력한 말이 그의 입장을 잘 드러내줍니다.

"항상 부정적으로만 접근하는 건 아니지만……. 일부러 반대 입장을 취하는 악마 변론자 역할을 선호합니다. 제가 생각하기에 최고재무책임자는 균형 잡힌 관점을 유지하고 제안할 수 있어야 한다고 믿습니다. 새로운 시도를 하려는 이들에게 그 반대 의견을 제시함으로써 그가 자신의 상자 안에서 나와서 생각해볼 수 있도록 자극하는 일이지요. 저는 다른 사람들 모두가 '예.'라고 동의한다고 하더라도 저는 '아니오.'라는 태도를 고수하고자 합니다."

B사의 최고재무책임자는 악마 변론자 역할에 더해 매우 논리적이며 데이터와 근거를 중시하는 스타일이었습니다. 또한 숫자를 다루는 사람들 대부분이 그러하듯이 상당히 디테일하고 꼼꼼한 성격을 가지고 있었습니다.

전년도에 영업이익을 거두었으나 갑자기 시장이 얼어붙어 버렸습니다. 그러자 회사 내에 냉랭한 분위기가 감돌기 시작했습니다. 이런 상황에서 전형적인 직관형 최고제품책임자와 매우 논리적이고 꼼꼼한 최고재무책임자 간에 어떤 일이 벌어질지 상상이 가시지요? 최고제품책임자는 시장이 얼어붙은 상황일지라도 더 많은 일을 시도해야만 한다고 보았습니다. 그 산업이 태동한 지 채 3~4년도 되지 않았기에 다양한 분야에서 시도를 해봐야 한다고 주장합니다. 반면 최고재무책임자는 철저히 '왜?'를 따집니다. "그걸 왜 해야 하지요? 그게 돈이 되나요? 그 논리는 무엇인가요? 그걸 하려면 얼마의 비용이 들어가게 될 텐데 손익분기점은 어떻게 예측하고 있는지요?"라고 말입니다.

B사의 최고경영자도 직관형입니다. 회사를 설립하고 최고제품책임자와 촉이 서로 잘 맞아 지금까지 성장시켜 올 수 있었습니다. 시장이 한창 불타오를 때는 최고제품책임자의 말에 귀를 많이 기울였지요. 그런데 어느 날 갑자기 시장이 시베리아 영구동토층처럼 얼어붙어 가자 당황하기 시작했습니다. 이 상황에서 무엇을 어떻게 해야 하고 또 기존에 자신이 지켜왔던 원칙들이 틀렸던 건 아닐까 돌아보기 시작했지요. C레벨급 책임자들이 모여서 회의하는 자리에서 최고제품책임자는 이런저런 시도를 해야 한다고 주장하지만 최고재무책임자는 그 근거가 뭐고 논리가 뭐냐를 따집니다. 최고경영자가 말을 들어보니 최고재무책임자의 말이 상당히 타당합니다. 반면 최고제품책임자의 말은 상당히 순진해 보입니다. 상황을 지나치게 낙관하는 듯 보입니다. 그렇게 장밋빛 미래를 그리면 안 될 것 같다는 생각이 들었습니다.

성과보다 논리로 싸우는 게임에서는 직관형이 논리형을 당해낼 수 없습니다. 최고경영자의 생각과 태도에 점차 변화가 옵니다. 최고제품책임자보다 최고재무책임자의 말에 점차 몸이 기울어집니다. 최고제품책임자의 입지는 대폭 축소되어 버렸습니다. 반면 최고재무책임자는 이렇게 어려운 시장 상황에서는 내부를 다지는 작업이 필요하다며 개구리가 길게 점프하기 위해서는 움츠리는 단계가 필요하다며 '내치'에 집중하자고 합니다. 최고경영자는 그의 말이 타당하다 여겨 받아들였습니다. 최고재무책임자는 대기업처럼 제도와 시스템을 만드는 일에 집중합니다. 그런데 표준화와 공식화의 정도가 심했던 탓인지 환경을 기민하게 탐색하고 새로운 기술을 실험하고 적극적으로 도전하던 기존의 정신은 점차 사라지기 시작했습니다.

2부

어떻게 조직문화 보는 눈을 키울 수 있을까?

INSIGHT ON
ORGANIZATIONAL
CULTURE

1

우리 조직에는
어떤 현상들이 관찰되는가?

앞서 우리는 문화의 세 가지 차원을 살펴봤습니다. 그중 하나가 '인공물artifact'이었습니다. 에드거 샤인은 인공물은 그 자체만으로는 해석하기 쉽지 않다고 지적합니다. 가령 칠레에서 3,500킬로미터 떨어져 있는 이스터섬의 모아이 석상은 인공물입니다. 그런데 그게 무엇을 의미하고 상징하고 어떤 맥락에서 세워졌는지는 학계에서도 의견이 분분합니다. 마야 유적지에서 인공물을 관찰하고 그에 대한 감상을 말할 수는 있지만 그게 어떤 상징과 의미를 지니고 있는지는 해독하기 어렵습니다. 그래서 에드거 샤인은 이렇게 말합니다.

"어떤 문화 분석가들은 인공물을 통해서 그 문화가 상징하는 바를 찾아내고 그 심층에 있는 기본 가정들을 추론할 수 있다고 주장합니다. 그러나 상징은 모호하기 때문에 그 문화에 매우 익숙한 사람을 통하지 않고는 그게 무엇을 의미하는지를 알아내기 어렵습니다. 더욱이 한 개인의 추론은 주관적이기 때문에 단순히 인공물에만 의존

하여 심층적인 기본 가정을 추론하는 일은 바람직하지 않습니다.'[322]

저는 에드거 샤인이 강조한 바에 대해 적극적으로 동감합니다. 그런데도 본 장에서는 인공물을 보는 눈을 틔우는 작업을 진행하고자 합니다. 그가 유의하도록 권면한 사항은 인공물을 해석하지 말라는 게 아니라 그 문화에 익숙하지 않은 사람이 인공물에만 의존하는 일은 지양하라는 의미이기 때문입니다.

문화연구자들은 문화를 이해하는 방식을 두 가지로 구분합니다.[323] 실체론적 접근과 관념론적 접근입니다. 전자는 우리가 직접 관찰할 수 있는 행위, 징후, 산물을 통해서 이해하는 방식입니다. 즉 '인공물'을 통해 파악하는 일입니다. 후자는 그 조직 구성원들의 관념을 분석해서 인식하는 방법입니다. 암묵적으로 가진 기본 가정을 해체해 그 조직에 존재하는 내재적인 논리를 찾습니다. 우리는 실체론적 접근과 관념론적 접근을 동시에 살펴볼 예정입니다.

먼저 실체론적 접근을 보겠습니다. 여러분이 회사 한 군데를 방문한다고 가정하겠습니다. 그리고 여러분이 이동하는 동선에 따라 시선을 돌리고 초점을 맞춰야 할 지점을 하나씩 짚어서 살펴보도록 하겠습니다.

• • •

권력과 주차장의 상관관계

대규모 생산단지를 가진 어느 대기업을 방문했습니다. 정문에서 출입을 엄격하게 통제하더군요. 방문 이틀 전에 차량번호와 차주 정보를 그 회사 내부인이 입력하고 허가를 받아야만 출입할 수 있는 시스템이었습니다. 저는 사전 방문 등록을 하지 않았기에 정문 경비원들 지시대로 1.2킬로미터나 떨어져 있는 주차장으로 향했습니다. 이미 그곳은 회사 내부 구성원들 차량으로 가득 차 있어서 한 바퀴를 돌고 나서야 겨우 차를 댈 수 있었습니다. 차에서 내리자마자 저만큼 떨어져 있는 방문자 신고 사무소에 가야 했습니다. 한참을 걸어서 사무소에 들어갔습니다. 주민등록증에 더해서 명함까지 제시하도록 요구하고 한참을 꼼꼼히 살피고 나서야 겨우 방문 허가를 내주었습니다. 봄이라 황사가 불어오는 흙탕길을 검은 구두를 신고 1킬로미터 이상 걸어가려니 참 힘이 들더군요. 그 회사 사무실에 들어가자마자 담당자에게 물어보았습니다. 외부 방문자들을 항상 그렇게 주차하도록 하느냐, 구성원들은 어떻게 대느냐, 경영진은 정문으로 바로 차가 드나드냐. 경영진 차량은 정문 출입을 자유롭게 한다고 하더군요. 반면에 내부 구성원들, 외부 방문자들, 고객들은 모두 멀리 떨어진 주차장에 대야 하고요. 주차장 우선순위에서도 문화가 드러납니다.

미국 기업은 일반적으로 본사 건물 입구에 장애인 주차장을 가장 가까이 둡니다. 그리고 그다음 순위로는 외부 고객과 방문자들이 차를 댈 수 있도록 합니다.[324] 그다음으로 경영진과 구성원들 주차장이 배치되는 경우들이 많습니다.

건물에 주차장이 딸린 우리나라 기업 X사와 Y사를 비교해보지요. Y사는 회사 입구 바로 옆에 방문객을 위한 주차 공간이 있습니다. 고객이든 혹은 거래 업체 직원이 방문하든지 관계없이 무조건 입구 가까이에 대도록 합니다. 그다음으로 내부 직원을 위한 주차 공간이 있는데 대표이사든 전무든 일반 사원이든 아무 데나 대도록 합니다.

반면 X사는 입구 바로 옆에 대표이사, 부사장, 전무 순으로 주차합니다. 외부 방문객이 뭣 모르고 그곳에 주차하면 당장 경비원이 출동합니다. "거기 주차하시면 안 돼요. 저쪽에 방문자 주차장에 대세요. 어서!" 여러 번 그런 일을 겪으면 아예 장소마다 팻말을 붙입니다. '대표이사 주차 전용' '부사장 주차 전용' 요즘은 보안과 안전이라는 명목으로 '대표이사 주차 전용'이라는 팻말 대신에 차량 번호만 기재하는 곳도 있습니다. 차종, 배기량, 그리고 주차 위치만 봐도 대략 대표이사 차량인지를 눈치챌 수는 있긴 하지만 말입니다. 내부 직원 주차 공간은 조금 떨어져 있는데 거기에도 암묵적인 규칙이 있습니다. 상무가 가장 가까운 쪽에 주차하고 그다음으로 연차 많은 부장 순으로 주차합니다.

X사와 Y사 주차장은 왜 이렇게 차이가 나는 걸까요? 1부에서 트리앤디스의 주장을 살펴봤습니다. 그는 '내가 다른 사람들과 다르다고 믿는가, 유사하다고 믿는가?'라는 질문이 문화를 규정하는 핵심 가정 중의 하나라고 했습니다. Y사는 핵심 경영진들이 '구성원과 나는 다르지 않다.'라고 가정할 개연성이 있습니다. 그들은 '입구 가까이 가장 좋은 자리에 주차하고 싶은 마음은 윗사람이나 아랫사람이나 다르지 않다.'라고 생각할 수 있습니다.

반면 X사는 '사람은 그 지위에 따른 대우가 달라야 한다'고 가정할 수 있습니다. 대표님이나 부사장님은 우리 조직의 상징이며 가장 존중을 받아야 할 위치에 있다고요. 그와 같은 가정이 주차장에서도 위계 서열로 나타날 개연성이 있습니다. 위계문화가 강할수록 대내적으로 대놓고 '직급이 높으면 그만큼 대우를 받아야지.'라는 명분으로 주차장을 그렇게 운영합니다. 반면 위계문화가 존재는 하지만 그 정도가 강하지 않은 조직은 그럴듯한 명분을 내세웁니다. '경영진은 정신없이 바빠 체력적으로 힘드니 건물 입구 바로 옆에 주차하게 하자.' '경영진은 시간을 쪼개서 일하시는 분들이니 그분들의 시간을 조금이라도 절약하도록 도와드리자.'

여러분의 조직에 주차장이 딸려 있다면 어떤 규칙이 존재합니까? 이즈음에서 에드거 샤인이 주지한 바를 다시 복기해볼 필요가 있습니다. 인공물에만 의존해 섣불리 그 문화를 단언하듯 판단하지 말아야 한다는 조언이지요. 우리 조직의 인공물 전체를 모두 살펴보고 표방하는 가치와 암묵적인 기본 가정을 종합적으로 고려해야 합니다. 인공물을 모두 살펴보기 위해서 또다시 시선을 이동해보겠습니다.

조직 입구는 어떻습니까? 어떤 회사는 보안에 민감합니다. 출국 심사받는 것보다 더한 경우가 있습니다. 출입자의 모든 소지품을 검사하고 전자 기기는 일부 기능을 제한하도록 합니다. 기술 및 정보 유출을 막고자 하는 실질적인 제도이기도 하지만 상징적인 행위이기도 합니다. 내부 구성원들은 출근할 때, 외출할 때, 그리고 퇴근할 때마다 검사를 받습니다. 매일 치러야 하는 '의식'과도 같습니다. 구성원들이 보안에 신경 쓰도록 각성하게 하지요. 외부인들에게는 분명한 메시지를 전달합니다. '우리 회사에 들어와서 허튼짓하면 안 됩니다.'라고요.

우리 조직에 보안 검사 예외가 있습니까? 그 규정은 무엇입니까? 모든 구성원이 예외 없이 의무적으로 검사를 받아야 하는 회사, 경영진만 예외로 두는 회사 간에는 문화적 표상이 다릅니다. 구성원에게 전달하는 메시지도 다를 수밖에 없어요.

토마스 왓슨 주니어Thomas Watson Jr.는 1952년부터 20년간 IBM을 이

끌었던 인물입니다. 그와 관련된 일화 하나를 소개해야겠습니다.[325]
스물두 살 어린 신부인 루실 버거Lucille Burger라는 인물이 주인공입니다. 그녀의 남편은 IBM에서 근무하고 있었습니다. 어느 날 남편이 해외로 발령 나서 주재원으로 나가게 됐습니다. 회사는 그녀에게 남편이 맡은 직무를 수행하도록 채용했습니다. 그녀는 보안 구역에서 신분이 확실히 확인된 사람만을 들여보내도록 하는 책임을 맡게 되었습니다. 어느 날, 하얀색 셔츠를 입은 수행원들에 둘러싸인 토마스 왓슨 주니어가 그녀가 있는 구역으로 다가왔습니다. 마침 그가 차고 있던 오렌지색 배지는 공장 어디든 통과할 수 있었지만 루실 버거가 지키는 구역은 출입이 허락되지 않았습니다. 그녀는 이렇게 회상합니다. "저는 그가 누구인지 알았어요. 속으로는 떨렸지만 아무렇지 않게 말했습니다. 죄송하지만 당신은 적법한 배지를 차고 있지 않기 때문에 이 구역에 들어갈 수 없다고 말했습니다." 왓슨의 한 수행원이 깜짝 놀라서 "당신은 이분이 누구인지 모르시오?"라며 소란을 피웠습니다. 그러자 왓슨은 손을 들어서 조용히 시킨 다음에 그 배지를 가져오도록 했습니다. 그녀에게 다른 배지를 확인시켜 주고서 그 구역에 들어갔습니다. 이 유명한 이야기는 IBM 구성원에게 강력한 메시지를 전달합니다. '왓슨조차도 규칙을 준수한다. 당신도 반드시 그러해야 한다.'고요.

보안 검색 예외를 두는 경우에도 구성원에게 전달하는 메시지가 달라질 수 있습니다. 우리나라 한 회사는 임원을 예외로 했습니다. '그분들은 그럴 자격이 있다.'라는 논리였습니다. 반면 다른 한 회사는 '임원은 회사에 있든 집에 있든 그가 상주하는 장소가 곧 근무지이며 24시간 내내 회사를 위해 일하는 존재'라는 논리로 예외를 두었습니다. 집에서도 일하려면 필요한 서류나 파일을 회사 밖으로 들고 나갈 수 있어야 하지요. 두 회사가 똑같이 임원을 예외로 하지만 구성원들에게 다가오는 의미는 서로 다릅니다. 전자는 임원이 극진히 대우받는 직위이지만 후자는 임원이 되면 정말 빡빡하게 일해야 하는구나 하고 느끼게 되지요.

• • •

우리는 엘리베이터 안에서 어떤 모습인가?

우리의 시선을 돌려 로비 벽면과 사무실로 올라가는 계단의 벽을 보시겠습니다. 여러분 조직에는 무엇이 걸려 있습니까? '배달의민족'이라는 애플리케이션을 제공하는 우아한형제들 본사를 몇 번 방문한 적이 있습니다. 우리나라 스타트업을 대표하는 선두주자로 문화적으로 흥미로운 현상을 보여주는 회사입니다. 몽촌토성역 2번 출구를 나오니 바로 본사 건물이 있더군요. 1층에서 리셉션 장소가 있는 2층으로 올라가는 계단 벽면에 인공물들이 눈길을 사로잡습니다. 멀리서 보면 상당히 아름다운 디자인과 색채를 담은 액자들이 걸려 있는데 가까이서 보면 한글로 '동파육, 까르보나라, 꿔바로우' 배달음식 이름이 새겨져 있습니다. 이들은 B급 감성과 B급 문화를 추구하는데 고상함 속에서도 가벼움, 진지한 듯 보이면서도 재미와 위트, 주류를 따르지 않는 독특한 자기표현을 그 특징으로 합니다. 그들이 추구하는 바를 인공물에 그대로 표출한 벽면들이 인상적이었습니다.

또 다른 회사 로비를 둘러보겠습니다. 우리나라 C사는 TV 홍보를 종종 합니다. 청춘을 예찬하는 이미지, 삶을 즐기자는 내용, 인간을 존중하자는 스토리 등 밝고 긍정적입니다. 외부인이 상상하기에 그 회사 분위기는 자유로우며 활기찰 거라고 믿게 합니다. 어느 날 그 회사를 방문할 기회가 생겼습니다. 입구에 들어가자마자 마주한 로비는 매우 고급스럽고 멋있었습니다. 그리고는 전반적인 배치를 유심히 살펴봤지요. 인포메이션 데스크는 어디에 있고 엘리베이터 위치는 어디인지. 그런데 엘리베이터가 건물 이쪽과 저쪽으로 나누어져 있더군요. 오른쪽과 왼쪽에 각 3개의 엘리베이터가 있었는데 왼쪽 앞에는 유니폼을 입은 여직원이 꼿꼿한 자세로 서 있었습니다. 그분께 다가가 물었습니다. "이 엘리베이터를 타고 위로 올라갈 수 있나요?" 그러자 그분은 "임원분들만 가능하신데요. 혹시 임원 분과 미팅 약속을 하신 건지요." "그건 아니고, 여기 근무하는 실무자를 뵈러 왔습니다." 그러자 그분은 "저쪽 직원 전용 엘리베이터를 사용하셔야 합니다." 나중에 알아보니 그분은 두 시간씩 교대로 그 자리에 꼿꼿이 서서 임원들 엘리베이터 출입을 돕는 일을 하고 있었습니다. 그 옛날 호텔에서 근무하던 엘리베이터보이와 엘리베이터걸 역할을 지금 이 시대에서도 하고 있던 거지요. 회의를 마치고 내려오는 길에 그분이 서 계신 장소를 쳐다보았습니다. 여전히 두 손을 가지런히 모은 채로 허리를 곧추세우고 서 계셨습니다.

그와 같은 '인공물'을 우리는 어떻게 이해해야 할까요? 애써 긍정적으로 해석해보면 고실업高失業 시대에 젊은 청년에게 일자리 하나라도 더 제공한 장한 일이라고 칭찬할 수 있겠습니다. 하지만 이 현상을 깊이 있게 해석하려면 에드거 샤인이 지적한 바대로 그 조직의 기본 가정을 알아야 합니다. 또한 엘리베이터의 발전 역사도 알아두면 문화를 이해하는 데 도움이 될 수 있습니다.

엘리베이터 역사부터 살펴보겠습니다. 그 기원은 기원전 3세기경까지 올라가는데 1800년대 초 탄광에서 석탄과 인부를 실어오르는 기계가 근대 원형입니다.[326] 그리고 1850년대 중엽 엘리샤 오티스 Elisha Otis가 승객을 실어 나르는 시스템을 만듭니다. 옛날 엘리베이터는 커다란 레버로 조작해야 하는 수작업 방식이었습니다. 운행 속도도 조절해야 하고 가고자 하는 층의 바닥과 수평이 되도록 타이밍을 맞춰서 정지시켜야만 했습니다. 그래서 엘리베이터 운전원을 두었는데 서양에서는 남녀 성별 구분 없이 사람을 채용했습니다. 1930년대 미국에서는 시간당 30센트를 받았다고 합니다.[327] 그 당시 금액을 오늘날 기준의 한화로 바꾸면 약 6,300원(5.6달러) 정도입니다. 인건비가 적지 않게 들었습니다. 그래서 오티스는 1950년에 승객이 직접 눌러서 오르내리는 완전 자동화 방식을 개발합니다. 그 이후로 엘리베이터 운전원은 급격히 사라져버렸고 구시대의 직업군이 되었습니다.

우리나라는 일제 강점기에 고층 건물이 들어서면서 최초로 엘리베이터가 설치되었습니다. 1920년 중반에 소위 '에레베타껄'을 모집하기 시작합니다.[328] 중등, 고등과정 또는 상업학교 학력을 가진 여성이 주로 지원했습니다. 경쟁률이 보통 30대 1이었다고 하니 상당한 주목을 받았던 직업이었나 봅니다.[329] 해방을 맞고 1960년대 후반에 고층 빌딩 건설 붐이 생기면서 '에레베타껄'이 급증합니다. 1970년대에는 8명을 뽑는다는 기업에 400여 명의 지원자가 몰릴 정도라 하니 인기가 대단했습니다. 그러다가 전자동 엘리베이터가 설치되고 정부 산하 건물에서도 엘리베이터 안내원을 없애면서 점차 사라졌습니다.

엘리베이터 역사를 살펴보면 초기에는 운전원을 상주시켜야만 했으나 1950년 이후로는 그럴 필요가 없었습니다. 승객이 직접 목표 층을 누르면 자동으로 올라가서 서는데 엘리베이터 안내원이 왜 필요하겠습니까. 그런데도 C사는 엘리베이터걸을 사시사철 상주시키며 지키게 합니다. 이 조직과 함께 몇 주간 일을 하면서 이들의 기본 가정을 분석할 수 있게 되었습니다. 제가 이들 문화를 상징적으로 정의한 문구는 이렇습니다. '음흉한 귀족주의' 또는 '표리부동한 귀족주의'라고요. 외부에서는 자유롭고 평등한 세상을 외치지만 그 속은 일부 귀족층인 임원이 과한 대우를 누리는 문화라고요.

엘리베이터 안으로 시선을 옮겨보겠습니다. 이 기계는 공간과 공간을 이어주고 사람과 사람을 이어줍니다. 가수 박진영이 1995년에 발매한 「엘리베이터」의 가사는 이렇습니다. "엘리베이터 안에서 우린 사랑을 나누지. 지하에서 위층까지 벨이 울릴 때까지." 그의 가사대로 폐쇄성과 개방성이 공존하는 미묘한 공간입니다. 한 평 남짓한 이 역장 안에서 10~30초 사이에 보이는 사람의 행동은 참 흥미롭습니다. 몇 가지 암묵적인 에티켓이 존재합니다. 누가 시키지도 않았는데 말입니다. 엘리베이터에 사람이 가득 차면 다른 사람이 가고자 하는 층을 대신 눌러준다든가, 일부 사람이 내리면 각자 위치를 재조정한다든가, 사람들 다 나가고 서로 모르는 둘이 남아 우연히 일렬로 서 있으면 뒤쪽에 있는 사람이 자리를 이동하여 개인 간 거리를 벌린다든가. 그 안에서 간혹 사건도 벌어지지요. 세간에 떠도는 '엘리베이터 방귀'류 이야기는 웃음과 창피함을 함께 불러일으킵니다.

저는 회사를 방문할 때 엘리베이터 분위기를 유심히 관찰합니다. 제가 관찰한 대부분의 대기업은 이렇습니다. 구성원들이 점심시간에 외부에서 함께 식사하고 커피를 들고 회사 건물로 향합니다. 서로 웃고 떠들다 가도 회사 건물이 가까워지면서 점점 목소리가 줄어듭니다. 엘리베이터 안에 들어서면 거의 말이 없습니다. 침묵과 정적만 흐를 뿐입니다.

이런 행동 패턴은 여러 가지로 해석이 가능합니다. 오후에 끝내야 할 업무를 생각하니 가슴이 무거워서일 수도 있고 일에 집중하기 위해 마음 다짐을 할 수도 있겠지요. 팀 내에서 벌어진 사건사고 얘기를 하다가 다른 부서 사람이 듣고 사내에 퍼질까 저어하여 말을 안 할 수 있습니다. 또는 자기들끼리 웃고 떠들고 있는데 갑자기 높은 분이 엘리베이터에 타는 상황을 걱정하기 때문일 수도 있습니다. 높은 분이 타면 갑자기 웃음을 멈추며 서로 어색한 상태로 있어야 하니 말입니다. 이렇게 한마디하는 리더도 있었습니다. "왁자지껄 웃고 있는 걸 보면 회사가 즐겁나봐. 회사를 놀러 다니나 보지?" 그 원인이 무엇이든 공통점은 있습니다. 대부분의 회사 엘리베이터 안에서는 인간적인 감정 표출이 자연스럽지 않거나 억압되어 있다는 점입니다.

어느 날 A사를 방문할 기회가 생겼습니다. 구성원의 감정과 생각을 자유로이 표현하도록 적극적으로 권장하는 곳으로 미디어에 널리 알려진 곳입니다. 그 회사 건물에 들어가기 전부터 기대하게 되더군요. 겉으로 표방하는 가치, 외부에 알려진 이미지, 그리고 그 회사 내부의 인공물 간에 얼마나 괴리가 있을지. 엘리베이터 안에서는 어떤 모습일지.

1층 로비에서 인사팀장을 만났습니다. 엘리베이터로 향했는데 마침 대기하고 있던 다른 구성원들이 없었습니다. 단둘만 타게 되어 속으로 아쉬워하던 차였습니다. 그런데 4층에 이르렀는데 엘리베이터 밖에서 몇몇 구성원이 크게 웃는 소리가 들립니다. 대략 남성 한 명과 여성 두 명으로 추정되었죠. 5층에서 '땡' 소리와 함께 엘리베이터가 섰습니다. 그 세 분이 "하하 호호" 하면서 탔습니다. 저와 함께 있던 인사팀장에게 아는 척 인사를 하더니 계속해서 그 세 명이 서로 재미있게 대화를 나누었습니다. 8층이 되자 그 남자분은 내리고 여성 두 분은 남았습니다. 15층에 이르는 동안 두 사람은 스스럼없이 이런저런 말을 나누었습니다.

저는 회의실에 들어가자마자 이렇게 말했습니다. "팀장님, 회사 방문할 때마다 엘리베이터 안의 분위기를 유심히 보는데 이 회사는 참 인상 깊습니다. 구성원들이 그 안에서도 자연스레 대화하고 웃고 떠드는 모습이 말이지요. 자유로운 표현을 권장한다더니 실제로도 그런 모양이군요. 더구나 상당수 기업에서는 구성원이 인사팀장을 피하려는 경향이 있는데요. 팀장님 앞에서도 그렇게 자연스레 이야기하는 모습이 참 흥미롭습니다." 그러자 인사팀장이 이렇게 이야기합니다. "네, 저도 경력직으로 온 지 1년 좀 넘었는데요. 이직하자마자 엘리베이터 안의 풍경을 보고 깜짝 놀랐습니다. 더구나 8층에서 내리신 남자분은 우리 회사 부사장급 부문장이거든요. 여성 두 분은 대리 직급이었고요."

이를 문화적으로 생각해보면 두 가지를 언급할 수 있습니다. 우선 트리앤디스의 문화를 규정하는 본원적 질문 '나는 다른 사람과 같은가, 다른가?'입니다. 이 회사는 조직 내에서 담당하는 역할에 따라 의사결정 범위의 차이만 인정합니다. 위 직급으로 올라갈수록 그 범위가 넓고 그에 따른 책임을 져야 합니다. 반면 인간적인 평등을 강조합니다. 너와 내가 다르지 않고 리더나 구성원들이 서로 다르지 않다고 말입니다. 그러다 보니 호프스테더가 정의한 '권력 거리'가 상당히 짧습니다. 부사장과 대리가 거리낌없이 우스갯소리를 할 수 있는 장면이 자연스레 연출됩니다.

두 번째, 앞서 우리는 펀경영이 과연 좋은지를 검토해보았습니다. 펀, 즐거움은 마음에서 우러나오는 감정입니다. 구성원에게 자유가 부여되어야만 자연스레 표출될 수 있습니다. 어느 회사가 '펀경영'과 '즐거운 일터'를 강조하는데 엘리베이터 안에서 365일 항상 숙연하기만 하다면 에드거 샤인이 말한 '표방하는 신념 및 가치'와 '인공물' 간에 상당한 괴리가 있을 가능성이 있습니다.

• • •

사무실에 들어서면 펼쳐지는 풍경은 어떤가?

요즘은 회사에 출근하지 않고도 업무를 볼 수 있는 환경이 되었습니다. 인터넷 속도도 워낙 빠르거니와 협업을 지원하는 여러 소프트웨어가 고도로 발전되어 있습니다. 구글 닥스docs로 한 문서를 여러 명이 동시 열람하고 수정하고 고해상도로 작업한 파일을 드롭박스dropbox를 통해 동료와 공유하고 줌zoom을 사용하여 수십 명이 동시에 접속해서 화상으로 미팅하고 슬랙slack으로 모든 구성원이 원활하게 소통할 수 있습니다. 기술의 발전으로 재택근무가 늘어났고 일부 회사는 사무실을 아예 없애고 온라인으로만 일하기도 합니다.

하지만 여전히 여러 산업군은 그 비즈니스 특성상 물리적인 사무실이 필요합니다. 여러분의 회사가 사무실을 보유하고 있다면 이제 그 사무실 안으로 들어가 보겠습니다. 들어가서 눈에 띄는 것부터 살펴보겠습니다.

책상은 어떠한가?

책상 넓이는 어떻습니까? 사장, 임원, 팀장, 구성원이 똑같은 책상을 사용합니까? 아니면 각자 넓이나 재질이 다릅니까? 모두 같은 책상을 사용한다면 '나와 너는 서로 다르지 않다'는 기본 가정을 가지고 있을 가능성이 큽니다. 권력 거리가 짧은 조직일 수 있습니다. 반면 직급이 높을수록 책상이 넓고 고급스럽다면 '나와 너는 서로 아주 다르다'는 가정이 표현된 현상일 수 있습니다.

아마존은 문짝으로 만든 책상을door-desk 사용하기로 유명합니다. 1994년에 창업주 제프 베조스Jeff Bezos가 차고에서 온라인 서점을 열었습니다. 다음 해 몇 명의 직원을 뽑자 책상이 필요하게 되었습니다. 베조스는 가정용 건축 자재를 파는 홈디포Home Depot를 우연히 지나치게 됩니다. 혹시나 쓸 만한 물건이 있을까 하고 들어갑니다. 우연히 한쪽에 세워진 문짝을 발견합니다. 문짝 가격이 책상 가격표보다 훨씬 저렴하다는 점을 발견하고 문짝으로 책상을 만들면 좋겠다 싶었습니다. 60달러짜리 갈색 문짝을 사서 책상 두 개를 만들었습니다. 오늘날 아마존의 모든 입사자는 근무 첫날부터 문짝을 조립해서 자기 책상을 만드는 의식을 치릅니다. 아마존은 이들을 위해 문짝 책상을 만드는 친절한 매뉴얼을 제공하고 있습니다. 이는 두 가지 메시지를 전달할 수 있습니다.[331] 아마존의 핵심가치인 '근검절약'을 지키고 저비용 – 고효율을 항상 추구하라는 의미를 줍니다. 다른 하나는 '너와 나는 다르지 않다'는 메시지일 수 있습니다.

책상 위는 어떻습니까? 어느 회사는 표준화를 신봉하며 극단적인 깔끔함을 강조합니다. 오로지 노트북과 마우스만 올려놓으라 강조합니다. 그 극단적인 사례를 하나 보시지요. 한 회사는 새로운 사장이 취임했습니다. 그는 깨끗하게 정돈된 환경에서 참신한 아이디어가 나온다며 책상 정리를 강조했습니다. 어느 날에는 모든 구성원이 퇴근한 야심한 밤에 각 사무실을 돌아다니며 책상이 가장 혼잡하고 더러운 팀을 점검했습니다. 다음날 모든 직책자가 모이는 회의에서 본인이 조사한 결과를 꺼내놓고 한마디합니다. "책상을 보면 그의 정신 상태나 됨됨이를 알 수 있습니다. 저는 우리 회사 구성원들이 맑은 정신으로 일하면 좋겠습니다."

반면 어느 회사는 구성원이 자신의 정체성을 마음껏 드러내도록 장려합니다. '나는 효율적으로 일하는 사람' '나는 여러 기술에 관심이 많은 엔지니어' '나는 아름다움을 추구하는 예술가' '나는 세상에 없는 캐릭터를 만들어내는 애니메이터'라고 말입니다. 이는 두 가지 효과를 가져옵니다.[332] 하나는 본인이 하는 일의 의미를 자각할 수 있도록 돕습니다. 나는 어떤 일로 이 조직에 기여하고 있는지를 여러 물리적 상징으로 자극을 받습니다. 또한 앞에서도 여러 번 언급한 심리적 안전감psychological safety 형성에 기여합니다. 책상과 그 주변을 본인의 자아 이미지에 맞게 자유롭게 꾸며놓을 수 있기에 '이곳에서는 내 정체성이나 생각을 자연스럽게 드러낼 수 있다'는 가정이 강화될 수 있습니다.

의자는 어떠한가?

일본 총리 '아베 신조'는 의자로 상대를 차별하기로 유명합니다.[333] 2017년에 대통령 특사로 일본을 방문한 우리나라 국회의원과 만날 때 본인은 금색 꽃무늬가 그려진 상대적으로 높은 의자에 앉았지만 접대용으로는 높이가 낮은 의자를 내놓았습니다. 우리나라 외교부 장관이나 야당 대표를 만날 때도 본인보다 상대적으로 높이가 낮은 의자를 내놓았습니다. 우리 국회의장을 만난 자리에서는 높이가 같은 의자를 두었지요. 의자 높낮이와 디자인으로 사회적 지위를 상징적으로 표현한 것입니다.

우리나라 어느 도청 지사는 평소 "제가 앉는 의자에 차별을 두지 말아주십시오. 주민들과 같은 의자에 앉도록 해주십시오. 의자가 권력을 상징하기도 하는데 제가 권력자로 비치지 않게 도와주십시오." 라고 신신당부하기로 유명합니다. 어느 날 한 군청 주민의 의견 수렴 행사에 참석할 일정이 있었습니다. 부군수가 사전 점검을 하던 중 지사가 앉을 자리에 배치한 고급스러운 의자를 발견합니다. 군청 담당자가 특별히 가져다놓은 의자였습니다. 그러자 부군수가 "그 의자를 주민들이 앉는 의자와 똑같은 거로 놓으세요. 지사님 걱정하십니다." 라며 지적했습니다.

제가 관찰한 어느 회사는 이랬습니다. 사무실 한쪽에 도급 계약직 6명이 있었는데 그 회사가 10년 전에 구매해서 쓰고 쓰다 다 헤진 의자를 사용하고 있었습니다. 팀원은 그보다 조금 더 나은 시중가 5만 원 의자를 사용하고 있었지요. 팀장급부터는 목 받침이 있는 듀오백 의자를, 임원은 100여만 원짜리 허먼 밀러 의자를, 사장은 이태리제 최고급 의자를 사용하고 있었습니다. 의자 자체가 이들의 사회적 지위를 상징하고 있었습니다.

한 은행은 창립 기념일을 맞아 대대적인 행사를 했습니다. 사내 방송을 통해서 전국 지점에 생중계했습니다. 행사에는 은행장, 임원,

리더들이 모였고 미래 전략 방향을 선포하는 의식을 치렀습니다. 대규모 행사라 임시로 만든 공간에 책상 없이 오와 열을 맞추어 의자만 배치했습니다. 의자와 그것이 놓인 공간을 보면 문화적 표상이 드러납니다. 모든 사람이 접이식 철제 의자에 앉았던 반면 단 한 명의 의자만 달랐습니다. 고급스러운 목재 재질에 오래 앉아도 엉덩이가 아프지 않은 부드럽고 두툼한 피복으로 덮여 있는 의자였습니다. 그 의자가 놓인 공간도 흥미로운데 맨앞에 그리고 맨 가운데 놓여 있었으며 그 앞뒤 좌우 공간이 다른 이에 비해 상대적으로 더 넓었습니다. 바로 은행장용 의자였습니다.

사무실 공간 배치는 어떠한가?

국어사전에서 사무실을 '사무를 보는 방'으로 정의합니다. 사람이 모여서 일하는 장소입니다. 단순히 사람을 모아놓기만 하는 게 아니라 효율적 일처리와 효과적인 협업 관점에서 설계되어야 합니다. 첫째, 사무실은 구성원들이 효과적으로 의사결정하는 측면에서 걸림돌이 없도록 해야 합니다. A사는 전자장치를 만드는 회사입니다. 최근에 이 회사는 서울 변두리에 있다가 고객과 협력사 접근성을 높이기 위해 서울 도심의 공유 오피스로 이사했습니다. 그와 동시에 고정비 절감을 사유로 사무실을 줄여서 입주했지요. 그 바람에 엔지니어들은 본인 책상에 노트북만 하나 놓고 협소한 책상에서 일해야 했습니다. 제품개발을 위해 참고했던 전문 서적이나 새로운 기술을 탐험하기 위해 해외 사이트에서 호기심으로 구매하고 분해했던 첨단 기기를 모두 집으로 가져다놓아야만 했습니다.

어느 날 엔지니어들은 신제품 출시를 위해 회의를 하고자 했습니다. 그들이 임대한 사무실에는 회의 공간이 별도로 없었기 때문에 다른 층에 있는 회의 장소를 빌렸습니다. 모두 노트북을 들고 이동했습니다. 회의하던 중에 종종 이런 말들이 나오곤 했습니다. "이번 신제품에는 이런 기술을 적용해보면 좋겠다는 생각을 했어요. 제가 지난번에 우리 산업과는 전혀 관계가 없는 제품을 호기심으로 사서 조작하다가 그 기술이 우리 제품에 적용되면 시너지가 상당하겠다 싶었어요. 아, 직접 보여드리면서 논의하면 더 좋았을 텐데……. 그게 제 집에 있네요." "제가 지난번에 외국 서적을 공부하다 인상 깊은 내용이 있었는데. 어라, 집에 있네요. 제가 다음에 들고 나오겠습니다." 그 프로젝트를 주도하던 엔지니어가 이렇게 말합니다. "원래는 오늘 신제품 출시 계획을 결정하려 했는데 새로운 기술과 방식들을 직접 보고 얘기를 다시 나눠야 하겠군요. 지금 바로 보면서 얘기를 마저 다 하며 좋았을 텐데. 예전 사무실이었으면 그냥 오늘 끝장 토론을 하면 되는 건데 다들 아쉽지요? 각자가 얘기를 꺼냈던 프로덕트나 서적이나 참고 자료들을 집에서 가지고 와서 다시 얘기해봅시다. 회의 날짜를 언제로 하면 좋을까요?"

둘째, 구성원 간에 원활한 상호작용을 촉진하도록 설계되어야 합니다. 서로 긴밀하게 생각을 공유해야 하는 구성원과 팀은 최대한 가까이 배치한다는 원칙은 사회 초년생도 압니다. 이에 더하여 요즘은 세렌디피티serendipity, 즉 '뜻밖의 발견'에 중점을 두어 사무실을 설계하는 회사도 늘어나고 있습니다.

어느 회사 마케팅 담당자는 자사 제품의 가격전략을 고민하고 있었습니다. 생각을 많이 했던 탓인지 당이 땡겨서 사무실 한가운데 있는 사내 카페로 향했습니다. 거기에서 전자기술 엔지니어를 만납니다. 서로 인사만 하는 사이였지요. 그 엔지니어는 심각한 표정의 마케팅 담당자를 보면서 묻습니다. "요즘 무슨 업무를 하시길래 고민이 가득한 표정이세요?" "우리 회사 가격전략을 어떻게 해야 할지 고민하고 있었습니다." "그거 흥미로운 주제네요. 사실 우리가 만드는 제품의 가격이 어떻게 결정되는지 좀 더 자세히 알고 싶었는데요. 혹시 말씀해주실 수 있나요? 커피 한잔하면서요." 마케팅 담당자는 어느 수준까지 설명해야 할지 막막했지만 그냥 본인이 고민하는 생각을 꺼냈습니다. 그러자 그 엔지니어는 "게임 이론에 보면 최후통첩 게임이 있어요. 그걸 참고하시면 고민 해결에 조금 도움이 될 듯합니다." 라고 아이디어를 줬습니다. 나중에 그 마케팅 담당자는 이렇게 회고합니다. "제가 고민하는 일에 대한 해결책을 전자 엔지니어에게서 구할 수 있으리라고는 상상도 하지 못했습니다. 그날 제가 그 시간에 사내 카페에 가지 않았다면, 그리고 그 엔지니어가 오질 않았다면, 지금 우리가 사용하고 있는 가격전략을 생각해낼 수도 없었겠지요."

한 회사는 사업이 성공하여 본사 건물을 매입합니다. 사장은 평소에 세렌디피티의 힘을 신봉하고 있었습니다. 그래서 돈이 더 들더라도 사무 공간을 제대로 설계하고자 했습니다. 그러자 어느 임원은 "사무실 디자인 그 자체만으로는 창의성을 촉발하지 않는다"며 뭘 그렇게 돈을 많이 쓰느냐고 말렸습니다. 하지만 사장님은 "안 된다고 믿어서 아무것도 안 하는 것보다는 업무적으로 관련이 없는 사람이라 하더라도 얘기를 나누면 도움을 받을 수 있다는 세렌디피티 신념을 구성원에게 상징적으로 보여주는 게 더 낫다"며 밀어붙였습니다. 그는 층마다 사무실로 들어가는 입구에 작은 카페테리아를 예쁘게 디자인하여 설치했습니다.

사무 공간의 역사적 발전

여러분 조직의 사무 공간은 어떻게 배치되어 있습니까? 이즈음에서 사무 공간 배치의 발전 역사를 살펴보면 더 좋을 듯합니다. 우리나라는 미국의 영향을 상당히 많이 받았습니다. 미국 사무 공간의 발전 역사를 간단히 살펴보겠습니다. 이를 통해 사무 공간을 보는 우리의 눈을 좀 더 발전시켜 보도록 하겠습니다.

[1900년대 이전]

산업혁명을 거치면서 기업과 공장이 생겼지만, 이 당시만 해도 기업 대부분이 규모가 작았습니다. 소유ownership와 경영management 구분이 명확하지도 않았습니다. 그래서 창업자 집의 한쪽 방을 사무실로 사용하거나 창업자가 소유한 지대의 작은 건물을 사용했습니다. 가장 원시적인 사무 형태이지만 가장 개방적이기도 합니다. 어떻게 보면 카페 배치 같기도 합니다. 서로 마주보고 앉아 얘기를 나눌 수 있도록 말입니다.

[1900년대 초 테일러리스트 스타일]

전신과 전화의 발명으로 공장은 변두리에 짓고 사무실은 도심에 지을 수 있게 되었습니다. 타자기, 계산기 등 새로운 기술 발전으로 많은 양의 정보를 축적하고 예전보다 정보를 빠르고 효율적으로 처리할 수 있었습니다. 특히 고층 빌딩이 등장하자 화이트칼라 노동자

1900년대 이전의 전형적인 사무실 배치

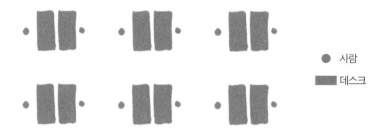

● 사람
⬛ 데스크

가 밀집하여 일하는 사무실이 탄생합니다.[334] 당시 사무직은 머리를 써서 아이디어를 내고 창조하는 일보다는 단순 반복적인 서류 작업을 수행했습니다. 사무직은 기본적인 지능만으로도 수행할 수 있는 일이었기 때문에 사회적 지위나 임금은 처참한 수준이었습니다. 개인의 프라이버시는 고려대상이 되지 못했습니다.

더구나 20세기 초 과학적 관리scientific management의 바람이 붑니다. 그 창시자는 프레드릭 테일러입니다. 경영학 발전사를 논하는 책마다 그 첫 번째 장을 장식하는 유명한 인물입니다. 이 책 서두에서도 한 번 출현한 바 있지요. 그가 경영에 이바지한 바를 한마디로 표현하면 주먹구구를 과학적 경영으로 변화시킨 일입니다. 인류학자 레비스트로스식으로 표현하자면 날것을 익힌 것으로 바꾼 문화 영웅culture hero입니다. 문화 영웅은 원시사회의 신화에 나오는 초인적인 존재로 원시인들에게 기술이나 지식을 맨 처음 가르쳐준 인물을 일컫습니다. 마치 제우스가 감추어놓은 불을 훔쳐서 인류에게 처음으로 가르쳐준 프로메테우스처럼 말입니다. 테일러는 그와 같은 인물입니다. 그에게 지상 최대의 과제는 능률, 효율, 그리고 이를 통한 이윤 극대화였습니다. 그는 최소한의 노동과 비용을 투입해서 최대의 결

테일러리스트 스타일 사무실 배치

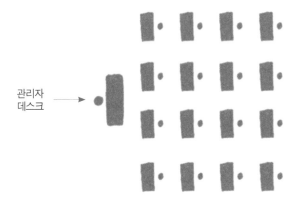

관리자
데스크

과를 달성하는 데 집중했습니다. 그는 모든 업무를 표준화했고 노동 자에게 지키도록 종용했습니다. 관리자들은 노동자들을 효율적으로 관리하고 평가할 수 있어야 한다고 강조했습니다.

공장뿐만 아니라 사무실에도 테일러리즘Talyorism이 물밀 듯이 들어 옵니다. 사무직도 단순 반복적인 일을 수행하기에 마치 공장 조립 공 정과 같이 비유되기도 했습니다. 공장 노동자의 작업량을 관리하듯 이 사무직의 생산성을 자세히 관찰하고 평가할 수 있어야 한다고 믿 었습니다. 옆 사람과 잡담을 최소화하고 자기가 맡은 서류작업에 충 실하도록 책상을 따로 떼었습니다. 관리자들은 이들을 하나하나 감 시할 수 있도록 정면에 책상을 두고 근무했습니다.

테일러 스타일 사무 공간의 장점은 비용이 저렴하고 다양한 용도 로 사용할 수 있다는 점입니다. 반면 엄격한 위계가 강조되고 개인 프라이버시는 생각할 엄두조차 낼 수 없다는 단점이 있습니다. 여러 분의 사무실이 이렇게 구성되어 있다면 능률, 효율, 생산성을 강조 하고 개인 간 할당된 작업량을 가지고 경쟁하는 분위기가 존재할 수 있음을 시사합니다.

[1960년대 뷔롤랜드샤프트]

뷔롤랜드샤프트Burolandschaft는 독일어인데 번역하자면 '사무실 풍경'입니다.[335] 1950년대까지만 해도 독일은 미국의 테일러 스타일이 지배하고 있었습니다. 고층 건물에 층마다 격자 모양으로 책상과 의자를 다닥다닥 붙여놓고 능률과 효율을 따지는 사무실이었습니다. 아마도 히틀러와 나치가 만들어낸 유산과 무관하지 않은 것으로 보입니다. 막대한 물자를 생산하기 위해서는 투입 대비 산출량이 많아야 하고 효율과 생산량을 중시해야 했습니다. 개인 존엄보다는 물자 생산을 더 우선시하는 사회적 풍조가 사무실을 지배했습니다.

독일이 전쟁에 패하자 과오를 반성하고 바로잡으려는 풍토가 생깁니다. 히틀러와 나치가 빚어낸 경직적인 사회 문화를 타파하고자 했습니다. 1958년 아버지 가구 회사에서 일하던 볼프강Wolfgang과 이바하드 쉬넬레Eberhard Schnelle 형제는 사무 공간을 설계하는 퀵보너Quickborner사를 만듭니다. 그들은 그 당시 위계적이고 권위적인 사무 공간을 바꿔야 한다고 믿었습니다. 그 일에 그들의 미래가 있다고 보았습니다. 효율과 통제가 아니라 사람이 중심이 되는 사무 공간을 창조하고 싶었습니다. 그들은 숨 막히는 공간을 탈피해 자연적이고 자생적인 스타일을 만들어냈습니다.

경영자들은 기존의 획일적이면서 깔끔하고 질서정연한 사무실에 익숙해져 있었기에 처음에는 뷔롤랜드샤프트를 받아들일 수 없었습니다. 그들 눈에는 무질서해 보였기 때문입니다. 그런데 출판사였던 베텔스만Bertelsmann이라는 회사가 그들의 아이디어에 동참합니다. 총

뷔롤랜드샤프트형 사무실 배치

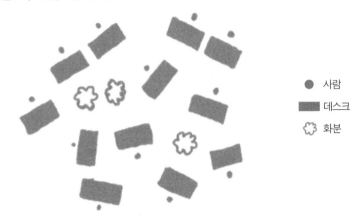

○ 사람
■ 데스크
✿ 화분

2년에 걸쳐서 건축가, 엔지니어, 인테리어 디자이너, 그리고 퀵보너사 컨설턴트가 머리를 맞대고 구체화합니다. 얼마 지나지 않아 유럽의 많은 기업이 너도나도 뷔롤랜드샤프트 스타일을 도입합니다. 그림을 보면 상당히 무질서하게 보입니다. 아마도 우리나라에서는 보기 어려운 사무 공간이 아닐까 합니다.

[액션 오피스]

테일러나 뷔롤랜드샤프트 스타일은 개방형이라 소음에 노출되고 그로 인해 산만해질 수밖에 없었습니다. 허먼 밀러Herman Miller사는 이 문제를 해결하고자 로버트 프롭스트Robert Propst에게 디자인을 의뢰합니다.[336] 그는 심장에 들어가는 튜브나 비행기에 사용하는 부품을 개발하는 등 다양한 영역에서 활동하는 발명가이자 디자이너였습니다. 그는 행동심리학자와 인류학자와 함께 공간을 연구합니다. 사무실에서 일하는 방식, 정보가 교환되는 패턴, 그리고 사무 공간이 업무 성과에 어떤 영향을 미치는지를 살폈습니다. 그의 연구에 따르면 개방

액션 오피스 사무실 배치

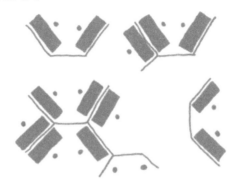

적인 환경은 되레 구성원 간의 의사소통을 감소시키고 사생활을 전혀 고려하지 못한 것으로 나타났습니다.

프롭스트는 20세기 들어 사무실에서 처리되는 정보량이 크게 늘었다는 점에 주목했습니다. 화이트칼라 직원들이 데이터를 가공하고 분석하고 새롭게 조합해야 하는 양이 폭증했지만 사무 공간 레이아웃은 크게 변하지 않았습니다. 그는 사무직이 업무를 효과적으로 수행하려면 때로는 다른 사람과 자유롭게 교류할 수 있어야 하고 때로는 온전히 자기 공간에서 집중할 수 있어야 한다고 결론을 내렸습니다. 그는 의자에 앉으면 사생활을 보호하고 일어서면 주위 시야를 확보할 수 있는 구조를 구상합니다. 1964년에 작업자가 자유로이 움직일 수 있고 동료와 협업이 원활하게 이루어지는 유연한 공간을 창조해냅니다. 이를 액션 오피스action office라 명명합니다. 그러나 이 방식은 조립하기가 어려워 설치 전문가가 필요했고 상대적으로 공간을 많이 차지하기에 비용이 상당했습니다. 대기업 사무실에는 적합하지 않아 별로 주목받지 못했습니다.

[큐비클]

액션 오피스가 실패하자 그 보완점을 찾습니다. 프롭스트는 사생활을 어느 정도 보호하면서 대기업의 요구에 맞추어 공간을 효율적으로 사용할 수 있는 방안을 고민합니다. 또한 조직구조가 자주 바뀌고 구성원 간 이동이 많은 사무실에서 배치를 쉽게 변경할 수 있도록 하고자 했습니다. 그는 모든 부품을 표준화해 쉽게 조립하고 간편히 설치하도록 설계합니다. 그는 이 방식을 액션 오피스 2Action Office II라 명명합니다. 오늘날에는 '큐비클Cubicles'이라 부르기도 합니다. 이 스타일은 오늘날 우리나라에서 가장 많이 볼 수 있습니다. 보통 1.5~1.8미터짜리 칸막이로 구분한 사무실입니다.

이를 최초로 도입한 회사는 뉴욕의 연방준비은행Federal Reserve Bank of New York입니다. 이 회사는 허먼 밀러사와 계약을 맺고 개인 공간을 확보하면서도 효율성을 극대화할 수 있는 사무실 공간을 설계합니다. 그 이후로 기업들이 너도나도 큐비클 방식을 들여옵니다.[337] 큐비클이 처음 세상에 나왔을 때 사무실에 평등주의가 들어온 것처럼 여겨졌습니다.[338] 심지어 일부 경영 이론가는 기존의 획일적이고 비인간

큐비클 사무실 배치

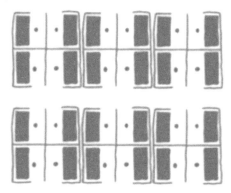

적인 사무실을 뒤엎고 새로운 질서를 재창조하는 방식이라고 간주하기도 했습니다. 프롭스트가 큐비클을 통해 꿈꾸었던 이상은 '관리자든 근로자든 모든 이에게 개인 공간과 사생활을 제공해 사무실에서도 인간 존엄을 되찾자'는 것이었기 때문입니다. 하지만 실제는 그와 달랐습니다. 허먼 밀러사의 수석 디자이너인 조지 넬슨George Nelson 조차 1970년대에 그의 동료들에게 이렇게 비판합니다.[339]

"큐비클이 인간에게 만족스러운 근무환경을 제공하지 못한다는 점은 누구나 다 알고 있는 사실입니다. 그러나 거대한 공간에 좀비zombie, 즉 걸어 다니는 시체walking dead 같은 종업원을 구겨 넣고 일을 시키려 하는 경영자에게는 경탄할 만한 방식이겠지요."

큐비클은 사생활을 어느 정도는 제공하지만 사무 공간을 여전히 획일적으로 만들고 있습니다. 더구나 건강에도 좋은 환경은 아닌데 사무실에 들어오는 햇빛을 파티션이 차단하기 때문입니다.[340]

[캐주얼 오피스]

최근 실리콘밸리 기업은 구성원의 잠재력과 영감을 극대화하기 위해 노력하고 있습니다. 페이스북과 애플은 신규 사옥을 설계하면서 24시간 동안 유연하게 일할 수 있고 동료들과 협력을 촉진하는 방안을 고심했습니다. 뷔롤란드샤프트와 유사한 배치에 카페처럼 꾸며서 자유로운 분위기를 내기도 합니다. 서로 다른 부서 사람들이 불과 몇 분 안에 만날 수 있도록 동선을 고민하기도 합니다.

지금까지 사무 공간의 역사적 발전을 살펴봤습니다. 여러분 조직의 사무 공간은 어떻습니까? 어떤 가치가 두드러집니까? 돈입니까, 사람입니까? 효율입니까, 자유로운 생각입니까? 획일입니까, 다양성입니까? 위계입니까, 평등입니까?

이즈음에서 어떤 독자는 이런 질문을 제기할지 모르겠습니다. "책상, 의자, 사무실은 돈이 있어야 잘 꾸밀 수 있습니다. 우리 조직은 사무실이 그냥 허름합니다. 이럴 때도 조직문화를 관찰할 수 있습니까?" 정말 좋은 지적입니다. 두 가지를 생각해볼 수 있습니다. 첫째, 앞서 말한 대로 인공물만으로 조직문화를 판단하고 평가하는 일은 지양해야 합니다. 에드거 샤인의 지적처럼 인공물은 기본 가정이나 표방하는 가치와 어긋날 수 있습니다. 모두가 동일한 책상과 의자를 사용한다고 하더라도 권위적이고 경직된 문화가 존재할 수 있습니다. 다만 제가 인공물을 하나하나 짚어서 살피는 이유는 조직문화를 좀 더 넓은 시각에서 객관적으로 바라볼 수 있는 눈을 갖기 위함입니다.

둘째, 주변 환경이 어쩔 수 없이 허름하다면 그 나름대로 의미가 있습니다. 창업자 등이 인색하다는 의미일 수도 또는 조직 내에 자원이 충분하지 못하다는 증거일 수도 있습니다. 그리고 그보다 중요한 점이 있습니다. 그 조직의 내면으로 깊숙이 들어가서 조직문화를 탐구할 때 그와 같은 근무환경이 구성원들에게 어떤 영향을 미쳐왔는지, 그로 인해서 어떤 문화가 견고해졌는지 그 시사점을 모색해봐야 합니다.

최근 스타트업 기업은 공유 오피스를 사용하는 경우가 늘어나고 있습니다. 조직문화 연구자로서 위워크wework, 패스트 파이브fastfive에 여러 번 들를 때마다 아쉬움을 느끼곤 합니다. 조직의 '성격'이 인공물에 투영되는 경우가 종종 있는데 이들 공유 오피스는 그 다양성을 제약하곤 합니다. 회사가 책상과 의자를 선택하기보다는 공유 오피스가 제공한 물품을 사용합니다. 평수는 각자 다를 수 있지만 디자인이 비슷한 사무 공간을 활용합니다. 그래서 그 조직만의 채도가 잘 드러나지 않는 경향이 있습니다.

하지만 몇 가지 관찰 포인트는 있습니다. 첫째, 창가에 누가 앉아 있느냐, 누구에게 우선권을 주느냐입니다. 창가는 햇빛이 들어오기에 건강에도 좋을 뿐더러 바깥 풍경을 보면서 생각을 정리할 수 있기에 누구나 선호하는 자리입니다. 둘째, 모니터 크기에서 그의 지위 또는 그 역할의 중요도가 드러나기도 합니다. 위워크에 입주한 한 스타트업을 방문했을 때 조직문화 연구자로서 공유 오피스의 아쉬움을 토로했더니 어느 대표님이 팁을 줬습니다. "창문에 누가 앉아 있느냐뿐만 아니라 모니터 크기나 그 제조사를 보세요. 크기도 큰데 애플 제품이면 상당히 중요한 자리라는 증거일 수 있어요."

• • •
우리는 추리닝과 군복 사이에 어디인가?

의복은 대표적인 문화적 표상입니다. 그 시대상을 반영합니다. 1999년을 생각해보시지요. 구글에서 '세기말 패션'으로 검색하면 다양한 이미지가 검색됩니다. 마치 인류의 종말이 도래한 느낌, 그래서 우주로 나가야만 인류가 겨우 영속할 것 같은 느낌의 복장들. 그 당시 우리네 시대상을 반영하고 있습니다. IMF에 돌입한 지 1년 후라 온 국민이 실의에 빠져 있던 시기였습니다. 한 세기가 끝나는 시점이기도 하지만 노스트라다무스의 1999년 지구 멸망설이 주목받았던 시기였습니다.[341] 아울러 'Y2K' '밀레니엄 버그'라 해서 1999년 12월

31일에서 2000년 1월 1일로 넘어갈 때 컴퓨터 설계 문제로 나라 곳곳에 치명적인 에러가 발생할 수 있다고 많은 매체에서 떠들었습니다.[342] 그 공포가 상당했던지 'Y2K 재난 대비 패키지' 같은 상품도 만들어지기도 했습니다만 그와 같은 시대정신zeitgeist이 표출된 인공물 중의 하나가 바로 의복이었습니다.

시대정신을 투영할 뿐만 아니라 직업 정체성도 드러나는 매체입니다. 다음 단어를 하나씩 읽어가면서 연상되는 이미지를 머리에 떠올려보시지요. 신부, 목사, 수녀, 중, 소방관, 경찰, 군인, 은행원, 프로그래머, 엔지니어, 의사, 간호사. 단어마다 그들의 전형적인 복장이 떠올려지지요? 옷은 태도를 지배하기도 합니다. 대학교 캠퍼스에서 볼 수 있는 ROTC 예비 장교가 그렇습니다. 이들이 훈련을 받지 않고 일반인으로서 수업에 참여할 때는 사복을 입습니다. 개인의 기호가 그대로 드러납니다. 그런데 이들이 장교복을 입고 등교하는 날은 달라집니다. 절도 있게 걷고 장교 격에 맞게 행동하려 합니다. 무슨 옷을 입느냐에 따라 자기가 어떻게 반응하고 행동해야 하는지가 달라질 수 있습니다.

어느 기업은 단체복을 맞춰서 나눠주곤 합니다. 생산 공장을 가진 회사들이 그런 경향이 있습니다. 한 번은 울산 소재 한 회사에서 초대해주셔서 강의하러 간 적이 있습니다. 울산 앞바다에 좋은 카페들이 많다기에 강의 끝나고 하룻밤 묵어갈 요량으로 숙소도 정해두었습니다. 울산 KTX역에 도착했습니다. 강의 장소까지는 1시간 걸리는 거리였는데 감사하게도 콜택시 차량을 마련해줘서 편안하게 움직일 수 있었습니다. 차 안에서 이래저래 둘러보던 중 기사님 옷을 보니 그 회사 로고와 사명이 새겨져 있어서 속으로 깜짝 놀랐습니다.

'기사님이 아니라 임직원이 나와주셨나보다. 아이고, 죄송해라.' 하고 생각했습니다. 도착하자마자 교육담당자에게 "바쁘실 텐데 직원께서 직접 운전하고 나와주셨네요. 정말 감사합니다."라고 말씀드리니 "아니에요. 그냥 일반 기사님이세요. 울산 지역에 우리 회사 잠바를 많이 배포하는데 저희와 배차 계약을 맺은 기사님들도 그 옷을 자주 입으세요."라고 하더군요. 강의가 끝나고 저녁을 먹은 후에 맥주 한 잔이 먹고 싶어서 바닷가 맥줏집에 들어갔습니다. 그 회사 잠바를 입은 분들이 몇몇 있으시더군요. 그분들이 대화하는 말씀을 얼핏 얼핏 들어보니 현직자들 같았습니다. 나중에 담당자에게 물어보니 많은 구성원이 회사 잠바를 입은 채로 퇴근을 한다고 들었습니다. 단체복은 '우리는 하나'라는 메시지를 강화합니다.

어느 신입사원 채용담당자는 '입사 지원자들에게 왜 항상 정장을 입고 오라고 요구하는 걸까?' 하는 의구심이 들었다고 합니다. 신입사원 면접은 그 사람의 본질을 파악하고자 하는 행위인데 어찌 그리 천편일률적으로 어두운색 계열 정장을 입고 오도록 하는지 갑자기 비판적인 생각이 들었습니다. 그래서 하루는 지원자에게 정장을 입고 면접 장소에 오도록 안내를 했고 하루는 평소 입던 사복을 입도록 안내했습니다. 면접이 끝나면 면접관에게는 '해당 지원자의 특성을 잘 파악할 수 있었습니까?' 지원자에게는 '본인의 느낌과 생각을 충분히 말할 수 있었습니까?'라고 설문으로 물었습니다. 그리고 정장 대 사복으로 면접관과 지원자가 응답한 점수를 비교해보았습니다. 그 결과 사복을 입었을 때 면접관과 지원자로부터 더 좋은 반응이 나왔습니다. 지원자는 자기 생각을 자연스레 충분히 말할 수 있었다고 응답했고 면접관은 그의 특성을 더욱 잘 관찰할 수 있었다고 응답했습니다.

자유로운 기업 분위기를 유도하려는 일환으로 사복을 권장하는 기업들이 증가하고 있습니다. IBM 사례를 살펴보겠습니다. IBM은 '하얀색 와이셔츠, 검은색 넥타이, 윙팁 구두wingtips shoes'가 상징이었습니다. IBM에서 공식적으로 지정한 정책이 아님에도 불구하고 자연스레 그런 문화가 형성되었습니다. IBM 역사가들은 토마스 왓슨과 토마스 왓슨 주니어에게서 연원되었을 것으로 추정합니다. 이들은 항상 어두운 정장 차림으로 근무했기 때문입니다. IBM 전시관에서는 지난 100년간 근무 복장 변천을 보여줍니다.[343] 구성원들은 직장에서 회의할 때도, 영업을 나갈 때도, 심지어 회사에서 야유회를 나갔을 때도 정장을 입었습니다. IBM에 17년간 근무했던 조나단 빅 Jonathan D. Bick은 그가 처음 출근하던 날을 이렇게 기억합니다.[344] "저는 회색 계열 정장에 하얀색 셔츠, 넥타이, 그리고 로퍼를 신고 출근했습니다. 제 상사가 저를 보더니 양복을 입고 출근해줘서 고맙다고 말하면서 '그런데 왜 침실에서 신을 것 같은 슬리퍼를 신고 출근했습니까? 오늘 퇴근하자마자 상점에 가서 윙팁 구두를 사서 신으세요.'라고 지적하시더군요".

IBM은 1990년대 최악의 적자 행진을 기록합니다. 그러자 이사회는 맥킨지 컨설팅과 아메리칸 익스프레스를 거쳐 식품 회사인 RJR 나비스코에서 CEO로 일하던 루 거스너Louise V. Gerstner, Jr.를 1993년에 영입합니다. 부임 초기에 그는 1년여가량 IBM을 관찰하기만 합니다. 그들이 어떻게 변화해야 하는지를 고심합니다. 무엇보다도 IBM에 만연한 관료주의를 타파해야겠다는 생각이 들었습니다.[345] 그 방안 중의 하나로 1995년에 '정장 착용 금지'를 결정합니다. 복장을 자유화하면서 IBM 대변인은 이렇게 말했습니다. "직원들에게 선택권을 주는 것입니다. 앞으로 복장에 관한 규칙은 아무것도 없습니다." 캘리포니아 IBM 연구소에서 일하던 어느 구성원은 이런 소감을 밝힙니다. "자율적인 복장 규정이 창의력을 향상하는 데 도움이 되었습니다. 직원들은 더는 복장에 갇혀 있지 않다고 느낍니다. 더욱 편안하게 근무할 수 있게 되었습니다."[346]

사복과 정복 중 어느 것이 더 좋을까요? 창의성과 독창성을 강조하는 오늘날의 시대정신이 사복을 더 바람직한 복장으로 여기도록 조장하고 있긴 합니다만 획일적으로 무엇이 더 낫다 못하다를 판단할 수 없습니다. 우리 조직에서 가장 중요하게 여기는 가치에 따라 달라져야 합니다. 산업 특성상 규율이 중시된다면 유니폼이 나을 수 있습니다. 군인이나 경찰이 근무지에서 사복을 입는 일은 상상하기 어렵습니다. 고객의 신뢰가 핵심인 산업에서는 정장이 더 바람직할 수 있습니다. 구성원의 새로운 아이디어가 중요한 산업에서는 본인의 개성을 한껏 드러낼 수 있는 복장이 더 바람직할 수 있습니다.

당연한 일입니다만, 복장 변경으로 분위기 쇄신을 꾀하려 한다면 핵심 경영진의 언행에 유의할 필요가 있습니다. 우리나라 A사와 B사는 전통적으로 정장을 근무복으로 규정하고 있었습니다. 그런데 두 회사 모두 구성원이 자유로이 의견을 개진할 수 있는 환경이 중요하다는 생각에 사복을 권장하기로 했습니다.

A사는 며칠 전 사장님이 모든 임원과 팀장에게 이메일을 보내서 "모든 임원이 빠짐없이 내일 상징적으로 5부나 7부 반바지 입고 나오세요. 먼저 솔선수범해주시기 바랍니다."라고 요청했습니다. 그리하여 모든 리더가 반바지 차림으로 출근했습니다.

반면 B사는 복장 변경을 공지했으나 사장과 임원은 정장 차림으로 출근했습니다. 이러면 구성원들은 어떤 메시지를 전달받을까요? 회사에 책임 있는 사람들 또는 중요한 역할을 하는 사람들은 정장을 입어야 한다고 해석할 수 있습니다. 그리고 B사에서는 최악의 일이 벌어집니다. 어느 고위직급 리더가 사내 식당에서 식판을 들고 대기하다가 반바지를 입은 몇몇 남자 직원을 불러서 한마디했습니다. "바지가 너무 짧은 것 아닌가? 오늘 외부에 미팅도 없나 보지?"라고요. 구성원들은 '짧은 것'의 기준이 도대체 무엇인가로 혼란에 빠졌습니다.

• • •

직장인의 애환이 담기는 보고서

우리 눈을 보고서로 돌려보겠습니다. 파워포인트 또는 워드로 작성한 기획안뿐만 아니라 이메일과 인트라넷의 문서 등을 포함합니다. 이들을 '보고서'라 통칭하겠습니다.

보고 절차를 먼저 살펴볼 수 있습니다. 무더운 어느 여름날 제가 방문했던 대기업은 와이셔츠 팔을 걷어붙인 사원이 결재판을 들고 팀장에게 보고하더군요. 팀장이 사인하자 그 결재판을 들고 바로 임원실로 들어갑니다. 20분 후에는 한 층 위에 있던 대표이사실에 들어갔다가 나왔습니다. 결재판에는 본인, 팀장, 부문장, 사장의 사인이 기재되어 있었습니다. 담당자가 본인 업무를 직접 윗사람들에게 설명하고 허락을 구하는 절차였습니다. 담당자는 상당한 책임감을 느끼고 일에 임하며 제대로 준비만 되어 있다면 사장 결재까지 빠르게 진행하는 구조였습니다. 물류로 치면 생산자가 소비자들 한 명 한 명 만나서 물건을 소개하고 팔고 돌아오는 구조입니다. 윗사람들은 여러 사람으로부터 보고를 받기에 좀 더 피곤할 수 있습니다. 그래서 사안별로 또는 비용 규모별로 각 층위의 관리자들이 책임 범위를 정한 전결 규정을 두고 있습니다.

상당수 대기업은 '택배' 같은 보고 방식을 활용합니다. 사원이 팀장에게 보고서나 기안서를 올립니다. 그러면 팀장은 마치 자기 일처럼 하나부터 열까지 숙지한 다음 부문장에게 직접 보고합니다. 그러면 부문장은 또 하나부터 열까지 숙지합니다. 대표님께서 다른 질문을 하지 않을까 저어하여 백업 자료까지 다 챙겨서 봅니다. 그리고 부문장이 그 서류를 들고 대표님에게 가져갑니다. 부문장이 대표를 직접 설득하고 허락을 구합니다. 이 절차의 장점은 그 라인의 관리자들이 그 일의 하나부터 열까지 정확하게 숙지할 수 있다는 점입니다. 반면 속도가 상당히 느리다는 단점이 있습니다. 사원, 팀장, 부문장, 대표로 가는 흐름에 있어서 각자 본인 평판을 걸고 상위 직책자를 설득해야 하므로 본인 논리에 맞게 서류를 작성하도록 요구합니다. 보고서 순서가 자기 입맛에 맞지 않거나 또는 디자인이 마음에 들지 않으면 담당 사원이 다시 작업해야만 합니다. 때로는 병목 현상 bottleneck이 일어나기도 합니다. 어느 관리자가 상사에게 보고드리지 않고 그 서류를 계속 묵히는 일입니다. 그 일을 당장 추진해야만 하는 담당자는 그저 발을 동동거릴 수밖에 없습니다.

두 번째로 우리가 눈을 돌려야 할 것은 보고서 형태입니다. 제 지인은 예전에 겪었던 흥미로운 경험을 이야기했습니다. 요즘이야 전자결재를 하지만 과거에는 종이로 기안서를 출력하고 검정 결재판에 곱게 끼워 보고를 드렸지요. 기안서를 보면 결재 도장을 찍는 사각 테이블이 있습니다. 이를 그리는 문제로 팀장과 함께 1주일이나 고민해야 했다고 합니다. '담당 – 팀장 – 이사 – 전무 – 대표'로 이어지는 결재체계였는데 각 공간을 어느 정도 크기로 그릴지가 관건이었습니다. 간단하게 균등히 나누면 될 일을 왜 1주일간이나 고심해야 했던 것일까요. 누가 명령을 내린 일도 아니었는데.

그 회사는 매우 권위적인 분위기였습니다. 어느 개인이 그 회사에서 승승장구하려면(또는 하는 일마다 질책을 받지 않으려면) 가장 중요하게 여겨야 할 일이 무엇이겠습니까? 상사가 시킨 일에 토 달지 않기, 상사 의전에 최선을 다하기 등일 겁니다. 그래서 결재 상자 하나 그리는 데 일주일이나 시간을 보냈습니다. 제 친구는 어떻게 했을까요? 이사 → 전무 → 대표로 갈수록 도장 찍는 공간을 더 크게 그렸다고 합니다. 어르신들 도장 찍으시기 편하도록 말입니다. 그 누구도 명시적으로 지시하지는 않았지만 그 회사에서 중요하게 여기는 가치는 '상사 권위'와 '의전'이었기에 그 간단한 문제를 오랜 시간 동안 고민해야 했습니다.

담당	팀장	이사	전무	대표이사

한 회사는 보고서 종이로 사달이 벌어졌습니다. 그 회사의 연로한 오너 사장님은 근검절약이 철칙이었습니다. 어느 날 계열사 사장으로부터 사업 현황 보고를 받다가 갑자기 보고서 종이 재질을 엄지와

검지로 가늠하더니 "왜 이렇게 종이가 두껍습니까? 다 종이 낭비예요. 물자를 아낄 줄 알아야지! 앞으로는 이보다 훨씬 얇은 종이로 사용하세요. 내가 지난번 일본 출장을 갔을 때 봤는데 정말 얇은 종이가 있었습니다. 그 정도 두께의 종이를 사용하세요." 그러자 난리가 났습니다. 사업 보고를 관장하는 전략기획팀이 가장 얇은 종이를 구하러 돌아다녔지요. 우리나라에서 가장 얇은 종이를 구매해서 각 계열사와 팀에 전달합니다. 그 종이를 사용해서 사장님께 보고드렸습니다. 그러자 사장님이 짜증을 내더니 "종이가 왜 이리 두껍습니까? 내 말을 이렇게 무시합니까?" 하고요.

결국에는 한 담당자가 일본으로 건너가 수소문 끝에 가장 얇은 종이를 알아냅니다. 얼마나 얇은지 종이를 겹치면 바로 뒷장 내용이 비쳐 보일 정도였습니다. 그 종이로 보고서를 출력해 들고 갔습니다. 그제야 사장님이 만족했습니다. 원가 절감을 가장 중요하게 여기는 가치가 투영된 결과입니다. 비록 한국에서 가장 두꺼운 종이를 사는 비용보다 일본에서 들여오는 비용이 더 크다는 게 문제였지만 말입니다. 참! 그 사장님에게 '일본에서 수입해오는 비용이 더 많이 듭니다.'라고 말씀을 드리지 못한 일도 문화적 현상으로 해석해야 합니다.

그 분량은 어느 정도입니까? 2000년 후반부터 보고 절차 및 보고서 간소화를 목적으로 전자결재 시스템을 도입했습니다. 이 도구 덕분에 바뀐 회사도 있지만 대부분은 달라진 바 없습니다. 오히려 더 복잡하게 변질되어 버린 경우가 많습니다. 결재 서류는 시스템에 한 장으로 작성하지만 그전에 미리 파워포인트로 상세 자료를 만들어 별도로 보고를 드려야만 합니다. 일하기 위해 보고를 하는지, 보고하기 위해 일을 하는지 분간이 안 갈 때가 많습니다. 어느 직장인들은 문서 파일명에 버전을 표기하기도 합니다. 저도 동일 건인데 여러 버전의 보고서를 만든 경우가 있었습니다. 가장 많이 만들어본 경우는 버전 41이었습니다. 41번의 크고 작은 수정을 한 셈입니다.

경영 컨설턴트가 가장 피하고 싶은 1순위 기업이 있습니다. 컨설턴트들이 파워포인트로 보고서 200페이지를 작성해 제출하면 그 기업 담당자가 웃으며 이렇게 말한다고 합니다. "컨설턴트님, 서론만 완성된 버전이지요? 최종 결과물은 나중에 작성해서 주시는 거죠?"라고 말입니다. 200페이지 정도는 '도입부'로 취급할 정도로 양이 많은 문서를 선호합니다. 양이 많아야 뭔가 있어 보이는 듯하기 때문입니다.

현대카드 정태영 부회장은 2014년에 '제로 PPT 캠페인'을 벌였습니다. 보고서 디자인에 심혈을 기울이느라 수많은 인력이 시간 낭비하는 현실을 보면서 외형보다는 본질에 집중하자는 취지였습니다. 2016년에는 아예 PPT를 사내에서 금지했습니다.[347] 그로부터 2개월 후 정태영 부회장은 페이스북에 글을 남깁니다. "보고서들이 대부분 한두 장으로 짧아지고 다 흑백이다. 회의 시간이 짧아졌다. 논의가 핵심에 집중한다. 다섯 가지 원칙 또는 세 가지 구성요소 등 PPT 그림을 위해 억지로 만드는 말들이 없어졌다. 연간 5,000만 장에 달하던 인쇄용지 소모가 대폭 줄기 시작했다".

이 일을 문화적으로 해석해보겠습니다. 상반된 주장이 있을 수 있습니다. 먼저 표상론 관점, 즉 문화가 인공물로 현현顯現되고 드러난다는 입장으로 생각해보시지요. 이에 의하면 인공물을 바꾸거나 없애거나 제약을 가한다고 하더라도 그 본질인 문화를 바꿀 수 없습니다. 현대카드의 파워포인트 금지 방침은 그 부족이 사용하는 인공물에 제약을 가한 일입니다. 그러나 화려하고 양 많은 보고서 문화를 본질적으로 변화시키기는 어렵습니다. 유유히 흐르는 강물 하류 물줄기를 틀어막아 보겠다고 거대하고 강력한 보를 가져다놓는다고 하더라도 물줄기는 다른 곳을 비집고 터서 흘러가게 마련입니다.

반면 상징론 관점, 즉 인공물에 의도적인 변환을 가해서 강력한 메시지를 빠르게 전달할 수 있다는 태도를 취해보겠습니다. 앞서 정태영 부회장은 보고서 작성량을 줄이고 핵심에 집중하라고 여러 번 강조했습니다. 그런데도 변화가 일어나지 않자 상징적인 결정을 내립니다. 인공물에 제약을 가해 사내에서 모든 PPT를 금지한다고 말입니다.

그와 유사한 일이 삼성전자에도 있었습니다. 이건희 회장은 1993년에 독일 프랑크푸르트에서 200여 명의 임원을 대상으로 전략 방향을 발표합니다.[348] 그는 품질경영을 최우선 과제로 내세웁니다. "불량은 암" "1년간 회사 문을 닫더라도 불량률을 없애라"고 주문했습니다.[349] 그런데 1994년에 출시한 무선전화 불량률이 11%에 육박하고 지인들로부터 직접적인 불만의 소리를 듣게 되자 "시중에 나간 제품을 모조리 회수해 공장 사람들이 모두 보는 앞에서 태워 없애버리시오."라고 지시 내립니다.[350] 1995년 3월 2,000여 명의 삼성전자 임직원이 구미사업장에 모두 모입니다. '품질 확보'라는 머리띠를 두르고 비장한 표정으로 말이지요. 운동장 한복판에는 휴대폰 15만 대가 산처럼 쌓여 있었습니다.[351] 10여 명의 임직원이 핸드폰을 망치질하여 가루가 되도록 바숩니다. 당시 가치로 약 500억 원이나 되는, 그들의 땀이 녹아 들어가 있는 인공물을 모두 불태워버렸습니다. 이 일로 구성원들이 받은 메시지는 무엇이었을까요? "이봐, 무엇보다도 품질이 문제라고!"

여러분은 표상론과 상징론 중에 어떤 관점을 더 선호하십니까? 이는 정답이 없는 문제입니다. 유일한 답이라면 '그때그때 상황에 맞게'라고나 할까요? 표상론자들이 취하는 입장처럼 모든 일을 순리대로 풀어나가면 가장 좋습니다. 보고서가 왜 화려하게 작성이 되는지, 왜 분량이 많아지는지 그 원인을 명확히 파악해서 상류의 물줄기를 막아버리거나 살짝 틀어놓으면 좋겠지요. 그러나 원인이 분명하지 않고 굉장히 모호할 때 또는 시급하게 교정이 이루어져야 할 때는 구성원을 각성시키는 상징적인 행위를 취할 수도 있습니다. 표상론과 상징론에 공통점도 있습니다. 전방위에 걸쳐 끊임없이 지속해서 변화를 유인하고 챙겨야 한다는 점입니다.

이제 서류 내용에 눈을 돌려보겠습니다. 눈에 띄는 용어나 표현은 무엇입니까? 어느 회사 전사 이메일 공지를 본 적이 있습니다. 이 회사 구매 부문은 사장으로부터 지시를 받고 자재구매팀장이 다음과 같은 공지 글을 모든 구성원에게 발송했습니다. 이 텍스트를 여러분과 함께 해석해보겠습니다.

수신자 제위

격무에 노고가 많습니다
10월 15일(월) 홍길동 사장님 구매 부문과 간담회 시 경비절감 차원으로 부자재구매팀 관련 지시사항을 전달하오니 필히 준수할 수 있도록 업무 협조 바랍니다.

1. 통합구매 생수 이용 관련,

회의 시는 필히 개인별 500밀리리터 아닌 2리터 대용량을 나누어 사용하도록 지시하셨사오니 회의 또는 미팅 시 반드시 2리터 대용량을 이용하기 바랍니다.

상기 내용이 필히 지켜질 수 있도록 각 부서장 및 팀장의 협조를 부탁드립니다. 끝.
○○○○○○ 자재구매팀
홍길동 부장 배상

이 짧은 글에서 여러 가지 문화적 신호를 감지할 수 있지요? 먼저 첫 문장의 '제위諸位'라는 표현이 눈에 들어옵니다. 이 기업이 만들어낸 고유한 용어는 아니지만 다른 기업에서 흔히 발견할 수 있는 표현은 아닙니다. 다소 특이한 표현이라 인터넷에는 이런 글이 올라오기도 합니다.

제가 다니는 회사에서는 한 번도 보지 못한 말인데 메일로 다른 회사에서 온 내용을 보니 '수신자 제위'라는 말을 씁니다.

대충 뜻은 짐작했고 검색으로 확인은 했지만 굳이 저런 어려운(?) 용어를 써야 하는 건지. 아니면 모르고 있던 제가 무식한 건지? 저도 나름 한자에 거부감이 없는 편이지만 별로 이해가 되질 않네요.

'제위'는 구어체인 '여러분'을 한문으로 표현한 말입니다. 그냥 알기 쉬운 표현인 '여러분'을 사용하면 될 텐데요. 왜 굳이 '제위'라는 문어체를 사용할까요? 아주 오래전부터 그 표현을 써왔기에 습관처럼 굳어진 경우일 수도 있습니다. 이 회사는 사업경력이 50년이 넘어가는 곳이라 1950~1960년대에 사회적으로 자주 사용되던 표현이 잔재처럼 남아 있는 것으로 생각할 수도 있습니다.

하지만 그보다 더 심층적인 이유가 있는 듯합니다. 우리나라는 '나는 지금 진지하게 말한다'는 뉘앙스를 전달하고자 하거나 또는 지위·연배의 높낮이가 불특정한 다수를 대상으로 글을 쓸 때 한자 표현 비율이 높아집니다. 집안 애경사가 끝나고 그에 참석해준 회사 상사, 동료, 부하에게 보내는 단체 메일을 생각해보시지요. 제가 받아본 이메일은 이렇습니다. "우선 紙面(서면)으로 人事(인사)를 대신하게 됨을 널리 海諒(양해)하여 주시기 바랍니다. 앞으로 貴宅(귀댁)의 大小事時(대소사시)에도 꼭 연락 주시어 함께할 수 있는 기회를 주시면 성심을 다하여 찾아뵙겠습니다."

또한 연배가 높은 사람에게나 낮은 사람에게나 문장 표현으로 말을 듣거나 책잡히는 상황이 두렵기 때문이기도 합니다. 위 메일은 발신자보다 한참 연배가 낮은 일반 사원뿐만 아니라 전체 임원 및 팀장에 더해 사장 부사장까지 참조인(C.C)으로 들어가야 하므로 문장 표현으로 책잡히는 일을 미연에 방지해야 합니다.

그런데 일상적으로 사용하는 단어는 듣는 이의 주관적 경험이나 편견에 따라 받아들이는 뉘앙스가 달라질 수 있습니다. 그래서 다양한 대중을 대상으로 소통하는 상황에서는 상당히 문어적인 표현, 즉 일상생활에서 자주 사용하지 않는 표현이나 생소한 표현을 사용하는 때도 있습니다. 적합한 한글이나 한자가 없으면 아예 영어를 한글로 표현하기도 합니다.

'여러분'이라 표현하면 그 청중들 개개인을 모두 평등한 사람으로 간주하는 느낌을 받을 수도 있습니다. 간혹 고위직 중에서 이런 반응이 나올 가능성이 있지요. "여러분이 뭐냐, 여러분이. 나도 일반 사원들과 똑같이 대하는 거냐?" 이런 반응을 미연에 피하려면 일상에서 사용하는 2인칭 대명사 '여러분'은 지양하고 다소 에둘러 표현하거나 문어체나 한자 표현을 사용하는 것이지요. 조직문화가 위계적일수록 문서에서 문어체와 한자식 용어를 상대적으로 빈번하게 관찰할 가능성이 있습니다.

두 번째 문장을 보겠습니다. '격무에 노고가 많습니다.'라는 표현입니다. 자매품으로 '바쁜 업무에 정말 수고가 많습니다'가 있습니다. 본문 내용과는 전혀 관계없는 말인데다 수신자가 한 문장이라도 더 읽게 만들어 인지적인 노력cognitive load을 더 요구합니다. 상투적인 문구를 반복적으로 사용하고 있다면 소통의 '효율'보다는 '격식'을 더 우선시한다는 방증이라 할 수 있겠지요.

제가 앞서 짚은 것 외에도 이 조직의 문화적인 특성이 드러나는 표현들이 있습니다. 그 나머지도 여러분께서 한 번 해석해보겠습니다.

• • •

왜 회의를 이렇게 할까?

회의는 전략을 실행하는 한 가지 중요한 수단이기도 합니다. 현대자동차그룹 정몽구 회장은 지속해서 품질 개선을 강조했습니다. 매달마다 '품질 회의'를 직접 주재했습니다. 불량 부품이 있으면 그 조직 책임자나 납품 회사 대표를 회의에 불러 직접 설명하게 하고 어떻게 보완할 수 있을지 같이 논의했습니다. 한 번은 EF 소나타를 미국 시장에 출시하기 위해 박차를 가하던 차에 있었던 일입니다. 정몽구 회장이 회의 중 "이 차를 미국으로 수출해도 되겠는가?"라고 묻습니다. 그러자 어느 임원이 "잡음이 있어서 아직은 안 됩니다!"라고 답했고 정 회장은 "어떻게 하면 돼?"라고 반문합니다. 그러자 그 임원은 곧바로 그 대안을 설명했고 정 회장은 당장 적용하도록 지시합니다. 예전에는 그와 관련된 부서들 눈치를 보느라 개선 아이디어가 있어도 적용하기 어려운 경우가 적지 않았다고 합니다. 회장이 회의에서 직접 챙기자 품질경영이 안착하게 되었습니다.[345]

한편, 회의는 그 조직의 문화가 드러나는 장소이기도 합니다. 제가 관찰한 D사는 대표이사가 자유로운 소통과 아이디어 발산을 강조했습니다. 그 조직 대표의 강조 사항은 곧 그 조직의 맹점을 보여주기도 합니다. "휴머니즘을 모토로 삼은 이유는 휴머니즘이 없기 때문이고 탱크주의를 내세운 이유는 품질 문제가 여전히 해결되지 않기 때문이고 '사람이 먼저다'고 외치는 이유는 사람은 뒷전이었기 때문이다."라는 말이 있듯이 D사도 아이디어 발산은커녕 소통조차 쉽지 않은 문화였습니다.

대표이사와 주요 직책자들이 회의하는 장면을 관찰할 기회가 있었습니다. 그 회의 배치는 이렇습니다. 여러분이 저 2군 의자에 앉아 있으면 어떤 느낌을 받으실지요? 1군 의자에 앉으면 어떤 생각이 들까요? 그리고 대표이사 의자에 앉으면요? 이 배치는 두 가지 메시지를 암암리에 전달합니다. 첫째, 대표이사가 가장 중요한 자리이며 그의 말에 집중해야 한다. 둘째, 회의장 안에는 최소한 3단계 위계가 있으며 그 위계를 지켜야 한다.

D사 회의실 형태와 배치

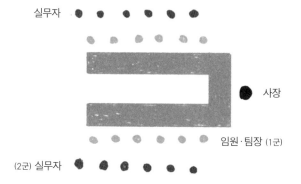

이런 자리는 발언권에도 우선순위가 있음을 시사합니다. 대표, 1군에 자리잡은 임원과 팀장, 2군에 자리한 실무자인 고참 부장과 차장. 각자 발언하는 비율을 실제로 측정해보기로 했습니다. 반드시 삭제하겠다는 다짐을 하고 허락을 받은 후에 회의 전체 시간을 녹음해보았습니다. 회의 성격에 따라 그리고 그날 논의 주제에 따라 발언 점유 시간이 달라질 수 있기에 총 세 번에 걸쳐 했습니다. 각각 회의는 99분, 131분, 167분 진행되었습니다. 각자 발언하는 도중에 생각에 잠시 잠기는 시간(예를 들어 음~~ 하는 시간)까지 포함하여 측정해보았습니다. 제가 참석한 회의 총 397분 중 대표이사가 발언을 점유한 시간은 287분으로 약 72.3%를 차지했습니다. 그리고 1군에 배치한 임원 팀장의 발언 비율은 102분으로 25.7% 실무자는 약 8분으로 2%였습니다. 곧 이 회사는 한 시간 회의를 하더라도 대표가 약 44분을 이야기하고 임원과 팀장급이 약 15분을 하고 실무자급이 1분을 하는 구조입니다.

발언 비율도 문제지만 그 질적인 내용도 살펴볼 필요가 있습니다. 녹음한 파일을 모두 타이핑해서 텍스트로 만들고 종이에 출력합니다. 그리고 문장 하나하나의 성격을 판단하면서 읽어나갑니다. 이를 소위 코딩coding이라 합니다. 발언 내용의 뉘앙스를 해석해 특정 범주로 분류하는 작업입니다. 현상 및 원인을 설명하거나 확인하는 내용, 아이디어와 대안을 구하거나 제언하는 내용, 새로운 정보를 공유하는 내용 등으로 범주화할 수 있습니다. 그 비율을 보면 실무자급은 진행 상황을 설명하는 발언이 전부였고 임원과 팀장급은 현상 및 원인을 설명하거나 진행 상황을 설명하는 발언이 대부분이었습니다. 대표는 진행 상황을 확인하는 발언에 더해 지시하고 훈계하는 발언이 상대적으로 더 많은 비율을 차지했습니다.

참 흥미롭지요. 대표나 임원은 조직문화라는 땅을 긍정적으로 일구어 가꾸는 농부이자 그 땅의 수호자여야 합니다. 그런데 대표님이 그 땅을 마구 망가뜨리고 있으니 말입니다. 회의 중에도 그 대표님은 "왜 이렇게 말이 없어? 아이디어를 좀 내보란 말이야. 여러분들이 말이 없으니까 내가 말을 많이 할 수밖에 없잖아."라고 임원과 팀장들을 질타합니다. 그래서 누군가 아이디어를 내면 대표가 바로 평가하고 비판합니다. "그게 된다고 생각하나? 왜 그리 사람이 순진해?"라고 말입니다.

이 경우에는 대표님의 자기 인식self-awareness을 도와드려야 합니다. 다른 사람의 눈으로 자신을 들여다보게 하는 작업이 필요합니다. 진실의 문을 열고 진정한 자아와 만나게 하려면 그 객관적인 거울이 있어야 합니다. 본인 기질, 성격, 리더십 스타일과 더불어 실제로 그가 회의를 어떻게 운영하고 참여해왔는지를 가감없이 보여주는 작업이 필요했습니다. 이처럼 회의는 그 문화를 드러내주는 주요 장소 중의 하나입니다. 그리고 회의 테이블, 의자, 그리고 각자 자리를 잡는 곳을 보면 수면 위로 빼꼼히 드러낸 문화의 얼굴을 볼 수 있습니다.

물론 문화가 항상 직접적이고 직설적으로 표출되지는 않습니다. 평등한 소통과 의사결정을 하겠답시고 '원탁의 기사'처럼 원형 테이블로 바꾸지만 위계적인 문화가 여전히 강하다면 그런 자리에서도 권력자에게 모든 발언이 집중되는 현상이 벌어집니다. 그래서 어떤 분들은 회의 공간을 바꾼다고 하더라도 문화 그 자체를 바꿀 순 없다고 주장합니다. 그 말에 저도 동의합니다. 하지만 저는 좀 더 구체적으로 표현하고 싶습니다. '인공물'이 조직문화 변화를 직접 추동推動하기는 어려워도 최소한 걸림돌로 작용할 수 있다고 말입니다. 그 사례를 보시지요.

「토이 스토리」 등 애니메이션을 제작하는 픽사 사례입니다. 픽사는 참신한 아이디어와 흥미진진한 스토리로 유명한데 구성원의 독특한 개성과 생각을 존중합니다. 감독, 작가, 애니메이터, 음향 감독이 서로 다르지 않다고 여깁니다. 픽사 임직원이라면 누구나 이야기 모티프가 되는 씨앗을 가지고 있을 수 있으며 그 줄거리를 창의적으로 발전시킬 수 있는 자격이 있다고 믿습니다. 그러므로 이들은 평등한 문화를 절대적으로 신봉합니다.

이들은 작품을 논의할 때마다 직원들이 웨스트원West One이라 부르는 널따란 회의실에 모였습니다. 이곳에는 픽사를 인수한 스티브 잡스가 총애하던 디자이너가 직접 고른 우아한 테이블이 놓여 있었습니다. 그 테이블은 기다란 직사각형 모양으로 설계되어 있어서 30명이나 앉을 수 있었습니다. 프로젝트 관련자들이 모두 모여 머리를 맞대야 할 때마다 애용하곤 했습니다. 고풍스럽고 우아하지만 이쪽 끝과 저쪽 끝의 거리가 꽤 멀었습니다. 테이블 양쪽 끝에 앉아 있는 사람이 하는 말을 귀담아들으려면 주요 의사결정권자들은 테이블 가운데 앉아야만 했습니다. 픽사 사장인 에드윈 캣멀Edwin Catmull, 최고 크리에이티브 책임자인 존 래시터, 감독, 각본가들이 중심에 앉았습니다. 픽사 문화는 전혀 위계적이지 않았는데 소통의 효율성을 고려하다 보니 그런 형국이 되어버렸습니다.

어느 날부터는 누군가가 테이블에 명패를 놓기 시작했습니다. 소통하기 편한 자리에 중요한 사람이 앉을 수 있도록 지정석을 명시했습니다. 직사각형 테이블이 또 다른 인공물인 명패를 만들어냈습니다. 여러분이 이런 맥락에 비집고 들어갔다면 어떤 느낌을 받으실까요? 픽사 구성원조차 가운데 배석자는 중요한 인물이고 가운데에서 멀어질수록, 즉 변두리에 자리잡을수록 발언권이 제한되어 있다고 믿게 되었습니다. 픽사 사장인 에드윈 캣멀은 이렇게 회고합니다.

"이런 분위기 때문에 테이블 가장자리에 앉은 사람들은 대화에 끼어드는 것을 자제하게 되었습니다. 많은 사람이 회의에 참석해서 테이블에 모두 앉을 수 없을 때는 회의실 가장자리에 의자를 놓고 앉기도 했습니다. 이런 과정에서 회의 참석자들은 세 계층, 즉 테이블 가운데 앉은 사람, 테이블 가장자리에 앉은 사람, 테이블에 앉지 못한 사람으로 나뉘었습니다. 의도한 것은 아니지만 이 긴 테이블은 직원들이 회의에 적극적으로 참여해 의견을 나누는 것을 가로막는 걸림돌이 됐습니다."[346]

그와 같은 자리에서 무려 10년이나 회의를 해왔습니다. '지위와 무관하게 거침없이 소통해야 한다'는 핵심가치를 가지고 있음에도 불구하고! 특히 에드윈 캣멀과 존 래시터 등 픽사의 핵심 경영진은 이를 자각하지도 못했습니다. 그들은 소통의 중심에 앉아 있었기 때문에 단 한 번도 회의에서 소외당하는 느낌을 받지 못했습니다. 그래서 그들은 모든 구성원이 원활하고 활발하게 회의에 참여하고 있다고 믿었습니다. 평등한 문화를 추구하는 픽사 구성원들조차 10년 동안 누구도 이의제기하지 않았습니다. 비록 그와 같은 위계적인 배치를 아쉬워한 구성원이 있었지만 경영진이 일부러 의도한 거로 생각하고 군말하지 못했습니다.

　어느 날, 그들은 우연히 조그만 사무실의 작은 정사각형 테이블에서 회의합니다. 위계질서에 관한 물리적이고 사회적인 신호$_{signal}$가 사라진 상황에 처하게 되었습니다. 그러자 구성원들 모두가 활발히 토론에 참여하는 게 아니겠습니까. 에드윈 캣멀 사장은 그 회의야말로 그가 꿈꾸던 픽사임을 깨닫습니다. 웨스트원에서 하던 회의와 지금 이 회의가 왜 다르게 느껴졌는지 그 차이를 고심했고 기다랗고 고풍스러운 직사각형 테이블이 의도치 않게 위계를 만들어냈음을 자각합니다. 그는 이를 깨닫자마자 바로 시설부서로 달려갑니다. 그리고는 이렇게 외칩니다. "웨스트원에 있는 저 망할 기다린 테이블을 바로 빼주세요. 그리고 정사각형 테이블을 당장 놔주세요."라고요.

　며칠 뒤에 다시 웨스트원에서 프로젝트 관련자가 모두 모이게 되었습니다. 새로 교체한 그 정사각형 테이블에 말이지요. 그런데 누군가 여전히 그 테이블에 명패를 올려놓고 좌석을 지정했습니다. 이래서 관행이 무섭습니다. 어느 하나를 개선했다고 해서 당장 바뀌지는 않습니다. 기존 관행이 진드기처럼 찰싹 달라붙어서 억누르기 때문입니다. 그나마 에드윈 캣멀이 변화의 물꼬를 터놓아준 덕분에 어느 감독이 회의실에 들어오면서 "이제 여기서 이런 것들은 더는 필요 없죠!" 하면서 명패를 치워버렸습니다.

여러분 조직의 회의는 어떤 모습입니까? 최근 몇몇 조직에서는 '회의문화'를 개선하는 프로젝트를 추진했습니다. 그 작업이 효과를 거두려면 최소한 두 가지를 염두에 둘 필요가 있습니다. 앞서 말씀드린 대로 회의 공간, 테이블, 의자와 같은 물리적 인공물이 변화를 추동하지는 못하지만 변화에 걸림돌로 작용할 수 있습니다. 조직 어디에서 말을 하든 '심리적 안전감'을 갖도록 하는 일이 가장 좋겠지만 그동안 지나치게 억압되어 있던 상태라면 최소한 회의실만큼은 자유롭고 원활한 소통이 가능한 공간이라는 사회적인 신호를 구성원들에게 줄 수 있어야 합니다.

한편으로는 회의문화 개선만으로도 그 효과를 거둘 수 있는지 고민해야 합니다. 단위 부서 또는 팀에서 개선되더라도 조직 전체의 문화가 변하지 않으면 도로아미타불이 되기 때문입니다. 원활한 소통과 창의적인 아이디어가 팀 내에서도 그리고 그 경계를 넘어 전 조직에 흘러넘치게 하겠다는 의도입니다. 그런데 자동차 엔진 실린더 연료 흐름을 제어하는 스로틀 밸브throttle valve가 잠겨 있는데 그 차에 아무리 기름을 주입한다 한들 차가 한치라도 움직이겠습니까.

• • •

우리 회사 홈페이지에 문화가 투영된다

조직문화를 그 조직의 고유한 '성격'이라 한다면 외부에 노출되는 회사 홈페이지에 그 '성격'이 드러날 가능성이 있겠지요? 미시건 로스 경영대학의 로버트 퀸Robert Quinn은 조직풍토를 진단하는 경쟁가치모형Competing Values Framework을 제시했습니다.[354] 저는 이 프레임워크를 근간으로 회사 홈페이지에서 몇 가지 특성을 관찰할 수 있었습니다. 이 말씀을 드리려면 퀸의 모델을 먼저 살펴야겠지요?

그는 조직이 중요하다고 믿는 가치가values 존재하는데 다음 두 가지 축이 조직의 분위기를 규정한다고 보았습니다. 하나는 안정과 통제를 중시하는지stability & control, 유연과 자율을 중시하는지flexibility & discretion. 다른 하나는 내부적인 단합과 협력을 강조하는지internal focus & integration, 외부와의 차별화와 경쟁을 강조하는지external focus & differentia-tion. 그리고 이들 가치는 조직 내에서 병존하면서 서로 긴장을 유발한다고 보았습니다. 그래서 '경쟁competing' 가치라 명명했습니다.

퀸의 모델을 근간으로 홈페이지를 살펴보겠습니다. 첫 번째는 색상, 디자인, 기능입니다. 위계 중심의 조직은 안정감을 주는 색상을 좋아합니다. 주로 신뢰감을 높이는 파란색 계열을 선호하는 경향이 있습니다. 우리나라 정부와 공공기관의 홈페이지들이 그 대표적인 예입니다. 사이트 디자인도 전통적인 패턴입니다. 상단에 메뉴 바가 있고 그 하단으로 정보가 표시되는 형태입니다.

로버트 퀸의 경쟁가치모형

반면 혁신 중시 조직은 그 홈페이지에서 '우리는 혁신을 추구하고 사랑해요.'라는 느낌이 오도록 구성합니다. 색상부터 시선을 한눈에 사로잡습니다. 메뉴가 아예 없거나 각자 독특한 방식으로 표현합니다. 여러분이 혁신 중시 조직의 장이라 가정해보세요. 홈페이지 제작 담당자가 여러 시안을 가지고 왔습니다. 그중에 어떤 것을 고를 가능성이 더 큽니까? 일반적이지 않은 경쟁사보다는 남달라 보이고 누가 봐도 독특한 시안을 고르거나 아무리 봐도 마음에 들지 않는다면 새롭게 다시 만들어보라고 요구하시겠지요.

경쟁과 성과를 강조하는 조직들, 그중에서도 온라인에서 매출이 일어나는 곳은 홈페이지에 접속했을 때 구매 욕구를 충분히 불러일으키려 합니다. A·B 테스트(디자인 A, B 중에 어느 안을 사용자들이 선호하는지 통계적으로 검증하는 방법)를 거쳐서 매출 증가에 기여하는 디자인을 적용합니다. 또한 고객 입장의 '사용자 경험User eXperience'을 매우 중히 여깁니다. 물품 결재 과정까지 디테일에 상당한 신경을 씁니다. 고객이 물건을 사려는데 불편을 느끼면 결제창까지 도달하기 전에 짜증을 내고 튕겨나갈 가능성이 있기 때문이지요.

두 번째로 살펴볼 점은 홈페이지에 담긴 구성원 사진입니다. 대기업 홈페이지에서는 아예 없거나 일부 구성원들만 출현합니다. 하지만 스타트업 홈페이지에서 그 구성원 전체 사진이 나오는 페이지를 빈번하게 볼 수 있습니다. '우리 구성원들our people' '우리 회사our company'라는 메뉴를 클릭하면 실제 그 조직에서 일하는 구성원 사진이 나옵니다. 워크숍 가서 즐겁게 찍은 사진을 올려놓거나, 서로 머리를 맞대고 회의를 하고 있거나, 컴퓨터 앞에서 논의하는 모습 등. 그들이 기치로 내세우는 협력, 민첩성, 소통, 도전 등 콘셉트에 맞는 사진을 사용합니다.

그 사진을 유심히 보면 두 가지를 알 수 있습니다. 첫째, 그 조직 내 역학 관계입니다. 둘째, 그 조직이 얼마나 감정 표현에 자연스러운지 알 수 있습니다. 친한 친구들끼리 사진을 찍는다고 생각해보세요. 어떤 배치로 사진을 찍습니까? 대중 없지 않습니까? 그냥 길 가다가 놀다가 술 먹다가 특정한 위치 선정 없이 그냥 막 찍습니다. 우리가 어렸을 때 부모님과 어떤 위치에서 사진을 찍었습니까? 부모님이 어린 자녀인 우리를 보호하는 위치에 서서 찍었습니다. 반면 우리가 장성해서 스튜디오 사진관에서 부모님과 사진을 찍을 때 어떤 위치로 찍습니까? 부모님을 가운데로 두고 자녀들이 둘러싸는 형태로 찍습니다. 사진에서 어떤 위치에 어떤 배치로 인물들이 서 있느냐에 따라 그 느낌이 달라질 수 있습니다.

저는 아마추어 사진가로서 다양한 조직의 단체 사진을 많이 찍어봤습니다. 위계가 강하고 경직적인 조직은 단체 사진을 어떻게 찍을까요? 가장 중요하고 권력이 강한 사람이 가운데에 서는 경향이 있습니다. 또는 가부장적인 리더상을 가지고 있는 리더들은 '구성원들은 내가 보호해야 할 자녀'라는 심정으로 사진 맨 오른편이나 왼편에 서는 경향도 있습니다. 한두 번 우연히 그렇게 찍는 게 아니라 다양한 장소에서 여러 번 찍어도 일관된 위치에 서 있습니다. 리더가 그 자리를 고집하는 면도 있고 구성원들이 이미 그에 학습되어 있기 때문이기도 합니다.

'나와 남이 다르지 않다'는 가정이 강한 조직은 구성원 배치에 크게 의미를 부여하지 않습니다. 가운데에 찍히나, 한쪽 구석에 찍히나, 그 사람이나 이 사람이나 다를 바 없다고 가정합니다. 우리가 모두 함께 사진에 나온다는 점이 더 중요한 것이지요.

감정 표현의 자연스러움도 사진에 많이 드러납니다. 스타트업 중에서도 리더 스타일에 따라 상당히 경직된 조직이 있는데 홈페이지 구성원 사진을 보면 표정이 부자연스럽습니다. 평상시 군소리없이 일만 해야 하거나 잔소리만 듣던 사무실에서 갑자기 미소를 짓고 웃는 척을 해야 하니 적응이 안 되고 어색해지는 것이지요. 반면 원래부터 자신의 감정과 생각을 자연스럽게 표출할 수 있는 조직에서는 웃는 입꼬리도 자연스럽게 나타납니다.

어느 스타트업을 제가 방문해야 할 일이 생겼습니다. 그 회사 임원과 미팅하기 전에 그 사업을 알아야겠기에 홈페이지를 접속해서 이리저리 사업 영역과 연혁을 조사해봤습니다. '우리 이야기'라는 메뉴를 클릭해봤더니 구성원 사진이 나오더군요. 사진 대부분에서 그 대표는 가운데에 자리해 있었고 구성원들은 표정이 조금 경직되어 있었습니다. 웃는 장면임에도 불구하고 '억지웃음'이 느껴지는 사진들. 그중에서도 압권인 사진이 있었습니다. 대표는 가운데 자리에 일어선 채로 집게손가락으로 무언가를 강조하는 제스처를 취하고 나머지 구성원들은 무언가 적고 있거나 노트북을 두들기고 있는 사진이었습니다. 그 대표의 카리스마가 은연중에 뿜어져 나오는 사진이었습니다. 그러고 나서 그 회사를 방문하여 임원도 만나고 구성원 몇 명과도 이야기를 나누었습니다. 그 홈페이지 사진에서 느껴졌던 바대로 대표의 강력한 기에 억눌려 구성원이 의견을 자연스럽게 표현하기 어려운 문화였습니다.

물론 홈페이지와 구성원 사진만으로 단언하듯 그 조직문화를 판단해서는 안 됩니다. 섣부른 선입견이 그 조직을 제대로 볼 눈을 헤칠 수 있습니다. 인공물은 문화적 표현이긴 하나 인공물 간에 불일치가 있을 수 있고 인공물과 기본 가정에 괴리가 있을 수 있습니다. 그래서 그 조직을 종합적으로 두루 살펴보고 난 후에 그 문화를 정의하는 일이 필요합니다.

지금까지 우리는 몇몇 굵직한 인공물을 살펴보았습니다. 앞서 언급하지 않은 인공물이 여러분 조직에 있습니까? 있다면 그것은 무엇입니까? 그 인공물은 어떤 문화적 배경에서 창조되었으며 또 구성원들에게 어떤 메시지를 강화하고 있습니까?

2
구성원들은 어떻게 생각할까?

지금까지 우리는 인공물을 조목조목 짚어서 살펴봤습니다. 각 지점을 잘 관찰하고 수첩이나 메모장에 잘 정리해두셨겠지요? 겉으로 드러난 사실 중심으로 잘 정리해놓으시면 좋겠습니다. 인공물을 모두 관찰하셨다면 이제 구성원들은 어떻게 생각하는지를 들어봐야 합니다. 그들의 목소리를 들으러 출발하겠습니다.

• • •

언더커버 보스처럼

독자 여러분이 직급이 높지 않다면 구성원이 조직에 어떤 감정을 가지고 요즘에는 무슨 생각을 하고 있는지 자연스럽게 접할 계기가 많습니다. 그중 하나가 담배 피우는 장소입니다. 담배가 역사적으로 허용되었던 장소도 참 흥미롭습니다. 예전에는 사무실, 화장실 그 어디에서든 가능했습니다. 그러다 건물 밖으로 밀려났고 그마저도 미관에 좋지 않다고 건물 뒤편이나 한쪽 구석으로 몰리기 시작했습니다. 담배에 대한 사회적 각성이 끽연 장소 위치에 변화를 가져온 셈입니다. 저는 어느 조직의 문화를 탐구할 때 종종 그 장소에 가는 걸 즐기곤 했습니다. 스트레스를 푸는 장소이기 때문에 사람들 본연의 모습이 종종 드러나곤 합니다. 동료와 이야기를 나눌 때 어떤 표정인지와 어떤 톤으로 말하는지를 관찰하면 파편적이긴 하지만 여러 시사점을 얻을 수 있습니다.

점심 먹고 잠시 들른 카페에서 상급자나 동료에게 직접 물어볼 수도 있습니다. "우리 조직의 문화는 무엇이라고 생각하세요? 긍정적인 면과 부정적인 면은 뭐가 있을까요?"와 같은 질문이요. 또한 비유적인 질문도 상당히 효과적입니다. 개인의 생각과 감정을 함축적으로 길러낼 수 있기 때문입니다. "우리 조직의 문화를 떠올려보면 어떤 이미지가 떠오르세요?" "우리 조직을 유비, 조조, 관우, 장비 등과 같은 인물로 비유한다면 누구라고 생각하세요?" 같은 질문들입니다. 제가 어느 구성원에게 커피를 마시면서 비유적 질문을 던져봤습니다. 그랬더니 그가 말하길 "우리나라 과자 같습니다."라고 대답했습니다. 왜냐고 물었지요. 그랬더니 "우리나라 과자는 포장이 정말 엄청 멋지게 되어 있는데 뜯어보면 내용물은 별로 없습니다. 텅텅 비어있지요. 외부 미디어와 사람들에게는 번지르르하게 멋진 말을 하지만, 내부에 들어와서 일하는 사람들은 속 빈 강정처럼 느낍니다." 그 구체적인 사례들을 들어달라고 하면 문화적 특성이 좀 더 구체적으로 드러날 수 있습니다.

"조직과 나의 관계를 무엇에 비유할 수 있으세요?"라는 질문도 활용할 필요가 있습니다. 조직심리학자들은 개인이 조직으로부터 얼마나 지원과 지지를 받는지에 따라 조직에 갖는 생각과 감정이 달라질 수 있음을 관찰해왔습니다.[355] 이를 조직지원인식perceived organizational support이라 부르는데 그에 따라 자기가 소속한 조직을 좀 더 긍정적으로 평가할 수도 또는 부정적으로 묘사할 수도 있습니다. 앞에 앉아 있는 정보제공자와 조직 간의 관계적 질을 고려하면서 그가 말하는 내용을 정리할 필요가 있습니다.

같은 조직 구성원들인데 A는 "우리 조직은 저에게 엄한 아버지 같습니다. 엄격하기는 하지만 제가 열심히 하면 끝까지 보살펴주시거든요."라고 비유했지만 B는 "우리 조직은 저에게 영화 「위플래쉬」의 폭군 선생 플렛처 같습니다. 모든 걸 엄격하게 요구하는 반면에 열심히 일해왔던 저를 결국 배신했지요."라고 비유했습니다. A와 B에게 '엄격하다'는 심상은 조직에 공통으로 느끼는 감정입니다. 그 의미가 구체적으로 무엇인가는 좀 더 파고들어 가야 하겠지만, 그 조직의 두드러진 특성일 가능성이 큽니다. 그런데 그들 간의 관계는 서로 다릅니다. A는 조직에 긍정적이지만 B는 부정적입니다. A는 이 조직의 좋은 점을 더 많이 말할 가능성이 크고 B는 비판적인 시각에서 여러 가지 불합리한 점들을 쏟아낼 가능성이 있습니다.

조직문화를 조사하는 초반에는 구성원(정보제공자)마다 서로 이질적인 정보를 제공할 가능성이 큽니다. 그래서 초반에는 구체적인 윤곽을 확인하기 어렵습니다.[356] 점차 여러 명의 구성원을 만나면서 공통적인 특성은 더욱 확실하게 드러나고 어떤 가치가 두드러지고 그 안에 내재해 있는 가치가 무엇인지가 수면 위로 떠오릅니다.

구성원을 인터뷰할 때는 한 가지 유의할 일이 있습니다. MIT 슬론

경영대학의 존 반 마넨John Eastin Van Maanen이 이를 제대로 지적한 바 있습니다. 그는 경영학 분야에서 인류학 연구방법론을 적극적으로 활용하는 학자로 널리 알려져 있습니다. 주로 미국 경찰을 대상으로 은어, 사고 스타일, 행동양식 등을 연구했습니다. 그는 현상적 데이터operational data와 설명적 데이터presentational data를 구분할 필요가 있다고 강조합니다.[357] 전자는 외부인을 의식하지 않은 채 구성원끼리 자발적으로 이야기를 나누는 중에 발췌된 언어와 이야기들입니다. 반면 후자는 인터뷰 상황 등에서 구성원이 연구자에게 현상이나 원인을 말로 설명하는 자료입니다. "이것은 이런 거고요. 그 이유는 이런 것이에요." 식의 말들입니다.

전자는 그 조직의 문화적 현상을 여실히 보여주지만 후자는 정보 제공자에 의해 왜곡될 가능성이 있습니다. 의도하든 하지 않았든 실상을 제대로 보여주지 않고 적당히 얼버무리거나 실제보다 더 미화시키기도 합니다. 인터뷰할 때 정보제공자가 사실을 말하는지, 거짓을 말하는지 잘 구분할 필요가 있습니다. 거짓말을 가려서 버리고자 함이 아니라 때로는 그 거짓말 자체가 중요한 정보가 되기도 합니다.

마넨은 현상적 데이터와 설명적 데이터가 충돌하는 현상을 관찰합니다.[358] 그가 인터뷰한 경찰관들은 실적 압박을 느끼지 않는다고 주장했습니다. 그들은 오로지 사회 정의 구현을 위해 행동한다고 본인 주도적으로 법을 집행하는 것처럼 묘사했습니다(설명적 데이터). 하지만 그들은 선술집 밖에 어둑어둑한 불빛 아래 대기하면서 '함정 단속'을 자주 벌였습니다. 술에 취한 사람이 술집에서 나와 차에 시동을 걸고 조금이라도 움직이면 바로 음주운전으로 체포하는 겁니다. 성과 압박으로 단속 실적을 많이 내기 위해서였습니다(현상적 데이터). 설명적 데이터가 사실이 아님이 드러났지만, 오히려 그 거짓말이 경찰이 일상적으로 겪는 딜레마를 잘 설명해주고 있습니다. 이처럼 구성원과 인터뷰한 자료는 설명적 데이터 특성이 있을 수 있음을 유의해야 합니다.

만일 여러분이 고위직이라면 어떨까요? 구성원이 어떤 생각을 하고 있는지 접하기 어렵습니다. 그 원인 중의 하나는 정보의 비대칭입니다. 조직 상층부는 하층부와 다루는 정보가 다릅니다. 그리고 하층부에서 벌어졌던 일들이 위로 올라갈 때는 거름종이로 걸러져 정련되기도 하고 때로는 차단되기도 합니다. 또한 고위직 앞에서 구성원은 다른 페르소나를 쓰곤 합니다. 그래서 솔직한 생각을 듣기 어려운 경우가 많습니다.

그런 이유로 영국과 미국에서는 〈언더커버 보스〉라는 방송 프로그램이 유행했습니다. 대기업 CEO가 자기 회사에 일용직 사원으로 취업합니다. 본인이 CEO임을 눈치채지 못하게 특수 분장하고 지점이나 공장에서 일합니다. 사회적 약자가 재취업할 수 있도록 돕는 TV 프로그램으로 가장하고 그가 다른 구성원들과 같이 일하고 이야기를 나누는 장면을 모두 찍습니다. CEO는 평소에 듣지 못했던 조직의 불합리한 점, 구성원들이 겪는 고충과 마주합니다. 우리나라는 MBC에서 미국판을 수입해 〈언더커버 보스: 회장님은 위장 취업 중〉이라는 이름으로 방송되었습니다. 한 마디로 과거 우리나라 임금이 밤에 야행하여 백성의 삶을 돌아보는 일과 비슷합니다. 하지만 이런 일을 실제로 벌이기에는 현실적으로 어렵습니다.

어떻게 구성원들의 생각을 들을 수 있을까요? 간접적 방법을 활용할 수밖에 없습니다. 먼저 서베이를 활용할 수 있습니다. 어느 사장님은 회사 문화에 대해 구성원은 어떻게 생각하는지 솔직한 이야기를 듣고 싶었습니다. 직원을 몇 명 면담했으나 솔직한 의견을 말하지 않는 것 같이 느껴졌습니다. 2018년 상반기에 처음으로 구성원이 상사를 평가하는 제도를 만들면서 그 참에 조직문화도 함께 물어보자 싶었습니다. "상사의 강점과 약점을 평가해주십시오."라는 문항에 더해 사장님이 직접 몇 가지 설문 문항을 추가했습니다. "우리 회사의 조직문화는 어떤가요?" "우리 회사가 더 성장하려면 일하는 방식을 어떻게 바꾸어야 할까요?" 등 다섯 가지 문항을 본인이 직접 고민해서 넣었습니다.

물론 할 말을 하지 못하는 폐쇄적인 조직문화에서는 서베이로도 솔직한 응답을 얻기 어렵습니다. 이때는 외부에서 전문가를 활용하는 방법이 있습니다.

• • •

낯선 눈의 내부인은 어떻게 볼까?

우리 조직의 문화를 가장 객관적으로 관찰할 수 있는 사람은 누구일까요? 조사하고자 하는 정보 유형에 따라 적합한 정보제공자 informant가 다릅니다. 조직이 태초에 어떤 환경에서 설립되었고 그 시기에 어떤 일들이 일어났는지 알고자 한다면 오래 근무한 구성원을 면담하는 일이 더 타당합니다. 조직이 성장하면서 굵직한 변곡점을 겪었다면 그 일을 직접 경험했던 구성원이 더 좋습니다. 물론 과거에 있었던 일을 회고적으로retrospective 살펴보는 일이기에 한계는 존재합니다. 개인의 과거 기억은 주관적인데다 때때로 변형되고 왜곡되기 때문입니다. 그래서 그 당시 상황을 알고 있는 정보제공자를 여러 명

선정하여 그 당시의 '실재'를 재구성해나가는 작업이 필요합니다.

다른 조직들에 비해서 우리 조직만의 독특한 특성을 알아보고자 한다면 어느 정보제공자가 가장 적합할까요? 바로 경력사원들입니다. 여담입니다만 경력사원들에게 "연착륙soft-landing하지 말고 경착륙hard-landing 해달라"고 요구하는 리더들이 있습니다. 기존에 일하던 방식이나 문화에 바로 젖어들지 말고 제3자 관점에서 의문을 제기해달라는 의미입니다. 가령 "그걸 왜 해야 하는지요?" "왜 그렇게 해야 하는지요?" "아, 그건 좀 이상하지 않나요? 이렇게 하는 게 더 좋아 보일 거 같은데." 등. 경력사원들은 무조건 '연착륙'해야 하고 회사도 그렇게 지원해야 한다는 강박증을 뒤엎는 발상이라 일견 멋있어 보입니다.

그러나 그 리더 말대로 '경창륙'을 하려고 했다가는 그 경력사원은 조직 내에서 망가질 가능성이 큽니다. 무언가 변화를 추구하려면 그 아이디어를 낸 사람에 신뢰가 전제되어야 합니다. 인간적인 신뢰뿐만 아니라 그 사람이 우수한 역량과 좋은 아이디어를 가지고 있다는 능력 차원의 신뢰입니다. 그게 쌓이기도 전에 상사, 동료, 부하가 하는 일에 사사건건 시시비비조로 참견하면 주변에서 어떤 반응이 나올까요? '미친놈 하나 들어왔네!'라는 반응이 나올 겁니다. 그 조직에 '당연한 것'으로 받아들여지는 일을 이상하다고 틀렸다고 말하니 얼마나 그가 비정상으로 보이겠습니까.

경력사원이 들어오면 우리 조직이 일을 만들어가고 수행하는 방식을 빠르게 파악하도록 돕는 일이 필요합니다. 1부 1장에서 우리는 대기업 A, B, C사 리더가 목표를 달성해나가는 모습이 서로 다르다는 점을 살펴볼 수 있었습니다. A사에 있던 리더가 B사로 이직했다고 생각해보겠습니다. 또는 B사 리더가 A사로 이직했습니다. 전 직장과 같은 직무를 맡는다고 하더라도 전혀 다른 세상입니다. 토질이 다르고 그 지세가 다릅니다. 걷고 뛰어다니려면 그에 적응하는 시간이 필요합니다.

이처럼 경력사원은 현재 토양에 낯설어서 우리 조직의 고유한 문화적 특성을 예리하게 포착해낼 수 있습니다. 마치 1990년대 폭탄주, 갑질문화, 회식문화 등 우리나라 기업문화를 관찰하고 깜짝 놀랐던 엘렌 무어처럼 말입니다. 전 직장에서는 일을 곡선으로 풀어내야 했는데 지금 직장에서는 일을 직선으로 풀어내야 하고 전 직장에서는 일의 호흡이 길었던 반면 지금 직장은 일의 호흡이 짧다는 등 준거가 있어서 서로 비교할 수 있습니다.

입사한 지 1년 미만의(또는 2~3년 차까지) 경력직들과 면담을 하면서 다음 질문을 던져볼 수 있습니다.

- 우리 조직에 들어와서 잘 적응하고 있는지요? 적응이 잘되는 점이 있다면 무엇이고 어려운 점이 있다면 무엇입니까?
- 우리 조직에 합류한 첫주 처음 한 달을 생각해보세요. 가장 생경했던 일들은 무엇입니까? 이상하다고 느끼거나 흥미로운 현상이라고 느낀 일은 무엇입니까?
- 일을 만들고 풀어가는 측면에서 우리 조직만의 특징은 무엇입니까? 비효율적인 면이 있다면 그것은 무엇입니까?
- 전 직장과 비교했을 때 우리 조직만의 차별적인 특성은 무엇입니까?

• • •
내부인이 외부인처럼 보는 방법이 없을까?

만일 우리 조직에 경력사원이 없다면 어떻게 할 수 있을까요? 완벽히 제삼자 입장으로 바라볼 수는 없지만 시도 가능한 방법은 있습니다. 그중의 하나는 일상으로부터 갑작스럽게 동떨어져서 관조하도록 고안된, 이른바 '위반실험breaching experiment'입니다. 당연하게 받아들여지는 일을 객관적인 시각에서 바라보려 노력하는 것으로 다른 사람과 대화 나눌 때 그가 사용한 단어의 의미를 명확히 밝히도록 요구하는 방법입니다. 이 기법을 제시한 해롤드 가핑켈Harold Garfinkel 은 학생들에게 친구 또는 가족 그 누구든지 평소에 친분 있는 사람과 일상적인 대화를 나누는 과제를 내줬습니다. 그리고 단순히 대화만 나누는 것이 아니라 상대방의 말이 정확히 무슨 뜻인지를 물어보고 적어오도록 했습니다. 이러한 과정을 통해 당연시 여겨지던 일상적인 대화가 분해되었습니다. 학생들이 보고했던 두 가지 사례를 살펴보시지요.[359]

대상자: 안녕, 레이. 요즘 여자친구는 잘 지내?

실험자: '여자친구가 잘 지내냐'니 무슨 뜻이야?

대상자: 아니, 그니까 잘 지내냐고? 너 갑자기 왜 그래? (그는 짜증이 나 보인다)

실험자: 아무 일도 없는데. 그냥 질문의 의도를 좀 더 명확히 말해주면 좋겠어.

대상자: 뭐래. 요즘 하는 일들은 잘되어가?

실험자: '요즘 하는 일들'이 무슨 뜻이지?

대상자: 너, 내가 뭘 말하는지 알잖아!

실험자: 난 정말 모르겠는데.

대상자: 도대체 뭐가 문제야? 너 어디 아프니?

대상자: 어떻게 지내?

실험자: 어떤 면으로 잘 지내느냐고 묻는 거야? 내 건강? 내 재정
상태? 학교수업? 아니면 내 감정 상태?

대상자: (얼굴이 벌게지면서 갑자기 자제력을 잃고) 야! 나는 그저
점잖게 건넨 말이었다. 솔직히 말해볼까. 네가 어떤 상태인
지 물어볼 의도는 전혀 없었다. 됐냐? 젠장.

조직문화는 우리 조직에서 무의식적으로 당연하다고 여기는 태도와 행동의 패턴입니다. 위반실험은 조직생활에서 당연하게 받아들여지는 상호작용 방식을 뒤흔들며 암묵적으로 받아들여지는 행동양식을 해체합니다. 이를 통해 우리 조직에 내재한 의미를 길러낼 수 있습니다. 다음과 같이 말입니다.

국내 어느 유통 기업 임원은 부하 팀장과 대화를 나눌 때 이를 적용해보기로 하였다.

팀장: 이번에 새로 개점하는 지점은 직원 사무실을 더욱 효율화 했습니다.

임원: 직원 사무실을 효율화한다는 말이 무슨 뜻이죠?

팀장: 네? 무슨 말씀이신지……. (그는 조금 당황스러워한다)

임원: 직원 사무실 효율화가 무슨 의미냐는 뜻입니다.

팀장: 질문하시는 의도가 파악이 안 돼서 말입니다. 우리 회사에서는 너무도 당연한 얘기를 여쭈어보시니……. (황당하다는 듯한 표정이 얼굴에 조금 드러난다)

임원: 그 당연한 얘기를 한 번 풀어서 말해보세요.

팀장: 네. 우리 회사는 유통업입니다. 건물의 전체 용적은 한정되어 있기 때문에 제품과 서비스를 판매하는 곳은 최대화하고 매출과 직접적인 관련이 없는 곳은 최소화해야 합니다. 가장 대표적인 곳이 직원 사무실입니다. 제가 직원 사무실을 효율화했다는 말은 직원들이 업무에 크게 방해를 받지 않는 수준에서 직원 책상을 최소화하고 서류 및 집기 등의 수납공간을 효율적으로 배치했다는 의미입니다. 그렇게 남은 공간을 매출이 발생하는 장소로 만들었다는 것이고요.

임원: 그렇군요. 우리 회사가 인간존중을 내세우고 인재의 중요성을 강조하지만 직원들이 좁은 공간에서 일하는 이유가 거기 있었군요.

하지만 위반실험은 불편한 마음을 가져옵니다. 평소라면 '척하면 척' 받아들였을 표현을 굳이 하나하나 짚습니다. '그게 무슨 의미야?'라고요. 너와 나 그리고 모두가 암묵적으로 알고 있는 바에 의도적으로 딴지를 걸기 때문입니다. 그래서 조직 내에서 아래 사람이 윗사람에게 시도하기는 어렵습니다. 설령 윗사람이라 하더라도 자주 시도

하기가 쉽지 않습니다. '알 만한 사람이 사사건건 딴지 건다.'라는 평을 들을 수 있기 때문입니다.

. . .
사내 게시판에는 어떤 은유적인 메시지가 담겨 있을까?

앞서 다양한 형태의 인공물을 살펴보았습니다. 건물, 사무실 배치, 책상, 의자, 보고서 등을 보았습니다. 2000년대 들어 인트라넷이 발달하면서 사내 게시판도 대표적인 인공물에 속합니다. 적지 않은 기업이 개방적인 소통을 추구한다는 명분으로 무기명 게시판을 운영하고 있습니다. 이곳에는 구성원들의 여과되지 않은 생각과 느낌이 담겨 있습니다. 무기명이라도 얼마든지 IT에서 대상자를 추적할 수 있어 두렵지만 그나마 심리적 안전감이 확보될 수 있는 온라인 공간이라고 할 수 있습니다.

우리나라 A기업은 흥미로운 연구를 합니다. 무기명 게시판에 올라온 글을 가지고 A기업의 조직문화 특성과 그 병폐를 분석합니다. 지금은 텍스트 분석 기법이 상당히 발달해 있기 때문에 수만 건의 데이터를 빠르게 처리해서 요약할 수 있습니다. 하지만 그 당시만 해도 사람이 수작업으로 분석하던 시절입니다. 여러 명의 연구자가 익명 구성원들이 쓴 글을 하나하나 읽고 그 뜻을 이해하고 나름대로 범주를 만들려 시도합니다. 초반에는 범주가 여러 개로 늘어났다가 서로 묶였다가 하는 과정을 거칩니다. 그러다 보면 어느 순간 구조가 구체화하는 시점이 있습니다. 그 구조에 따라 게시판 글을 모두 구분해내는 매우 지난한 작업을 합니다. 이를 통해 A기업은 그들의 문화적 문제를 도출해냅니다.

　여러분 조직에 사내 인트라넷이 있다면 충분히 시도해볼 수 있습니다. 회의, 보고 등 일하는 방식을 포함해 조직문화를 이르는 문구, 문장들을 모두 채집합니다. 막노동처럼 노동집약적인 방법이긴 합니다만 여러 시사점을 끌어낼 수 있습니다. 아울러 잡플래닛이나 블라인드와 같은 기업 평판 조회에 있는 글들도 참조할 만합니다. 현직자나 퇴사자들이 솔직한 생각과 감정을 쏟아내는 곳입니다. 부정적인 글이 대부분이긴 하지만 우리 조직의 '어두운 면'을 여실히 들여다볼 거울이 될 수도 있습니다. 그리고 3~5명의 구성원이 각자 그 내용을 읽어가면서 범주화합니다. A기업처럼 초반에는 범주가 자꾸 흔들리다 작업이 진행될수록 더욱 구체화됩니다. 우리 조직문화의 표면적인 문제들을 발굴해 낼 수 있습니다.

　어쩌면 작업이 끝나고 허망할 수도 있습니다. 여러분이 직관적으로 문제를 꼽은 결과와 그리 다르지 않을 수 있기 때문입니다. 하지만 객관적인 데이터와 타당한 절차에 근거해 도출한 결과라는 점에 의의가 있습니다.

3
설문조사를 해야 할까?

구성원을 일일이 만나 면담을 하면 심층적인 정보를 얻을 수 있습니다. 하지만 우리 조직에 구성원이 많다면 그들 모두를 만나볼 수는 없는 일이지요. 빠른 시간 안에 모든 구성원의 생각을 들어볼 방법은 없을까요? 이때 필요한 도구가 설문조사, 즉 서베이입니다.

• • •
조직문화 진단은 곧 설문조사를 의미할까?

2012년부터 2013년까지 '조직문화 진단 방법론'이라는 이름으로 재능기부를 한 적이 있습니다. 우리나라에 일하기 좋은 기업이 더욱더 많아지길 기원하는 심정으로 그 일을 기획했습니다. 하루 8시간 이틀 교육을 만들어 본인 조직의 문화를 진단하고 측정하고자 하는 분들을 초대해 함께 학습했습니다. 각자 점심 식사비만 들고 오라 했습니다. 강의장은 재능기부 취지에 공감해 어느 분이 지원해주셨기에 무료로 진행할 수 있었습니다. 제 강의안과 몸뚱이만 있으면 되는 일이었습니다.

하루 8시간 이틀 교육은 여간 힘든 일이 아닙니다. 첫날 마치고 집에 들어가니 녹초가 되더군요. 다음날 이른 아침에 일어나면서 '내가 왜 이런 고생을 자처해서 했을까?' 하고 후회가 들기도 했습니다. 하지만 하나라도 더 배우려는 학습자들의 눈망울을 마주하니 후회감은 쏙 들어가고 이 작은 한 몸뚱이로도 우리나라 산업에 조금이라도 기여할 수 있어서 즐거웠습니다. 그 일을 세 차례 진행했고 저와 함께 학습한 분이 80여 명 정도 됩니다. 지금도 고마움을 느끼고 안부 인사를 주시는 분들이 계십니다. 그들과 함께하면서 흥미로웠던 점이 하나 있습니다. 조직문화 진단이라 하면 무조건 설문조사를 떠올리는 경향이 있었습니다. '문화진단=설문조사' 등식을 가지고 있다고나 할까요. 그들이 많이 했던 질문은 '우리 조직의 문화를 진단하려면 어떤 설문조사 도구를 써야 하나요?'였습니다.

앞서 우리는 다양한 인공물을 통해서 그 문화를 어느 정도는 추정해볼 수 있었습니다. 또한 구성원들을 인터뷰해서 문화 심층을 탐구해볼 수 있음을 살펴보았습니다. 설문조사는 하나의 도구에 지나지 않습니다. 하지만 조직문화 진단 하면 대뜸 설문조사부터 머릿속에 떠올려지는 건 무슨 이유일까요? 우리나라에 조직문화 진단이 들어온 시기는 대략 1990년대 이후입니다. 그때부터 업계에 유행처럼 불던 관행이 '문화진단=설문조사'라는 왜곡된 생각을 하게 한 듯합니다.

조직문화를 분석할 때 우리가 손을 빌릴 수 있는 학문은 두 가지입니다. 심리학과 인류학입니다. 전자는 미국식입니다. 현상을 체계적으로 보는 프레임워크를 만들고 진단할 수 있는 도구를 만들어 측정하고 객관적인 데이터로 조직문화를 설명하려 합니다. 진단 결과를 과학적으로 제시할 수 있기에 경영진을 설득하기 쉽습니다. 미국에 영향을 받은 우리나라는 초기부터 설문조사에 많은 의존을 해왔습니다. 하지만 스토리가 없어 밋밋합니다. 매우 이지적으로 생겼지만 생기 없는 마네킹 같습니다. 후자는 영국과 프랑스 등 유럽식입니다. 신화, 상징, 일화 등을 채집해 조직문화를 해석하려 합니다. 스토리가 풍부합니다. 굴곡진 삶이 담긴 화폭을 보는 느낌이 듭니다. 그러나 과학적 훈련을 받은 경영자들은 종종 거부감을 표하곤 합니다. 생기가 발랄하지만 냉철한 이지가 부족한 사람처럼 보입니다.

우리나라는 여전히 미국식에 익숙합니다. 매우 과학적이지만 과학적인 수준에서 그칠 뿐입니다. 이제는 균형이 필요합니다. 설문조사는 조직문화를 진단하는 한 가지 방편입니다. 다른 도구들과 함께 사용할 때 그 가치가 더 빛이 날 수 있음을 강조드리고 싶습니다.

• • •

진단 모델은 멋있어 보이긴 한다

또 다른 오해 중의 하나는 '조직문화 진단을 하려면 좋은 진단 모델, 진단 프레임워크가 필요하다'는 이야기입니다. 일군의 연구자들은 '문화'라는 단어가 들어간 총 4,762개의 학문 아티클을 찾아냅니다. 그중에서 진단 모델을 설명한 877개의 논문을 추립니다. 이를 통해서 2008년까지 연구자들이 만들어낸 48개 진단 모델을 찾아냅니다. 왜 이렇게 많을까요?

어느 개념이 모호하고 복잡할수록 그에 관한 여러 정의와 진단 도구가 양산됩니다. 대표적으로 리더십이 그러합니다. 그 분야 대가인 워렌 베니스가 1997년에 조사한 바에 의하면 그 당시까지만 해도 무려 850가지의 리더십 정의가 있었습니다.[360] 리더십 연구자 각자 자신의 경험과 학문적 배경을 토대로 다르게 정의한 결과입니다. 그 진단 도구도 이루 말할 수 없이 다양하겠지요? 우리는 1부에서 조직문화 정의를 살펴보았습니다. 손에 잘 잡히지 않는 개념이라 여러 가지 예시와 비유를 들면서 정의하는 작업을 거쳤습니다. 개념이 모호한 만큼 조직문화를 보는 관점이 서로 다를 수 있습니다.

그중에서도 세계적으로 널리 활용되는 범용적인 진단 모델들 몇 가지만 아주 간략히 살펴보겠습니다.

톰 피터스가 만든 맥킨지 7S 모델

1980년 맥킨지 컨설팅 소속의 로버트 워터맨Robert Waterman과 토마스 피터스Thomas Peters, 그리고 줄리언 필립스Julien Phillips는 '구조는 조직이 아닙니다'라는 제목의 기사를 냈습니다.[361] 이 기사는 조직을 진단하는 모델로 7S를 제시합니다. 이들이 7S 모델을 제안하게 된 배경을 잠시 살펴보시지요.

이 모델을 주도적으로 주창한 사람은 두 번째 저자인 토마스 피터스입니다. 세계적으로 유명한 경영 사상가인 그 '톰 피터스Tom Peters'입니다. 1982년 『초우량 기업의 조건』이란 책으로 명성을 널리 얻었습니다.[362] 이 책에서 7S 모델을 본격적으로 소개하면서 더욱 유명해집니다. 톰 피터스는 1974년부터 맥킨지 컨설팅에서 컨설턴트로 근무합니다. 그러다 잠시 짬을 내어 1977년에는 스탠퍼드 대학교에서 조직행동으로 박사학위를 받습니다. 그러고 나서 맥킨지로 복귀했습니다.

그 당시 맥킨지에는 새로 임명된 전무 이사가 있었습니다. 그는 고객들로부터 여러 불만 섞인 목소리를 들어서 골치가 아픈 상황이었습니다. 톰 피터스 말에 의하면 맥킨지 컨설팅의 주된 상품은 '전략'과 '조직 구조'였습니다. 전략과 조직 구조를 어떻게 세우고 수정하고 보완할 것이냐 계획을 세워서 돈을 벌었습니다. 톰 피터스는 단순히 차트나 도형을 이리저리 기계적으로 재배치해서 팔아먹는 수준에 가까웠다고 회고합니다.[363] 그런데 그 계획이 고객 조직에서 제대로 실행되지 않는 문제가 있었습니다. 전략의 내용은 좋으나 정작 실행이 문제였습니다. 고객들은 불만을 터트렸고 전무 이사는 그 문제로 골치가 아팠습니다. 무엇을 어떻게 고쳐야 하나 고민하다가 스탠퍼드 대학교에서 박사를 마치고 돌아온 톰 피터스에게 해결방안을 모색해보라고 과제를 줍니다.[364]

마침 톰 피터스는 그때 '효과적인 조직이란 무엇인가?'라는 화두에 빠져 있었습니다. 그는 스탠퍼드 대학교 교수이자 노벨상 수상자인 허브 사이먼Herb Simon과 미시간 대학교의 칼 와익에 영향을 많이 받았습니다. 그들은 공통으로 인간과 조직이 기계적인 존재라고 가정하지 않았습니다. 즉 무 자르듯이 잘라서 이리저리 끼워 맞추면 알아서 잘 돌아가는 존재라 보지 않았습니다. 그들은 그 안에는 충분히 비합리적이고 비이성적인 요소가 있음을 인정하고 이론에 이를 충분히 반영했습니다. 톰 피터스는 그 사상을 음미하면서 단순히 '차트와 상자를 기계적으로 조작하는 일'을 넘어설 필요가 있다고 생각했습니다.

1979년에 워터맨(위에서 소개한 기사 첫 번째 저자)이 상사로 임명되는데 그 또한 과제에 매혹됩니다. 그때부터 과제에 속도가 붙기 시작합니다. 그들은 미국과 유럽에 있는 수많은 경영대학을 방문합니다. 그리고 각 분야 전문가를 만나서 인터뷰했습니다. 당시 워터맨은 하버드 경영대학원의 토니 아토스Tony Athos와 친하게 지냈는데 그를 이 프로젝트에 참여시킵니다. 이들은 각자 고심하다가 샌프란시스코에 함께 모여서 이틀 동안 머리를 쥐어짭니다. 그때 7S 모델이 탄생합니다.

이들은 조직이 힘차게 앞으로 나가려면 7개 요소가 한 방향으로 정렬되어 있어야 한다고 주장합니다. 즉 전략strategy, 구조structure, 시스템system, 관리 스타일style, 구성원staff, 핵심 역량skill, 그리고 공유가치shared values*가 유기적으로 연결되어야만 조직이 효과적으로 운영될

맥킨지 7S 모델

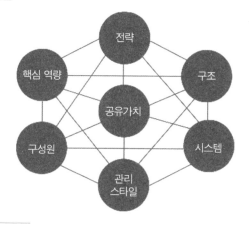

---

* 달리 표현하면 조직문화

수 있다고 보았습니다. 지금까지 맥킨지 컨설팅은 오로지 '전략'과 '구조'만 건드렸기 때문에 실제로는 조직이 실행에 돌입하고자 했을 때 다른 다섯 가지 기어(시스템 등)와 제대로 맞지 않아 삐걱거렸다는 점을 지적합니다.

7S 모델에서 흥미로운 두 가지가 있습니다. 이 모델이 주목을 받으면서 7S 모델에는 '부드러운 S_{soft S}'와 '딱딱한 S_{hard S}'가 있다는 말이 나옵니다. 부드러운 S란 바로 구성원, 관리 스타일, 핵심 역량, 그리고 공유가치를 말합니다. 딱딱한 S는 전략, 구조, 시스템을 말합니다. 전자는 인간적이고 감성적인 요소가 상당합니다. 상대적으로 바꾸기가 쉽다는 가정도 투영되어 있었습니다. 반면 후자는 숫자와 데이터를 근간한 합리성에 기반을 둡니다. 또한 이들이 조직의 단단한 하부 기초를 구성한다는 가정이 깔렸습니다. 그래서 혹자들은 전자가 부드럽다_{soft}고 하고 후자를 딱딱하다_{hard}고 표현했던 것입니다.

그런데 이 모델을 주창한 톰 피터스는 이를 뒤집습니다. "딱딱한 것은 부드럽고 부드러운 것이 딱딱합니다_{Hard is soft. Soft is hard}. 그리고 지난 30년 동안 나는 이를 강조해왔습니다."라고요.[365] 그가 이렇게 말한 이유는 무엇일까요? 그는 조직이 지속적으로 번영하려면 '딱딱한 S'가 아니라 '부드러운 S'가 견고한 기반이 되어야 한다고 봤습니다. 즉 구성원, 관리 스타일, 핵심 역량, 그리고 공유가치가 단단하게 자리잡아야만 그 위에 전략이나 구조 그리고 시스템이 제대로 돌아갈 수 있다고 말입니다. 1980년에 톰 피터스는『월스트리트저널』에 단독으로 '딱딱한 S'보다 더 중요한 것은 '부드러운 S'라고 기사를 냅니다. 그러자 맥킨지는 그를 해고하려고 시도합니다. 맥킨지는 전통적으로 '전략과 구조'를 상품으로 돈 버는 회사였는데 톰 피터스는 그게 중요한 게 아니라고 미디어에 떠벌렸기 때문입니다. 다행히 그의 상사인 워터맨이 보호해줘서 해고당하지는 않았습니다.

7S는 조직 전체를 고찰하는 모델인데 문화를 진단하는 모델로 종종 언급되곤 합니다. 이 모델의 가운데 원을 보면 '공유가치'가 있습니다. 1부에서 우리는 조직문화 정의의 핵심 문구가 '공유가치'임을 살펴보았지요. 톰 피터스도 가운데 원을 '조직문화'라 달리 부르기도 합니다. 7개의 요소가 모두 'S'로 시작하는 단어로 맞추기 위해서 '조직문화' 대신에 '공유가치'라 표현했습니다. 톰 피터스는 조직문화를 가운데에 놓고 그 외에 존재하는 여러 요소를 위성처럼 배치합니다. '조직문화 진단'보다 더 범위가 넓은 '조직진단' 모델이라 할 수 있습니다. 그런데도 문화진단에 자주 사용합니다. 이만큼 포괄적인 프레임워크는 별로 없기 때문입니다.

단점이라 한다면 7S 각 영역을 설문할 수 있는 범용적인 문항이 없다는 점입니다. 그래서 진단 목적에 맞게 영역별로 문항을 개발해서 사용해오고 있습니다. 예를 들어 우리나라 연구자들은 기업보안 조직의 문화를 진단하기 위한 도구를 개발하기 위해서 7S 모델에 근간하여 설문 문항을 만들었습니다.[366] 외국의 몇몇 컨설팅 회사들이 공개한 인터뷰 질문지들을 구글에서 검색할 수 있으니 필요하시다면 직접 찾아 보일 수 있습니다.

로버트 퀸이 제시한 경쟁가치모형

다음은 미시간 로스 경영대학의 로버트 퀸이 만든 경쟁가치모형 Competing Values Framework 입니다. 이는 앞서 '우리 회사 홈페이지에 문화

로버트 퀸의 경쟁가치모형

유연과 자율 중시

Y축

공동체 지향 풍토
Clan

혁신 지향 풍토
Adhocracy

내부와
통합 중시

외부와
차별화 중시

X축

위계 지향 풍토
Hierarchy

성과 지향 풍토
Market

안정과 통제 중시

가 투영된다'라는 제목에서 잠깐 살펴봤습니다.

1983년에 로버트 퀸은 효과적인 조직의 특성이 무엇인지를 찾고자 합니다.[367] 먼저 선행 연구자들이 어떤 결과물을 얻었는지 살펴봅니다. 그는 선행 연구들이 이미 30개의 특성으로 집약했음을 알게 됩니다.[368] 그 30개 특성을 총 50여 명의 연구자에게 제시합니다. 그리고는 일정 기준으로 각 특성을 평가하고 분류하도록 요청합니다. 그 결과를 통계적으로 분석해보니 위의 그림과 같이 두 축으로 구성된 평면에 30개 특성이 도시될 수 있다는 점을 발견합니다. 원래 이런 분석에서는 X축 Y축이 각각 무엇을 의미한다고 통계 프로그램이 알려주지 않습니다. 연구자가 1~4사 분면에 어떤 특성이 흩뿌려져 있는지를 읽고 해석해 자의적으로 명명해야 합니다. 로버트 퀸도 각 축이 무엇을 의미하는지를 살펴봤습니다. X축은 조직의 초점이 조직 내부인가 외부인가, Y축은 안정성을 강조하는가 유연성을 강조하는가를 의미하는 것으로 판단했습니다.[369] 이후에 로버트 퀸은 경쟁

가치모형을 진단하는 도구를 만들어 OCAIOrganizational Culture Assessment Instrument라 명명합니다.[370] 이 도구를 서비스하는 홈페이지에서는 세계적으로 1만 개 이상 기업이 활용하고 있다고 홍보를 하고 있습니다.[371] 이 도구도 구글에서 직접 검색하실 수 있습니다.

각 사분면에는 두드러진 특성이 존재합니다. '공동체 지향 풍토'는 인간미가 넘치는 가족적인 분위기로 응집력이 강조됩니다. 협력과 단합을 강조하면서도 자율적인 판단과 행동을 존중합니다. 우리나라 스타트업 조직에서 초기에 종종 나타나곤 하는 풍토입니다. '혁신 지향 풍토'는 도전정신이 강조되고 진취적인 행동이 발현되는 문화입니다. 구성원의 창의성을 바탕으로 실험정신이 가득합니다. 애플 초창기의 모습이 바로 그러합니다. 우리나라 스타트업 중에서도 기술과 엔지니어링 기반의 조직에서 현저하게 관찰되는 경향이 있습니다. '위계 지향 풍토'는 공식적인 원칙과 규칙을 준수하도록 강조되며 조직체계 유지에 집중합니다. 윗사람의 권위와 아랫사람의 성실이 강조되며 전반적으로 조직의 안정적인 운영에 힘씁니다. 우리나라 공공기관이나 공기업 조직에서 상대적으로 많이 나타나는 특성입니다. '성과 지향 풍토'는 목표 달성을 중심으로 결속하며 성과를 극대로 거두기 위한 효율성을 중시합니다. B2C 산업에 종사하는 상당수 대기업은 이 특성이 나타납니다.

이 모델의 장점은 데이터만 있다면 연도별로 어떻게 변화했는지를 한 눈에 볼 수 있다는 점입니다. 다음은 우리나라 A사의 변화 모습입니다. 작은 기업이 큰 기업으로 성장하는 과정에서 나타날 수 있는 전형적인 패턴을 보입니다. A사는 창업 초기에 공동체 중심의 풍토를 보이다가(2003년) 시장에서 살아남을 수 있는 혁신성이 강조됩니다

A사의 경쟁가치모형 변천사

2003년

2006년

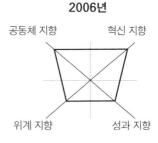

2009년

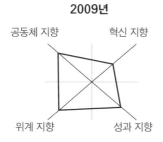

2012년

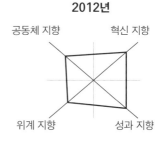

(2006년). 혁신적인 시도가 시장에 먹혀들었고 상당한 입지를 구축합니다. 그러자 내부 안정을 다지는 과정을 거칩니다. 규칙과 원칙을 강조합니다. 아울러 구성원들의 연차가 점차 늘어나면서 위계가 조금 강화되었습니다(2009년). 하지만 어느 순간 자성의 목소리가 나왔습니다. 위계에 매몰되어 혁신의 칼이 무뎌지지 않았나 하고요. 특히 매출액이 떨어지면서 위기감을 느낍니다. 그래서 여러 변화를 단행하지요. 12년에는 혁신과 성과 지향 특성이 두드러진 패턴을 보입니다.

다른 진단 도구에 비해 단점이라 한다면 지극히 적은 풍토적 특성만을 측정한다는 점입니다. 가령 비전의 명확성, 권한 위임 정도, 소통 수준 등을 측정하지 않습니다. 그래프로 나타나는 건 오로지 사분면의 패턴입니다.

다니엘 데니슨의 진단 모형

미시간 경영대학의 교수이자 현재는 스위스 IMD 대학교에 재직 중인 다니엘 데니슨Daniel R. Denison은 1990년대 조직문화 연구의 신성으로 떠오릅니다. 조직문화와 조직풍토의 차이를 구체적으로 규명한 논문으로 유명해졌습니다.[372]

앞서 제가 지적한 바대로 경쟁가치모형은 핵심적 특성만을 추출했기에 단순합니다. 그래서 데니슨은 로버트 퀸의 모델을 확장해 총 12개 요인을 측정할 수 있는 프레임을 구성합니다. 그리고 이를 진단하는 도구를 만듭니다.[373] 이 모형을 자세히 보면 로버트 퀸이 제안한 경쟁가치모형의 X축을 Y축으로, Y축은 X축으로 바꿉니다. 그리고 그 안에 12개의 속성을 배치합니다. 사분면은 각각 미션, 일관

데니슨의 조직문화 진단 모형

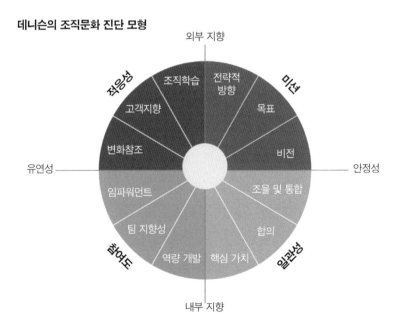

성, 참여도, 적응성으로 구성됩니다. 1사분면의 핵심 질문은 '우리가 어디로 가고 있는지 우리는 알고 있는가?', 2사분면은 '우리는 시장과 고객의 목소리를 경청하는가?', 3사분면은 '우리 구성원은 서로 유기적으로 연결되어 있으며 몰입하는가?', 4사분면은 '우리의 제도와 시스템은 레버리지를 창출하는가?'로 구성되어 있습니다. 이를 진단하는 도구는 데니슨 컨설팅denisonconsulting.com에서 제공하고 있습니다. 한국어판은 PSI 컨설팅에서 제공하고 있습니다. 48개국 931개 기업의 진단 결과와 풍토 수준을 비교할 수 있습니다.

• • •
모델을 벗어나야만 진정한 조직문화가 보인다

지금까지 우리는 조직문화, 정확히 말하면 조직풍토를 진단하는 세 가지 모델과 도구를 살펴봤습니다. 문화를 진단할 때 과연 모델이 필요할까요?

제게 조직문화 진단을 물어보는 분 중에는 이런 니즈를 말씀하시는 경우가 있습니다. "우리 조직이 다른 회사, 특히 국내 경쟁사뿐만 아니라 글로벌 기업과 어떤 차이가 있는지 알고 싶습니다. 특히 사장님과 경영진이 궁금해합니다."라고요. 남들과 비교한 특성을 보고 싶은 욕구입니다. 이때는 같은 모델, 같은 도구로 측정된 진단 도구가 핵심입니다. 데니슨 진단 모형이 유용하게 활용될 수 있습니다. 심리학, 측정학, 통계학에 능통한 연구자들이 그 빛을 발할 수 있습니다.

반면 어떤 분들은 "우리 조직의 문화적 현상을 분석하고 싶습니다. 이를 통해서 우리 조직만의 고유한 특성은 무엇인지를 확인하고 싶습니다. 만일 우리 조직이 현재 환경에 적합하지 않은 문화를 가지고 있다면 그 원인은 무엇이고 이를 어떻게 바꿀 수 있을지를 고민해보고 싶습니다."라고요. 이런 경우는 반드시 어떤 모델이 필요한 것은 아닙니다. 인류학, 민족지학에 능통한 사람이 미지의 부족에 들어가 탐구하는 방식을 취하는 게 더 효과적입니다. 이들은 부족에 들어가기에 앞서 어떤 문화적 틀을 상정하지 않습니다. 그 틀에 갇혀 편견이나 편향이 생길 수 있기 때문입니다. 인류학자 말리노프스키Ma-linowski가 현지 사람의 관점으로 그들의 삶과 관계를 파악하고 그들의 세계관을 그대로 받아들여야 한다고 강조한 것처럼 말입니다.

앞서 말한 대로 저는 위의 두 가지 방식이 같이 만나야 한다고 주장합니다. 양자는 배타적인 영역이 아니므로 각자의 장점을 취할 수 있습니다. 왜 그래야 하는지를 살펴보시지요. 조직문화의 의도자이자 수호자의 위치에 있는 경영진의 관점으로 생각해보겠습니다. 전자는 계량적이고 정량적입니다. 그래서 숫자를 따지는 경영진들은 전자의 결과물을 더욱더 쉽게 이해합니다. 다른 조직에 비해 상대적인 강점과 약점은 무엇인지를 신속하게 파악합니다. 후자는 스토리가 풍부합니다. "숫자는 머리를 자극하지만 스토리는 감정을 자극한다"는 말처럼 스토리는 마음을 움직입니다. 외부환경에 적합한 건설적인 문화를 가꾸어나가는 측면에서 경영진의 행동을 촉구하는 데 효과적입니다.

풍토와 문화로 구분해서 생각해보겠습니다. 진단 모델과 설문 도구를 활용하는 방식은 문화의 '표층 수준surface level'인 '풍토' 영역을 진단합니다. 즉 구성원들이 현재 우리 조직에 대해 느끼고 생각하는 '지각perception' 수준입니다. 1부에서 살펴본 바대로 '우리 조직이 현재 어떤 상태인 거야? 구성원은 조직을 어떻게 인식하는 거야?'라는 질문에 답을 얻을 수 있습니다. 반면 진단 모델을 상정하지 않는 인류학, 민족지학 방식은 '심층 수준deep level'으로 들어갑니다. 그래서 이들은 인공물뿐만 아니라 기본 가정에 더욱 집중합니다. 다양한 의례, 상징, 전설 등을 채집해 분석합니다. 이를 통해 '우리 문화가 왜 그러한 거야?'라는 질문에 답을 얻을 수 있습니다.

사람이나 조직을 진단하려는 초심자는 모형이나 유형론에 집착하는 경향이 있습니다. 거두절미하고 '문화를 진단하려는 데 어떤 모델을 사용하면 좋을까요?'라고 묻는 분들이 많았습니다. '진단 모델이 조직문화 전부가 아님'을 기억해주시기 바랍니다. 모형, 모델, 프레임워크는 전형적인 환원주의reductionism 입니다. 현상이 매우 복잡하기에 이를 이해하기 쉽도록 두드러진 특성 몇 가지를 골라 축소해서 설명하는 방법입니다. 환원주의는 그만큼 쉽지만 덫도 큽니다. 그 안에만 갇혀 세상을 관조하는 경향이 강하게 나타나기 때문입니다. 환원주의 너머에 있는 보물을 보지 못할 수 있습니다.『도덕경』12장에서 묘사하는 바처럼 말입니다.

오색령인목행五色令人目盲
다섯 가지로 구분된 색깔은 사람의 눈을 멀게 한다.
오음령인이롱五音令人耳聾
다섯 가지 구분된 소리는 사람의 귀를 먹게 한다.
오미령인구상五味令人口爽
다섯 가지 구분된 맛은 사람의 입맛을 잃게 한다.

조직문화 진단 모형을 활용하더라도 그 너머의 세상을 보려고 노력하는 자세가 필요합니다. 인간의 마음을 진단하는 정신과 의사 정혜신 박사와 생각이 같습니다. 그녀보다 제 생각을 대변하는 말은 없기에 여기에 인용해봅니다.[374] 정혜신 박사의 말에서 '인간'을 '조직'으로 바꾸어 음미해보시기 바랍니다.

"심리학을 공부하다 보면 여러 심리학자의 이론과 그들이 주창한 개념과 틀을 중심으로 사람을 분석하게 됩니다. 공부를 많이 하면 할수록 그 이론과 개념이 전부인 것처럼 절대화하게 되기도 하고요. 그렇게 사고하고 말하는 사람을 우리는 훌륭한 전문가로 인정합니다. 그런데 사람의 마음은 그렇게 간단하지 않아요. 아무리 탁월하고 근본적인 이론이라 해도 어느 한 학자의 개념과 틀만으로는 인간의 모든 것을 설명할 수 없습니다. 틀에 벗어나는 인간의 개별성과 다양성이 얼마나 많고 깊은데……. 인간을 유형으로 말하지 않고 한 인간의 개별성에 끝까지 집중합니다."

• • •
어떻게 진단 설문 문항을 만드는가?

주변에서 이런 질문을 종종 합니다. "설문 문항을 어떻게 만듭니까? 혹시 그 방법을 제대로 배울 수 있는 교육이나 서적을 추천해줄 수 있습니까?" 하고 말입니다. 많은 분이 궁금해하지만 실무적으로 쉽게 설명하는 책이 없어서 저도 아쉽습니다. 여기서는 그 A에서 Z까지를 지엽적으로 살펴보지는 않겠습니다. 여러분이 외부 전문가나 내부 실무자가 만든 문항을 경영자 또는 책임자로서 검토할 때 알고 있으면 좋은 사항들을 고찰해보고자 합니다.

레퍼런트를 살펴보자

설문 또는 서베이는 '특정 대상'에 대해 응답자의 느낌과 생각을 묻거나 평가하도록 하는 도구입니다. 그래서 문항마다 반드시 지칭하는 대상이 포함되며 이를 레퍼런트(referent, 지시 대상)라고 부릅니다. 다음 세 가지 문항을 살펴보겠습니다.

---

① 우리 조직은 변화에 민감하고 유연하다.

② 우리 팀은 끊임없이 새로운 것을 도입하고 있다.

③ 직장 동료가 업무적으로 어려움을 겪고 있으면
  나는 같이 고민하고 도와준다.

1번 문항의 레퍼런트는 무엇일까요? 서술어가 지칭하는 대상을 보면 됩니다. '우리 조직'이 레퍼런트입니다. 그렇게 따지면 2번 문항의 레퍼런트는 '우리 팀'입니다. 3번 문항의 레퍼런트는 무엇일까요? '직장 동료'일까요? 문장 중간에 있는 '나'일까요? 어떤 개체의 특성을 묻는지를 생각하면 됩니다. 이 문항은 '나'가 특정 상황에서 어떻게 반응하고 행동하는지를 묻고 있습니다. 레퍼런트는 '나'입니다.

1~3번 문항이 지칭하는 대상의 수준이 다르지요? 조직, 팀, 개인 수준을 묻고 있습니다. 1번 문항은 주로 조직풍토를 진단하는 서베이에서, 2번 문항은 팀효과성 진단 도구team effectiveness survey에서, 3번 문항은 구성원 의식조사employee opinion survey에서 종종 활용하는 문항

입니다.

레퍼런트는 심사숙고하여 써야 합니다. 1번 문항을 '변화에 민감하고 유연하다'는 표현은 놔두고 레퍼런트만 달리하여 다음과 같이 두 문장으로 기술해보겠습니다.

가) <u>우리 조직은</u> 변화에 민감하고 유연하다.

나) <u>우리 팀은</u> 변화에 민감하고 유연하다.

두 문항은 서로 다른 문항일까요? 같은 문항일까요? 개념적으로 완전히 다른 문항입니다. 조직 수준에서 나타나는 현상과 팀 수준의 현상은 다르기 때문입니다. 어느 회사에 마케팅 시장조사팀이 있다고 가정해보겠습니다. 시장 트렌드를 기민하게 예의주시하고 고객의 니즈가 어떻게 변하는지를 밤낮없이 촉을 세우고 있겠지요. 마케팅 시장조사팀의 홍길동 과장은 레퍼런트가 '우리 팀'으로 된 (나) 문항에는 "그렇다."라고 응답할 수 있습니다. 그런데 홍길동 과장은 평소에 회사 분위기가 경직되어 있고 리더들은 복지부동한다고 생각하고 있었습니다. 자기네 팀은 유연하고 빠른데 말이지요. 레퍼런트가 '우리 조직'으로 된 (가) 문항에는 "아니다."라고 응답할 개연성이 크겠지요.

만일 우리 조직의 '상호 협력 수준'을 진단하기 위해 위에서 제시된 3번 문항을 사용한다고 가정해보겠습니다. 우리 조직의 풍토를 제대로 측정할 수 있을지요? 다음과 같이 레퍼런트만 달리 표현해서 생각해보겠습니다.

(다) 문항은 '나'가 어떻게 행동하는지를 묻지만 (라) 문항은 우리

조직의 전체 집합이 공통으로 어떤 행동을 보이냐를 묻습니다. (다) 문항의 응답 점수는 높게 나타나지만 (라) 문항은 상대적으로 점수가 낮게 나타날 수 있습니다.

다) 직장 동료가 업무적으로 어려움을 겪고 있으면
　　나는 같이 고민하고 도와준다.
라) 직장 동료가 업무적으로 어려움을 겪고 있으면
　　우리 조직 구성원들은 같이 고민하고 도와준다.

　사람은 자기 중심적으로 세상을 바라보는 경향이 있습니다. 조직 내에서 다른 사람들은 그렇지 않지만 자기만큼은 동료들을 잘 도와준다고 생각할 수 있습니다. 만일 조직 구성원 모두가 '나는 잘 돕는데 다른 사람들은 이기적인 경향이 심하다.'라고 인식하고 있는 상황에서 (다) 문항으로 현상을 측정하면 어떻게 될까요? 5점 척도로 설문했을 때 5점에 근접한 결과가 나올 것입니다. 이를 가지고 현상을 해석하면 어떻게 될까요? 우리 회사는 협동심 수준이 매우 높아서 서로 잘 돕는 조직이라는 결론이 도출됩니다. 현상을 정확히 포착하지 못한 결론일 수 있습니다.

　또한 사회적 바람직성Social Desirability에 의해 왜곡된 결과가 나올 수 있습니다. 응답자가 실제로 생각하고 느끼는 대로 응답하는 대신 사회적으로 바람직하다고 여기는 방향으로 응답하려는 경향을 말합니다. 예를 들어 '나는 물건을 훔친다.'라는 문항은 제대로 현상을 측정하기 어렵습니다. 도벽이 있는 사람이라 하더라도 윤리·도덕적으로 나쁜 행동임을 알기에 솔직하게 응답하려 하지 않기 때문입니다.

(다) 문항도 마찬가지입니다. 집단주의가 강한 문화에서는 자신의 업무가 아니라 하더라도 동료가 어려움을 겪고 있으면 돕고 협력하는 모습이 더 바람직하다고 여깁니다. 따라서 해당 문항에 실제 사실보다 더 관대하게 응답할 수 있습니다.

설문 길이를 검토해보자

'설문 길이는 몇 문항이 적당합니까?'라는 질문을 종종 받습니다. 경영자는 한 번 설문을 할 때 이것저것 물어보고 싶어라 합니다. 실무책임자는 보고할 내용과 이슈를 제기할 거리를 만들어야 한다는 압박감으로 이 문항 저 문항을 모두 넣어서 설문하고 싶어합니다. 어느 정도 길이면 좋을까요? 한 가지 유의해야 할 사항은 설문 길이는 응답율과 퀄리티에 반한다는 점입니다.[375] 즉 길이가 길수록 응답을 끝까지 완료하여 제출하는 비율이 떨어지고 설문에 참여하더라도 무성의하게 응답하는 경향이 두드러집니다.

저의 오랜 경험에 의하면 30문항 이내가 가장 좋습니다. 설문 목적이나 그 조직 구성원의 성향에 따라서 달라지는 문제이기는 합니다만, 30문항 수준에서 이것저것 물어보려 합니다. 어떻게 그럴 수 있을까요? 복수 문항multi-item과 단수 문항single-item 그리고 주관식을 조화롭게 사용하는 방법입니다. 이를 이해하려면 먼저 복수-단수 문항이 무엇인지를 알아야 합니다.

서베이에 응답하다 보면 '아까 응답한 문항과 지금 문항이 의미가 비슷하잖아! 왜 물어본 걸 또 물어봐. 귀찮게!' 하는 생각이 들 때가 있습니다. 그 이유가 있습니다. 서베이는 대부분 추상적인 개념을 조작적으로 정의하고 그와 관련된 문항들을 만들어 측정합니다. A사는 '혁신 문화'를 중시하고 있어 구성원의 지각 수준을 조사할 계획입니다. 이들이 먼저 해야 할 일은 우리 조직에서 '혁신 문화'가 의미하는 바가 무엇인지를 정의하는 일입니다. A사는 다음과 같이 정의했습니다.

> '우리 조직의 혁신 문화란 새로운 발상과 아이디어를 열린 자세로 포용하며 구성원들이 기존 방식을 탈피하여 새로운 방식을 과감하게 시도하고 적용하도록 지원하는 문화를 말합니다.'

그리고 이 정의를 토대로 다음과 같은 문항을 만들었습니다.

① 우리 조직은 새로운 지식, 기술, 아이디어에 개방적이다.
② 우리 조직은 기존의 문제를 전혀 다른 관점에서 생각해보도록 촉진한다.
③ 우리 조직은 새로운 시도에 필요한 자원을 적극적으로 지원한다.
④ 우리 조직은 실패를 벌하기보다 새로운 시도를 더 높이 산다.
⑤ 우리 조직에서는 여러 단계를 거쳐 설득하느라 참신한 아이디어가 무디어진다. (역문항)

'혁신 풍토'를 측정하는데 총 5개 문항을 사용했습니다. 앞선 4개 문항과 마지막 1개 문항은 의미가 정반대이지요? 5번 문항을 역문항reversed item이라 합니다. 5점 척도로 응답을 받았을 때 1~4번 문항은 원래 값을 그대로 사용하고 5번 문항은 역코딩reverse coding을 해야 합니다. 원자료 점수 5점을 1점으로, 1점을 5점으로 바꿉니다. 그리고 다섯 개의 문항을 평균하여 '혁신 풍토' 점수를 만들어냅니다.

이처럼 개념 하나를 측정하는 데 여러 문항을 사용하는 방식을 복수 문항multi-item이라 합니다. 우리 관념 속에 있는 모호한 대상을 평가하려 하기에 이렇게도 묻고 저렇게도 물어보느라 여러 문항을 사용합니다. 복수 문항은 몇 가지 장점이 있습니다. 먼저 통계적으로 유용한 정보를 얻어낼 수 있습니다. 개념의 타당도와 문항 간의 신뢰도 등을 따져볼 수 있습니다. 개인의 심리, 감정, 성격, 가치관 등을 진단하는 도구는 타당도·신뢰도가 매우 중요합니다. 그래서 심리측정 도구는 복수 문항을 활용합니다.

또한 역문항을 포함해 불성실한 응답을 걸러낼 수도 있습니다. 위의 1~4번 문항에 5점(매우 그렇다)으로 응답한 사람이 5번 문항에도 5점을 찍으면 어떨까요? 좀 이상하지요? 1~4번에는 우리 조직이 혁신적이라 묘사해놓고 역문항 5번에 또 5점을 찍어서 우리 조직이 혁신적이지 않다고 응답을 한 상황입니다. 일관성이 없습니다. 이렇게 일관되게 특정 점수로만 응답하는 경향을 묵종경향성, 묵종반응경향acquiescence response style이라 하는데 문항의 의미가 어쩌하든 고려하지 않고 무성의하게 반응하는 경향을 말합니다. 이처럼 불성실한 응답을 제외하여 더욱 신뢰할 만한 데이터를 얻을 수도 있습니다.

가장 주목할 만한 장점은 혁신 문화와 관련된 여러 양상을 관찰할 수 있다는 점입니다. 조직에서 새로운 아이디어가 태어나고 유통되는 과정을 생각해보시지요. 홍길동 과장이 기존과는 다른 사업 구상을 떠올렸습니다. 며칠 동안 고민하면서 구체화한 다음 상사에게 피력했습니다. 상사도 좋은 아이템이라 생각하여 팀원 몇 명이 사업계획서 초안을 만듭니다. 보고를 받은 경영진의 눈에도 꽤 괜찮은 아이디어였습니다. 마침내 태스크포스 팀이 꾸려지고 제품과 서비스를 시범적으로 만듭니다. 그리고 시장에 출시하고 반응을 봅니다. 이들 면면을 하나하나 문항으로 만들어서 구성원들이 평가하도록 해볼 수 있습니다. 어느 지점에서 병목이 발생하는지 쪼개서 살펴볼 수 있습니다.

단점도 있습니다. 구성원의 설문 응답 피로가 상당합니다. 어느 회사는 조직풍토를 진단하는 데 총 178개나 되는 문항을 활용했습니다. 진단하고자 하는 요인마다 복수 문항으로 설계했기 때문입니다. 구성원이 응답하는 데 30분~40분이 걸렸습니다. 설문하느라 업무를 못 하겠다는 불만이 나오기도 했습니다.

B사도 '혁신 문화'를 강조하는 회사입니다. 실무자는 여러 문화적인 특성과 함께 혁신 문화를 다음과 같이 단일 문항으로 설문했습니다.

> • 우리 조직은 혁신적인 아이디어를 현실로 옮겨 실행한다.

단일 문항의 장점은 무엇일까요? 구성원의 응답 피로가 대폭 줄어듭니다. 우리 조직에서 구성원들에게 묻고자 하는 풍토 특성 30개를 도출했다고 가정하겠습니다. 그들 모두를 복수 문항으로 만든다면 특성 하나당 3문항을 잡아도 90문항이나 됩니다. 단수 문항으로 구성한다면 30문항의 짧은 설문이 되지요. 길이가 짧으면 응답률을 상당히 확보할 수 있고 불성실한 응답을 최소화할 수 있습니다.

단점은 무엇일까요? 복수 문항의 반대라고 생각하면 됩니다. 타당도 및 문항 신뢰도 같은 통계 정보를 얻기 어렵습니다. 더구나 '혁신 문화' 같은 특성은 상당히 광범위한 개념인데 단일 문항만으로는 우리 조직에서 나타나는 혁신 문화의 구체적인 양상을 파악하기 어렵습니다.

B사 실무자는 단점을 극복하고자 아래와 같이 단일 문항에 주관식을 함께 활용했습니다.

• 우리 조직은 혁신적인 아이디어를 현실로 옮겨 실행한다.

　　(1) 전혀 아니다　(2) 아니다　(3) 그렇다　(4) 매우 그렇다

• 위의 문항에서 '아니다.'라는 방향으로 응답했다면 그 원인을, '그렇다.'라는 방향으로 응답했다면 무엇이 혁신 문화를 촉진하게 하는지 기술하여 주십시오.

　[　　　　　　　　　　　　　　　　　　　　　　　　　]

B사 실무자는 (1)~(2)번에 응답한 사람들의 주관식을 분석해서 혁신을 저해하는 요소를 도출하고 (3)~(4)번에 표기한 사람들의 주관식을 분석해서 혁신을 촉진하는 요소를 도출했습니다.

이제 제가 풍토 진단지를 구성하는 저만의 원칙을 말씀드리면 충분히 이해하실 수 있으리라 믿습니다. 제 원칙은 이렇습니다.

• 30문항 이내로 가능한 한 짧게 만든다.
∨ 설문 길이는 응답률, 퀄리티에 반할 수 있음을 항상 염두에 둔다.

과유불급過猶不及, 더함은 덜 함만 못하다!

- 복수-단수 문항, 주관식을 균형 잡히게 활용한다.
  ∨ 대부분 개념을 단수 문항으로 만들되,
  ∨ 그 조직의 경영진이나 실무책임자가 크게 우려하는 현상이나
    외부 진단자로서 좀 더 파악해야 한다고 판단한 개념에 한해
    복수 문항으로 만들거나 단수 문항 + 주관식으로 구성한다.

이 장을 마무리하기 전에 잠깐! 이런 예리한 질문을 하시는 분이 있습니다. "단일 문항을 활용하면 타당도–신뢰도를 보기 어렵다고 하는데 진단 서베이가 그래도 되는 건가요?"라고 말입니다.

타당도–신뢰도는 매우 중요합니다. 개인의 심리, 감정, 태도 등을 측정하는 도구는 과학적으로 타당하고 신뢰할 만해야 합니다. 대표적으로 성격검사와 인성검사 도구가 있습니다. 이를 서비스하는 심리측정 컨설팅 회사들은 그네들이 만든 도구의 타당도–신뢰도를 분석한 기술 리포트technical report 또는 자료표fact sheet를 공개합니다.

하지만 저는 조직풍토를 진단하는 문항을 직접 만들어서 설문하는 경우에는 타당도–신뢰도를 고려하지 않아도 된다고 주장합니다. 여러 이유가 있는데 이 책에서는 그중 한 가지만 말씀드리고자 합니다. 앞서 말한 바대로 설문은 '표층 수준', 즉 풍토적인 특성을 파악하는 수준에서 그칩니다. 풍토 서베이를 시행한 결과는 구성원이 어떻게 지각하고 있는지를 확인하는 보조적인 수단일 뿐입니다. 우리나라 한 연구자는 본인이 관찰한 일화를 소개하면서 설문지만으로는 문화진단이 어렵다는 의견을 피력합니다.

"어느 회사의 신임 임원교육에 참여한 적이 있다. 신임 임원들과 얘기해본 결과 이 회사는 매우 자유로운 분위기로 위계 의식이 낮은 회사임을 알 수 있었다. 복장도 넥타이를 매지 않은 자유로운 편이었다. 그러나 어느 날 사장이 온다는 소식에 모든 것은 달라지기 시작했다. 교육 담당 직원들은 자질구레한 형식적인 일들을 검토하느라 매우 부산해졌고 임원들의 분위기도 딱딱해지기 시작했다. 사장이 도착하고 농담을 건네면서 분위기는 좀 풀리는 듯했으나 업무에 관한 이야기를 시작하자 다시 딱딱하게 굳어졌다. 필자가 느끼기에 군대와 같은 분위기였다. 나중에 이 회사에 자주 출입하면서 관계를 맺고 있는 사람의 말을 듣고 이 현상을 이해할 수가 있었다. 이들은 업무가 아닌 일상적인 것에서는 자유스러운 분위기를 가지지만 업무에 관해서는 다시 군대식의 위계질서로 돌아간다는 것이었다. 이 회사 임원들에게 설문지로 회사의 조직문화를 물어보면 어떻게 대답할 것인가?"[376]

그가 지적한 바와 같이 서베이 결과만 가지고 문화를 해석해 결론을 내릴 수 없습니다. 서베이 결과도 다른 데이터와 함께 보아야 하는 일부일 뿐입니다. 조직의 심층 수준으로 파고들어 가 조직이 표방하는 가치, 기본 가정을 확인하는 일도 병행해야만 합니다.

4

근본 원인을 분석해보자

지금까지 우리는 인공물을 살펴봤습니다. 그리고 구성원의 생각을 길어내기 위한 인터뷰와 설문 방법도 고민했습니다. 지금까지는 우리 조직의 문화적 표상을 파악하는 데 집중했습니다. 이제부터 '우리 조직문화는 왜 이렇게 형성되어 있을까?'라는 질문에 답을 찾으러 여행을 떠나겠습니다.

• • •

호랑이 담배 피우던 시절을 탐구해보자

이 절에서 우리가 생각해봐야 할 핵심 질문은 다음과 같습니다.
- 우리 조직이 설립된 초창기 배경은 무엇입니까?
- 그 당시 사회적, 정치적, 문화적, 기술적인 외부환경 특성은 어

떠했습니까?
- 설립 초기에 어떤 우여곡절이 있었습니까?
- 이 특성들이 현재 조직문화에 어떤 영향을 미쳤습니까?

조직 이론에는 각인 효과imprinting가 있습니다.[377] 과거가 어떻게 현재에 영향을 미치는지 설명하는 개념입니다. 조직은 그가 설립된 당시 두드러진 환경 특성을 반영하며 이후 중요한 환경 변화에도 불구하고 그 특성이 지속되는 현상을 일컫습니다. 즉 조직이 설립될 당시의 초기 조건, 그로 인한 영향이 오랫동안 남아 있다는 주장입니다.

각인 효과는 동물 행동 연구에서부터 출발했습니다. 1873년에 영국의 아마추어 생물학자인 더글라스 스폴딩Douglas Spalding은 새가 태어나자마자 처음 본 움직이는 물체를 따라다니는 경향을 보고합니다.[378] 그는 이를 '본능에 도장이 찍혀진 행동'이라고 불렀습니다. 그로부터 20년 뒤에 독일의 생물학자도 그와 비슷한 현상을 관찰했고 그의 제자인 콘래드 로렌츠Konrad Lorenz가 그 현상을 집중적으로 탐구하기 시작합니다.[379]

그는 이런 실험을 합니다. 갓 태어난 새끼들이 눈을 떴을 때 한 부류에게는 어미를 먼저 노출하고 다른 부류에게는 로렌츠 자신을 먼저 노출합니다. 그리고 새끼들의 행동을 관찰했습니다. 그러자 어미를 먼저 노출한 새끼들은 어미를, 로렌츠를 먼저 노출한 새끼들은 그를 따라다녔습니다. 또한 밖이 보이지 않는 상자 안에 새끼들을 넣어서 일정 시간 동안 어미와 자신을 완전히 분리해놓습니다. 그리고 상자에서 꺼냈을 때 누구를 따라다니는지를 살폈습니다. 그들은 여전히 각각 어미와 로렌츠를 따라다녔습니다. 각인이 극히 짧은 기간에 일어났지만 새끼 새들의 평생을 지배하는 결과를 낳았습니다.

조직 연구에서 각인 효과를 처음으로 사용한 학자는 노스웨스턴 대학교 사회학과 아서 스틴치콤Arthur Stinchcombe입니다. 비록 그는 '각 인'이라는 표현을 직접 거론하지 않습니다만, 그가 남긴 에세이 『사회 구조와 조직』을 후학이 인용하면서 그 단어를 사용합니다. 스틴치콤은 동시대에 설립된 조직 간의 구조가 서로 유사하다는 점에 주목합니다. 가령 1930년대에 설립된 조직들은 서로 비슷한 특성을 보인 반면 2000년대에 설립된 조직과는 다른 모습을 보이더라는 것입니다. 스틴치콤은 조직이 설립되는 초기에 외부환경이 '각인'된다고 보고 "특정한 시기에 조직을 설립하는 일은 그 당시 사회적으로 이용 가능한 자원과 기술에 달려 있다."라고 지적합니다.[380]

2016년 12월 평소에는 흔히 접하기 어려운 광경을 텔레비전에서 실시간으로 시청할 수 있었습니다. 최순실 게이트 때문에 재벌 총수들을 한 자리에 모아놓고 청문회를 진행했던 사건입니다. 많은 국민이 최순실과 재벌 집단이 어떤 일을 도모하려 했는지 그 진실을 알고 싶어했습니다. 한편으론 그 광경을 보면서 '재벌' 집단이 어떻게 형성되었는지, 우리나라에만 그러한 유형이 존재하는지 궁금해하는 사람도 있었을 듯합니다. 아마도 어떤 분은 "그 당시 정부 주도로 만들어졌다."라고 답변을 하실 터입니다. 맞는 말씀입니다. 하지만 이 설명만으로는 뭔가 좀 심심합니다. 좀 더 그럴듯한 이유를 찾아보고 싶은데 이때 각인 이론이 일부 설명 거리를 제공합니다.

한국어로 '재벌'이라는 단어는 영어권에서도 'chaebol'이라 표기합니다.[381] 한국말이 그대로 고유명사가 되었지요. 경영 계열 학문인 경영전략, 조직이론, 재무 분야의 해외 학술 논문에서 볼 수 있는 단어입니다. 원래 재벌이라는 단어는 일본어 자이바츠財閥, Zaibatsu에서 유래되었습니다. 일본에서는 19세기 말부터 재벌 체제가 존재했습니다. 미쯔비시, 미쯔이, 스미토모 같은 기업들인데 서구 열강들을 빠른 시간 안에 따라잡기 위해 그 당시 정부가 재벌 집단을 전략적으로 키웠습니다. 그러다 제2차 세계대전에서 일본이 패망한 뒤 일본에 주둔한 연합군 사령부가 재벌 집단을 모두 해체했습니다. 일본이 세계적인 전쟁을 벌일 정도로 빠르게 부를 쌓은 배경에 재벌 집단의 경제력이 있는 것으로 보았기 때문입니다. 지금은 자이바츠가 아니라 게이레츠Keiretsu라는 형태로 존재합니다.

재벌과 같은 시스템은 한국과 일본에만 있는 것이 아닙니다. 인도에서는 비즈니스 하우스business houses, 라틴 아메리카는 그루포스 이코코미코스grupos economicos, 스페인은 그루포스grupos, 대만은 권쉬 치예guanxi qiye, 터키는 패밀리 홀딩스family holdings 등이 있습니다.[382] 이들을 통칭하는 용어는 '비즈니스 그룹business group'입니다. 학자들 간에 다양한 의견이 있으나 '시장에 독립적으로 존재하는 회사들이지만, 단일의 경영 시스템 또는 자본에 지배를 받는 집단'이라고 정의할 수 있겠습니다. 국가마다 비즈니스 그룹은 조금씩 다른 특성이 나타나는데 누가 비즈니스 그룹을 지배하는가? 각 회사가 어떻게 연결되어 있는가? 등으로 차이가 있습니다. 한국의 재벌 기업은 창업주와 그의 직계가족이 지배하는 형태를 보이지만 대만의 권쉬 치예는 친한 사람 간의 파트너십이나 가족 투자자들에게 지배받는 형태이고 일본의 게이레츠는 주요 은행에 지배받는 형태로 알려져 있습니다.

『하버드 비즈니스 리뷰』 2013년 기사에 의하면,[383] 재벌 집단은 평균적으로 18개월마다 새로운 회사를 설립하는 것으로 나타났습니다. 이처럼 문어발로 확장해나가는 기업 집단이 왜 시장에 존재하는 것일까요? '각인 이론'으로 고찰하자면 조직이 태동할 당시의 외부환경을 살펴야 합니다. 우리나라 재벌 기업이 본격적으로 태동한 1930~1960년대 상황은 어땠습니까? 시장이 상당히 불완전했습니다. 사업을 하려고 해도 시장에서 믿을 만한 공급자를 구할 수 없었습니다. 제품이나 서비스의 품질을 신뢰할 만한 회사가 별로 없었지요. 학자들은 그 기능을 수행할 수 있는 회사를 직접 설립해나가는 과정에서 재벌이 형성된다고 주장합니다. 롯데그룹 회장이 일본에서 성공을 거두고 1967년에 한국에 롯데제과를 설립합니다. 그리고 그와 동시에 설립한 회사가 롯데알미늄입니다. 과자 포장지 등을 만들어 납품하는 공급자 중에 신뢰할 만한 회사가 없었기 때문에 직접 생산 회사를 만들었던 것입니다.

다른 하나는 거래비용의 최소화입니다. 위에서 말한 시장 불완전성과 맞물려 있습니다. 시장이 잘 발달해 있다면 여러 공급업자가 존재할 것이고 경쟁 입찰을 통해 낮은 가격(또는 적정한 가격)에 재화와 서비스를 구매할 수 있습니다. 공급자 간에 경쟁 덕분에 품질 대비 저렴한 비용으로 구매를 할 수 있겠지요. 그러나 시장이 불완전하면 그럴 수 없습니다. 품질을 신뢰할 수 없거니와 눈 딱 감고 외주를 주더라도 차후에 문제 발생이 커질 공산이 있습니다. 설령 좋은 품질을 생산하는 공급회사가 있더라도 극소수일 것이기 때문에 그들의 교섭력이 상승할 수밖에 없어 거래비용이 커집니다. 이런 환경에서는 직접 회사를 설립해 품질을 꼼꼼히 관리하면 거래비용을 최소화할 수 있습니다.

어쩔 수 없는 환경으로 인해 시장에 맡겨도 될 기능을 내부화하는 과정에서 재벌이 형성된다고 보는 관점입니다. 조직 설립 당시의 환경 특성이 이후의 행동을 반복 재생산 – 계열사 설립을 통한 확장 – 하게 만듭니다. 즉 각인 효과입니다. 각인 효과 이론이 점차 발전하여 최근에는 한 개인이나 조직의 행동을 설명하는 데 활용되고 있습니다.[384] 개인의 경우에는 직장인의 초기 경험이 어떻게 그 이후의 경력에 평생 작용하는지,[385] 설령 이직하더라도 그 각인이 어떻게 지속되는지[386] 설명하는 이론으로 발전했습니다.

우리나라 기업 사례를 하나 살펴보시지요. 수원시 안용면 출신의 최종건은 1945년에 고등학교를 졸업하자마자 일본인이 운영하던 '선경직물공장'에 수습생으로 취직합니다. 이 공장은 일본 관서지방의 '교토직물'과 '선만주단'이 합작해 세운 회사였습니다. 그가 취직한 지 불과 몇 개월 만에 우리나라는 광복을 맞습니다. 거의 무정부 상태라 그는 '선경치안대'를 조직해서 혹시 모를 약탈로부터 회사를 지킵니다. 경영이 어느 정도 정상화되어 가는 듯하더니 이번에는 6.25전쟁이 발발했습니다. 겨우 광복이 되어 미군과 이승만 정부는 일제 강점기에 일본인이 우리나라에서 점유하던 부동산이나 건물을 개인에게 매각합니다. 이때 최종건은 자신이 근무하던 공장을 인수합니다. 1953년에 선경직물이 탄생하게 됩니다. 선경 설립 초기에 '인수'가 각인된 셈입니다. 그래서인지 선경이 성장해나가는 주요 변곡점에서 다른 기업을 인수하는 행동이 두드러지게 나타납니다. 1980년에는 유공(오늘날 SK에너지)을, 1994년에는 한국이동통신(SK텔레콤)을, 2012년에는 하이닉스 반도체를 인수합니다. 오늘날 SK그룹은 '인수합병의 승부사'로 알려져 있습니다.[387]

여러분 조직의 초기 각인은 무엇이며 현재 조직문화에 어떤 영향을 미치고 있습니까?

• • •

우리는 어떤 산업에서 땀을 흘리고 있는가?

이 절에서 우리가 생각해봐야 할 핵심 질문은 다음과 같습니다.

• 정부기관, 사기업, 공기업, 비정부단체 중 우리 조직이 위치한 대륙은 어디입니까? 그 특성이 어떻게 우리 문화에 투영되어 있습니까?

• 우리 산업 그리고 우리 조직의 '지배적인 논리'는 무엇입니까?

여러분이 속한 조직은 정부기관입니까? 사기업, 공기업, 비정부단체NGO, Non-Governmental Organization입니까? 정부기관은 공적인 이익을 목적으로 국가가 설립한 조직입니다. 개인의 이익을 우선 추구하는 사기업과는 사뭇 다르겠지요. 공기업은 공익성과 수익성이라는 두 마리 토끼를 잡아야 합니다. 비정부단체는 흔히 시민단체로 부르는 조직으로 정부와 시장이 간과하는 문제를 해결하려는 목적으로 설립된 비영리 조직입니다. 저는 이들 분류를 '대륙'이라 은유적으로 부릅니다. 각 나라가 어느 대륙에 위치하느냐에 따라 주변 환경이 달라집니다. 마찬가지로 우리 조직이 위치한 '대륙'에 – 정부기관, 사기업, 공기업, 비정부단체 – 문화가 영향을 받을 수 있습니다. 하지만 그처럼 성긴 구분만으로는 제대로 분석하기 어렵습니다.

좀 더 세분화해 깊이 들어가야 합니다. 정부기관만 하더라도 수많은 조직이 있습니다. 청와대, 기획재정부, 국가정보원, 감사원, 검찰청, 통계청, 문화재청, 소방청 등. 모두가 공익을 목적으로 국가가 설립했지만 각 조직의 미션이 문화 양태를 규정합니다. 검찰청과 소방청을 비교해보시지요. 검찰청은 정부조직법 제32조에 의해 설립된 기관으로 검사의 사무를 총괄하는 기관입니다. 이들은 우리 사회에 범죄나 비리를 백일하에 명백히 드러내 정의를 실현하는 미션을 가지고 있습니다. 올곧은 대나무에 영감을 받아 다섯 개의 대나무 직선으로 만든 검찰청 로고가 그 상징입니다. 각 직선은 정의, 진실, 인권, 공정, 청렴을 상징합니다. 이는 곧 검찰청의 '표방하는 가치'를 의미합니다.

소방청은 정부조직법 제34조에 따라 세운 조직입니다. 이들의 주요 의무는 소방, 방화, 방재, 대국민 신변안전관리, 재난대비와 복구관리 등입니다. 소방청에는 '영이와 웅이'라는 친근한 마스코트가 있습니다. 온갖 위해로부터 국민의 생명과 재산을 보호해야 하는 미션을 인간 캐릭터로 상징했습니다. 영이와 웅이는 소방청이 표방하는 가치를 보여주는데 '큰 눈'은 국민의 생명과 재산을 보호하기 위해 언제 어디서나 예방·경계하는 자세를 보여주고 '허리에 올린 손'은 위급 상황에서 무슨 일이 있어도 구하겠다는 굳은 각오를 보여줍니다. 흥미롭게도 이들 캐릭터는 커다란 입으로 환하게 미소를 짓고 있습니다. '국민의 이야기에 늘 밝은 미소와 친절함으로 화답하며 시민에게 친근한 모습으로 봉사한다는 의미'라고 합니다. 이처럼 같은 공공기관이지만 그 조직의 주된 미션이 무엇이냐에 따라 '표방하는 가치'가 다릅니다.

사기업을 생각해보겠습니다. 식품업, 건축업, 게임업을 떠올려보

프라할라드와 베티스가 주장한 지배적인 논리

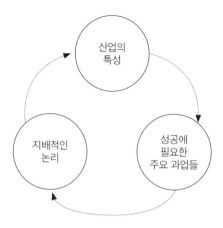

세요. 각자 그들만의 고유한 태도와 행동 패턴이 자연스럽게 떠올려지지 않나요? 미시간 경영대학의 C. K. 프라할라드C. K. Prahalad 교수와 노스캐롤라이나 대학교의 리처드 베티스Richard Bettis 교수는 경영전략 학자로서 흥미로운 가설을 세웁니다.[388] 산업마다 외부환경이 요구하는 필수 불가결한 요건이 존재하고 그 요건을 충족하기 위해 그 조직이 수행해야 하는 주요한 과업들이 있으며 그 과업들을 지속 반복하는 과정에서 '지배적인 논리dominant logic'가 형성된다는 주장입니다.

온도계는 공업용과 가정용 시장으로 구분합니다. 온도를 측정하는 기계를 만드는 회사이니 서로 비슷할 것으로 생각하기 쉽습니다. 하지만 한 발자국 안으로 들어가서 보면 사뭇 다른 양상이 펼쳐집니다. 프라할라드와 베티스가 제시한 위의 그림을 토대로 생각해보겠습니다. 공업용 온도계 시장의 특성은 무엇일까요? 제철소 용광로에 사용하거나 또는 영하에서 물질을 실험하는 연구소에서 사용해야 합니다. 1,000도가 넘는 온도를 견디거나, 영하 100도 이하를 견디거나, 1,000분의 1도까지 정확히 측정되어야만 합니다. 이 산업에서 성공하는 데 필요한 주요 과업들은 무엇일까요? 연구개발이 핵심입니다. 그리고 주문자의 요구에 정확히 대응하는 태도와 그 기준에 맞추어 오차 없이 생산하는 능력입니다. 공업용 온도계를 만드는 A사에서는 연구개발과 주문자 생산 방식이 지배적 논리입니다.

반면 가정용 온도계를 만드는 B사가 있습니다. 우리 집에 사용할 온도계를 구매한다고 가정해보겠습니다. 인터넷 브라우저를 열고 쇼핑몰을 탐색하겠지요. 어떤 분은 가격 범위를 설정하고 그 안에서 우리 집에 어울리는 온도계를 비교할 겁니다. 어떤 분은 무조건 예쁜 디자인을 고집해 가격 조건은 고려치 않을 테고 말입니다. '1,000도가 넘는 악조건에서도 버팁니다.' '1,000분의 1도까지 정확히 측정합니다.' 같은 제품 설명은 눈에 들어오지 않을 겁니다. 이 산업에서 성공하는 데 필요한 주요 과업은 무엇일까요? 소비자들이 구매하고 싶도록 어여쁜 디자인을 만드는 일, 대중을 대상으로 마케팅하는 일입니다. B사의 지배적 논리는 곧 디자인, 마케팅입니다. A사와 B사의 조직문화는 사뭇 다를 수 있습니다.

• • •

이 부족의 창조주 – 창업자는 어떤 특성이 있는가?

이 절에서 우리가 생각해봐야 할 핵심 질문은 다음과 같습니다.

(1) 기질과 성격
• 창업자의 기질과 성격은 어떻습니까?

- 어떤 기질과 성격 특성이 조직문화에 투영되어 있습니까?

(2) 개인 차원의 가치관

- 창업자가 개인적으로 중요시한 가치관은 무엇입니까?
- 창업자가 행동으로 보여준 가치관은 무엇입니까?
- 각각이 문화에 미친 영향은 무엇이며 말과 행동 간의 괴리는 어떤 결과를 가져왔습니까?

조직 대부분은 이런 단계를 거쳐 형성되곤 합니다.[389] 한 사람이 창업할 의도를 갖거나 또는 좋은 아이템을 생각합니다. 그 일을 같이할 사람을 찾습니다. 한두 명이든 여러 명이든 그 아이디어가 괜찮다고 여기는 사람들이 있습니다. 그들이 모여 최초의 팀을 구성합니다. 그들은 상표를 등록하고 제품과 서비스를 만들고 자금을 끌어옵니다. 시장에서 수요가 점차 늘어나자 더 많은 사람을 채용합니다. 다양한 기능과 부서가 만들어집니다. 작은 조직에서 거대한 조직으로 발전해 나갑니다. 이 과정을 보면 굳이 학문적 이론을 가져오지 않더라도 창업자가 조직문화 형성에 지대한 영향을 미친다는 점을 쉽사리 이해할 수 있으리라 생각합니다.

창업자의 기질과 성격은 어떠한가?

창업자의 기질과 성격과 가치관을 하나씩 점검해보면 오늘날 우리 조직의 문화에 어떻게 스며들어 있는지를 평가해볼 수 있습니다. 먼저 기질과 성격을 생각해보겠습니다.

기질temperament은 성격의 근간이 되는 특성입니다. 건축으로 치면 기초공사이자 주춧돌이라 할까요? 부모에게서 물려받은 유전적인 형질에 의한 것으로 일생 큰 변화가 없습니다. 기질적 특성은 갓 태어난 신생아에게서도 명확하게 관찰됩니다. 신생아실에서 작은 소리에도 어떤 아기는 잠에서 깨어 시끄럽게 우는 반면 어떤 아기는 무던히도 잠을 잡니다. 1989년에 하버드 대학교의 제롬 케이건 교수는 출생 4개월 된 아기 500명을 대상으로 실험합니다.[390] 실험자들은 신생아에게 녹음된 소리를 들려주거나, 화려한 모빌을 달아 시각을 자극하거나, 눈앞에서 풍선을 터트리거나, 알코올 묻힌 면봉을 코에 들이대는 등의 자극을 주었습니다. 그리고 그 반응을 살폈습니다. 어떤 아기는 풍선이 눈앞에 등장하기만 해도 긴장을 했고 그 터지는 소리에 울음을 터트렸습니다. 알코올 묻힌 면봉을 코에 들이대니 팔다리를 격렬하게 움직이며 저항의 표시를 했습니다. 반면 어떤 아이는 호기심 가득한 눈망울로 쳐다보면서 울지도 않고 저항하지도 않았습니다. 500명 중에 20%가 자극에 격렬히 반응했지만 40%는 차분하게 앉아 있었습니다. 나머지 40%는 그 중간 수준이었고요.

성격은 기질이라는 기초공사 위에 올려진 건물입니다. 성인이 되면서 굳어진 특성으로 환경 자극에 어떻게 반응하고 행동하기를 선호하는지에 대한 개념입니다. 여러분이 낯선 사람 10명과 한 방에 같이 있다고 가정해보겠습니다. 그들 각자가 어떤 사람인지 알고 싶어합니까? 그들에게 먼저 다가가서 말을 건네고 싶습니까? 아니면 묵묵히 아무 말 없이 있는 게 더 편합니까? 그도 아니면 아예 그 방을 나와서 혼자 있고 싶으십니까? 낯선 사람 10명이라는 환경 자극에 대응하는 일관된 패턴이 성격입니다. 그래서 혹자는 성격을 '태도와 행동의 반복적인 재현 가능성'이라고도 합니다.

창업자의 기질과 성격은 조직문화에 상당한 영향을 미칩니다. 그가 치밀한 성격을 가지고 있다면 어떨까요? 삼성 이병철 회장은 치밀하고 꼼꼼한 성격으로 유명합니다. 이병철 회장을 비서로서 보좌했던 손병두는 한 가지 일화를 회고합니다.[391] 어느 날 한국경제인연합회(전경련)에서 그에게 연락이 왔습니다. 전경련 사상 처음으로 최고경영자과정을 만들었는데 이병철 회장을 개강식 연사로 모시고 싶다는 부탁이었습니다. 그 혼자서 결정할 수 없는 사안이라 이병철 회장에게 전후맥락을 설명해드리고 강연을 하시겠냐고 여쭙니다. 이병철 회장은 중견 기업 이상의 사장을 대상으로 하는 강연이라기에 흔쾌히 수락합니다. 강의 날짜는 이병철 회장 일정에 맞추어서 후에 통보하기로 했습니다.

　　회장님의 강연이니 비서실에서 강의 자료를 준비해야겠지요? 손병두는 바로 그날 부랴부랴 준비합니다. 이병철 회장이 평소에 강조했던 경영철학과 그에 얽힌 그의 개인적인 경험담을 중심으로 정리합니다. 다음날 보고를 드리자 이병철 회장은 내용을 직접 수정했습니다. 그로부터 거의 매일같이 이병철 회장의 이러저러한 주문이 이어집니다. 저녁에 주문했던 말을 다음 날 아침에 또 물어보고 손병두는 또 정리하고. 전경련에서는 출강 날짜를 언제로 정할 거냐고 계속해서 재촉하는 상황이었습니다. 그러기를 3개월째. 마침내 이병철 회장이 전경련에 출강 일정을 알려주라고 말합니다. 손병두는 겨우 안심할 수 있었습니다.

　　그런데 이병철 회장은 그에게 상상도 못했던 주문을 합니다. "그동안 나하고 연습한 내용을 키워드만 정리한 것, 스무 장으로 정리한 것, 처음부터 끝까지 다 정리한 것의 세 가지 버전으로 강의 노트를 준비해주십시오."라고요. 지난 3개월 동안 이병철 회장은 비서를 상대로 강의 연습을 했던 것입니다. 그리고 강의하는 날 상황에 따라서 세 가지 버전 중 하나를 유연하게 선택하려 한 것이지요. 그의 꼼꼼하고 치밀한 성격은 한 발 더 나아갑니다. 이병철 회장은 강의 날짜가 코앞에 다가오자 "미리 강의장에 가서 그곳 사진을 찍어오십시오."라고 지시합니다. 강의장 배치뿐만 아니라 맨앞에 비치되어 있던 병풍 색상까지 다 찍어 가져가서 보고드립니다. 그러자 이병철 회장은 그 사진을 보고 병풍 색상에 어울리는 양복과 넥타이를 차고 강의하러 갔습니다.

이처럼 그는 사업과 관련이 없는 일이라 할지라도 치밀하게 준비하고 완벽하게 마무리하길 선호했습니다. 그리고 그 성격은 삼성그룹 문화의 바탕을 이루었습니다. 2000년 중반에 삼성그룹 신입사원 교육을 가까이 관찰하고 탐구할 기회가 있었습니다. 교육 시행 몇 개월 전부터 삼성인력개발원을 중심으로 철저하게 준비합니다. 그 당시 선발했던 대졸자 공채 인원 규모가 수천 명을 넘었으므로 합숙 교육 시설을 확보하기도 만만치 않았습니다. 연수 장소 계획부터 모든 인적·물적 자원을 배치하는 일을 치밀하게 준비합니다. 교육 시작 3~4일 전부터 지도 선배 사원들이 먼저 연수원에 입소합니다. 이들은 연수 시설부터 파악합니다. 강의장, 화장실, 숙소가 어디에 있는지부터 방송 장비와 노트북까지 모두 점검합니다. 아울러 주변 상권을 모두 조사합니다. 신입사원이 도착하는 시점부터 교육이 끝날 때까지 그 시나리오를 반복적으로 숙지하고 연습합니다. 머릿속에서 계속해서 시뮬레이션합니다. 임원급 리더가 강의하러 올 때 한 치 오차도 없이 동선을 안내할 수 있도록 연수원 정문에서부터 강의동, 식당동까지 걸음걸이 수와 이동 시간까지 측정합니다. 교육 당일 이들은 깔끔하고 말끔한 정장을 입습니다. 짝다리도 짚지 않고 조금의 흐트러짐도 없습니다. 절도 있는 언행과 말투로 신입사원을 맞습니다. 이들이 움직이는 모습을 관찰하노라면 정말 깔끔하고 치밀합니다.

여러분이 속한 조직의 창업자는 어떤 기질과 성격을 가지고 있습니까? 그것이 조직문화에 어떻게 영향을 미쳤습니까? 창업자가 여전히 일하고 있다면 상대적으로 그의 성격을 알기가 쉽습니다. 그와 반복적으로 대면해 직접 관찰할 기회가 있다면 더욱더 좋을 일입니다. 하지만 조직 위계상으로 거리가 멀어서 대면이 어렵다면 조직 내 구성원 간에 회자하는 그의 성격을 파악해볼 수 있습니다. 만일 창업자가 오래전 인물이면 어떻게 할까요? 앞에서 이병철 회장의 일화를 살펴봤습니다. 창업자와 얽힌 이야기를 채집한 후에 그로부터 그의 성격을 추정해볼 수 있습니다.

다음은 일군의 학자들이 간단하게 성격을 점검해볼 수 있도록 만든 도구를 활용해[392] 수정 보완했습니다. 창업자의 성격을 떠올리면서 해당하는 문항에 체크할 수 있습니다. 그리고 각각의 특성이 오늘날 조직문화에 어떻게 스며들게 되었는지 생각해보기 바랍니다.

문항	체크	문항	체크
수다스럽다.		걱정이 많다.	
다른 사람의 결점을 찾는 경향이 있다.		단순함, 명확함을 좋아한다.	
철저하게 일한다.		때때로 수줍어한다.	
다양한 분야에 관심을 가지고 있다.		용서를 잘한다.	
종종 우울해한다.		이상가, 몽상가이다.	
독창적인 아이디어를 낸다.		일을 효율적으로 처리한다.	
내성적이다.		감정의 기복이 있다.	

주변 사람을 돕고자 한다.	심사 숙고한다.	
전통적인 방식을 선호한다.	열정이 많다.	
때때로 부주의하다.	냉정하고 차갑다.	
스트레스를 잘 관리한다.	복잡한 문제를 해결하기 좋아한다.	
호기심이 많다.	계획을 세우고 그에 고착하려 한다.	
활력에 차 있다.	긴장 상황에서도 침착하다.	
남에게 시비를 건다.	자기성찰을 자주 한다.	
자주 긴장한다.	사려 깊고 친절하다.	
신뢰롭고 믿을 만하다.	모험과 신나는 일을 좋아한다.	
영리하고 똑똑하다.	신경이 종종 예민해진다.	
조용하고 얌전하다.	적극적인 성격이다.	
체계가 없이 무질서하다.	통찰력이 있다.	
종종 화를 낸다.	협업하기를 좋아한다.	
상상력이 풍부하다.	주의가 산만하다.	
끈기가 강하다.	외향적이고 사교적이다.	
때때로 다른 사람에게 무례하다.	자기애가 강하다.	
자신감에 차 있다.	자존심이 세다.	
창의적이다.	세부적인 일에 눈길이 간다.	
게으르다.	완벽주의자이다.	
사고가 명석하다.	남을 쉽게 의심하고 믿지 못한다.	
사람을 수단으로 간주한다.	겉과 속이 다르다.	
자기 책임을 전가한다.	변덕이 있다.	

창업자의 가치관은 어떠한가?

가치관은 인간이 성장하는 과정에서 중요하다고 믿게 된 신념입니다.[393] 어느 리더가 성취하는 것이 중요하다고 믿는다면 어떤 리더십을 발휘할까요? 프로젝트를 마감 기한 내에 온전히 마무리하는 일에 집중할 가능성이 큽니다. 부하들이 야근하더라도, 주말에 나와 특근을 하는 일이 있더라도, 정해진 시점까지 100% 공정률로 끝내길 바랄 겁니다. 어떤 리더가 무슨 일이든 아름답고 보기 좋아야 한다고 믿는다면 업무할 때 어떤 행동이 나타날까요?

우리나라 스타트업 중에 크게 성공한 회사가 있습니다. 창업주는 디자이너 출신으로 심미적이고 탐미적입니다. 무슨 일이든 아름다움과 깔끔함이 중요하다고 믿습니다. 사내 모든 회의실에 화이트보드를 비치해야 할 때도 그의 가치관이 두드러지게 드러났습니다. 담당자가 선정한 전통적인 스타일은 마음에 들지 않았습니다. 창업자는 보기만 해도 눈이 즐겁고 영감을 불러일으킬 수 있는 스타일을 찾아보자고 했습니다. 이처럼 일을 할 때마다 순간순간 창업자의 가치관이 투영되는 경우가 종종 있습니다.

창업자의 가치관은 곧 조직문화로 변환이 되곤 합니다. 실증연구도 이를 뒷받침합니다. 예어 버슨Yair Berson과 그의 동료는 리더의 가치관이 조직문화와 어떤 관련이 있고 다시 그 문화는 조직에 어떤 결과를 가져오는지를 살펴보고자 했습니다.[394] 이들에 의하면 리더가 인생에서 본인이 오롯이 판단하고 결정을 내리는 일을 중시하는 가치관을 가지면 구성원이 자기 생각대로 새로운 일을 시도해보는 혁신 문화가 형성되는 경향이 있었고 매출액 성장과 긍정적인 관계가 있었습니다. 또한 질서정연하고 안전한 환경 가운데서 사는 삶을 중시하면 관료적인bureaucratic 문화를 형성하는 경향이 있었고, 이는 곧 조직의 운영 효율성과 관련이 있음을 보였습니다.

여러분 조직의 창업자는 어떤 가치관을 가졌습니까? 또 그 가치관은 조직문화에 어떤 영향을 미쳤는지요? 창업자의 가치관을 평가해볼 수 있도록 인시아드 대학교의 맨프레드 케츠 데 브리스가Manfred Kets de Vries 교수가 정리한 22가지 가치관을 첨부했습니다.[395] 평소 창업자가 보여왔던 언행을 토대로 그가 가진 가치관이라 여겨지는 항목에 체크를 해보시기 바랍니다. 체크를 모두 마쳤으면 체크된 항목들 간에 그가 가장 우선시 여겼던 순서대로 번호를 매겨보시지요. 그리고 그 가치관이 조직문화에 어떻게 스며들어 있는지를 평가해보시기 바랍니다.

가치관	정의	체크
성취	그는 언제나 자신이 하는 일에 최선을 다해야 한다고 믿습니다. 그는 한 번 목표를 세우면 달성하고자 매우 열심히 노력합니다. 반드시 달성해내야 한다고 믿습니다.	
심미	그는 미적 감각에 집중하고 아름다움을 중시합니다. 그는 시각, 청각, 촉각, 미각을 중시합니다. 그는 아름답거나 극적인 풍경을 보거나 특이한 예술 작품을 보면 하던 일을 멈추고 그에 매료됩니다.	
소속감	그는 사람과의 관계를 중시합니다. 다른 사람과 가까운 관계를 유지하고 함께 일하는 것을 즐깁니다. 그는 자신이 집단에 기여할 수 있는 기회를 찾습니다.	
자율과 독립성	그는 자율성을 중시합니다. 인간은 무슨 일이든 자기 의지와 욕구에 따라 의사결정할 권리를 갖고 있다고 믿습니다. 사적으로든 개인적으로든 자율적으로 아젠다를 설정할 수 있어야 하며 외부의 간섭을 받지 않고 스스로 해결할 수 있어야 한다고 생각합니다.	
돌봄	그는 주변 사람들에게 따뜻한 관심을 두고 있습니다. 그는 어려운 사람을 동정하며 누구에게나 친절해야 한다고 생각합니다. 때로는 자기 자신보다도 남들을 위하는 태도가 나타나기도 합니다.	
학습과 탐구	그는 새로운 지식을 탐합니다. 항상 다른 관점에서 생각해보기를 좋아하고 때로는 비판적으로 사물을 평가하기도 합니다. 새로운 생각과 기술에 개방적이며 유연한 마음을 유지합니다.	
식탐	그는 미식을 중시합니다. 그에게 먹는 일은 곧 즐거움입니다. 여러 사람이 함께 먹는 일은 즐거움을 나누는 행위입니다. 가족이나 친구를 위해 식사를 준비하기도 합니다.	
건강	그는 건강한 삶을 중요하게 여깁니다. 그는 항상 체중을 조절하고 수면 시간을 엄격히 지키고자 하며 술담배를 하지 않으려 합니다. 육체적으로 활동적인 시간을 즐깁니다.	
명예	그는 명예를 중시합니다. 그는 항상 올바른 일을 하고 싶어합니다. 자신의 이름을 더럽히거나 주변 사람들에게 불명예스러운 사람으로 기억되고 싶지 않아 합니다.	
삶의 만족	그는 일과 삶의 균형을 중요하게 생각합니다. 업무시간에는 일을 열심히 하고 퇴근한 후에는 충분히 즐기고 쉬어야 한다고 믿습니다. 그는 자녀로서, 부모로서, 리더로서 해야 할 일을 조화롭게 수행해냅니다.	

가치관	정의	체크
의미	그는 가치 있는 일, 의미 있는 일을 중시합니다. 세상에서 중요한 변화를 만들기를 원합니다. 사회에 기여할 수 있는 일을 해야 한다고 믿습니다.	
돈	그는 돈과 재물을 중시합니다. 그에게 성공은 가능한 한 많은 재산을 축적하는 일입니다. 다른 사람들보다(다른 창업자, 다른 대표) 더 돈을 밝힙니다.	
질서	그는 질서를 중시합니다. 사물을 정리하고 조직화하기를 원합니다. 세부사항마다 꼼꼼하고 정확하기를 요구합니다. 규칙이나 원칙을 지키고자 합니다.	
권력	그들은 다른 사람을 통제하기를 원합니다. 그는 다른 사람들을 보호하거나 또는 그들의 삶을 개선하기 위해서 그가 권력을 잡아야 한다고 강조합니다.	
자부심	그는 본인의 자부심을 중시합니다. 그는 자신의 능력을 믿고 당당하게 여깁니다. 자부심에 상처나는 일은 회피하고자 합니다.	
인정과 영광	그는 자신의 노력과 업적을 다른 사람들로부터 인정받기를 원합니다. 그는 영광스러운 자리에 서기를 좋아합니다.	
복수	그는 '이에는 이, 눈에는 눈'을 강조합니다. 받은 것만큼 돌려주어야 한다고 생각합니다. 모욕을 당하면 분에 가득 차 쉽게 풀리지 않습니다.	
안정	그는 예측 가능하고 확실한 일상을 중시합니다. 편안하고 평온한 삶을 살고 싶어합니다. 급격히 변화하는 환경은 멀리 하고자 합니다.	
관능·성욕	그는 성을 중시합니다. 성적 매력을 중시하고 그로부터 즐거움을 얻고자 합니다. 과거 여러 이성과 교제한 일을 자랑스럽게 말하기도 합니다. 또는 현재 여러 이성을 만나고 있습니다.	
영성	그는 종교적 신념을 중시합니다. 그는 신 그리고 그에 대한 믿음이 없다면 삶은 어떤 의미도 없다고 생각합니다. 그는 때때로 비과학적으로 보이는 세계를 탐구하기도 합니다.	
지위	그는 다른 사람들보다 높은 자리를 차지하는 일이 중요하다고 믿습니다. 다른 사람과 비교해서 우월한 지위를 얻고자 합니다.	
참여	그는 어떤 일이든 개개인의 목소리가 반영되어야 한다고 생각합니다. 만일 그가 참여 마땅한 일에서 배제된다면 그는 상당히 기분 나쁘게 느낍니다.	

• • •

우리 조직에는 어떤 전설이 있는가?

이 절에서 우리가 생각해봐야 할 핵심 질문은 다음과 같습니다.

- 사실이든 아니든, 우리 조직에서 회자하는 오래된 일화는 무엇입니까?
- 일화마다 누가 출현하며 그 스토리 구조는 어떻게 구성되어 있습니까?
- 각각이 구성원에게 주는 실질적인 메시지는 무엇입니까?

우리 조직에서는 다양한 이야기가 태어나고 성장하고 돌아다니고 사장됩니다. 그 이야기가 사실이든 아니든, 증폭되었든, 축소되었든, 왜곡되었든 간에 어떠한 형태로든 존재합니다. 그중에서도 오랫동안 회자하는 '신화' '전설'과도 같은 이야기가 있습니다. 신화와 전설이라고 하니 과학적인 경영법을 훈련받은 독자분들에게 거부감이 들지도 모르겠습니다. 그동안 우리는 신화나 전설이 전혀 근거 없는 비과학적인 이야기라고 간주해왔습니다. 예를 들어 단군 신화가 오랫동안 우리 민족에서 회자되었지만 하늘에서 환웅이 땅에 내려오고 곰이 여자가 되어 그 사이에서 단군이 태어났다는 이야기를 사실이라 믿는 분은 별로 없듯이 말입니다.

우리는 하지만 조직문화 관점에서 이 이야기들에 주목할 필요가 있습니다. 문화인류학의 아버지 에밀 뒤르켐Emilie Durkeim은 부족마다 신화가 필요하다고 주장합니다.[397] 신화는 부족민을 통합하고 통일성을 유지하는 일에 효과적이라는 견해입니다. 그는 오늘날 조직 내에서 공유되는 신화적 전설도 구성원 모두를 엮어주는 '사회적인 풀social glue' 역할을 한다고 말합니다.[398]

우리나라가 위난을 겪을 때마다 이순신 신화는 우리 민족을 통일시키는 역할을 해왔습니다. 사학자이자 언론인이며 독립운동가였던 신채호는 이순신의 영웅담을 글로 엮습니다. 국권침탈을 불과 1년여 앞둔 시점인 1908년 5월부터 8월까지 『대한매일신보』에 『수군제일 위인 이순신전水軍第一偉人 李舜臣傳』을 연재합니다. 그리고 한문에 익숙하지 않은 일반 대중과 부녀층도 읽고 교훈을 받을 수 있도록 한글로 다시 쓴 『리슌신전』을 후속으로 게재합니다. 연재 말미에는 이런 글을 남깁니다. "지금 『리슌신전』을 선택해 고통에 처한 우리나라 국민에게 양식으로 삼게 하노니 제2의 이순신을 기다리노라!"[399]

그 부족 또는 조직의 정체성을 형성하는 주요한 화소話素이기도 합니다. A와 B는 한국인입니다. A는 어려서부터 지금까지 한국교육을 받고 자란 반면에 B는 1세 때 미국으로 건너가 한국 문화를 거의 접하지 않았습니다. A는 단군신화, 주몽신화, 박혁거세신화, 처용설화도 배워서 알고 있습니다. 그는 단군신화를 소재로 여자친구에게 농담을 건네기도 합니다. "곰이 여자가 되어 우리 조상 어머니가 되셨는데. 그 탓인지 내가 곰 같은 성격인가봐." 하고요. 웃기지도 않은 농담에 여자친구는 웃어줍니다. "그러게. 많이 곰 같지. 그래도 곰이 나아. 호랑이가 마늘을 먹고 버텼으면 여자가 되었을 텐데. 그 여자가 우리 조상이 되었으면 모두가 다혈질이 되었을 거야." 반면 B는 한국말을 잘하고 K-팝도 즐겨 듣지만 이들 신화를 들어본 적이 없습니다. A와 B 중에 한국인의 정체성에 더 가깝다고 여겨지는 사람이 누구인가요? 우리 정서상 A가 더 가깝다고 느껴집니다.

또한 전설이나 일화는 추상적인 가치관을 사람들이 직관적으로 이해할 수 있도록 돕습니다. 고려 말기에 정몽주는 역사상 독특한 위치를 차지합니다. 왜냐고요? 역적이면서도 충신이기 때문입니다. 그는 조선을 창업한 이성계 장군의 반대파였습니다. 그리고 이성계의 아들 이방원에게 죽임을 당했습니다. 그가 죽은 정황까지도 정확하게 기록이 남았습니다. 이성계가 사냥을 즐기다 말에서 떨어졌다는 소식을 듣고 정몽주는 이성계 일파 분위기를 염탐하기 위해 병문안을 명분으로 집을 찾아갑니다. 정몽주는 병문안이 끝나고 이방원과 술자리를 했습니다. 그는 그 자리에서 이방원이 「하여가」를 노래하자 「단심가」로 자신의 소신을 밝힙니다. 결국 이방원은 회유하기 어렵다고 판단하고는 자객을 시켜 집으로 돌아가는 길목의 선죽교에서 정몽주를 죽입니다. '역사는 승자의 기록'임을 고려한다면, 정몽주는 마땅히 조선 사가들에 의해 성품과 행적이 좋지 못했다고 왜곡되어야 합니다. 또는 아예 거론조차 되지 못하게 역사 속에서 사라져야만 했습니다. 더구나 그를 죽인 이방원이 태종으로 등극했다는 점을 고려하면 더더욱 그러해야 했지요. 그런데도 그 이름은 조선시대 내내 오래도록 빛납니다. '충효'를 최고의 미덕으로 여기는 조선 왕조에서 두 번 다시 찾기 힘든 상징이었기 때문입니다.

선죽교 일화는 후대에 확대 재생산되어 조선시대 여러 서적에서 언급이 됩니다. 어느 야사에 의하면 정몽주는 돌아가는 길에 자신이 죽임을 당할 운명이라는 것을 알고 그와 동행하던 머슴에게 "너라도 몸을 피하라."고 권했습니다. 하지만 그 머슴은 "주인을 두고 혼자만 살 수 없습니다. 죽더라도 같이 죽겠습니다." 하고 뒤따라갔다고 합니다. 정몽주 일화에 '충성'이라는 가치관이 두 번이나 중첩되는 대목입니다.

정몽주의 후손은 조선시대 내내 오래도록 혜택을 받았습니다. 조선 후기 사학자인 이긍익이 저술한 『연려실기술燃藜室記述』에는 이런 일화가 담겨 있습니다. 세조 때 성삼문 등의 사육신 사건이 벌어지자 정몽주의 손자이자 장손이던 '정보'는 그들이 죄인이 아니라고 두둔합니다. 그가 말한 내용이 세조의 귀에 흘러 들어갑니다. 화가 난 세조는 그를 거열형, 즉 팔다리를 수레에 매고 사지를 찢어 죽이는 형벌에 처하도록 명합니다. 그리고는 주변에 있던 신하들에게 이렇게 묻습니다. "그는 어떤 사람인가?" 좌우에 있던 신하들이 "정몽주의 손자입니다."라고 하니 세조는 깜짝 놀라 급히 사람 보내서 처형을 중지합니다. 그리고는 "충신의 후손이니 특별히 사형을 감하여 귀양을 보내라."고 명합니다. 그 냉정했던 세조조차도 정몽주의 충성 신화를 무시하지 못합니다. 이처럼 정몽주 신화는 조선시대를 관통하는 '충효'의 상징으로 그 누구나 조선 왕조가 중시하는 가치관을 직관적으로 이해하도록 돕는 장치가 되었습니다.

이제 눈을 돌려서 조직에 존재하는 신화와 전설을 고찰해보겠습니다. 이들은 몇 가지 특징이 있습니다.[400] 첫째, 역사적으로 근거가 있는 이야기입니다. 시간이 흘러 축소, 확대, 과장되었을지라도 일어났던 사실을 바탕으로 시작합니다. 둘째, 구성원이 충분히 이해하고 대리 학습이 가능하도록 충분히 구체적입니다. 셋째, 그 집단이 감정적으로 집착하는 이야기입니다. 몇 가지 유형을 나누어 살펴보겠습니다.

규칙 준수·깨기

규칙 준수 또는 규칙 깨기 이야기는 네 가지 이벤트가 차례대로 일어납니다. 먼저 높은 위치의 사람이 등장합니다. 그리고 그가 회사의 규칙을 어깁니다. 그러자 낮은 직급의 사람이 그가 규칙을 어긴 점을 지적합니다. 높은 지위의 사람이 그 규칙에 순응하거나 순응하지 않는 모습을 보입니다.

규칙 준수 일화를 하나 살펴보시지요. 이 이야기는 A사의 사장이 공장을 탐방할 때 옆에서 보좌했던 사람의 시선에서 시작합니다. 그는 애초에 계획된 동선을 따라 공장 투어를 진행하려 했습니다. 그런데 사장님은 동선 밖을 벗어나 자기가 원하는 곳으로 가고자 했습니다. 특히 생산 공정을 직접 보고자 했습니다. 어쩔 수 없이 사장님을 생산 공정으로 안내해드렸습니다. 그러자 사장님은 조립 라인에 있는 근로자들에게 다가갑니다. 그리고 어느 여성에게 요즘 업무가 어떻냐고 물어봤습니다. 그녀는 갑자기 사장님의 말을 끊고 이렇게 확고하게 말합니다. "죄송합니다, 사장님. 하지만 이곳에 안전 안경을 착용하지 않고는 들어오실 수 없습니다." 그러자 사장님의 반응은 어떠했을까요? 얼굴이 붉어지면서 당황하다가 사과했습니다. 그리고는 돌아가서 안전 안경을 끼고 다시 돌아와 그녀를 칭찬했습니다. 주저하지 않고 얘기해줘서 고맙다고요. 둘은 이런저런 대화를 오랫동안 나누었습니다.

규칙 깨기 일화는 종종 접하는 이야기입니다. B사는 구성원 200명 규모 회사입니다. B사는 초창기에 가족 같은 분위기였습니다. 초기 구성원 중 몇 명은 아침에 출근이 5~10분씩 늦는 경향이 있었습니다. 사장님도 일찍 출근하는 스타일은 아니었습니다. 그는 12시 점심 먹기 전에 회사에 어슬렁거리며 출근하곤 했습니다. 누군가는 아이 유치원 등교시키는 바람에, 누군가는 어제 늦게까지 야근하는 바람에, 누군가는 아침잠이 많아 일어나기 힘든 바람에, 누군가는 사장이라는 이유로 지각을 하곤 했습니다. 각자의 성격이나 가정 형편을 알고 있었기에 서로 이해하고 포용하는 일들이 많았습니다. 그런데 구성원이 늘어서 50명, 100명, 순식간에 200명으로 늘어났습니다. 사장님과 초창기 구성원이 출근에 느슨한 분위기를 만들어놓은 덕분에 근태에 문제가 생겼습니다. 성실하고 열심히 일하는 구성원들 사이에서 불만이 나오기 시작했습니다. '회사원의 철칙은 근태 아니냐'고 말이지요. 그래서 사장님을 포함한 모든 사원이 날을 잡아서 서약했습니다. "아침 정시에 출근하겠습니다."라고 말입니다. 다음 날부터 모두가 정시 출근을 했습니다. 하지만 3일 정도 지난 후에 사장님은 10분, 20분 늦게 출근하기 시작하더니 12시 즈음에 회사에 나오는 패턴으로 돌아갔습니다. 이 소문이 퍼지자 초기 구성원들뿐만 아니라 다른 구성원들조차 출근에 늦기 시작했습니다.

성장 신화

남들에 비해 볼품없는 학벌과 출신의 사람이 오로지 자기 능력과 노력만으로 높은 위치까지 올라간다는 이야기입니다. 피앤지의 오래된 전설을 하나 살펴보시지요.

리처드 듀프리Richard Deupree는 12세에 초등학교를 그만둬야만 했습니다. 그는 보험 기관에서 심부름꾼으로 일주일에 1달러 급료를 받고 일해야만 했지요. 그 후로도 이런저런 일을 전전해야만 했습니다. 1905년에는 피앤지 재무팀 심부름꾼으로 주당 4.5달러를 받는 일에 채용됩니다. 곧바로 그는 출납원으로 승격이 되었습니다. 듀프리는 기계적으로 일하기보다는 더욱더 많은 가치를 만들어내고 싶었습니다. 돈만 내주면 되는 출납원 일을 하면서도 플러스알파를 더 하고자 했습니다. 당시 비누 판매 부서 책임자였던 토마스 백Thomas Beck은 듀프리를 주목합니다. 듀프리가 항상 밝고 유쾌한 표정을 지었기 때문입니다. 주변 사람들에게 좋은 기운을 북돋웠다고나 할까요. 토마스는 듀프리에게 이런 말을 합니다. "너는 내가 돈을 받을 때 미소 지어준 최초의 출납원이야."라고요. 토마스는 듀프리를 기억해두고 있었습니다. 그로부터 4년 후 그 부서에 영업사원이 필요할 때 토마스는 듀프리를 기억하고 채용합니다. 그 시점부터 듀프리는 가파른 승진을 합니다. 그리고 1917년 듀프리는 32세 젊은 나이로 영업담당 임원에 임명됩니다.

우리나라는 '고졸 출신 CEO 신화'라는 제목으로 미디어에 소개되곤 합니다. 대표적인 인물이 바로 LG전자 조성진 부회장입니다. 도예가였던 아버지는 조성진에게 가업인 도자기업을 이으라 권유합니다. 하지만 조성진은 기계 기술자가 꿈이었다고 합니다. 그는 집안 반대를 무릅쓰고 공업고등학교에 입학합니다. 그리고 졸업한 해인 1976년에 금성사 전기설계실에 입사합니다. 그가 처음 맡은 분야는 세탁기였습니다. 엔지니어부터 설계실장, 연구실장, 사업부장을 거치면서 세계 최고 수준의 세탁기를 만드는 데 기여합니다. 마침내 2013년에는 사장, 2017년에는 그룹 부회장으로 승진합니다. 『한국경제신문』 기자가 "고졸 학력이 멍에였던 적은 없나요?"라는 인터뷰 질문을 던지자 그는 이렇게 말했습니다. "적어도 LG전자 안에서는 학력에 따른 차별이 없었습니다. 제품을 연구하는 과정에서 이론적인 역량이 부족해 어려움을 겪기도 했지요. 이 역시 나름의 노력을 통해 충분히 보완할 수 있었습니다."[401]

조직문화 차원에서 이들 이야기는 어떤 의미를 전달해줄까요? 간단합니다. '학벌보다는 개인의 노력, 열정, 능력, 그리고 치열함이 더 중요하다. 그런 사람이라면 얼마든지 우리 조직에서 성공할 수 있다'는 메시지를 줍니다.

왕자 모시기

앞에 소개한 사례와는 조금 다른 이야기입니다. 우리나라 기업에는 1세대에서 2~3세대로 넘어오는 과정에 얽힌 일화가 적지 않습니다. 그중에는 제가 '왕자 모시기'라 이름 지은 일화가 있습니다.

A사 창업주에게는 장남과 차남이 있습니다. 1990년대 후반에 차남이 A사 과장으로 입사합니다. 그 당시 A사에는 장남 승계 분위기가 강했던 터라 그 누구도 차남을 주목하지 않습니다. 더구나 외국에서 오래 살았던 차남은 한국말을 잘하지 못해 다른 구성원에게 먼저 다가가기도 어려웠습니다. 마침 같은 부서에 외국어를 잘하는 동갑내기 과장이 한 명 있어서 친해지게 됩니다. 둘이 내성적인 성향이라 처음에는 서먹했지만 허례허식 없는 소탈한 성격이라 죽이 잘 맞았습니다. 그런데 주변에서는 동갑내기 과장에게 조용히 경고합니다. 끈 떨어진 동아줄은 붙잡는 거 아니니 괜한 오해를 사지 않도록 조심하라고 말이지요. 하지만 동갑내기 과장은 차남이 한국에서 잘 적응하고 생활할 수 있도록 돕습니다. 10여 년 뒤, 창업주는 장남이 아니라 차남에게 사업을 물려줍니다. 차남이 A사의 사장이 되었지요. 그리고 그의 친구 같은 과장은 10여 년 동안 승진 가도를 달립니다. 마침내 A사의 이인자로 등극합니다.

B사는 여러 명의 아들이 있었습니다. 2000년 초반에 장남이 B사

에 부장으로 입사를 합니다. 창업주는 장남이 경영 수업을 잘할 수 있도록 팀을 꾸려 배치를 합니다. 사원, 대리, 과장, 부장 등 총 7명이 장남과 함께합니다. 장남은 회사에 아는 사람이 없기에 이들과 일상을 같이합니다. 술도 밥도 함께했지요. 마침내 창업주는 장남에게 사장 자리를 물려줍니다. 이들은 후에 '7인회'로 불려서 승승장구합니다. 회사 주요 요직을 7명이 꽤 차고 운영했습니다.

여러분의 조직 내에도 이런 얘기가 있나요? 그런 얘기를 들으면 어떤 말을 할까요? "아휴, 나도 그때 그 당시 그 부서에 있었으면! 아깝네." 하고 아쉬워하는 경우를 많이 봤습니다. 이들 이야기는 '능력도 중요하지만 연이 더 중요하다'는 의미를 줍니다.

이 책에서는 세 가지 유형의 이야기만 살폈습니다. 조직마다 다양한 전설, 신화, 영웅담이 존재합니다. 그 이야기를 채집하고 분석해 보시기 바랍니다. 조직문화를 변화시키려 할 때 기존의 이야기가 현재 어떤 영향을 미치는지, 앞으로 조직문화 변화 방향에 도움이 되는지, 또는 충돌되는지를 살펴봐야 합니다. 그리고 맞지 않는 이야기라면 이를 어떻게 수면 아래로 잠재울지, 어떤 새로운 이야기가 살아 숨쉬도록 해야 할지를 고민해야 합니다. 일례로 1부에서 반문화를 살펴봤습니다. GM의 폰티악·쉐보레 사업부장인 존 드로리안은 기존의 위계적이고 권위적인 문화를 싫어했습니다. 이를 바꾸고 싶었지요. 공항에서 상사를 맞이하는 비효율적인 관행을 없애고자 그 자신부터 솔선수범했습니다. 맥그로힐 출판사로 갈 때 혼자 비행기를 타고 직접 운전하고 간 일화가 조직에 회자하도록 했습니다.

• • •
우리 조직은 어떤 변곡점을 겪었는가?

역사제도주의 학자들은 '결정적 분기점critical juncture'이란 개념을 활용하곤 합니다.[402] 이는 한 사회가 어떻게 변화해왔고 현재 왜 그런 모습이 나타나는지를 확인하는 데 도움이 되는 개념이기도 하지만 한 조직을 이해하는 데도 유용합니다. 조직의 역사적 사건을 분석해보면 '현재 우리 조직문화는 왜 이러한가?'에 대한 답을 얻을 수도 있습니다.

이 절에서 우리가 생각해봐야 할 핵심 질문은 다음과 같습니다.

- 우리 조직의 결정적 분기점은 무엇입니까?
- 그것이 우리 조직과 문화에 지속적으로 미친 영향은 무엇입니까?

원래 결정적 분기점이란 역사적 사건이 다른 요인과 어우러져 기존의 사회, 정치, 경제의 균형을 흔들어놓거나 전복시키는 시발점을 말합니다. 유럽에서 발생한 흑사병 사건이 대표적입니다. 학자들은 유럽이 근대화된 결정적 계기 중의 하나로 흑사병을 지목합니다. 페스트균에 의해 일어나는 급성 전염병인데 살덩이가 썩어서 검게 변하기 때문에 흑사병Black Death이라 불리게 되었습니다. 야생 다람쥐나 들쥐가 병원균을 옮기며 흑사병 환자가 재채기하면서 나오는 균이나 배설물로 전염되기도 합니다. 흑사병은 엄청난 속도로 번져서

1347년에 이탈리아, 1348년에 북유럽, 1349년에 영국을 휩쓸었습니다. 그 결과 그 당시 유럽 인구의 약 30%가 사망했다고 합니다.[403]

유럽은 인구가 급격히 감소하자 극심한 노동력 부족을 겪습니다. 그로 인해 봉건영주와 노동자 간에 힘의 균형이 바뀌게 됩니다. 흑사병은 인구가 밀집한 도시에 더 많이 발생했기 때문에 노동력 부족 현상은 도시에서 더욱 심해졌습니다. 영주들은 노동력을 확보하고자 도시로 인구를 유입시키고자 임금을 인상합니다. 또한 조세 혜택을 주었으며 시민권을 부여하기도 했습니다. 이처럼 소작농과 노동자의 힘이 세지면서 서유럽은 자유 노동 시장이 발전하는 계기가 되었습니다.[404]

사상적인 변화도 촉발했습니다. 죽음 앞에서 사람들은 흑사병을 해결할 다양한 방법을 고민했습니다. 의학계에서는 그 원인이 더러운 공기에 있다고 보고 향료를 태워서 정화하는 방법을 제시했습니다. 종교계에서는 신에 대한 신실한 믿음만이 구원이라고 강조했습니다. 그러나 그 어떤 것도 '대규모 죽음'("magna mortalitas" 또는 "la moria grande")을 막을 수 없었습니다.[405] 성직자들은 흑사병에 옮을까 두려워 장례미사조차 제대로 치르지 못했습니다. 더구나 그들 또한 사람이었기에 무서운 전염병을 피해 가지 못했습니다. 가스켓이라는 학자는 성직자 사망통계만 집중적으로 조사했는데 1348년 7월부터 2년 동안 잉글랜드의 성직자 절반이 흑사병으로 사망한 것으로 파악했습니다.[406] 성직자조차 흑사병 앞에 무력해지자 대중 앞에 교회의 권위는 심각하게 추락했습니다. 그 결과 신과 종교 중심의 사상에서 벗어나 르네상스로 나아가는 계기가 되었습니다.[407]

이처럼 결정적 분기점은 한 사회가 어떻게 변화했는지를 해석하는

데 유용한 개념입니다. 이를 우리나라 상황에 적용해서 한 번 고찰해보겠습니다. 우리의 노동시장과 고용 관계에 있어서 변혁을 가져온 결정적 분기점은 무엇이었을까요? 다름 아닌 1997년의 IMF 외환위기입니다. 이전까지만 해도 유교 사상의 영향으로 가부장적 지위를 가진 고용주가 근로자를 가족과 같이 여기는 고용 형태였습니다. 낮은 임금을 지급하지만 일생 근로자와 그 가족의 생계를 책임져주겠다는 의미의 고용이었습니다. 이에 대한 반대급부로써 근로자들은 조직에 충성을 다하고자 했습니다.

그러나 외환위기로 인해 그 관계가 깨집니다. 소위 '재벌그룹 연쇄 부도 사건', 즉 한보철강부터 진로그룹, 해태그룹, 한라그룹 등 1997년 한 해만 10개 대기업이 연쇄적으로 도산했습니다. 이로 인해 IMF가 본격화된 1998년에 수많은 인원이 정리해고를 당했습니다. 이 결정적 분기점은 어떤 결과를 가져왔을까요?

첫째, 종신고용의 종언을 알렸습니다. 대기업, 중소기업 가릴 곳 없이 연이어 도산하고 있다는 뉴스가 텔레비전을 통해 연일 전국에 보도되었습니다. 해고당해 고통받는 근로자와 가족의 피폐한 삶이 화면에 그려졌습니다. 회사가 더는 근로자의 평생을 책임져줄 수 없다는 점을 강력히 시사했습니다. 둘째, 근로자에게는 고용가능성employ-ability이 강조되었습니다.[408] 대규모 구조조정으로 노동시장에 강제적으로 내몰린 근로자 중에서 경쟁력이 없는 사람은 다시 취업하는 데 많은 어려움을 겪었습니다. 결국 근로자의 삶은 그 개인의 역량에 달려 있다는 것을 사회적으로 자각하게 되면서 자기계발 붐이 일었고 샐러던트Saladent라는 신조어까지 탄생하게 되었습니다. 셋째, 기업은 노동력을 유연하게 관리할 필요가 있음을 깨닫게 되었습니다. 종신

고용과 연공서열을 점차 구시대 유물로 여기기 시작했습니다. 그 자리를 성과주의와 연봉제가 들어왔습니다.[409] 또한 비정규직 근로자를 본격적으로 활용하기 시작했습니다. 이 거대한 변화는 조직 경계를 넘나드는 경력boundaryless career 세상을 촉발시켰고 '경력사원' 집단이 점차 증가했습니다.

결정적 분기점은 사회뿐만 아니라 한 조직을 대상으로 분석할 때도 상당히 유용합니다. 우리나라 굴지의 A사는 1996년 7월에 중대한 위기를 겪습니다.[410] 자재창고에 전기가 누전되는 사고로 화재가 발생합니다. 이를 목격한 주민들은 갑자기 폭탄 터지는 소리가 들려서 창밖을 바라보니 시뻘건 불길과 검은 연기가 50미터나 치솟고 있었다고 합니다. 그 정도로 엄청난 화재여서 건물 3개 동이 불타 사라집니다. 모든 원료가 일시에 불길에 사라지자 임직원은 크게 낙심합니다. 일부 관리자는 "이제 우리는 끝난 것 아닌가?"라고 자조할 정도였습니다. 그런데 경영진과 노동조합은 '우리 회사는 우리가 살린다'는 마음가짐으로 똘똘 뭉칩니다. 근로자들은 회사를 정상으로 돌려놓을 때까지 무보수 철야 근무, 휴일 무급 근무를 선언합니다. 밤낮으로 복구한 결과 당초 예상된 6개월을 훌쩍 단축하여 불과 2개월 만에 복구합니다. 이 사건은 A사의 경영진 – 노동조합 간의 굳건한 협력 문화를 자리잡게 만든 첫 번째 결정적 분기점이 됩니다.

하지만 곧바로 외환위기가 터집니다. 이들은 B2B 사업을 하고 있었는데 주요 고객 기업이 줄줄이 도산하자 A사도 큰 타격을 받습니다. 더구나 원자재를 해외에서 수입을 해왔던 터라 환율이 급등하면서 자잿값이 천정부지로 솟구쳐 버렸습니다. 경영진과 노동조합은 다시 힘을 합쳐서 마른 수건도 짜내기 전략에 들어갑니다. 절전 운동, 비품 아껴 쓰기 운동에 더해 통근 버스나 간식 같은 복리후생 비용도 근로자 스스로 없앴습니다. 그런데도 회사 재정이 극도로 어려워지자 정리해고를 노사가 합의해 추진합니다. 어쩔 수 없이 정리해고하지만 경영난을 타개하면 반드시 다시 회사로 부르겠다는 약속을 합니다. 회사에 남은 동료들은 상여급을 모두 반납하고 특근비와 연월차 수당도 모두 마다합니다. 그렇게 뼈를 깎는 세월을 견뎌냅니다. 그리고 2년 만에 경영환경이 다시 회복하는 추세를 보이자 정리해고했던 근로자들을 대거 다시 직장으로 불러들입니다. IMF는 A사 노사 상호 신뢰를 더욱 두텁게 한 두 번째 결정적 분기점이 됩니다.

이들이 2002년 벌인 임금협상 장면에서는 보기 드문 광경이 벌어집니다. 사측과 노측의 대화를 잠시 인용해보겠습니다.[411]

> 노측: 올해 인상은 5% 선에서 제한하죠.
>
> 사측: 5%요? 회사 실적을 보면 8%는 돼야 하지 않겠습니까?
>
> 노측: 오늘만 먹고 내일 굶을 건 아니지 않습니까. 길게 보아야죠. 길게.

사측과 노측의 대화가 서로 뒤바뀐 듯 보이지요? 이들은 2018년 현재 20년 연속 무분규 임금협상을 타결했습니다.

• • •

우리 회사 문화의 아이콘, CEO와 임원

현재 우리 조직의 CEO, 임원이 조직문화에 어떻게 영향을 미칠까이 절에서 우리가 생각해봐야 할 핵심 질문은 다음과 같습니다.

- 우리 조직의 주요 의사결정권자들은 집단적으로 어떤 성격을 보입니까?
- 그 리더가 자라온 성장 배경은 어떠합니까?
- 그 리더는 어떤 조직문화에서 경력을 시작하고 성장해왔습니까?
- 그는 누구를 롤모델 또는 반면교사로 삼고 있습니까?
- 그는 본인을 크게 성장시킨 경험을 무엇이라 말합니까?

요? 앞서 살펴본 창업자와 유사합니다. 먼저 CEO, 임원의 성격과 가치관을 살펴볼 수 있습니다. 벤저민 슈나이더의 말대로 조직은 그와 성격이 유사한 사람들을 유인하고 지속적으로 선별하는 과정을 거칩니다. 승진 결정은 그 정점을 찍는 행위입니다. 이 책 맨 첫장에서 우리나라 대기업 A, B, C 임원 특성을 살펴봤습니다. A사의 임원이 목표를 달성하는 과정에서 보여주는 특성은 집념, 집요함, 철저함, 완벽함이었습니다. 그 같은 특성을 보이는 사람 중에서 가리고 가려서 더 높은 직급으로 승진을 시킵니다.

어느 기업 임원 전체 100여 명의 성격검사를 한 적이 있습니다. 그 100명의 성격검사를 평균해 그래프를 만들었습니다. 이들은 일을 매우 체계적이고 논리적으로 풀어나가고 철저히 숫자와 데이터에 의해서 판단하려는 경향이 강했으며 복잡한 문제를 보면 실타래를 풀어내듯 천천히 완전무결하게 해결하고자 하는 성향이 강했습니다.

반면 잠재적인 위험을 항상 걱정해 회피하려는 성향이 강했고 사람을 대하는 관계적인 측면은 서투른 성격을 가지고 있었습니다. 주요 의사결정권자 100여 명의 평균적인 성격이 그러하다면 조직문화는 어떨까요? 그들의 성격과 매우 유사하게 나타났습니다. 체계적, 논리적, 분석적이면서 위험을 회피하기에 도전적인 일을 장려하기보다는 안정 중심의 과업을 더 선호했습니다. 이처럼 소속 조직 주요 리더의 성격과 가치관을 평가해보고 이들의 특성이 집단적으로 조직문화에 어떻게 영향을 미치는지 볼 수 있습니다.

앞에서 폰티악·쉐보레 사업부 문화를 바꾼 드로리안의 사례를 살펴봤습니다. 드로리안은 GM 전체가 아니라 그가 담당하는 하위문화에 영향을 미친 인물이지요. 그처럼 대표 이외에 주요 의사결정권자들은 하위문화에 영향을 미치는 존재들입니다. 조직의 전체 문화를 고찰할 때도 간과해서는 안 되는 대상입니다. 몇 가지 포인트를 짚어서 생각해보겠습니다.

그가 자라온 성장 배경은 어떠한가?

제가 관찰한 어느 조직은 일과 삶이 조화로운 풍토였습니다. 업무에 열심히 집중하면서도 휴일과 휴가 기간에는 온전히 쉬게 해주는 문화였습니다. 또한 구성원의 건강과 행복을 가장 우선하여 추구했는데 구성원이나 그 가족이 아프면 열 일을 제쳐두고 건강부터 챙기도록 했습니다. 그 조직의 리더를 인터뷰할 때 그는 어렵게 이런 말을 꺼냈습니다.

"구성원들에게 한 번도 얘기하지 않은 일입니다. 제가 어릴 때 큰 수술을 했습니다. 의사가 부모님에게 죽을지도 모르니까 마음의 준비를 하라고 하셨답니다. 그 정도로 심각한 수술이었습니다. 부모님은 땅이 꺼지는 기분이었다고 하더군요. 하늘이 아직은 거둬갈 생명이 아니라 여겼는지 다행히 좋아지긴 했습니다만. 배에 길게 수술 자국이 남았는데 어릴 때 자꾸 배 어딘가가 허전했나봐요. 자꾸 배 수술 자국을 만지는 모습을 보면서 어머니가 눈물을 많이 흘리셨다고 하더군요. 지금도 수술 자국을 보면 '메멘토 모리memento mori'가 생각납니다. 저도 언젠가 죽는다는 점을 기억하라는 말 말입니다."

그에게 인생의 종착역은 죽음이지만 그 여정에서 삶을 즐기고 보람을 느껴야 한다는 신념이 강하게 자리잡았습니다. 그의 삶의 자세는 조직문화에 그대로 투영되었습니다.

성장한 가정환경은 어떻습니까? 제가 리더를 만나 성격 및 가치관 검사를 같이 해석하다 보면 독특한 패턴이 발견되곤 합니다. 어릴 적 친가 또는 외가 할아버지 할머니와 함께 성장한 리더들은 '순응conformity'이 높은 경향이 있습니다. 사회적으로 기대되는 규범을 지켜야 한다는 태도가 강합니다. 제가 인터뷰한 어느 리더는 이렇게 말합니다. "중학교 때까지 조부모님과 같이 살았습니다. 어릴 때부터 아버지, 어머니는 제게 항상 강조하셨습니다. '어른을 뵈면 허리 숙여 깍듯하게 인사해라.' '사람이라면 지켜야 할 도리가 있단다.'라고요. 어렸을 적부터 체화되어서 그런지 예절과 예의를 중시하게 된 것 같습니다."

이 리더는 업무 능력도 중시하지만 연공서열도 중요하게 여깁니다. 승진 결정을 내릴 때도 연공과 나이를 첫 번째 기준으로 하고 그 다음으로 업무 실적을 반영했습니다. 구성원 간에도 연공에 따라 위계가 구분되는 경향이 있었습니다.

그는 어떤 조직에서 커리어를 시작하고 성장했는가?

사회 초년생 경험이 평생을 좌우하기도 합니다. 어느 중소 규모 기업 A사의 IT 개발자들을 인터뷰한 적이 있습니다. 한 명은 현 대표에 대해 이런 불만을 터트렸습니다.

"지금 사장님은 대기업에서 영입되셔서 이 회사에서 2년째 CEO를 하고 계십니다. 그분의 예전 직장은 IT 대기업인데 치밀한 관리로 유명하다고 들었습니다. 우리 회사에서도 매주 개발자들을 모아놓고 하나하나 업무를 점검합니다. "이거 했어요 안 했어요?" "안 했다고요? 왜 못했어요?"라고 다그칩니다. 사실 개발자들이 노는 게 아니거든요. 일은 많은데 인력은 부족하니 중요한 일부터 하거든요. 우리가 대기업처럼 자원이 풍부한 게 아니잖아요. 예전에는 개발자들이 알아서 하도록 놔뒀어요. 그래서 저희도 책임감을 느끼고 밤을 새워가며 일을 했습니다. 그런데 지금 대표님은 그런 정황은 고려도 안 하고 무조건 관리만 하려 합니다. 그게 일을 제대로 하는 거라 믿으시는 것 같습니다. 정말 죽을 맛입니다. 그분 때문에 저희 개발자들이 회사 그만두고 싶다고 아우성칩니다."

A사 대표는 전 직장에서 신입으로 입사해 임원에 이른 인물이었습니다. 그 조직에서 어느 순간 성장의 한계가 보이자 재빠르게 중소 규모 기업 대표로 이직했습니다. 앞서 우리는 '지배적인 논리dominant logic'가 형성된다는 점을 봤습니다. 어느 한 조직에서만 성장하고 근무한 리더에게는 그 조직 내에서 형성된 지배적인 논리가 굳건하게 자리잡고 있을 수 있습니다. A사 대표의 세계관에서는 개발자들의 업무를 직접 챙기는 일이 지극히 당연합니다.

그는 누구를 롤모델 또는 반면교사로 삼고 있는가?

많은 사람이 '나는 저 사람처럼 하고 싶다.' 또는 '저 사람처럼 하지는 말아야겠다.'라고 생각하는 모델을 가지고 있습니다. 전자를 롤모델이라고 하고 후자를 반면교사라 하는데 그 상이 리더십 행동으로 나타납니다. 그리고 조직문화에 영향을 미칩니다.

STX그룹 강덕수 회장은 입지전적 인물입니다. 1973년에 쌍용양회에 신입사원으로 입사해서 1975년에는 쌍용정보시스템 부장이 됩니다. 1990년 후반에는 쌍용중공업의 영업본부장으로 일하던 상황이었습니다. 그런데 외환위기가 닥치자 쌍용그룹이 위기를 맞습니다. 정부는 퇴출기업 명단을 발표하면서 쌍용중공업을 포함합니다. 재무부문장이 중압감을 버티지 못하고 갑작스레 사표를 내자 영업을 담당하던 강덕수가 그 자리를 맡습니다. 돈이 없어 직원들 월급을 줄 수도 없었습니다. 돈을 빌리려면 CEO 명의로 은행에서 대출해야 하는데 그 당시 CEO는 그 책임을 지려 하지 않았습니다. 그래서 강덕수가 재무부문장으로서 본인의 이름을 걸고 돈을 빌렸습니다. 2000년 말에 쌍용그룹은 투자증권에 매각합니다. 그리고 투자사는 강덕수를 사장으로 임명합니다. 당시 쌍용중공업은 주당 가격이 900원 정도로 폭락했는데 담배 한 갑 안 태우면 우리 회사 주식 한 개를 살 수 있다며 회사 구하기 운동을 벌입니다.[412] 그리고 강덕수 사장도 자신의 모든 재산을 털어 주식을 샀고 2001년에는 최대 주주가 되면서 쌍용중공업을 인수하고 STX로 이름을 바꿉니다. 그 이후로는 소위 '샐러리맨의 신화'를 보여줍니다. 설립 10년 만인 2011년에는 6만 명의 종업원을 거느린 기업으로 재계 12위로 올라섭니다.[413]

2000년대 들어서자 조선업은 호황을 맞습니다. 강덕수 사장은 몸집 불리기에 나섭니다. 선박 선수금을 투입하여 중국 다롄에 전 세계 최대 규모의 조선소를 짓습니다. 3조 원을 투입한 다롄 조선소는 2만 1,000명이 근무하는 거대 조직으로 발전합니다.[414] 하지만 조선업 경기가 갑자기 나빠지자 내실보다는 외형 키우기에 집중한 일이 그의 뒷발목을 잡았습니다. 심각한 경영난을 겪자 2014년에 회장직을 내려놓습니다. 그리고 배임과 횡령 혐의로 징역형을 받았다가 항소심에서 집행유예로 석방됩니다.

강덕수 회장에게 롤모델은 정주영 회장이었습니다. 정 회장은 우리나라에 조선업을 뿌리내린 인물입니다. 1971년에 500원짜리 거북선 지폐를 보여주고 영국에서 차관을 빌려와 울산조선소를 만들었지요. 강덕수 회장은 중국 다롄조선소를 설립하면서 정주영 회장의 길을 따라가겠다는 포부를 밝혔다고 합니다.[415] 그가 보여준 광폭 행보를 보면 정주영 회장의 신화를 넘어서겠다는 의지가 엿보이는 듯합니다. 정주영 회장이 만든 울산조선소는 비교도 안 되게 더 큰 다롄조선소를 세운 일이 바로 그 증거입니다. 하지만 시운이 좋지 못해 결국은 쓰러지고 말았지만 말입니다. 강덕수 회장의 경영 스타일을 보면 개인이 누구를 롤모델로 삼느냐에 따라 그 의사결정과 행동 패턴이 좌우될 수 있음을 볼 수 있습니다.

제가 인터뷰한 어느 리더 A는 과거에 모셨던 상사를 존경했습니다. 그를 모실 당시에는 정말 힘들었다고 합니다. 나노 수준으로 철두철미한데다 치맛바람 엄마가 아이 보낼 학원 선정하는 수준보다 더 깐깐하고 본인 기준에 차지 않으면 인격 모독까지 서슴지 않는 리더였다고 합니다. 그 상사 밑에서 한동안 자존감이 바닥을 파고들어 갈

정도로 힘들게 다녔습니다. 하지만 그 상사는 조직 내부나 외부에서는 자기 부하들이 일도 잘하고 태도도 좋다고 자랑하고 다녔고 문제가 터지면 아버지가 자식 챙기듯 했다고 합니다. 그를 5년 동안 모시면서 많이 힘들었지만 지나고 나니 그때 그 시절에 크게 성장할 수 있었다고 회고했습니다. 본인도 그 상사처럼 되고 싶다는 열망이 강했습니다. A는 조직에서 어떤 리더십을 보일까요? 그리고 조직문화는 어떻게 형성되었을까요? 여러분이 상상하는 그대로입니다.

B는 역량이 우수한 선배와 몇 개월간 협업을 한 적이 있습니다. 조직에서 태스크포스 팀을 만들어 어려운 과제를 주었습니다. B는 이렇게 회상합니다.

"그 당시 저는 못난 찌질이였습니다. 반면에 선배님은 정말 역량이 탁월하셨습니다. 윗분들이 엄청나게 기대하고 있는 일을 TF팀에 주었기 때문에 저는 상당히 부담스러웠습니다. '선배님이 그냥 다 하시면 안 되겠냐'고 말했지만 선배님은 '그러면 네가 성장할 수 없다.'라고 하셨어요. 그래서 '사실은 제가 이 일을 해낼 수 있을지 별로 자신이 없습니다.'라고 실토했습니다. 그랬더니 그 선배님은 '너는 충분히 해낼 수 있다. 아니, 우리가 힘을 합치면 해낼 수 있다. 내가 옆에서 가이드해줄 테니 함께 죽이 되든 밥이 되든 해보자.'라고 하셨습니다. 그분은 항상 저를 믿고 기다려주면서 제가 그 일을 몸에 익혀서 배울 수 있도록 도우셨습니다. 선배가 저를 믿고 도와주시니, 저 또한 그 기대에 부합하려 열심히 일했던 것 같습니다. 그 과정에서 크게 성장할 수 있었던 것 같습니다."

그는 선배가 롤모델이라 밝혔습니다. 그리고 그 일을 계기로 상사와 부하 간에 믿음과 신뢰를 형성하는 방법을 체득할 수 있었다고 합니다. 상사 또는 부하가 실력이 떨어져 보인다고 하더라도 본인이 먼저 그를 믿어보려는 노력을 먼저 기울여야 한다는 점을 깨달았다고요. 옛날 그 선배가 자신의 능력을 먼저 믿어주려 했던 것처럼 말입니다. 그는 계속 이런 일화를 들려줍니다.

"제가 평소에 신뢰하지 않던 사람이 제 상사로 임명되었습니다. 어느 날 장애가 터졌는데 그 상사가 주도적으로 해결책을 제시했습니다. 저는 속으로 별 기대를 하지는 않았지만 혹시나 하는 마음으로 그 해결책을 적용했습니다. 그런데 제 예상외로 좋은 결과를 얻을 수 있었습니다. 그 후부터 그분의 지시가 내키지 않더라도 일단 그분이 하자는 대로 따랐습니다. 그러자 상사는 저를 믿어주기 시작했고 시간이 지나면서 적극 지원해주셨습니다. 그 후로 그분의 지시에 반하는 의견을 냈을 때 그 상사는 의견에도 귀를 기울여주시고 반영해주셨습니다. 그 상사는 제 동료들의 일은 사사건건 챙기셨거든요. 그런데 저에게는 충분히 권한을 위임해주셨습니다. 예전에 그 훌륭한 선배를 모시면서 깨달았던 일이 도움이 많이 되었습니다."

B는 자신이 담당하는 조직에서 어떤 리더십을 보일까요? 그리고 조직문화는 어떻게 형성되었을까요? 역시 여러분이 상상할 수 있는 그대로입니다.

그는 본인을 크게 성장시킨 경험을 무엇이라 말하는가?

사람은 성공, 실수, 실패를 통해 성장하는 존재입니다. 그 경험에서 배운 산 지식은 곧 그의 원칙이 되기도 합니다. A는 총무팀으로 직무를 이동합니다. 그 당시에는 수의 계약, 즉 업체를 경쟁시켜서 선정하지 않고 임의로 적당한 거래처를 골라서 체결하는 계약이 관행이었습니다. 그는 그 관행이 불합리하다고 판단했습니다. 그래서 상사들을 설득해 공개 입찰로 바꾸었습니다. 어느 동네에 설치한 장비 교체 시기가 다가오는 상황이라 업체들을 경쟁시키고 선정하는 작업을 진행하던 차였습니다. 그런데 갑자기 그 장비에 문제가 발생했습니다. 그로 인해 동네 주민들이 적지 않은 피해를 보았고 사회를 혼란하게 했다는 이유로 관련 직책자들이 구속되는 일이 벌어집니다. 공사 계약을 빨리 추진하지 않았다고 A에게 모든 책임이 전가되는 분위기가 되었습니다. 계약 지연이 원인인 것으로 보고가 올라가자 사장님이 A를 집무실로 불렀습니다. A가 일을 어떻게 처리했는지 설명하게 했지요. 그러고 나서 이런 대화가 오고 갔다고 합니다.

사장: 내가 업무용 차를 빨간색 액센트를 구매하라고 지시한다면 어떻게 할 건가?

A   : 우리 조직을 대표하는 사장님이고 사회적 지위가 있으신데 같은 차종이라면 빨간색보다는 검은색, 더 나아가 최소한 그랜저급의 검정 계열이 더 적합하겠다고 건의를 드리겠습니다.

사장: 그래도 내가 빨간색 액센트를 구매하라고 한다면?

A   : 그렇다면 빨간색 액센트로 구매해드리겠습니다.

사장: 왜?

A   : 담당자로서 사장님의 현재 상황을 검토해 제 생각을 건의했으나 사장님이 결정하셨기에 그에 따르고자 합니다.

사장: 그래 좋아.

사장님은 그 사고가 A의 책임이 아니라고 단언하여 말해주었습니다. 그리고 앞으로도 그처럼 원칙과 소신을 가지고 업무에 임해달라고 했습니다. 이를 통해서 A는 회사가 이익이 되는 방향으로 업무를 검토해야 하며 회사 일은 분명한 기준과 원칙으로 처리해야 한다는 것을 배웠다고 합니다. 자기 업무에 소신 있게 임한다면 다소 실수가 있어도 용서가 된다는 교훈을 얻었다고 말합니다. 그의 조직에서는 일하는 방식에서 어떤 문화가 두드러지게 나타날까요? 원칙 중심의 일 처리가 두드러집니다.

지금까지 우리는 대표, CEO, 리더의 어떤 특성이 조직문화에 영향을 미치는지를 살펴봤습니다. 창업주처럼 현존하는 리더의 성격과 가치관이 영향을 미칩니다. 또한 그의 성장배경, 롤모델 또는 반면교사로 삼는 인물, 이전 직장 경험, 크게 성장시키게 한 경험 등을 살펴볼 수 있습니다.

• • •

우리 의례에 숨겨진 의미는 무엇인가?

이 절에서 우리가 생각해봐야 할 핵심 질문은 다음과 같습니다.

- 우리 조직에는 어떤 의례·의식이 있습니까?
- 그 의례·의식의 목적은 무엇입니까?
- 각각이 구성원에게 주는 실질적인 메시지는 무엇입니까?
- 조직이 표방하는 가치 및 신념과 충돌하는 점은 무엇입니까?

조직이 행하는 의례와 의식은 참 흥미로운 분석 대상입니다. 이들은 문화가 드러나는 표상이기도 하지만 기존의 문화를 강화하거나 약화하는 기제로 작동하기 때문입니다.

조직에서 행해지는 의례는 두 가지 특성이 있습니다.[416] 조직마다 연말에 시행하는 종무식을 머릿속에 떠올려보면서 각각의 특성을 생각해보겠습니다. 먼저 (1) 의례는 의도적으로 고안된 의식적인 행동의 집합입니다. 종무식의 식순을 생각해보세요. 무작위로 그렇게 배치하지는 않았을 터입니다. 순서마다 의도가 들어가 있습니다. (2) 사회적 상호작용이 드러납니다. 사회자가 있고 연사가 있습니다. 시상 수여자가 있고 수상자가 있습니다. 사가를 지휘하는 사람도 있고 그 지휘에 따라 노래를 부르는 사람들이 있습니다. 적게는 여러 명에서 많게는 구성원 전체가 의식에 참여합니다. 의도적으로 설계된데다 구성원 간 상호작용으로 구체화되기에 조직에서 행해지는 의례는 그 고유한 문화를 더욱 강화하는 장치입니다.

여러분 조직에는 어떤 의례가 존재합니까? 몇 가지 유형을 나누어서 생각해보도록 하겠습니다.

통과의례

통과의례rites of passage는 사람이 태어나서 생을 마감하기까지 치르는 의식을 말합니다. 출생, 사춘기, 결혼과 같은 주요 변곡점마다 의식이 펼쳐집니다. 이전에 속해 있던 집단과 새로 들어간 집단 간에 차이가 크게 나서 정체성을 재창조하는 과정입니다. 우리나라에는 사례四禮, 즉 관례, 혼례, 상례, 제례가 존재했습니다.

본래 통과의례는 프랑스 인류학자 아놀드 방주네프Arnold van Gennep 가 저서『통과의례Les Rites de Passage』를 펴내면서 유명해진 말입니다. 방주네프는 안타까운 인물입니다. 매우 똑똑하여 상당한 업적을 거두었지만 학계에서는 외면을 받았기 때문입니다. 그의 아버지는 네덜란드인이고 어머니는 프랑스에서 태어난 네덜란드인인데 그 둘은 독일에서 만납니다. 결혼하지 않은 채로 교제하다가 방주네프가 태어납니다. 안타깝게도 둘은 헤어지고 어머니는 아들에게 자신의 성인 '방주네프van Gennep'를 물려줍니다. 어머니는 모국인 프랑스 리옹Lyons에 자리잡습니다. 그곳에서 프랑스인 의사를 만나 결혼합니다.

방주네프는 말썽꾸러기였습니다. 초등학교 때부터 문제를 일으켜 전학을 가야만 했습니다. 고등학생 때는 여러 비행으로 처벌을 받기도 했지만 똑똑한 아이라 우수한 성적으로 졸업합니다. 의사였던 의붓아버지는 자기처럼 의학을 공부하라고 종용합니다. 하지만 외국어에 흥미를 느꼈던 방주네프는 외교관이 되고 싶었습니다. 참고로 그는 죽을 때까지 18개의 언어를 익힌 언어 천재로 유명합니다.

파리로 건너가 공부하다 가난하지만 아름다운 소녀와 사랑에 빠집니다. 부모 반대에도 불구하고 그 둘은 결혼해서 폴란드로 건너갑니다. 거기에서 방주네프는 학교 교사로 일하다가 공부를 계속해야겠다 싶어서 파리로 돌아옵니다. 그는 대학교에서 고대 및 현대 아랍어, 이집트학, 이슬람교, 원시 종교를 연구합니다. 1909년 불과 그의 나이 36세에 엄청난 업적인『통과의례』를 출간합니다. 1912년에는 스위스의 뇌샤텔 대학교University of Neuchâtel에서 민족학을 가르치지만 그 당시 스위스의 친 독일 정책을 강하게 비판합니다. 결국 그 대학에서 축출당합니다. 그는 또한 자신이 자란 프랑스에서 학문적으로 배척받습니다. 여러 프랑스 학술지에 논문을 냈지만 모두 거절당했습니다. 프랑스 대학교에서는 그에게 시간 강사 자리도 주지 않았습니다. 그가 프랑스 사회학자이자 교육학자이며 그 당시 프랑스 학문의 근본적 토대를 마련했던 에밀 뒤르켐의 작품을 맹렬하게 비판했던 전적이 있었기 때문입니다. 그는 더는 학계로 발을 붙이지 못하고 번역가와 작가로 일하다가 1957년에 프랑스에서 사망했습니다.

그는 모든 통과의례가 세 가지 단계로 구성되어 있다고 주장합니다. 먼저 이전의 삶에서 분리되는 단계입니다separation. 한 상태에서 다른 상태로 넘어가는 전이 단계입니다transition. 마지막으로 새로운 사회적 지위와 정체성을 입는 통합 단계입니다incorporation. 예수가 그리스도로 거듭나는 과정이 그 전형입니다. 예수는 그의 본명이고 그리스도Christ는 '기름 부음을 받은 자'라는 칭호입니다. 『성경』에서는 왕을 임명할 때 성스러운 기름을 머리에 붓는 게 관례였습니다. 『성경』 「사무엘상」에 보면 유대 첫왕인 사울의 머리에 예언자 사무엘이 기름병을 가져다 붓습니다. 그 뒤를 이은 다윗 왕의 머리에 사무엘이 감람 기름을 붓습니다. 이처럼 기름 부음을 받은 자는 곧 '왕'을 상징합니다.

예수는 그의 나이 30세에 집을 떠납니다. 그리고 아무도 없는 사막으로 떠납니다. 먹을 것도 마실 물도 없는 오지에서 철저히 혼자가 됩니다. 그때 하나님을 대적하는 마귀가 나타나 그를 세 번 시험합니다. 네가 진짜 하나님의 아들이거든 너의 권능을 보이라고 말입니다. 돌을 떡으로 만들어봐라, 천하만국을 환상으로 보여주면서 네가 나에게 한 번만 절하면 이 모든 것을 너에게 주겠다, 삽시간에 예수를 예루살렘 성전 꼭대기에 세우고 하나님의 아들이거든 여기서 뛰어내려라, 어차피 너는 하나님의 아들이니 천사가 구해줄 것 아니냐는 등의 시험을 합니다. 예수는 마귀의 말을 모두 거절합니다. 내가 너의 말을 들을 이유가 없다, 너에게 나를 입증하고 보여주는 데 하나님의 권능을 하찮게 사용할 수 없다면서요. 시험이 끝나자 마귀가 그를 떠나갑니다. 그러자 하나님의 천사들이 하늘에서 내려와 예수를 수종합니다. 이를 통해 그는 진정한 그리스도로 거듭납니다. 예수의 일화는 통과의례의 전형입니다.

통과의례는 오늘날 조직에서 종종 마주할 수 있습니다. 신입사원, 승진자 교육, 퇴임식이 바로 그것입니다. 신입사원은 방주네프가 주장한 분리-전이-통합의 3단계가 전형적으로 나타납니다. 제가 관찰한 어느 그룹의 신입사원 교육을 살펴보겠습니다. 이 회사는 합격 통보를 받은 지원자들에게 1개월 전에 신입사원 교육을 안내합니다. 2주간의 합숙 교육이기에 준비해야 할 물품도 상세하게 알려줍니다. 서울 잠실에 집결하도록 합니다. 입소 당일 대형 버스 수십 대가 대기하고 있다가 신입사원을 태우고 경기도 외곽지역에 있는 연수원으로 데려갑니다. 그 주변에는 음식점도, 슈퍼마켓도, 편의점도 없습니다. 예수가 머무른 사막과도 같습니다.

신입사원은 버스에서 내리자마자 단체복을 받고 지정된 숙소 키도 받습니다. 20분 만에 바로 환복을 하고 집합하도록 명을 받습니다. 이때부터 교육과 동시에 시험이 시작됩니다. 팀 전체가 목표를 달성하는 과제를 수행하기도 하고 때로는 집필 고사를 보기도 합니다. 사회인으로서 마음가짐도 단련을 받습니다. 그 상징으로 모두가 아침 6시 30분에 기상을 하게 합니다. 게으르고 나태한 대학생 시절과는 결별해야 합니다. 수업 시작 시각에 조금이라도 늦게 도착하면 사회인으로서 직장인으로서 마음가짐을 바로해야 한다며 쓴소리를 듣기도 합니다. 마침내 신입사원 교육 마지막 날이 되었습니다. 이날은 단체로 입었던 훈련복을 벗고 모두가 정장을 입습니다. 무질서했던 첫날과 달리 척척 절도 있습니다. 국민의례를 하고 사장님을 모십니다.

사장님은 "여러분은 이제 대학생이 아니라 사회인이 되었다."라며 직장인으로서 마음가짐과 태도를 강조합니다. 마지막으로 사령장을 수여합니다. 그리고 왼쪽 가슴에 그룹 마크가 새겨진 배지를 답니다. 마지막으로 선포합니다. "여러분은 이제 ○○그룹의 사원이 되었습니다. 축하합니다."

퇴임식은 어떻습니까? 퇴임은 비교적 높은 직책이나 임무에서 물러나거나 근무 연한이 다 차서 퇴사하는 일을 말합니다. 어느 조직은 10년, 15년, 20년, 25년, 30년 장기 근속자를 표창합니다. 그 피날레는 정년 퇴임식입니다. 장기근속자 표창과 정년 퇴임식은 오래 근무한 사람을 격려하는 복리후생 차원일 수도 있습니다. 하지만 한편으로는 특정 문화를 강화하는 장치가 되기도 합니다. 잠깐 한 발자국 옆으로 옮겨서 민간에서 행해지는 제례인 '조상숭배'를 생각해보시지요. 클리포드 기어츠Clifford Geertz는 그것이 종교적 영역이기도 하지만 그와 동시에 나이 든 연장자들의 권위를 형성하고 강화하는 수단이라 주장합니다. 기어츠의 주장을 조직 내로 끌고 와서 장기근속자 포상과 정년 퇴임식을 해석해보겠습니다. 어떤 의미가 담긴 의례일까요? 우리 조직은 연공年功을 가치 있게 여기니 다른 구성원들도 오랫동안 우리 조직에서 기여하기를 바란다는 의미를 전달할 수 있습니다.

반면 임원이 주인공인 퇴임식은 흔하지는 않습니다. 매년 말 우리나라 대형 그룹이 단행하는 임원 인사는 승진 또는 영전한 사람만 발표합니다. 성과가 저조하다거나 무능하다는 평판이 있어서, 나이가 많아서, 정치 싸움에 밀려서 등 다양한 사유로 적지 않은 임원이 퇴임합니다. 이들은 승진 경쟁에서 밀려난 패자라 조용히 사라질 뿐입니다. 구성원 정년 퇴임과 임원 퇴임이 다른 이유는 그 퇴임의 사유 때문입니다. 구성원 정년 퇴임은 나이라는 명확한 기준에 의해 결정됩니다. 고령자고용법과 회사 취업규칙에 따릅니다. 반면 임원 퇴임은 그 기준이 상대적으로 모호합니다. 여러 가지 변수에 영향을 받습니다. 그 사유가 어찌되었든 대부분이 만족스럽지 못한 퇴진입니다.

제가 만난 몇몇 스타트업은 다른 행태를 보였습니다. 물론 대기업은 정년 퇴임과 임원 퇴임이고 스타트업은 상대적으로 젊은 구성원의 퇴사라 동등 비교가 어렵긴 합니다만, 그런데도 어떻게 다른지 한번 살펴보지요. 구성원 80명인 회사가 있습니다. 퇴사자가 직책자이든 구성원이든, 그리고 의원 면직이든 권고 사직이든 같은 절차를 거칩니다. 심각한 비위를 저질러 해고당한 사건만 아니라면 말입니다. 먼저 그의 상사가 모든 구성원에게 이메일을 씁니다. 그가 우리 조직에 언제 합류하고 무슨 일을 해왔으며 우리에게 어떤 기여를 했다는 이력을 정리한 다음 그가 앞으로도 더욱 건승하기를 기원한다는 말로 끝맺음합니다. 그러면 나머지 구성원이 '전체 회신' 기능으로 그의 밝은 미래를 기원하는 답장을 씁니다. 또한 커다란 종이에 수기로 하고 싶은 말을 담는 롤링 페이퍼를 작성합니다. 퇴사하는 당일에는 환송을 해줍니다. 만일 그가 직장을 잡지 못하고 있다면 그 회사가 거래하는 헤드헌터를 붙입니다. 퇴직 후 몇개월 동안 구직 활동을 돕습니다.

대기업과 스타트업의 퇴사 의례에 차이가 나는 이유는 무엇일까요? 임원과 구성원이 퇴사하더라도 대기업에는 그들이 위협적이지 않습니다. 좋지 않은 마음을 품고 떠난다고 하더라도 일개인이 그 거대한 집단을 어찌해볼 수는 없습니다. 반면 스타트업은 구성원이 젊고 어리기에 앞으로 어떤 경력을 그리게 될지 아무도 모릅니다. 퇴직자가 어느 날 갑자기 갑의 회사에 취직할 수도 있고 벤처 캐피털 회사에서 심사역으로 근무할지 모릅니다. 그 산업의 규제 기관에서 일할 수도 있겠지요. 아니면 그가 스타트업을 차려서 크게 성공하여 나중에 모종의 도움을 받을 수도 있을 터입니다. 스타트업은 사회적으로 약한 존재이기에 그 이별도 좋게 마무리하려는 경향이 나타나는 것으로 저는 추론합니다.

갱신의례

갱신의례rites of renewal는 종무식과 시무식이 대표적입니다. 종무식은 한 해 근무를 결산하고 마무리할 때 행하는 의식이고 시무식은 새로운 해를 맞이하여 근무를 시작할 때 행하는 의식입니다.

어느 회사 종무식을 살펴보겠습니다. 시작하기 10분 전부터 구성원들이 자리에 앉았습니다. 오후 2시가 되자 사회자가 연단에서 모두 일어서달라고 요청합니다. 국기에 경례합니다. 오른손을 왼쪽 가슴에 대고 경건한 눈으로 태극기를 봅니다. 자리에 앉자 바로 ○○인상을 수여했습니다. 한 해 동안 탁월한 업적을 냈거나 타인에게 모범을 보인 구성원을 표창했습니다. 다음으로는 사장님이 송년사를 합니다. '올 한 해 상당히 힘들었지만 잘 버텨주었다. 내년에는 경제가 더욱 어려워질 것으로 전망되지만, 모두가 힘을 합쳐서 잘 헤쳐나가자. 혁신의 고삐를 더욱 강하게 쥐자.'라고 강조했습니다. 그리고 이들은 모두가 일어나서 사가社歌, 즉 회사 노래를 합창합니다. 마지막으로 회사 임원이 무대 위로 올라와 구성원에게 인사를 하고 시무식을 마쳤습니다. 한 가지 눈에 띄는 식순이 있지요? 국민 의례입니다. 보통 1980년대 이전에 설립된 회사에서 관행적으로 나타납니다. 또한 사업보국, 기술보국, 즉 사업과 기술 발전으로 나라에 충성을 다한다는 가치를 가진 회사에서도 자주 나타납니다.

어떤 회사는 종무식을 준비하는 총무팀에서 구성원 가족을 일일이 찾아가 동영상을 찍었습니다. 사원의 아버지 어머니, 팀장의 남편 또는 부인과 어린 자녀들, 임원의 장성한 아들딸을 인터뷰하고 시무식에서 방영했습니다. 한 해 동안 가정을 위해서 열심히 일해줘서 고맙다고, 아울러 회사가 더욱더 발전하면 좋겠다는 응원의 메시지를 담았습니다. 앞서 의례는 '의도적으로 고안된 의식적인 행동의 집합'이라고 말씀드렸는데 총무팀이 인터뷰를 하기 위해서 그토록 발로 뛴 이유가 있겠지요? 구성원들에게 '우리는 하나다. 또 하나의 가족이다.'라는 의미를 전달하려는 의도입니다.

시무식은 어떤가요? 2019년 LG그룹 시무식은 기존과는 다른 문화적 상징이 많았습니다. 원래 구본무 회장은 소탈하고 실용주의적인 스타일이었습니다. 그런데도 시무식과 종무식에서는 어느 정도 격식을 차렸습니다. 2017년 시무식까지만 하더라도 회장단과 사장단 모두가 정장 차림에 넥타이를 맸습니다.[418] 그리고는 임원진과 순차적으로 악수하며 새해 인사를 나누었습니다. 2018년에 구본무 회장이 작고하고 40세 구광모 회장이 사령탑을 맡았습니다.

2019년 시무식에서는 문화적 표상이 확 달라집니다. 우선 시무식을 연 장소가 달랐습니다. LG그룹은 지난 31년 동안 전통적으로 여

의도 본사에서 시무식을 열었습니다.[419] 그런데 2019년에는 처음으로 융복합 연구개발센터인 마곡동 LG사이언스파크에서 진행합니다. LG그룹이 연구개발에 투자를 아끼지 않겠다는 의지를 대내외적으로 천명한 것입니다. 또한 참여 인원도 기존 400명에서 800명으로 확대했습니다. 연구직과 생산직 등 다양한 직무에 종사하는 구성원들이 대거 참석했습니다. 소수가 독점하는 조직이 아니라 다양한 구성원이 함께 만들어가는 조직이라는 점을 분명히 했습니다. 복장도 확 바뀌었습니다. 회장단과 사장단은 넥타이를 떼고 격식 없는 차림으로 참석했습니다. 이날 문화적 상징 중의 압권은 LG가 개발한 인공지능 로봇인 '클로이'가 사회자 보조 역할을 했다는 점입니다. 비록 기계음이지만 사람과 비슷한 자연스러운 목소리로 이렇게 얘기했습니다. "다음은 2019년 새롭게 임원이 된 신임임원 소개가 있겠습니다. 다른 어떤 해보다 2019년이 뜻깊을 것 같습니다."[420] 그러자 신임임원의 전신이 3차원 그래픽으로 구현되어 영상에 나타났습니다. 이처럼 시무식을 통해 앞으로 추구할 변화를 문화적 상징으로 보여주었습니다.

향상의례

향상의례rites of enhancement는 구성원의 업적을 인정하고 기리는 의식입니다. 미국 텍사스에 본사를 두고 있는 메리 케이Mary Kay 화장품은 탁월한 실적을 올린 영업사원을 거대하게 치하합니다. 많은 구성원 앞에서 땅벌 모양의 금 배지와 다이아몬드 핀 등의 보석을 수여합니다. 땅벌 배지는 메리 케이 회장의 신념을 담고 있습니다. 그녀는 과학자들이 땅벌의 날개는 약하지만 몸무게는 무거워서 날기 어려운 구조라는 것을 발견했다고 강조합니다.[421] 하지만 땅벌은 그 사실을 모르기에 날고자 시도를 하고 비행을 할 수 있다고 메리 케이 회장은 주장합니다. 세상은 여성들이 탁월한 업적을 이뤄낼 수 없다고 믿지만 메리 케이 화장품의 구성원들은 땅벌처럼 마음껏 날아다닐 수 있는 존재라고 설파합니다. NSDNational Sales Director, 즉 최고의 톱 세일즈 퀸이 되는 순간 메리 케이 화장품은 이들에게 분홍색 벤츠를 부상으로 제공합니다. 어디를 가든 눈에 띄는 여왕이 되는 것입니다.[422]

강등의례

앞서 통과의례나 향상의례와는 사뭇 다른 의례입니다. 강등의례rites of degradation는 사회적 지위를 낮추거나 박탈하는 일련의 과정을 말합니다. 조직에서는 인사위원회를 통해 가해지는 제재가 대표적입니다.

A사에서 성희롱 사건이 발생했습니다. 여자 두 명과 남자 네 명으로 구성된 팀이 있었습니다. 그중에 명석하고 성과를 잘 내는 남자 차장이 근무하고 있었습니다. 여자 구성원 두 명은 언젠가부터 그와 회의할 때 이상한 느낌을 받습니다. 남자 차장이 핸드폰을 회의 탁자 아래로 내려서 무언가를 찍는 행위를 눈치챈 겁니다. 여성들은 어느 한 명이 그 차장과 주도적으로 얘기할 때 다른 한 명은 테이블 아래에 핸드폰을 내려서 영상을 찍기로 했습니다. 그 차장이 그들의 다리를 찍는 행위를 영상 증거로 확보했고 해당 사업부 인사팀에 진정합니다. 사업부 인사팀은 징계위원회를 열어 심의했고 차장의 핸드폰에서 다수의 사진을 확인합니다. 그리고 사업부 구성원들에게 징

계 결과를 공지하는데 '핸드폰으로 여성이 수치심을 느낄 만한 부위를 지속해서 찍은 행위는 있어서는 안 되는 일이다. 다만, 그가 핵심 인재로서 그간 우리 사업부에 기여한 공로를 참작하여 감봉 5개월에 처한다.'라고 했습니다. 그러자 사업부 여자 구성원들이 분개하면서 들고 일어났습니다. 명백한 성희롱인데 감봉에 그치는 일은 불합리하다고 말이지요. 사업부 내에 여러 소요가 일어나자 본사 인사팀이 진화에 나섭니다. 그 누가 되었든 그 어떤 형태가 되었든 성희롱에 대해서는 무관용 원칙이라고 못 박은 다음 그 차장을 해고합니다.

2019년 신년을 맞아 세계 최대 통신장비 업체인 중국의 화웨이에서는 흥미로운 사건이 터집니다. 미국과 중국이 관세전쟁을 펴는 가운데 화웨이 창업자인 런정페이의 딸이자 최고재무책임자인 멍완저우 부회장이 미국의 요청으로 캐나다에서 체포당합니다.[423] 2016년부터 미국산 제품을 해상 운송으로 이란에 납품했다며 대이란 제재 위반 사유였습니다. 그러자 중국 민심이 불처럼 일어납니다. 미국산 제품은 사용하지 않겠다며 아이폰 대신에 화웨이 스마트폰을 사주는 사람이 많아졌습니다.[424] 일부 중국 기업들은 직원들이 화웨이 스마트폰을 사면 회사 보조금을 지원하고 애플 스마트폰을 산 직원에게는 불이익을 주겠다고 경고하기도 했습니다.

그러던 차에 2018년 12월 31일 11시 30분경 화웨이 디지털 마케팅실이 트위터를 통해 직원들에게 신년 메시지를 전하던 과정에서 사달이 벌어집니다. 디지털 마케팅실에서는 "행복한 2019년을 기원합니다. 새해에는 여러분들이 아끼는 사람들과 더 연결되도록 노력하겠습니다."라는 메시지를 올렸는데……. 아뿔싸, 메시지 하단에 '아이폰에서 보낸 트위터Twitter for iPhone'라는 문구가 딸려나온 겁니다. 메시지 발송 직후 이를 인지하고 바로 삭제했지만 네티즌들에 이미 캡처가 되고 난 이후였습니다.

중국 네티즌들은 화가 나서 들고 일어납니다. '우리는 애국심으로 아이폰 대신에 너희 화웨이 기기를 사주었는데 정작 너희 직원들은 아이폰을 쓰고 있느냐?' 말이지요.[425] 그러자 화웨이는 곧바로 징계위원회를 엽니다. 그 문제와 관련이 있는 직원 두 명의 직급을 한 단계 강등하고 월급 5,000위안(80만 원)을 삭감한다는 결정을 내렸습니다. 그리고 두 명 중 한 명인 디지털마케팅 팀장은 12개월간 승진을 할 수 없도록 했습니다.

앞서 1부에서는 조직문화가 '무엇을 해야 하느냐, 하지 말아야 하느냐'에 대한 보이지 않는 율법이라고 했습니다. 강등의례는 이를 상징하는 집단적 행위입니다. A사에서는 성희롱에 느슨한 분위기를 표출했다가 여성 구성원들의 반발로 무관용 정책을 확고히 했습니다. 성희롱 측면에서 이 사건은 중대한 국면critical juncture으로 작용했습니다. 이후 A사는 성인지 감수성gender sensitivity이 높아졌습니다. 지난 몇 년간 성희롱 사건이 단 한 건도 발생하지 않았습니다.

화웨이는 앞으로 지켜봐야겠지만 저 징계 사건을 계기로 회사 내에서 아이폰을 사용하는 구성원을 배신자로 간주하는 분위기가 더 강화될 듯합니다.

통합의례

통합의례rites of integration는 공동체 의식을 일으키고 집단에 몰입하도록 하기 위한 의식입니다. 작은 규모의 통합의례에는 '사발식'이 있습니다. 대학가에서 신입생을 받을 때 냉면 사발이나 비빔밥 그릇에 소주와 막걸리를 가득 붓고 한 번에 마시게 하는 의식입니다. 비단 대학교뿐만이 아닙니다. 어느 기업 신임임원 승진 교육에서는 회장님이 첫날 저녁에 당부의 말을 한 다음 모두가 사발식을 거행했습니다. 두 가지 목적입니다. '우리는 하나'라는 정신을 심어주려 한 의미입니다. 다른 하나는 '정신일도하사불성_{精神一到何事不成}', 즉 정신을 한곳으로 집중하면 무슨 일인들 이룰 수 있다는 뜻으로 임원은 사발잔을 여러 번 마셔도 끝까지 정신을 바짝 차리고 버텨내야 한다는 극기를 강조하기 위함입니다.

지금까지 통과, 갱신, 향상, 강등, 통합의례를 살펴봤습니다. 이외에도 조직마다 고유하고 특이한 의례가 있을 수 있습니다. 여러분의 조직에는 어떤 의례가 있습니까? 독특한 의례가 있다면 제게도 알려주기 바랍니다. 그 어디든 그 의례를 탐구하러 달려가겠습니다.

• • •
제도가 주는 메시지는 무엇인가?

이 절에서 우리가 생각해봐야 할 핵심 질문은 다음과 같습니다.
- 우리 조직의 인사제도는 어떻게 설계되어 있습니까?
- 구성원에게 어떤 메시지를 줍니까?

조직에 존재하는 여러 제도는 구성원에게 의미를 전달합니다. 인사제도가 가장 대표적인데 승진 – 평가 – 보상 중심으로 살펴보겠습니다.

우리 조직은 어떤 사람을 승진시키는가?

우리 조직의 승진 결정을 생각해보겠습니다. 발표 전부터 여러 소문이 돕니다. 누가 승진하고 누가 영전하고 누가 퇴임한다는 이야기. 구성원들이 초미의 관심을 보이는 리더 세 부류가 있습니다. 인품도 좋고 성과도 잘 내는 리더, 인품이 나쁘지만 성과는 잘 내는 리더, 무능한데 계속 주요 보직을 지키고 있는 리더. 구성원들은 각 리더가 어떻게 될지 그 나름대로 추론합니다.

자, 이제 승진 발표가 났습니다. 사내 인트라넷에 올라왔습니다. 한쪽에서는 벌써 축하한다는 말이 오고 갑니다. 다른 쪽에서는 분위기가 술렁입니다. 제가 인터뷰했던 어느 구성원은 이렇게 말했습니다. "인사 발령을 보자 저도 모르게 '이거 실화냐?'라고 내뱉었습니다. 어쩜 그럴 수 있는지 구성원들이 최악 중의 최악이라 생각하던 리더가 승진했습니다."라고 말입니다. 어느 구성원은 "저와 동료들이 평소에 존경하던 리더가 이번에 승진을 못하셨습니다. 인품은 기본이고 성과도 잘 내는 분인데 대신에 다른 분이 그 자리를 꿰차고 들어가셨지요. 실망이 큽니다."라고 말합니다.

하버드 경영대학의 크리스 아지리스Chris Argyris는 사람과 조직을 유심히 관찰하던 중에 지지이론espoused theory과 상용이론theory in use이 다를 수 있음을 알게 됩니다.[426] 지지이론은 사람이 옳다고 말하고 믿는다고 말하는 신념을 의미합니다. 저는 이를 '머리와 입의 이론'이라 부릅니다. 반면 상용이론은 그가 실제로 행동에 옮길 때 사용하는 이론입니다. 개인적으로 '손과 발의 이론'이라 합니다. 좀 더 쉽게 생각해보시지요. 어떤 사람은 언행이 일치합니다. 하지만 어떤 사람은 그 괴리가 큽니다. '언'은 지지이론이고 '행'은 상용이론입니다.

승진 발표는 그 조직의 지지이론과 상용이론이 일치하는지, 괴리가 있는지를 관찰할 수 있는 장면입니다. 그 자체가 구성원에게 주는 메시지가 큽니다. 창의적인 문화를 제1가치로 추구하는 한 조직이 있습니다. 이 치열한 업계에서 구성원 개개인들이 살아 숨쉬고 새로운 아이디어를 내서 시도해보고 불확실한 일에 적극적으로 도전하는 일이 필요하다고 경영진은 강조합니다. "창의가 없으면 우리는 모두 죽는다."라고 선언하기까지 했습니다. 그런데 연말 임원 팀장 인사의 뚜껑을 열어보니 상당수는 구성원들이 불통과 꼰대라 부르는 관리자였습니다. 구성원의 눈에는 줄서기를 잘해서 승진한 예도 적지 않아 보였습니다. 지지이론과 상용이론이 서로 다른 현상입니다. 구성원들은 어떻게 해석할까요? 우리 조직에서 창의와 도전보다는 독불장군 스타일에 줄을 잘 서는 사람이 잘 나간다고 추론할 수 있습니다.

우리 조직의 평가 기준과 보상 구조는 어떻게 설계되어 있는가?

임직원을 대상으로 교육을 할 때 어떠 방식으로든 평가를 하는 조직이 있습니다. 신입사원 교육, 승진 후보자 교육, 승진자 교육에서 교육 평가가 이루어집니다. A사는 팀워크와 협력을 최우선 가치로 추구합니다. 그런데 교육 장면에서는 개인 간 경쟁을 시킵니다. 누가 누가 잘했나 순위를 매겨서 그 결과를 학습자의 상사에게 통보합니다. 지지이론과 상용이론에 불일치가 있어 구성원들은 혼란스럽습니다. 언제는 팀워크가 최고의 가치라 강조하면서 교육에서는 동료와

수직적·수평적 임금 분산

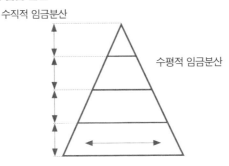

경쟁하라 부추기니 말입니다.

성과평가는 어떻게 합니까? B사는 인재 육성을 중시하여 '인재가 미래다.'라는 문구를 사내에 대대적으로 홍보했습니다. 그런데 연말 성과 평가는 변함이 없었습니다. 팀장이 팀원 개개인을 S, A, B, C, D로 평가하면 팀장의 상사가 2차 조정을 하고 다시 그 위의 상사가 3차 조정을 합니다. 그리고는 일정 시간이 지난 후에 모든 구성원들에게 '귀하의 인사평가가 완료되어 열람 가능합니다'라고 메일이 날아옵니다. 구성원들이 시스템에 접속하여 열람하면 '업적고과: A, 능력평가: B' 이런 식으로만 고지가 됩니다. 사람을 키우는 일이 중요하다면서 성과 면담 또는 피드백조차 없습니다. 일정 기간 무슨 일을 했는지, 그로부터 무얼 배웠는지, 그의 장점과 개발해야 할 점은 무엇인지 일언반구가 없습니다.

보상 구조는 어떻게 설계되어 있습니까? 학자들이 연구하는 분야 중의 하나는 임금 분산pay dispersion이란 개념이 있습니다. 조직 내에서 개인별로 임금 수준이 얼마나 차별적으로 설정되어 있느냐, 그리고 그 정도가 성과와 어떤 관련이 있는지를 연구합니다.[427]

수직적 임금 분산은 팀원 – 팀장 – 임원 – CEO 등 위계적인 차이에 따라 임금이 차이가 나는 정도를 의미합니다. 수평적 임금 분산은 동일 직급 내에서 임금 수준이 차별적인 정도를 나타냅니다.[428] 그 정도에 따라 구성원들에게 주는 의미가 다를 수 있습니다. 차별적일수록 경쟁을 촉진합니다. 동질적일수록 협력이 보다 강화되는 분위기가 조성될 수 있습니다.

• • •
마지막으로 기본 가정을 탐구해보자

이 절에서 우리가 생각해봐야 할 핵심 질문은 다음과 같습니다.
- 우리 조직의 문화를 이루는 기본적인 '화소'는 무엇입니까?
- 관계에 대한 가정은 어떻습니까?
- 우리는 실제로 무엇을 위해 존재하는 부족인가요?
- 인간을 어떻게 보나요?
- 우리 조직에게 '개인의 성공'은 어떤 의미인가요?
- 우리 조직의 '돈과 비용'에 대한 가정은 무엇인가요?

에드거 샤인에 의하면 '기본 가정'이 문화의 가장 밑단 주춧돌이라 했습니다. 강남 길거리에서 마주하는 건물을 보면 그 외양의 멋스러움이나 아름다움만 볼 수 있을 뿐입니다. 그 건물이 어떤 토질의 땅에 세워졌는지, 그 기초를 어떻게 다졌는지 겉으로 봐서는 알 수 없습니다. 설령 그 건물 안에 들어간다 하더라도 관찰하기 어렵습니다. 건물을 해체하고 나서야 그 바닥을 볼 수 있습니다. 한 조직의 뿌리를 이루는 '기본 가정'도 그러합니다. 설문, 관찰, 인터뷰 등 어느 한 기법만으로는 기본 가정을 완벽히 알기 어렵습니다. 다양한 방법을 동원하며 입체적으로 분석해야만 그 가정을 헤집어볼 수 있습니다.

우리는 지금까지 한 부족의 문화를 예리하게 보는 눈을 틔어왔습니다. 어떤 인공물을 관찰해야 하는지, 구성원의 생각은 어떤 방식으로 들어야 하는지, 필요하다면 설문을 어떻게 해야 하는지를 고민했습니다. 이제 우리 조직이 가지고 있는 기본 가정을 고찰해볼 때입니다. 기본 가정을 이루는 화소가 있습니다. 오늘날 조직에서 가장 핵심적인 화소들만 고찰해보겠습니다.

관계에 대한 가정은 어떤가?

이 가정은 앞서 여러 번 고찰했습니다. 한 사회의 문화적 바탕을 이루는 질문으로 헤이즐 마커스와 시노부 기타야마의 '나는 타인과 연결되어 있는가? 독립적인가?'라는 질문을 제시했습니다. 트리앤디스는 이들의 논지를 뒤이어 '나와 타인은 같은가? 다른가?'라는 질문도 문화를 규정한다 했지요. 이들 가정은 곧 개인주의 – 집단주의, 평등주의 – 위계주의로 발전한다는 점을 고찰했습니다. 그리고 대기업과 스타트업의 기본 가정이 어떻게 다른지도 파헤쳐봤습니다.

이들 기본 가정은 조직문화를 추동하는 가장 밑단의 개념이지만 때로는 다른 변수가 영향을 미치기도 합니다. 대표적으로 고용 형태 employment mode는 이들 가정에 영향을 미칩니다. 친척이나 친구 중에 보험설계사로 활동하는 분들이 한 명쯤은 있을 듯합니다. 이들이 근무하는 보험 영업점은 상당히 독특한 조직입니다. 지점장과 총무 및 보상 직원을 제외하고 그 대다수는 보험설계사입니다. 이들은 모두 개인사업자 신분입니다. 이들은 고용 보장이 되지 않아 불안한 신분이지만 보험사에 직접 고용되는 방식보다 개인사업자를 더 선호하는 것으로 조사되기도 했습니다.[429] 영업사원을 직접 고용하는 방식을 취하는 제약 산업과는 다른 문화가 나타나곤 합니다. 보험 영업이라는 일 자체가 나와 타인은 독립적이라는 가정을 강화하지만 각자 개인사업자라는 법적인 신분과 그 자아정체성 또한 영향을 미칩니다. 서로가 개인사업자 신분임을 알기에 나와 다른 사람이 그리 다르지 않습니다. 이처럼 우리 조직의 기본 가정을 고찰할 때 고용형태와 같은 다른 변수가 영향을 미치지 않는지 고려해야 합니다.

우리는 실제로 무엇을 위해 존재하는 부족인가?

원시 및 농경 사회에서 부족은 혈연으로 구성되었습니다. 부족의 목적은 생존과 종족 번식이었습니다. 그런데 산업혁명 이후로 세상에는 새로운 유형의 부족이 탄생합니다. 기업과 시민단체가 바로 그것입니다. 이들을 '부족'이라는 표현 대신 '조직'이라 부릅니다. 이들은 '조직'이라는 표현에 내포되어 있듯이 혈연에 의해 자연적으로 발생하지 않았습니다. 각자 이상을 추구하고 그 의도를 실현하기 위해 인위적으로 만들어진 집단입니다.

우리 조직은 무엇을 위해 존재하는 조직입니까? 앞서 제가 스타트업을 몇 개월 탐사했다고 말씀드렸습니다. 대기업은 규모가 크기 때문에 이를 연구하고자 하는 사람의 인지적 한계를 넘어서는 경우가 많습니다. 반면 스타트업은 상대적으로 지름이 작아서 면밀히 관찰할 수 있습니다. 또한 문화적 현상이 원형 그대로 나타나는 경우가 많습니다. 그래서 스타트업은 문화를 직관적으로 고찰하기 가장 좋은 대상이기도 합니다. 스타트업 문화를 탐구하는 동안 조직문화의 기본 가정을 이루는 화소 하나를 마주할 수 있었습니다.

앞서 살펴본 대로 스타트업은 자원이 별로 없으므로 우수 인재를 끌고 올 유인책이 별로 없습니다. 그래서 몇몇 스타트업은 원대한 이상을 내거는 경우가 있습니다. '세상에 없는 가치를 만들어 인류의 삶을 풍요롭게 하자.'라고요. 돈보다는 의미 있는 일에 기여하고 싶은 인재를 끌어당깁니다. 제가 인터뷰한 대부분의 스타트업 대표와 구성원은 그와 같은 가치로 일을 하고 있었습니다. 하지만 때로는 이렇게 말하는 사람도 있었습니다.

"대표님이 '우리가 세상을 바꿔보자. 혁신가라는 평을 들어보자.'라는 말에 마음이 움직였어요. 그래서 남들이 보기에 괜찮은 직장을 관두고 이곳에 왔지요. 그런데 1개월 만에 실상은 그게 아니라는 걸 깨달았어요. 이곳이 스타트업이긴 하지만 자금 문제를 겪는 건 아니거든요. 대표가 입을 잘 털기 때문에 투자 자금을 잘 끌어왔지요. 대표가 결정하는 모든 근간에는 '세상을 바꾸자'가 아니라 '그냥 돈을 많이 벌자.'라는 가정이 깔렸어요. 어떤 동료는 그냥 여기서 돈 좀 모아서 나가겠다고 하는 사람도 있고 어떤 동료는 그냥 모든 게 시니컬해요. 이곳은 겉과 속이 다르다고요."

이는 곧 표방하는 가치와 기본 가정이 서로 충돌하는 현상입니다. A사가 대내외적으로 표방하는 가치는 '세상에 이로운 새로운 가치'입니다. 하지만 그 조직을 추동하는 근간의 가정은 '돈이 최고다'입니다. 표방하는 가치와 기본 가정에 괴리가 발생하면 그 조직문화는 심하게 변질됩니다. 스타트업 대표들이 사적으로 모인 자리에서 그와 같이 겉과 속이 다른 B사 이야기가 나왔습니다. 이들은 B사 내부에서 벌어지는 일들을 소문을 들어 알고 있기에 이구동성으로 이렇게 얘기합니다.

"아휴, B사는 말도 마세요. 차라리 그네들이 '우리에겐 돈이 최고다.'라고 솔직하게 말하면 좋겠어요. 그러면 그 구성원들도 깔끔하게 '돈 열심히 벌다 가자.'라고 생각할 텐데 말이죠. 진짜로 좋은 가치를 만들려고 고군분투하는 스타트업들을 욕먹게 하는 짓이라니까요."

그 옛날 교육업에서 급부상한 업체가 있었습니다. 이들은 누군가의 인생을 바꾸는 일에 이바지하겠다는 기치를 내세웠습니다. 누군가의 발전에 실질적으로 기여하는 일, 그의 인생이 달라지는 일, 얼마나 아름다운 일입니까. 그 가치로 소신 있는 수많은 사람을 끌어들였습니다. 덩치가 갑자기 불어났습니다. 그런데 초기의 가치가 점차 사라졌습니다. 그 빈 곳에 '그들만의 리그'라 불리는 패거리가 자리를 잡고 틀어 앉았습니다. 경영진은 특권의식과 선민사상에 사로잡혀 일반구성원들을 차별했습니다. 소신 있게 열심히 일하던 사람들은 혼란을 느끼고 적지 않은 구성원이 퇴사했습니다.

우리 조직은 실제로 무엇을 위해 존재하는 조직입니까? 구밀복검(口蜜腹劍, 입에 꿀이 있고 배에는 칼이 있다), 양두구육(羊頭狗肉, 양 머리를 걸어 놓고 개고기를 판다)이라는 사자성어가 떠오른다면 그 이유는 무엇입니까? 표방하는 가치와 실재하는 기본 가정은 무엇입니까?

인간을 어떻게 보는가?

세 번째로 마주할 기본 가정은 '인간 본성human nature'입니다. 인간을 어떤 존재로 가정하느냐의 문제입니다. 이 가정은 다음과 같은 질문으로 구체화할 수 있습니다.

> • 우리 조직은 인간을 선한 의지를 가진 존재로 보는가? 악한 존재로 보는가?
> • 우리 조직은 인간을 수단으로 여기는가? 목적 그 자체로 여기는가?
> • 우리 조직은 인간이 변할 수 있다고 믿는가? 변하지 않는다고 믿는가?
> • 우리 조직은 한 개인이 거대한 업적을 거둘 수 있다고 믿는가? 아니면 대동소이하다고 믿는가?

우리 조직은 인간을 선한 존재로 보는가, 악한 존재로 보는가?

첫 번째 질문은 역사상 가장 오래된 화두입니다. 사람의 본래 타고난 성품은 정해져 있다는 인성론인데 세 가지 신념이 존재합니다. 그 본성이 선하다는 성선설性善說, 악하다는 성악설性惡說, 선하지도 악하지도 않은 하얀 도화지와도 같다는 성무선악설性無善惡說입니다. 여기서는 성선설과 성악설만 살펴보겠습니다.

성선설을 주장한 대표적인 철학자는 맹자입니다. 그는 "인간 본성이 선한 것은 마치 물이 높은 곳에서 낮은 곳으로 흐르는 것과 마찬가지로 당연하다. 사람 치고 선하지 않은 사람이 없고 물 치고 낮은 곳으로 흐르지 않는 물이 없다."라고 주장했습니다.[430] 그는 인간의 마음속에는 측은지심惻隱之心, 수오지심羞惡之心, 사양지심辭讓之心, 시비지심是非之心이 기본적으로 내장되어 있고, 만일 이들이 없으면 사람이 아니라고 보았습니다. 누군가 물에 빠져서 허우적대며 생사가 오가는 상황에서 이를 태연하게 감상할 사람은 없다면서 기본적으로 인간은 선하다고 보았습니다. 서양에서는 장 자크 루소J. J. Rousseau가 맹자와 함께 서 있는 철학자입니다. 조물주의 손으로부터 나올 때는 더할 나위 없이 선하나 인간의 손에서 들어오면 타락하게 마련이라고 하면서 성선설을 지지합니다.[431]

반면 순자는 맹자의 대척점에 서 있습니다. 인간은 태어나면서부터 본질적으로 악하다고 보았습니다. 인간은 자신의 욕구에 충실히 따르고자 하는 본능을 가지고 있습니다. 그 통제되지 않은 욕구는 다른 사람에게 종종 해가 될 수 있으며 사회적인 혼란을 일으킬 수 있다고 주장합니다. 그는 인간을 후천적으로 길들여서 악한 마음에 선한 것으로 채워야만 한다고 주장합니다. 서양에서는 마키아벨리가 성악설에 기반을 두어 『군주론』을 집필합니다. 17장에서 그의 인간관이 이렇게 두드러집니다. "두려움의 대상이 되기보다 사랑의 대상이 되는 편이 좋은가, 아니면 그 반대인가?" 하는 것입니다.

"사람들은 그 둘 모두가 되고 싶다고 대답할 테지만 그것들을 동시에 갖추기는 어려우므로 두 가지 중 하나를 버려야 한다면 사랑의 대상보다는 두려움의 대상이 되는 편이 훨씬 안전합니다. 인간이란 일반적으로 은혜를 모르고 변덕스럽고 알면서도 모르는 체를 하거나 일부러 숨기기도 하고 위험이 닥치면 재빨리 도망치기 때문입니다. 돈 버는 일에는 탐욕스러워서 당신이 은혜를 베푸는 동안에는 한 사람도 남김 없이 당신을 따를 것입니다. 당신을 위해서 자기들의 피를, 재산을, 목숨을, 자신을 내어주겠노라고 말하고 막상 때가 닥치면 당신에게 등을 돌리고 맙니다."[432]

1900년대 들어서 인간 본성의 논쟁은 경제학, 행정학, 경영학에서 일어납니다. 대표적으로 대리인 이론principal-agent theory이 있습니다. 주인은 여러 가지 이유로 대리인에게 재량과 권한을 주고 자신을 대신해 일해달라 부탁합니다. 대리인이 주인의 의도대로 일을 수행하면 아무런 문제가 없지만 현실에서는 여러 가지 문제가 발생합니다. 주인으로부터 위임받은 인간의 본성을 어떻게 가정할 것인가가 대리인 이론의 핵심입니다. 이 이론은 주인의 목표와 이익을 극대화하기보다는 대리인 자신의 개인적인 이익을 추구하는 이기적인 존재로 가정합니다.[433] 주인은 그 이기적인 행동을 최소화하기 위해서 금전적인 보상으로 유인하고 강압적인 수단으로 통제하는 방법을 강구하게 됩니다. 비근한 예를 보지요. 잘나가는 치킨집 홍길동 사장이 세 군데나 분점을 냅니다. 하나는 본인이 관리하고 나머지는 각각 친동생과 죽마고우에게 대신 관리해달라고 맡깁니다. 한 달에 기백만 원 정액 월급을 주기로 하고요. 그런데 유달리 친동생이 대신 운영하는 점포가 예상보다 매출이 안 나옵니다. 왜 그런가 하고 원재료 닭을 세어보니 매출액과 안 맞았습니다. 그를 대신해서 관리하던 친동생이 매출액을 허위로 보고한 것이었지요. 홍길동 사장은 매장 내에서 손님 간에 벌어질지 모를 불미스러운 사고를 예방한다는 명분으로 CCTV를 설치합니다. 그리고는 영업이익 대비 일정 비율을 함께 나누는 방식으로 월급을 바꿉니다.

이처럼 어느 조직에서 인간 본성을 악하다고 가정하면 어떻게 될까요? 인간은 이기적입니다. 이들이 조직을 다니는 이유는 오로지 물질적이고 경제적인 욕구 때문이라고 가정합니다. 조직에서 쫓겨나지 않을 정도로만 일을 할 거라 믿습니다. 가능하다면 업무시간에 자기 이익을 채우기 위해 딴짓을 할 거라 생각합니다. 조직의 돈과 자산을 구성원에게 맡길 수 없습니다. 어딘가 어떻게든 뒷돈을 챙기지 않을까 걱정합니다. 육신이 편한 상태를 좋아하므로 게으르고 나태하다고 생각합니다. 누군가 지시하여 시키지 않으면 일을 하지 않으려 한다고 믿습니다.

구성원들이 일을 열심히 하도록 만들려면 어떻게 할까요? 감시와 통제가 답입니다. 주주는 관리자를 감시하고 관리자는 구성원을 감시하고 통제하는 분위기가 강해집니다. 구성원의 일거수일투족을 관찰합니다. 일간-주간 업무 계획을 제출하게 하고 그대로 했는지를 주기적으로 체크합니다. 그들이 사용하는 비용을 꼼꼼히 살피고 허점을 찾아내는 데 혈안이 됩니다. 이와 같은 인간 가정은 사무실 배치에서 가장 상징적으로 나타납니다. 이 책 2부 시작하면서 사무실 배치의 역사적 발전을 살펴봤습니다. 테일러 스타일 배치는 전형적인 감시-통제 모델이 근간이지요. 상명하복의 위계가 강하고 권력 거리가 먼 문화가 강하게 형성됩니다. 오늘날 그와 같은 배치는 감소하는 추세이지만 다른 방식의 감시-통제가 발달합니다. 바로 직장에서 컴퓨터 사용 기록을 남겨 추적하고 접속 가능한 사이트를 통제하며 출입 태그로 사무실에 들고 나가는 시간을 관리합니다.

반면 인간 본성을 착하다고 가정하는 경영학 이론도 있습니다. 스튜어드십 이론Stewardship Theory입니다.[434] 대리인을 이기적 존재가 아니라 충실한 청지기로 간주합니다. 대리인 이론이 인간을 지나치게 사

악한 존재로 간주했다는 반성에서 나온 이론입니다. 이 학파는 인간을 자아의 완성을 이루어나가는 존재로 가정합니다. 이들이 직장을 다니는 이유는 돈이 아니라 성취하고 성장하기 위해서라고 생각합니다. 스스로 동기가 부여되어 있기에 누군가 일을 시키지 않더라도 자발적으로 일을 찾고 가치를 만들어내고자 합니다. 그래서 주주가 청지기 관리자를, 관리자가 구성원을 감시와 통제를 할 필요가 없습니다. 개인의 이익보다는 그가 속한 집단 전체의 이익을 좇습니다.

어느 조직에서 인간 본성을 선하다고 가정하면 어떻게 될까요? 이들이 조직을 운영하는 방식은 신뢰 – 위임입니다. 구성원의 선한 의지를 믿기에 그에게 역할을 주고 위임합니다. 누가 누구를 감시할 일이 별로 없으므로 권력의 편중이 심하지 않습니다. 호프스테더가 제시했던 권력 거리가 짧은 문화가 두드러집니다.

대기업 A사의 2세 경영자는 이런 소신을 밝힌 것으로 유명합니다. "오늘날 세상의 많은 규칙이 성악설에 근간을 두고 있습니다. 하지만 저는 성선설을 믿습니다. 성악설에 기반한 규칙을 바꾸어 사람을 구속에서 풀어주어야 한다고 믿습니다. 그들에게 일하기 좋은 환경을 제공한다면 자발적으로 일을 하려 할 것입니다. 그래야만 우리 조직의 생존 가능성이 높일 수 있습니다." 그가 아버지의 뒤를 이어받아서 지속해서 강조한 점은 구성원 스스로 알아서 일을 찾고 만들고 벌리는 문화였습니다.

우리 조직은 '시간' '공간'을 어떻게 가정하는가?

흔히들 "시간은 곧 돈"이라고 말합니다. 그만큼 중요한 자원이라는 의미입니다. 조직에서 시간을 어찌 가정하느냐가 조직문화의 토대를 이루기도 합니다. 어떤 조직은 돈으로 구성원의 시간을 샀다고 가정합니다. 구성원들도 자신의 자유시간을 희생해 돈과 바꾸었다고 생각하곤 하지요. 시간을 그렇게 가정하는 조직에서는 구성원의 출근시각과 근무시간을 엄격히 관리하는 규칙을 만들 가능성이 있습니다.

어떤 조직은 '시간은 곧 효율'이라는 가정을 가지고 있습니다. 주로 생산 공정을 가지고 있는 조직에서 발견되곤 합니다. 완성차 공장에는 UPHUnits Per Hour, 즉 시간당 자동차 생산 대수라는 지표가 있습니다. 2018년 기준으로 기아자동차 멕시코 공장은 UPH가 68대로 국내 공장 평균 30~50보다 월등히 높았습니다.[435] UPH가 높으면 높을수록 생산성이 좋다고 평가를 합니다. 시간을 최대한 효율적으로 사용해야 한다는 가정이 형성됩니다. 그래야만 우리 조직이 경쟁에서 살아남을 수 있다고 믿지요. 이런 조직에서는 구성원이 틀에 짜인 대로 작업을 수행해야 하며 잠시 다른 짓을 할 수 없는 문화가 형성됩니다.

어떤 조직은 '여유가 곧 경쟁력'이라는 가정을 가지고 있습니다. 다른 생각을 할 수 있는 시간적 여유가 있어야 개인이 창의성을 발현할 수 있고 그게 곧 조직의 성과로 이어진다는 믿음입니다. 구글에는 그 유명한 20% 룰이 있습니다. 근무 시간의 80%는 회사 업무를 위해 일하지만 나머지 20%는 개인적으로 좋아하는 일에 사용하도록 허용한 것입니다. 본인이 하고 싶은 일을 하도록 회사 차원에서 여유를 주었습니다. 그 결과 순전히 개인의 호기심에서 시작했다가 구글의 주력 사업이 된 지메일gmail과 자율주행자동차가 탄생했습니다.[436]

공간은 어떻습니까? '공간이 곧 돈'이라는 가정을 가지고 있는 조직들이 있습니다. 앞서 살펴본 대로 '평당 매출액' '평당 이익률' 지표를 가진 조직이 대표적입니다. '공간은 곧 사회적 지위'라고 가정하는 조직도 있습니다. 직급이 높을수록 더 좋은 위치에 더 넓은 작업 공간을 차지해야 한다고 믿습니다. 우두머리가 가장 전망이 좋은 넓은 장소를 차지하고 그다음 직급으로 내려갈수록 차례로 공간의 크기가 줄어듭니다. 어떤 조직은 '공간은 곧 공유'라고 가정하기도 합니다. 대표적으로 페이스북이 있습니다. 수조 원대 자산가이자 창업주인 마크 주커버그는 따로 집무실을 두지 않고 다른 구성원들과 공간을 공유하면서 동일한 크기만큼을 차지하고 있습니다.

어떤 조직은 구성원이 한 공간에 모여 있어야만 서로 협업하기 수월하다고 믿습니다. 더 나아가 '우연에 의한 발견·발명'이 일어날 수 있다고 믿습니다. 한 스타트업은 어떤 일을 하든 구성원들이 스치듯 마주칠 수 있도록 물을 받거나 흘려보내며 손이나 그릇을 씻을 수 있는 개수대를 사무실 가운데로 배치했습니다. 이와 같은 가정 아래에서는 간헐적인 재택근무는 허용될 수 있으나 온전히 가상 공간에서만 협업하는 방식은 지양하려 합니다. 반면 어떤 조직은 협업이나 세렌디피티가 공간의 문제가 아니라고 믿습니다. 이들 조직에서는 사무실 근무와 재택근무 간에 호불호가 없습니다.

우리 조직에게 '개인의 성공'은 어떤 의미인가?

조직에서 '개인이 성공한다'는 문장은 무엇을 상징하고 있습니까? 다단계 판매조직 또는 네트워크 마케팅 조직이 있습니다. 이들에게 개인의 성공이란 수단과 방법을 가리지 않고 본인 밑에 회원을 많이 끌어모아서 수당 분배를 많이 받아가는 것입니다. 이들 조직은 그와 같은 방식으로 성공한 개개인을 대대적으로 홍보합니다.

어느 글로벌 네트워크 마케팅 회사는 우리나라에서 전 세계 몇 안 되는 영업왕이 탄생했다고 그 시상식을 성대하게 엽니다. 국내 회원들이 체육관에 집결했습니다. 주인공인 영업왕은 하얀 연미복을 입었습니다. 성대한 음악이 울려 퍼집니다. 주인공은 형형색색의 꽃으로 작성된 작은 전동차를 타고 시상대까지 이동합니다. 천장에서는 꽃가루가 뿌려집니다. 거대한 무대에는 수십 명의 회원이 서서 그를 맞이합니다. 연로한 한국 회장이 가운데서 그를 맞이합니다. 사회자는 그의 회원 번호와 이름을 부릅니다. "회원 번호 ○○○○번, 회원 성명 홍길동". 그리고 상패를 수여합니다. "귀하는 꿈을 이루고자 하는 열정과 노력 그리고 남다른 배려와 겸손으로 최고의 영업왕에 올랐습니다. 또한 귀하의 확고한 신념과 겸허한 마음은 노블레스 오블리주의 실천적 양심으로 모든 ○○○○○인에게 칭송받아 마땅한 귀감이 되었습니다. 이에 ○○○○○인들의 마음을 담아 이 트로피를 드립니다." 그러고 나서 상금 수여식이 바로 진행됩니다. 사회자가 이런 말로 긴장감을 고조시킵니다. "여러분 10억 원이 곧 등장합니다." 라고요. 무대 뒤에 설치된 거대한 화면에서 마치 첩보 작전을 방불케 하는 영상이 흐릅니다. 여러 비밀 요원과 경호원들이 10억 원을 조심스럽게 호송하는 장면이 방영됩니다. 그리고는 지게차가 5만 원권 다발 수십 뭉치를 무대 위로 들고 옵니다. 그리고 한국 회장이 영업왕에게 10억 원을 전달하는 포즈를 취합니다. 마지막으로 그의 가슴에 영업왕 배지를 달고 기념촬영으로 시상식을 마칩니다.

우리 조직 내에서 개인의 성공을 어떻게 정의합니까? 어느 조직에는 '성공=승진'이라는 공식만 존재합니다. 글로벌 기업에서 근무하다 우리나라 A기업에 영입된 임원을 인터뷰한 적이 있습니다. 그가 이렇게 말하더군요.

"제가 이 조직에 들어와서 인상 깊었던 일이 있었습니다. 그 분야에 일을 잘하는 부하가 있어서 어느 날 제가 그랬습니다. '너 이 분야 전문가로 성장하면 되겠다.'라고 말이죠. 그랬더니 그 친구가 깜짝 놀라면서 '저는 전문가가 되고 싶지 않은데요.'라고 말하더군요. 알고 보니 이 조직에서는 전문가라는 말은 그의 커리어가 거기서 끝났다는 사망 선고를 의미하더군요. 거의 욕에 가까운 말이라고 하더군요."

그는 한 분야의 산업에서 성장한 인물이지만 여러 세계적인 회사에 근무하면서 경력을 쌓은 입지전적인 인물입니다. 이전에 근무했던 글로벌 회사에서는 구성원이 성공에 이르는 경로가 비교적 다양했다고 말하면서 현재 조직은 한 가지밖에 없는 게 문제라고 지적했습니다. "이 조직에서는 커리어 패스의 다양성이 없어요. 개인의 성공이란 오로지 상위 직급으로 승진하는 것만 있더군요."

우리나라 굴지의 기업 B사에 근무하는 구성원은 소속 조직 구성원을 두 부류로 나누어서 고찰합니다.

"제가 근무하는 조직에서는 두 집단으로 나눌 수 있습니다. 연차가 많은 사람은 승진이 곧 성공이라 생각합니다. 반면 연차가 낮은 사람은 조직 내에서 성공이 곧 퇴사 또는 이직을 의미합니다. 여기서 돈을 좀 벌다가 더욱더 좋은 곳으로 가겠다고요. 퇴사하는 동기들을 축하해준다고 회식을 하곤 합니다."

어느 조직에서는 '성공=전문성 향상'이라는 공식이 존재합니다. 일본에는 1917년에 시마즈 겐조가 설립한 시마즈 제작소가 있습니다.

정밀기기를 비롯한 계측기, 의료기기, 항공기기를 만듭니다. 2002년 10월 이 회사에는 커다란 소동이 벌어집니다. 전화기 50여 대가 불이 나게 울렸던 것입니다. 알고 보니 스웨덴 노벨 위원회에서 노벨 화학상을 발표했는데 그 수상자로 시마즈 제작소의 연구원인 다나카 고이치를 지목한 상황이었습니다. 1983년 다나카는 도호쿠 대학교 전기공학 학사를 마치자마자 시마즈 제작소에 입사합니다. 주임연구원으로 일하면서 '연성 레이저 이탈 기법'을 수십여 차례 실험을 거쳐서 발견해냅니다. 그가 관심을 가졌던 분야는 레이저를 이용한 단백질의 질량을 측정하는 일이었습니다. 그런데 레이저 광선이 지나치게 세서 단백질이 쉽게 파괴되곤 했습니다. 단백질을 보호하면서도 레이저로 질량을 측정하려면 약하게 만들어야 했습니다. 연성 보조제를 찾아내기 위해 실험을 거듭합니다. 무려 200여 회나 말입니다.[437] 그러던 어느 날 두 가지 물질이 실수로 뒤섞여버립니다. 바로 그 보조제가 레이저를 연하게 만드는 물질이었습니다. 이 물질은 곧바로 주목을 받지는 못했지만 훗날 그의 품에 노벨상을 안겨줍니다.

그가 노벨상을 받던 당시의 상황도 참 흥미롭습니다. 2002년 10월 9일에 다나카는 평소처럼 회사에서 연구에 집중하고 있었습니다. 그의 자리에 전화벨이 울려 받아보니 외국에서 중요한 전화가 몇 분에 올 터이니 반드시 받아야 한다는 내용이었습니다. 전화를 끊고 몇 분을 기다리니 해외에서 영어로 전화가 왔습니다. 다나카는 영어를 잘하지 못해서 무슨 말인지 못 알아듣습니다. 겨우 '노벨과 컨그레츌레이션'만 알아들었고 동료들이 놀려주려고 몰래카메라를 하는 줄로만 생각했다고 합니다. 수많은 기자가 시마즈 제작소로 달려갑니다. 다나카는 업무를 중지하고 작업복 차림으로 인터뷰에 임합니다.[438] 그리고는 일본의 국민적 영웅으로 등극합니다. 회사에서 당장 이사로 승진시켜 주겠다고 했으나 다나카는 단계를 밟아 승진하겠다고 사양했습니다.

다나카는 겸손하게도 자기 성과를 실수로 발견한 산물이라고 고백합니다. "저는 실험을 거듭하면서 많은 실패를 했습니다. 만약 연구비를 낭비한다고 질책하는 회사였다면 벌써 해고됐을 것입니다. 회사 경영진은 미래에 활용할 만한 신기술이라면 아무것이나 연구해도 좋다며 연구예산을 배정해줬습니다."[439]라고 말해서 우리나라 과학계를 발칵 뒤집어놨습니다. 시마즈 제작소 같은 문화를 가진 기업이 우리나라에는 거의 없다는 게 문제라는 자성의 목소리가 터져나왔습니다. 시마즈 제작소는 기초 과학이 없으면 혁신도 없다는 신념이 강해서 소속 연구자들이 가능한 자율적으로 판단해 연구과제를 선정할 수 있도록 합니다. 물론 조직이 생계를 유지하려면 최소한의 이윤은 필요하기에 회사가 시장 트렌드를 분석해서 조직별로 아이템을 배정하면 그 범위 안에서 마음껏 연구 주제를 선택하게 하는 방식을 취합니다.[440]

지금까지 살펴본 사례들처럼 조직 내에서 개인의 성공이 무엇을 의미하고 상징하는지 그 가정에 따라 조직문화에 영향을 미칠 수 있습니다.

한 개인이 거둘 수 있는 성과 수준에 대한 가정은 어떤가?

성과와 관련된 매우 유명한 말이 있습니다. "천재 한 명이 10만 명, 20만 명을 먹여 살린다." 2003년경 삼성 이건희 회장이 한 말로 그 배경은 이렇습니다.[441] 2000년 초 이건희 회장은 5년, 10년 후 무엇을 먹고살지를 고민했습니다. 그런데 딱히 '이거다.' 할 만한 사업이 떠오르질 않았습니다. 경영환경과 기술이 너무나도 빠르게 변화하기 때문에 미래를 예측하기가 너무 어려워진 상황이었습니다. 고민하다가 결국 '인재에 답이 있다'고 생각합니다. 이 회장은 인터뷰를 통해서 미국의 '빌 게이츠'를 그 예로 듭니다. 그가 만든 회사 하나의 매출액이 미국 국내총생산의 2.7%를 차지하고 세금도 총 납세액의 1.8%에 이르는데 그 같은 천재만 제대로 찾아내면 되겠다는 생각이 들었다고 합니다. 그래서 중세시대에는 10만 명, 20만 명이 군주와 왕족을 먹여 살렸지만 앞으로는 천재 한 명이 10만 명, 20만 명을 먹여 살리는 시대가 될 것이라고 결론 내렸습니다.

그런데 그 반대 견해도 만만치 않습니다. 유한킴벌리 재임 시절에 문국현 사장은 미디어 다음과의 인터뷰를 통해서 '천재양성론'을 비판했습니다. 천재 한 사람이 10만 명, 20만 명을 먹여 살린다면 천재가 100명 나오면 몇천만 명은 먹여 살려야 하는데 현실은 그렇지 못하다는 것입니다. 그는 천재도 필요하지만 일반 구성원들의 집단적인 힘이 더 중요하다고 강조했습니다.

여러분, 그리고 여러분의 조직에서는 어떤 관점을 갖고 있습니까? 여러분의 산업과 비즈니스 특성을 고려할 때 어떤 관점이 현상적으로 더 맞습니까? 한 인간이 거둘 수 있는 성과에 대한 가정은 조직의 부족한 자원을 배분할 때 작동합니다. 어느 스타트업 대표는 제게 이런 고민을 이야기했습니다. "성과평가를 어떻게 해야 공정할지, 그리고 그에 따라 인센티브를 어느 정도의 격차로 주어야 할지 고민입니다. 그래서 다른 회사들을 벤치마킹하고 있습니다." 저는 평가 및 보상 제도를 고민하기 이전에 우리 조직의 가정을 먼저 생각해볼 수 있도록 제언했습니다.

리더를 선발하고 승진시킬 때도 이 가정이 작동합니다. 한 개인이 엄청난 업적을 거둘 수 있다고 믿는 조직에서는 성과를 고려하는 비중이 더 큽니다. 반면 사람마다 큰 차이는 없다고 보는 조직에서는 성과보다는 팀워크와 협력 등을 승진 기준으로 고려할 가능성이 큽니다.

우리 조직의 '돈과 비용'에 대한 가정은 무엇인가?

돈을 종종 '피'에 비유합니다. 그만큼 조직문화를 이루는 중요한 화소입니다. 우리 조직은 돈에 대해 어떤 가정을 가졌는지 면밀히 따져볼 필요가 있습니다. 국내 A사에 다니는 몇몇 구성원들을 인터뷰하던 중에 이런 얘기가 나왔습니다.

"제가 감사실로부터 감사를 받던 상황이었습니다. 전임자가 비용 처리에 실수한 모양이어요. 그런데 전임자는 이미 퇴사한 상황이었죠. 저는 그 일을 이어받은 지 6개월도 안 되었는데 저를 대상으로 감사하더군요. 막 이리저리 다그치면서 제게 이렇게 말하더군요. '사장님 돈을 이렇게 허투루 쓰면 되는 거야?'라고요."

여러 계열사를 거느린 B사의 구성원은 이렇게 얘기합니다.

"계열사와 거래할 때 이렇게 말하는 경우가 있어요. 회장님 오른쪽 주머니에 있는 돈을 꺼내서 왼쪽 주머니로 넣는 거랑 마찬가지 아니냐. 그러니 '외부 회사랑 거래하지 말고 우리 계열사 제품을 쓰자.'라고 말이지요."

이런 조직들은 '회삿돈=창업주 돈'이라는 가정을 가지고 있습니다. 이런 조직에서는 예산 계획이 더욱 촘촘하고 엄격합니다. 구성원이 업무를 하다가 자기 책임하에 이성적이고 합리적으로 판단해 회삿돈을 사용할 수 있는 자율이 거의 없습니다. 하다못해 회사 비품 관리도 엄격합니다.

반면 돈·비용에 대한 가정이 다른 조직들도 있습니다. 페이스북에서 강조하는 제1원칙은 '포커스 온 임팩트Focus on Impact'입니다. 영향력이 가장 큰 일에 먼저 집중하고 성과와 관련 없는 비효율적인 일은 하지 말라는 의미입니다. 친한 후배의 소개를 받아 페이스북 한국 지사에 들른 적이 있습니다. 방문자 등록을 마치고 우리나라 전통 대갓집에 쓰일 법한 나무문을 열고 들어서니 널따란 사무실이 펼쳐지더군요. 정면 10시 방향에 벤딩 머신이 떡하니 서 있는 게 눈에 들어오더군요. 그 안을 자세히 보니 마우스와 키보드 같은 저렴한 물품뿐만 아니라 외장 하드 디스크 같은 값비싼 주변기기도 있었습니다. 그게 뭐냐 물었습니다.

"컴퓨터 주변기기가 필요하면 가져다 쓰도록 놓은 벤딩 머신이에요. 다른 회사에서는 마우스 하나 필요하면 절차를 밟아 총무과에 의뢰한다거나 법인카드를 들고 자기가 나가서 사와야 하잖아요. 그런데 페이스북에서는 '포커스 온 임팩트'를 중시하기 때문에 필요하면 본인 출입 태그 찍고 바로 가져다 쓰라고 이렇게 해놨어요. 컴퓨터 액세서리 구하느라 신경 쓸 시간에 포커스 온 임팩트하라고요!"

'포커스 온 임팩트'라는 표방하는 가치를 상징화하고 구성원들이 피부로 느낄 수 있게 만드는 방법을 아는 영리한 회사라는 생각이 들었습니다. 이들이 벤딩 머신을 놓아둔 배경에는 여러 기본 가정이 작용했을 터입니다. 먼저 시간에 대한 가정이 작동했을 수 있습니다. 돈 몇만 원 아끼려고 힘을 쏟는 그 시간에 창의적인 생각에 몰두하면 수십수백 배의 성과를 거둘 수 있을 거라는 가정입니다. 그리고 돈에 대한 가정도 같이 작용했을 듯합니다. 회삿돈은 누구 한 명의 독점적인 소유가 아니고 작은 물품이라 하더라도 소유주에게 허락을 구하는 형태가 아니라 우리 공동의 자산이며 모두가 함께 합리적으로 사용할 자원이라고요.

인터넷 엔터테인먼트 분야의 세계적 기업인 넷플릭스는 그 구성원들이 비용을 쓸 때 고려할 지침을 단 한 문장으로 설명합니다.

> 넷플릭스의 지출, 엔터테인먼트, 선물, 출장 정책 :
> '넷플릭스에 가장 이로운 방향으로 행동하라.'

이들은 '넷플릭스에 가장 이로운 방향으로 행동하라.'라는 문장에 대해 몇 가지 설명을 덧붙입니다. 자기 돈을 쓴다고 생각하면서 출장비를 산정하기, 일하는 데 가치가 있고 꼭 써야만 하는 곳에 사용하기, 상당한 선물을 받았을 때는 회사에 통보하기입니다. 그리고 마지막 항목이 흥미롭습니다. 사소한 일이거든 그냥 넷플릭스 자산을 개인 용도로 사용하라고 권합니다. 직장에서 프린터로 문서를 출력할 때나 회사 전화를 사용할 때 그게 업무용인지 개인용인지 일일이 그 용도를 구분해서 사용하는 일은 비효율적이기 때문에 그냥 회사 자산을 쓰라는 의미입니다.

앞에서 원 단위 사고와 억 단위 사고를 말씀드렸습니다. 돈에 대한 관념이 사업 포트폴리오에 암암리에 영향을 미칠 수 있습니다.

10원, 20원으로 쌓아올린 기업은 작은 단위의 신사업이라 하더라도 마다하지 않습니다. 반면 중후 장대형 기업은 억 단위 이상의 사업에만 주의 집중하는 경향이 있습니다.

우리 조직은 돈과 비용에 어떤 가정을 가지고 있습니까?

3부

어떻게 문화를 바꾸어나갈 수 있을까?

조직문화를 어떻게 효과적으로 바꾸어나갈 수 있을까요? 이 책은 서론에서 밝힌 바대로 조직문화를 제대로 통찰하는 데 목표를 두었습니다. 그동안 우리 사회는 조직문화를 대증적對症的으로만 개선해온 경향이 있습니다. 눈에 보이는 증세만 주목해 개선 방안을 생각하고 실행해왔던 셈입니다.

문제의 본질을 꿰차야 그 해결 방법이 제대로 보일 수 있습니다. 우리의 조직문화가 어떠하고 왜 그런 현상이 벌어지는지 원인을 제대로 톺아볼 수 있어야 합니다. 그래서 이 책은 우리 조직의 문화를 객관적으로 관조할 수 있는 식견을 틔우는 데 집중해왔습니다. 그런데도 조직문화를 어떻게 변화시켜야 하는지 그 방법론을 궁금히 여기는 독자가 계실 듯합니다. 3부에서는 그 주요 원칙을 살펴보고자 합니다.

. . .

원칙 1. 문화를 바꾸는 방법은 조직마다 다르다

조직문화를 바꾸는 방법론을 알려달라는 요청을 많이 받습니다. 제가 조직문화를 공부하던 초기에는 변화 5단계, 7단계 같은 모델을 공유하곤 했습니다. 여기서 팀 커플러Tim Kupller가 제안한 프로세스를 A사의 사례로 살펴보겠습니다.[442]

1단계: 조직 성과를 평가합니다.

성장, 수익성, 고객만족도와 같은 조직 전체 차원의 성과를 파악합니다. 앞으로 개선해야 할 성과 기준은 무엇인지를 확인합니다. A사는 '고객만족도'가 경쟁사보다 저조한 상황이라 이를 개선하려 했습니다.

2단계: 구성원 행동 강점과 약점을 파악합니다.

A사는 구성원이 고객과 만나는 접점에서 어떻게 하는지 관찰하고 평가했습니다. 구성원 행동 강점을 확인하고 걸림돌이 되는 약점을 파악했습니다.

3단계: 핵심가치와 기대되는 행동을 명확히 정립합니다.

A사는 문화적으로 강화해야 할 점을 '고객 지향'이라 명명했습니다. 그리고 구성원들이 체화해야 할 태도와 행동을 규정했습니다.

4단계: 개선 방안을 실행합니다.

A사는 고객 지향을 강화하는 다양한 방안을 도출했습니다. 회사 내 포스터를 부착하는 일은 물론이고 여러 이벤트와 교육을 했습니다.

5단계: 핵심지표를 설정하고 측정합니다.

A사는 개선 진척 정도와 속도를 관리하기 위해서 핵심지표를 설정하고 주기적으로 측정했습니다. 가령 교육을 하고 나서 구성원의 태도와 행동에 얼마나 변화가 있었는지 개선 정도를 수치로 파악했습니다. 그리고 일정 기간이 지나서 실제로 '고객만족도'가 향상되었는지도 측정했습니다.

6단계: 지속 관리합니다.

A사는 '고객 지향'이 일상화되기까지 계속해서 관리했습니다.

위에서 살펴본 6단계는 특이할 것 없는 모델입니다. 과거 20년간 회자해오던 변화관리 프로세스와 별다른 바 없습니다. 이와 같은 무슨 무슨 5단계, 6단계 변화 모델은 서양의 합리적 사고를 근간으로 합니다. 원래 합리적rational이라는 말은 라틴어 '계산하다ratio'라는 뜻에서 파생된 단어입니다. 이 사고는 그 어원에서 알 수 있듯이 치밀하고 촘촘하며 계산적입니다.

인간의 사고 패턴을 연구하는 게리 클라인Gary Klein은 합리적 사고를 구성하는 세 가지 과업이 있다고 제시합니다. 첫째, 하고자 하는 일을 무조건 잘게 쪼갭니다.[443] 서양인들은 숲 전체를 이해하고 파악하려면 그 속으로 먼저 들어가 어떤 종류의 식물이 서식하는지, 토질은 어떠한지, 물은 어떻게 공급되는지, 일조량은 얼마나 되는지 등 세부사항을 잘게 쪼개어 확인해야만 비로소 전체를 이해할 수 있다고 가정합니다. 둘째, 단계별로 분석하고 계산합니다. 현상과 원인을 최대한 과학적으로 측정하고 데이터를 만들어냅니다. 셋째, 잘게 쪼개진 각 단위를 맥락에서 떼어놓고 고찰합니다. 맥락은 복잡성을 증가시키기 때문에 절대적인 원리와 규칙을 찾습니다. 우리나라에 들어온 서양식 경영이론, 그리고 그에 의한 온갖 변화 단계 모델, 추진 단계 모델은 맥락을 배제한 모델입니다. 2000년대 초중반에 우리 기업이 열광했던 '조직변화 8단계 모델'을 생각해보세요.[444] 이는 하버드 대학교의 존 코터John Kotter 교수가 제안한 프로세스입니다. 그는 다양한 기업을 고찰하면서 변화 관리에 성공하는 일반 원리를 끌어냈습니다. 그는 '위기감 조성, 변화 추진팀 구축, 비전 수립, 비전 전달 및 공유, 구성원에게 임파워먼트시키기, 실행, 성과 검토 및 후속 계획 도출, 새로운 접근 방법 제도화'와 같이 어느 조직에서나 그와 같은 단계를 따라가면 목적을 이룰 수 있다고 주장합니다.

다음과 같은 도식은 서양식 사고 모델의 전형입니다.[445]

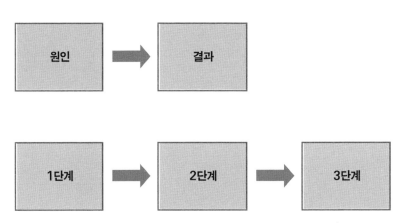

반면 동양적 사고관은 그와는 다릅니다. 하고자 하는 일을 칼로 자르듯 단계로 나눌 수 없다고 생각합니다. 원인과 결과를 분명히 가를 수 없다고 믿습니다. '인생사 새옹지마'에 얽힌 이야기가 대표적입니다. 어느 노인에게 말 한 필이 있었습니다. 그런데 어느 날 전재산이었던 그 말이 온데간데없이 사라지고 말았습니다. 마을 사람들이 그에게 와서 위로의 말을 건넸습니다. 그러자 그 노인은 "이 일이 불행

인지, 행운인지 어찌 알 수 있겠나?"라고 반문했습니다. 그런데 며칠 후에 그 말이 노인 집으로 다시 왔는데 튼튼한 야생마 한 마리와 같이 왔습니다. 그러자 마을 사람들이 와서 축하하자 노인은 "이 일이 좋은 일인지, 나쁜 일인지 어찌 단언할 수 있겠나?"라고 말합니다. 며칠 후에 아들이 야생마에 올라탔다가 땅에 떨어져 다리가 부러지고 맙니다. 이웃들은 그 노인을 위로하지만 이번에도 어정쩡합니다. "이 일이 흉한 일인지, 길한 일인지 우에 알 수 있겠나?" 몇 주가 지난 후에 전쟁이 나서 나라에서 장정들을 징발하러 왔습니다. 노인의 아들은 다리가 부러져 오히려 짐이 된다는 이유로 징집에서 면제를 받습니다.

이 일화에 깔린 지배적인 사고관은 동양의 음양이론입니다. 우리나라 국기에 있는 태극 문양도 이를 토대로 만들어졌지요. 양은 음 때문에 존재하고 음은 양 때문에 존재합니다. 양의 상태에 있으면 음의 상태가 올 때가 올 것이라 믿습니다.[446] 음이 양이 되고 양이 음이 됩니다. 우리나라 선비들에게 지대한 영향을 미친 『도덕경』에서는 이런 가르침을 담고 있습니다.

무언가를 구부리기 위해서는 먼저 그것을 펼쳐야 하고
무언가를 약화시키기 위해서는 먼저 그것을 강화시켜야 하며
무언가를 제거하기 위해서는 먼저 그것을 풍성하게 하여야 하고
무언가를 취하기 위해서는 먼저 그것을 주어야 한다.

서양과 동양의 생각하는 차이를 연구하는 미시간 대학교 리처드 니스벳의 동양인 학생은 이렇게 단적으로 정리합니다. "서양인은 세

우리나라 태극문양

상을 직선으로 생각하지만 동양인은 원으로 생각한다."라고 말입니다.[447]

어느 날 문득 동양과 서양의 사고관이 다른데 왜 나는 서양식 ○○단계, ○○모델을 그토록 주워섬겼을까 하는 생각이 들었습니다. 하다못해 우리나라의 어떤 조직은 지극히 서양적이라 – 특히 글로벌 스탠더드를 강조해왔던 조직들 – 직선적 사고가 우세하지만 어떤 조직은 동양적이라 원형적 사고가 우세할 수 있습니다. 그렇다면 그 사고에 적합한 조직문화 개선 방법을 적용해야 하지 않나 싶었습니다.

더구나 조직문화는 조직이 태어나서 외부환경에 적극적으로 적응하고 내부 질서를 다지면서 형성되었습니다. 동종 산업에서 비슷한 재화와 서비스를 제공하지만 조직마다 생각하는 패턴이 다르고 반응이 다르며 태도와 행동이 다릅니다. 어떤 위기가 감지되면 어떤 조직은 회피하려 하고 어떤 조직은 기회라 여겨 적극적으로 돌파하려 합니다. 일을 풀어나가는 스타일도 가지각색입니다. 상사를 설득하는 방식도, 구성원에게 지시하는 방식도, 새로운 아이디어를 대하는 방식도, 일을 조직화하는 방식도, 자원을 할당하고 인력을 운용하는 방식도 다릅니다. 경영진 특성, 전략, 조직구조, 제도 등을 포함해 조직문화가 달라 일하는 방법이 모두 다릅니다.

조직문화를 개선하는 작업도 '하나의 커다란 일'인데 모든 조직에 통용되는 범용적인 관리 모델이 존재할 수 있을까요? 조직마다 일을 풀어나가는 방식이 다르다면 조직문화를 개선하는 방식도 각자 달라야 합니다. 어떤 조직은 인공물에 제약을 가하거나 구성원 누구나 작업 환경이 확연히 달라졌음을 인지하도록 바꾸는 일을 먼저 시도하기도 합니다. 국내 어느 대기업은 구성원이 매일 앉아 근무하던 지정 좌석을 없애고 본부와 팀 구분 없이 공유 오피스처럼 자유롭게 앉아 업무를 하도록 바꿨습니다. 어떤 조직은 표방하는 가치 정립을 먼저 시도합니다. 어떤 조직은 기본 가정을 먼저 바꾸려 하기도 합니다. 일례로 인텔은 인간에 대한 가정을 대대적으로 바꾸는 작업을 진행했습니다. 뉴욕에서 열린 어느 콘퍼런스에 참석했을 때 인텔의 인재육성 담당 임원인 쇼나 어드먼Shawna Erdmann은 관리자들 대다수가 인간을 고정 마인드셋fixed mindset으로 보는 경향이 강했다고 밝혔습니다. 인간의 재능은 하늘이 주신 선물로 태어날 때부터 이미 정해져 있기 때문에 조직이 구성원을 개발하려 노력을 기울일 필요가 없다는 생각이 팽배했습니다. 인텔 경영진은 그게 조직의 성장을 방해한다고 봤습니다. 그래서 모든 관리자와 구성원의 가정을 바꾸고자 했습니다.

조직마다 처한 상황이 다르고 일을 풀어가는 방식이 다릅니다. 따라서 조직문화를 개선하는 모델과 프로세스가 아니라 그 대원칙을 정립하는 게 더 바람직한 방향이라 믿습니다. 그래서 저는-그 누구도 이처럼 주장한 바가 없지만-첫 번째 원칙을 다음과 같이 적시하고자 합니다.

　원칙 1. 문화를 바꾸는 방법은 조직마다 다르다.

　• • •

원칙 2. 세 가지 문화 차원에서 변화를 고려해야 한다

　조직문화 담당자를 대상으로 강의를 했는데 조직문화를 어떻게 정의하고 진단하며 관리하는지를 알아보고 싶었습니다. 그래서 다음 문장에 동의하면 손을 들어달라고 했습니다. "우리 회사는 조직문화를 진단한다."라는 말에는 모두가 손을 들더군요. "우리 회사는 조직문화 진단 모델을 활용한다."라는 말에도 역시 모두가 손을 들었습니다. "그 외에 다른 방법을 활용하는 회사가 있습니까?"라는 질문에는 세 분이 손을 들더군요. 무슨 방법을 활용하시냐 물었더니 설문한 다음에 인터뷰를 보완적으로 실시한다고 합니다. 조직문화 관리는 어떻게 하냐고 또 물었더니 몇 가지 방법을 이야기하더군요. 오늘날 조직에서 조직문화를 개선하는 데 주로 활용하는 개선방안을 살펴보시겠습니다.

　[점수 높낮이 관리]

　A사는 매년 11월에 문화 진단을 합니다. 경영진이 문화가 경쟁우위의 원천이라 믿고 몇 년 전부터 진단을 정례화했습니다. 초기에는 어떤 진단 모델을 사용해야 할지를 오래 고민했습니다. 톰 피터스의 7S 모델을 써야 할지, 로버트 퀸의 경쟁가치모형 모델을 써야 할지, 데니슨 모델을 써야 할지 우왕좌왕했습니다. 결국 데니슨 모델로 결

정하고 그 한국어 문항을 구해서 했습니다. 그다음 해부터는 그 모델을 근간으로 '창의적 문화' 등의 요인들을 덧붙여서 점차 발전시켜 나갔습니다. 매년 가장 높은 점수와 낮은 점수를 받은 항목은 무엇인지, 전년 대비 높아진 항목과 떨어진 항목은 무엇인지 도출합니다. 그리고 낮은 점수와 전년 대비 떨어진 항목을 중심으로 어떻게 바꿀 것인지에 집중합니다.

2년 전부터는 주요 직책자들 평가 지표로 반영하기 시작했습니다. 평가 점수 10%를 조직문화 진단 서베이 결과에 근거해 평가하도록 설계했습니다. 문화가 경쟁력의 원천인데 그 문화를 바람직하게 가꾸는 일도 직책자가 해야 할 일이며 성과 중의 하나로 봐야 한다는 생각 때문이었습니다. 조직문화 서베이 결과를 평가체계에 반영하는 일은 조직문화 연구자들에게 상당히 흥미로운 현상입니다. 일단 이 조직들은 다음과 같은 명제에 적극적으로 동의하고 공감한다는 표증이기에 고무적인 일입니다.

- 조직문화가 경쟁력의 원천이다.
- 주요 직책자(CEO, 임원, 팀장 등)가 적지 않은 영향을 미칠 수 있다.

이들 조직의 경영진은 왜 직책자 평가에 반영해야 한다고 주장할까요? 이들은 다음과 같은 기본 가정을 가지고 있습니다.

- 세상에 모든 현상은 수치로 측정할 수 있다.
- 측정해야 관리할 수 있다.
- 관리해야 현상을 개선할 수 있다.

평가체계 반영이 가져오는 문화현상은 더더욱 흥미롭습니다. 저 같은 사람들에게는 좋은 연구 대상이지만 한편으로는 상당히 우려스러운 일입니다. 문화를 건설적으로 가꾸어나가겠다는 의도가 변질될 수 있기 때문입니다.

A사가 직책자 평가 지표에 서베이 결과를 반영하겠다고 하자 곧바로 부작용이 발생했습니다. 담당 조직의 문화를 진정으로 바꾸어나가려고 노력하기보다는 직책자들이 어떻게 해서든 서베이 점수를 높이는 데 집중했기 때문입니다. 몇몇 서베이하는 11월에 산하 구성원들을 모두 모아놓고 "좋은 게 좋은 거다."라며 후한 점수를 주도록 유도했습니다.

서베이가 종료되고 그 결과가 나오자 직책자들은 점수에 무척이나 예민하게 반응했습니다. 어느 직책자는 점수가 낮게 나오자 모든 구성원을 모이게 하고 노발대발 화를 냈습니다. "너희가 내 등에 이렇게 비수를 꽂을 수 있냐? 도대체 점수를 낮게 준 놈이 누구냐? 두고 봐라. 누가 그랬는지 내가 어떻게 해서든 알아내고 말겠다."라고 협박했습니다. 다른 직책자는 "조직은 성과가 중요하고 나는 너희를 먹여 살리려고 어쩔 수 없이 조직을 엄하게 이끌고 온 건데. 그거 하나 넓은 마음으로 이해하지 못하고 좀생이 어린아이처럼 그리 응답하면 어쩌냐. 제발 좀 경영자의 관점에서 생각해라."라고 탓했다고 합니다.

그다음 해에는 어떤 일들이 벌어졌을까요? 조직문화의 실질은 변함이 없는데 – 아니, 그전보다 왜곡이 가해졌는데도 – 설문결과 점수는 긍정적으로 상승했습니다. 측정한 결괏값은 현상을 밀접히 반영해야 하는데 오히려 그 괴리가 더 커진 것입니다. 직책자들에게 협박을 당한 구성원들, 그리고 그 소문을 들은 다른 부서 구성원들이 조직문화 서베이에 솔직하게 응답하지 못하고 기계적으로 좋은 점수를 주었기 때문입니다.

[사무실 배치 변경]

B사의 사장은 '일하는 방식'의 변화를 오랫동안 강조했습니다. 4차 산업혁명 시대에 살아남으려는 기존에 해오던 방식을 다시 생각해보고 보다 효율적이고 효과적인 방식을 찾아야 한다고요. 공식적인 자리든, 비공식적인 자리든, 말할 기회가 있을 때마다 "일하는 방식을 바꾸어야 우리가 살 수 있습니다. 저는 4차 산업혁명 또는 디지털 트랜스포메이션, 아니 그 무엇으로 정의하고 부르든지 간에 파괴적인 변화가 제 눈앞에 보입니다."라고 강조했습니다. 하지만 그 사장님 눈에는 아무런 변화가 없어 보였습니다. 전략은 전략대로, 영업은 영업대로, 마케팅은 마케팅대로, 연구개발 부서는 그들 나름대로 각자 변화를 꾀하려는 듯 보이기는 했지만 실질적으로 바뀐 것은 없었습니다.

보다 못한 사장님은 새로운 부서를 하나 만들고 사무실을 공유 오피스처럼 바꾸라고 지시합니다. 부서별로 앉지 말고 모든 구성원이 자율적으로 매일 다르게 자리를 잡고 앉아서 일하도록 말입니다. 이를 담당하는 책임자는 고민에 고민을 거듭합니다. 사무실 배치를 바꾼다고 일하는 방식이 바뀔 것인가, 공유 오피스처럼 꾸미면 낯선 사람들과 함께 자리에 앉을까, 그들끼리 서로 원활하게 잡담을 나눌 수 있을까, 정보 보안 문제는 없을 것인가, 팀이 한데 모이지 않아 팀 회의는 어떻게 진행할 수 있으려는가, 원활하게 협업이 될 수 있을까, 이런 현실적인 고민을 할 수밖에 없었습니다. 결국 조직과 부서의 경계를 없애고 공유 오피스와 같이 꾸며서 구성원들이 서로 자유롭게 섞여 앉게 했습니다.

담당 책임자는 이를 추진하기 쉽지 않았다고 토로합니다. "사무 공간을 바꾼다고 문화가 바뀌는 게 아니다!"라고 주변에서 비판해 힘들었다고 말입니다. 앞서 우리는 파워포인트를 사용하지 못하게 하는 등 인공물의 제약이 어떤 효과가 있는지를 잠시 생각해봤습니다. 기본 가정이 인공물로 표출되기에 인공물을 제약한다고 해서 문화가 바뀌는 건 아니라는 표상론, 인공물을 제약하여 상징적인 메시지를 빠른 시간 안에 구성원에게 전달할 수 있다는 상징론이 있었습니다. 둘 중 어떤 방법이 옳다 그르다고 말을 하기는 어렵습니다. 앞서 세운 대원칙인 '문화를 바꾸는 방법은 조직마다 다르다'에 입각하면 말입니다.

[핵심가치 선정]

C사는 다소 보수적인 문화를 가지고 있습니다. 업계를 선도하기보다는 다른 이들이 어떻게 하는지를 면밀히 지켜보다가 대세를 따라가는 스타일입니다. 2000년 중후반에 우리나라 주요 기업들은 핵심가치를 규명하는 프로젝트를 수행하곤 했는데 그 당시 경쟁사들이 핵심가치를 정립했습니다. 그 가치를 기반으로 사람을 뽑고 평가하는 모습을 보니 더는 안 되겠다 싶었던 모양입니다. 우리 회사도 저들처럼 핵심가치를 만들어야겠다 싶었는지 2010년 초에 핵심가치를 정립했습니다. 이들이 추구하기로 정한 가치는 고객 지향, 창의적 혁신, 주인의식, 개방적 소통이었습니다.

이들은 회사 복도마다 그리고 화장실마다 핵심가치를 내걸고 그에 걸맞은 사례들을 제시했지요. 다음과 같이 말입니다.

주인의식

다른 사람이 해주기를 기다리기보다는 스스로 먼저 움직여서 회사와 나를 위해 최선의 노력을 다한다.

"운동하다가 다리가 살짝 금이 가서 깁스했습니다. 그런데 고객을 찾으러 갈 때는 깁스를 한 다리가 그리 불편한 줄 몰랐어요. 왕복 10시간이 넘게 배를 타고 가서 저의 고객을 만나서 새로 나온 좋은 상품으로 바꾸게 해야 한다는 그 생각뿐이었죠." - 홍길동 사원

업무에 대한 만족은 업무에 대한 주인이 내가 될 때 그때 나에게 옵니다.

[이벤트]

D사는 의기소침한 분위기를 탈피하고자 '조직 활성화'라는 이름으로 여러 가지 이벤트를 기획했습니다. 그 몇 가지를 살펴보시지요. 이들은 '칭찬하기 캠페인'을 펼쳤습니다. CEO가 먼저 칭찬하고 싶은 구성원을 선정하고 그다음으로 그 구성원이 다른 부서의 동료를, 또다시 다른 부서의 동료를 칭찬하는 릴레이 방식이었습니다. '가족을 부탁해'라는 이벤트도 했는데 구성원의 자녀가 다니는 학교에 회사 명의로 피자, 치킨 같은 간식을 전달하고 영상 편지로 사랑을 전했습니다. '임원 포장마차'도 실시했습니다. 구성원을 50명씩 20여 개 조

로 묶어서 회사 근처에 빌린 호프집을 갑니다. 그러면 임원들이 종업원으로 분해 구성원을 맞이합니다. 그들이 술도 내오고 요리도 서빙합니다. 마른안주는 임원들이 직접 만들어 제공했습니다. 그리고 임원들은 틈틈이 테이블을 돌아다니면서 대화를 했습니다. 점심시간에는 'D사 기네스북'을 실시하기도 했습니다. 우리 회사에서 제일 발이 큰 사람, 눈이 큰 사람, 허리가 제일 유연한 사람, 달리기가 가장 빠른 사람 등을 뽑았지요.

[교육]

E사는 개방적인 소통 문화를 정착시키기 위해 교육을 했습니다. 전 직원이 MBTIMyers–Briggs Type Indicator 검사에 참여했습니다. 이 검사는 사람 성격을 총 16개로 구분하고 각 특성을 정리해 제시합니다. 과학적인 엄밀성은 상대적으로 떨어지지만 교육 장면에서 '사람이 틀린 게 아니라 다름'을 이해하도록 돕는 데 효과적인 도구입니다. 그리고는 20~30명씩 이틀간의 교육에 입과하여 자신과 타인의 성격 패턴을 이해하는 시간을 가졌습니다. 그리고 서로 소통하는 방식이 어떻게 다를 수 있는지, 효과적으로 소통하려면 어떻게 해야 하는지를 배웠습니다.

이들 조직의 노력에 정말 감사한 마음입니다. 현대인의 하루는 세 개의 덩어리로 나눌 수 있습니다. 첫째, 잠자는 시간. 둘째, 가족과 함께 여가를 갖는 시간. 셋째, 직장에서 일하는 시간. 그렇게 나누어보면 사람은 시간 대부분을 조직에서 보냅니다. 조직문화 속에서 대부분의 삶을 보낸다 해도 과언이 아니겠지요. 더 나은 문화를 만들려는 경영자와 책임자에게 감사합니다. 다만, 이들의 노력이 좀 더 효과적

에드거 샤인 3차원과 A~E사의 조직문화 변화 노력

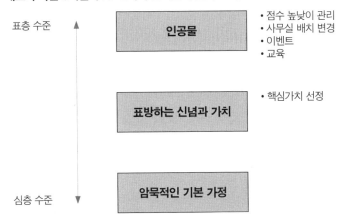

표층 수준

인공물
- 점수 높낮이 관리
- 사무실 배치 변경
- 이벤트
- 교육

표방하는 신념과 가치
- 핵심가치 선정

암묵적인 기본 가정

심층 수준

이러면 어떻게 해야 하는지 고민해볼 필요가 있습니다. 앞서 에드거 샤인의 3차원을 살펴봤습니다. 각 노력이 어느 영역을 건드리고 있는지 짝을 지어볼까요?

앞서 살펴본 대부분 조직이 인공물 수준 또는 표층 수준의 개선에 지나지 않습니다. 심층 수준으로는 들어가지 않았습니다. 결론적으로 이들 조직은 오랫동안 머리를 짜내 개선 노력을 기울였음에도 미봉책에 불과해 소위 '도로아미타불'이 되곤 했습니다.

대표적으로 한 회사만 살펴보겠습니다. 개방적인 소통 문화를 정착시키기 위해 교육을 시행한 E사는 어땠을까요? 교육 자체는 매우 효과적이었습니다. MBTI 검사는 기질과 성격이 서로 달라서 현상을 보는 주의 초점의 방향이 생각과 감정을 표현하는 방식이 어떻게 다를 수 있는지를 이해하는 데 유용합니다.

교육 장면에서는 소통이 원활했으나 일터로 복귀한 구성원들은 여전히 입을 다물 수밖에 없었습니다. 사실 그럴 수밖에 없었습니다. E사는 "연차가 오래된 사람이 정답을 알고 있다." "의견을 말한 사람이 책임지고 실행해야 한다.""모난 돌이 정 맞는다"는 기본 가정을 가지고 있었기 때문입니다. 이 사례들을 토대로 두 번째 원칙을 다음과 같이 적시하고자 합니다.

원칙 2. 세 가지 문화 차원에서 변화를 고려해야 한다.

• • •

원칙 3. 세 가지 문화 차원 간에는 일관성을 추구해야 한다

앞서 살펴본 C사는 조금 결이 다릅니다. 이들은 고객 지향, 창의적 혁신, 주인의식, 개방적 소통을 핵심가치로 정립했습니다. 이는 '표방하는 가치'에 해당합니다. 그런데 C사 구성원들은 핵심가치에 회의적인 반응을 보였습니다. '우리 조직에 없는 것을 억지로 뽑아냈다'고 말입니다. 주인의식을 가질 수 없는 문화와 구조로 되어 있는데 주인의식을 강조한다고 말입니다. 문화를 개선한다는 명분으로 핵심가치를 정립했는데 오히려 구성원들은 더 냉소적으로 변했습니다.

문화는 '이상 문화ideal culture' '현실 문화real culture'로 구분할 수 있습니다. 전자는 '우리 조직이 그리되어야만 한다. 그게 옳은 것이다.'라고 선언한 문화입니다. 우리 조직의 정언명령定言命令에 가깝다 할 수 있습니다. 에드거 샤인의 표현으로는 표방하는 가치입니다. 반면 후자는 현재 상태를 말합니다.

저는 이 둘 간의 괴리가 심할 때 아니, 정확히 말하면 그 둘 간의 관계가 표리부동할 때 문화적으로 가장 극렬하게 왜곡이 일어나는 현상을 많이 관찰해왔습니다. 주변 사람 중에 겉과 속이 극도로 다른 사람을 보면 어떻습니까? 그 사람을 신뢰하지 못할 뿐더러 그가 하는 모든 말에 무슨 의도가 깔렸는지 계속 추론하게 되어 있습니다. 입으로는 올바른 가치와 아름다운 세상을 부르짖지만, 사람들 시선이 없는 곳에서는 그 반대로 행동합니다. 처음에 주변 사람들은 그가 주창하는 가치에 매혹되어 이끌리지만 그의 언행에 결코 교집합이 없음을 깨닫습니다. 점차 그의 말에 냉소적으로 변합니다. 결국 그와의 연을 단절합니다.

앞서 살핀 C사는 이상문화 - 현실문화가 서로 반대 방향으로 치달았습니다. '창의적 혁신'을 기치로 내세웠지만(이상문화) 실상은 보수와 보신을 최고의 가치로 삼고 있었습니다(현실문화). '날것'과도 같은 어느 구성원이 다른 시도를 해볼라치면 '경쟁사에서는 어떻게 하고 있느냐'를 먼저 따지고 '그들이 성공하면 그때 가서 시도해도 늦지 않다.'라는 반응이 지배적이었습니다. 업계에서는 한 번도 해보지 못한 새로운 시도를 제안하면 '경쟁사도 안 하는 일을 뭐 하려 하냐, 그 친구들은 그런 생각을 안 했을까봐? 업계 1, 2위가 안 하는 건 분명 이유가 있을 거야.'라고 틀어막기 일쑤였습니다. 구성원들은 화장실에 걸려 있는 핵심가치 포스터와 문구를 보면서 쓴웃음을 짓습니다. "말이나 못 하면 밉지나 않지!" "차라리 보신주의, 보수주의를 핵심가치로 내거는 게 더 마음이 편하겠다." "그렇게 하라고 강조하고 실제로는 하지 말라고 하면 도대체 나보고 어찌하란 거냐?"와 같은 반응을 보였습니다.

문화를 건설적으로 개선해나가고자 하는 의도로 '핵심가치'를 정립하는 프로젝트를 했지만 오히려 그로 인해 조직문화가 더 왜곡되는 현상이 종종 있습니다. 이상문화 - 현실문화가 서로 충돌한 결과입니다. 에드거 샤인의 프레임을 빌려 살펴보면 암묵적인 기본 가정 - 표방하는 가치 - 인공물 간의 불일치 또는 그들 간의 충돌 때문입니다.

특히 기본 가정과 표방하는 가치의 충돌은 매우 심각합니다. 제가 관찰한 또 다른 F사는 수평적 문화를 지향하기로 유명합니다. 창업자이자 CEO는 여러 미디어에 출현해 인터뷰하면서 수평적 가치를 강조하고 그 문화를 찬양했습니다. 여러 신문 기사를 접한 외부인들, 특히 젊은 구직자들은 민첩하고 생동하는 문화를 가진 그 조직에 너도나도 취업하고 싶어했습니다. 이들의 현실문화는 어떠할까요? 외부인이 보는 F사와 내부인이 보는 F사는 완전히 달랐습니다. 수평적인 문화는커녕 CEO 앞에서는 자신의 소신을 제대로 말하기 어려웠습니다. CEO는 본인이 모든 방면에서 탁월한 존재이지만 다른 구성원들은 능력이 떨어지기에 자기가 다그쳐서 가르쳐야 할 존재로 간주했습니다. CEO가 권력을 독점하고 자기 마음대로 했지만 견제할 수 있는 사람도 장치도 없었습니다. 구성원들은 가능하면 그 조직을 떠나고 싶어라 했습니다. 이들 사례로 보아 세 번째 원칙은 다음과 같이 정리할 수 있습니다.

원칙 3. 세 가지 문화 차원 간에는 일관성을 추구해야 한다.

• • •

원칙 4. 사회 보편적 가치와 조화를 이루며 적자생존해야 한다

조직문화 개선의 지향점을 무엇으로 삼을 것인가를 고심해야 합니다. 오늘날 대부분의 조직이 '경쟁사 대비' '전년도 대비'라는 비교 준거만을 활용했습니다. 지향점이 단순히 남과의 비교였습니다. 지향점이 없으면 개선도 없습니다. 반면 지향점이 잘못 설정되어 있으면 개선이 아니라 퇴보할 수 있습니다. 조직문화가 지향해야 할 첫 번째는 사회 보편적 가치와 조화를 이룰 수 있어야 합니다. 이에 따르면 우리가 속한 사회에서 용납되기 어려운 또는 병존하기 어려운 문화가 있는지, 조직이 지속 가능한데 결격 사유가 되는 요소가 없는지를 살피는 작업이 필요합니다.

우리나라는 2018년 1월 검찰청 내부 성추행 사건으로 미투me too 운동이 사회적으로 주목을 받았습니다. 사회 각 분야에서 과거의 악몽으로만 묻어두었던 일들을 용기 있게 고발하고 말하게 되었습니다. 성차별, 성희롱, 성추행, 그리고 이를 용인하거나 또는 별일 아니라 치부하는 문화는 오늘날 인류 보편적 가치를 위배합니다. 그런데도 우리 사회 일부에서는 그 잔재가 남아 있습니다. 제가 관찰한 A사는 '비즈니스맨에게 성별은 무의미하다.' '비즈니스맨이라면 열정적으로 놀 줄 알아야 한다.'는 가정을 가지고 있었습니다. 이 회사는 구성원들끼리 회식을 마치고 노래방에 들러 남자 팀장이 여자 과장을 얼싸안고 블루스를 춥니다. 한 여자 구성원은 수치심을 느끼지만 다른 구성원 모두 그러하기에 본인만 그 상황에서 빠지면 이상한 사람이 될 것 같아 어쩔 수 없다고 말합니다. 다른 여자 구성원은 '프로페셔널하지 않다.'라는 평가를 듣는 일을 걱정했습니다. 어느 여자 구성원은 '원래 이곳은 그런 곳이다.'라고 당연하듯 여기긴 했습니다만.

우리 조직 내에서 구성원들이 너도나도 당연하다고 여긴다고 할지라도, 프로페셔널은 성별을 구분하지 않는다는 신념이 강하다 하더라도, 그게 우리 사회가 용인할 수 있는 가치인지와 병존할 수 있는 일인지를 따져봐야 합니다. 보편적 가치를 위배하는 문화는 언젠가 어디선가 우리 조직에 치명타를 입힐 수 있습니다.

갑질문화는 어떠한가요? 1부에서 엘렌 무어가 충격을 받았던 장면을 다시 보시지요. 프로젝트를 발주한 고객사에서 컨설팅 범위를 벗어나는 일을 시키는 장면을 보고는 깜짝 놀랍니다. 그런데 한국인 컨설턴트가 고객에게 아무런 이의를 제기하지도 못하고 무조건 할 수 있다고 굽실대는 행동에 더 놀랍니다.

계약에서 쌍방을 의미하는 갑을甲乙 관계에서 우위를 점하는 '갑'이 일반적인 거래 범위를 벗어나 전횡을 일삼는 행위를 '갑질'이라 합니다. 2013년경부터 사용되기 시작한 표현인데 우리나라에서 몇 가지 사건으로 이 신조어 사용이 촉발되었습니다. A사 임원이 비행기 안에서 라면에 불만을 품고 항공 승무원을 폭행한 사건, B사 영업사원이 대리점주를 대상으로 밀어내기를 하면서 입에 담기 어려운 욕설을 퍼부은 사건, 땅콩 서비스를 문제 삼아 비행기를 회항시키도록 지시한 사건, 파일 공유 업체 사장이 퇴사자를 사무실에서 폭행한 사건 등.

왜 우리나라에 갑질이 빈번하게 벌어져 왔을까요? 저는 갑질이 역사적 산물이라 믿습니다. 삼국시대, 신라시대, 고려시대를 거쳐 조선시대에 이르기까지 노예제도가 뿌리 깊게 스며들어 있습니다. 또한 일제치하와 군부독재 시절을 지나오면서도 극명한 상하관계를 가정했습니다. 그 때문에 우리나라는 역사적으로 '일을 의뢰한다.' '일을 의뢰받는다'의 개념이 희박했습니다. 장마당에서 물건을 사고파는 행위는 있었지만, 이는 아주 극히 짧은 시간에 벌어지는 교환관계에 지나지 않았습니다. 우리 조상에게는 노예 자체를 사서 그를 부리는 일이 익숙합니다. 일정 기간 특정인에게 일을 의뢰해 그 최종 결과물을 사는 개념은 없었습니다.

이와 같은 맥락에 있었기 때문에 오늘날 많은 경제 주체들이 컨설팅 및 용역 계약을 맺을 때 '최종 결과물'을 사는 개념이 아니라 그 '과정'을 사는 개념으로 생각합니다. 갑을병정으로 이어지는 외주 관계에서 '사람'을 사고 그들의 '시간'을 산다고 가정합니다. 그러므로 갑은 그 계약된 동안 을병정에게 계약 범위를 넘어서는 이런저런 일을 시켜도 된다 믿습니다. 내가 돈을 주고 산 사람이고 돈을 주고 산 시간이라 믿기 때문입니다. 을병정의 시간은 오로지 갑의 것이어야 합니다. 반면 서양은 '일을 의뢰한다. 의뢰받는다'의 초점이 최종 결과물에 맞춰져 있습니다. 그래서 계약을 하기 전에 서로가 기대하는 결과물을 정확하고 촘촘하게 서류로 기재합니다. 그 일에 참여하는 사람과 그 시간을 통제하기보다는 최종 결과물의 수준을 확보하려 합니다.

한동안 우리 사회는 그와 같은 갑질이 표출되지 않았습니다. 일부는 그와 같은 대우가 당연하다고 생각했고 또 일부는 불합리하다고 느껴왔지만 어쩔 수 없다고 포기해왔습니다. 그러나 2000년 후반부터 스마트폰 동영상 기술의 발달과 소셜 미디어와 유튜브의 발달로 모든 국민이 1인 매체의 세상이 되었습니다. 자기가 겪은 억울하고 불공정한 사건을 많은 사람에게 빠른 속도로 알릴 수 있는 세상이 열렸습니다. 앞서 언급한 굵직한 갑질 사건이 우리 사회에 회자하면서 우리 국민이 모두 점차 계몽됐습니다. 이제는 함부로 갑질을 했다가 사회적 지탄을 받아 조직 전체가 어려움을 겪을 수 있습니다.

조직문화가 지향해야 할 두 번째는 적자생존의 원칙입니다. 이는 곧 두 가지 지향점을 갖습니다. 하나는 그 조직의 미션과 목적입니다. 조직은 자연 발생적으로 우연히 생긴 개체가 아닙니다. 누군가 목적을 가지고 그리고 그에 공감한 사람들이 모여서 만든 의도적인 개체입니다. 모든 조직은 그들만의 미션과 목적이 있습니다. 우리 조직문화가 그 미션과 목적을 달성하는 데 효과적인지를 검토할 필요가 있습니다. 간호 조직을 잠시 생각해보시지요. 이들의 선언문을 보면 '우리는 간호의 질 향상을 위해 노력하고 모든 보건의료종사자의 고유한 역할을 존중하며 국민 건강을 위해 상호 협력한다.'라고 되어 있습니다. 이들의 미션이자 목적이 함축되어 있습니다. 그리고 이를 제대로 수행할 수 있는 조직문화가 뒷받침되어야 합니다. 하지만 최근 몇몇 간호 조직에서 '태움문화'가 문제로 주목을 받았습니다. 이는 사회 보편적 가치와 맞지도 않지만 간호 조직의 고유한 미션을 효과적으로 수행하는 데 심각한 걸림돌이 되는 문화현상입니다.

다른 하나는 환경 변화에 적응하는 문제입니다. 글로벌 기업 대비, 국내 경쟁사 대비, 무엇이 우수하고 열등하냐를 따지는 우열의 문제가 아닙니다. 정신 차리기 어려울 정도로 하루하루 빠르게 변화하는 환경이든, 아니면 오랜 기간에 걸쳐 점진적으로 변하는 환경에 처해 있든, 우리 조직문화가 그 변화에 얼마나 유연하게 적응할 수 있느냐의 문제입니다. 한때 핸드폰 시장에서 절대 강자였던 노키아Nokia를 생각해보겠습니다. 핀란드에서 1865년에 창립된 이 회사는 2000년 초 모토로라를 제치고 휴대전화 점유율 1위를 차지합니다. 노키아가 핀란드 전체 국민을 먹여 살린다는 말을 듣곤 했습니다. 그런데 휴대전화 산업에서 입지가 전혀 없었던 애플이 2007년 1월에 스마트폰을 출시합니다. 대중들은 스티브 잡스와 아이폰에 슬슬 열광하기 시작합니다. 그러나 노키아는 시장 변화를 제대로 감지하지 못합니다. 이들은 오랫동안 성공에 취해 있어서 그로 인한 부정적인 문화가 팽배해 있었습니다.

무엇보다 관료주의가 강했습니다. 일례로 스마트폰 운영체제를 만들던 개발자들이 오늘날에는 널리 사용되고 있는 스와이프를－손가락으로 화면을 위에서 아래로 쓸어내려 프로그램을 종료하는 기능－제안했지만, 관리자들은 즉각적으로 반응하길 그런 기능은 필요 없다고 개발하지 못하게 했습니다.[448] 더구나 내부에서는 두 개의 서로 다른 운영체제를 개발하고 있어 자원이 분산되었습니다. 그리고 각자 우세함을 내세우기 위한 불합리한 경쟁과 정치가 횡행했습니다. 아울러 노키아는 자원이 많았기에 어느 순간부터 하청에 의존해 일을 풀어나가려는 경향이 두드러졌습니다. 직접 기술을 개발하는 수고로움을 외주화하고 본사 직원들은 프로젝트만 관리하려 했던 것입니다. 하청 업체의 품질을 관리하지도, 계약이 제대로 이루어지는지 감독하지도 못했습니다. 이처럼 세계 최고의 기업이었던 노키아가 붕괴한 이유는 환경 변화에 적절하게 대응하기 어려운 문화가 암처럼 퍼져 있었기 때문입니다. 이들 사례로 미루어볼 때 네 번째 원칙을 다음과 같이 정리할 수 있습니다.

원칙 4. 사회 보편적 가치와 조화를 이루어야 한다. 적자생존으로 환경 변화에 유연하게 적용할 수 있어야 한다.

경영자와 리더는 무엇을 유의해야 할까?

혹자는 "조직문화를 바꿀 수 없다."라고 주장합니다. 인류학 초기에도 한때 그렇게 믿던 시절이 있었습니다. 일부 학자들은 종족의 DNA가 문화를 결정한다는 '문화결정론'을 주장했습니다. 어떤 종족은 우아하고 고급스러운 문화를 고도로 발전시켜 나갈 수 있었던 반면에 어떤 종족은 그들의 타고난 특성 때문에 선천적으로 질 낮은 원시 문화에 머무를 수밖에 없다고 여겼습니다. 이는 인종차별주의자들의 지배적인 사상과 맞닿아 있습니다. 우수한 종족은 우수한 문화를 만들어내고 열등한 종족은 열등한 문화를 만들어낸다고 말입니다.

그런데 문화연구에서 관점의 변화가 일어납니다. 문화현상은 인간이 배우고 학습한learned 산물이라는 주장입니다. 그 집단 구성원이 서로 어울려 만들어내고 후대에 전달하여 나타난 결과라고 말입니다. 이 관점은 문화연구에서 일대 변혁을 일으킵니다. 문화는 불변의 고정된 상수가 아니라 변하고 바뀔 수 있는 개념으로 여기게 된 것입니다. 우리나라 사회 문화도 변해오지 않았습니까? 유유히 흐르는 강물처럼 말입니다. 1990년대 상영되던 텔레비전 드라마와 최근 드라마 내용을 비교해보세요. 1990년대만 하더라도 우리나라 수천만 인구가 '이혼' '혼전임신'은 수치스러운 일로 여겼습니다. 하지만 요즘은 그리 생각하지 않습니다.

조직문화 역시도 학습의 결과입니다. 개인 수준의 일화에 불과하지만 다른 문화에 10여 년간 젖어 살다가 이직한 경력사원들을 보세요. 처음에는 문화적 충격을 겪다가 몇 개월이 지나면 점차 그 조직의 문화를 학습하고 익숙해져갑니다. 조직문화가 학습의 결과라는 점은 곧 조직문화가 변할 수 있다는 점을 의미합니다.

한때 잘 나가던 마이크로소프트는 2000년대 들어서 기를 펴지 못했습니다. 애플에 눌리고 페이스북에 시가총액 1위를 내주어야만 했습니다. 원인은 내부에 있었습니다. 마이크로소프트는 구성원들을 서로 치열하게 경쟁시켰습니다. 협업보다는 경쟁이 최고의 가치가 되었습니다. 그러자 일과 성과에 집중하기보다는 정치 게임에 더 몰두했습니다. 이러저러한 파벌이 나뉘었습니다. 마이크로소프트 내부 부서 간에 서로 총을 쏘는 모습의 만화가 그려질 만큼 서로 폐쇄적이고 적대적으로 변해버렸습니다. 그 결과 혁신은 뒷전이 되어버렸습니다.[449]

　점차 침몰해가는 회사를 두고 볼 수 없어 이사회는 CEO를 교체합니다. 2014년에 인도계 미국인인 사티아 나델라Satya Nadella가 조타수를 잡았습니다. 그는 오랫동안 마이크로소프트에서 근무해왔기에 그들 문화의 면면을 잘 알고 있었습니다. 특히 급변하는 IT 환경에서 적응하여 생존하기에는 기존 문화가 심각하게 부적절하다는 점을 느끼고 있었습니다. 그래서 그는 취임 첫날에 모든 구성원에게 "우리는 전통에 얽매이지 않고 혁신만을 존중합니다."라고 선언합니다. 그리고 임원들에게는 마셜 로젠버그가 쓴 책 『비폭력 대화nonviolent communication』를 읽도록 권합니다.[450] 그들 문화에 상당한 분노와 적개심이 내재하여 있었기 때문입니다. 본인의 감정을 다스리고 동료와 구성원에게 의식적으로나 무의식적으로나 상처를 주지 않게 말하는 방법을 배우게 했습니다. 그리고 대대적으로 소통과 협력을 강조했습니다. 특히 협력 측면에서는 그 자신이 몸소 본을 보였습니다. 전임 CEO들인 빌 게이츠나 스티브 발머는 리눅스와 애플과 같은 경쟁자에게 강력한 적개심을 표출하곤 했습니다. 어떻게 해서든 적을 짓밟고 무너뜨리려 했습니다. 협력이란 있을 수 없었지요. 반면 사티아 나델라는 개방적 협력을 지향했습니다. 리눅스 등과 협력해서 생태계를 만들고 넓히려는 노력을 기울였습니다. 경쟁자와도 포용적으로 협력하는데 조직 내부에서 서로 총질을 할 수는 없겠지요? 조직문화가 변해갑니다. 그 결과 최근 언론들은 마이크로소프트가 부활했다고 평하고 있습니다. 주가는 2.5배 증가했습니다.

마이크로소프트의 사례처럼 조직문화는 변합니다. 그런데도 '그인과관계가 복잡하게 얽혀서 조직문화를 어떻게 해볼 수 없다.' '내상사가 바뀌지 않는 한 내 힘으로는 바꿀 수 없다.'라고 생각하는 분들이 있습니다. 그분들의 답답한 심정을 충분히 이해합니다. 개인 리더십은 상사의 리더십을 넘어서기 어렵습니다. 우리나라 어느 최고경영자는 "전문경영인은 결국 오너의 리더십을 넘어서기 어렵다."라고 말했습니다.

그처럼 문화를 바꾸는 일이 구조적으로 어려울 수 있지만 그렇다고 포기하면서 손을 놓고 앉아만 있는 것은 너무 슬픕니다. 에드거 샤인이 지적한 바대로 '당신이 문화를 관리하지 않는다면 문화가 당신을 관리할 것이다. 그리고 당신은 이러한 사실을 깨닫지도 못할 것'이기 때문입니다.

언제 어느 시점에 조직문화에 주목해야 할까?

어떻게 문화를 바꿀 수 있을까요? 아니, 그 이전에 언제 어느 시점에 조직문화에 주목해야 할까요? 물론 조직문화는 항상 예의 주시할 필요가 있습니다. 집 안에 공기를 매일 환기해주듯이 말입니다. 농부가 농사철 매일 논에 나가듯이 말입니다. 하지만 명시적으로 매출과 주가가 내려가는 현상은 물론이고 다음과 같은 신호가 올 때는 특히 날카로운 눈으로 우리 조직을 볼 필요가 있습니다.

[고객 목소리가 조직에서 잘 들리지 않을 때]

조직문화 개선의 가장 중요한 지향점은 적자생존이라 했습니다. 이를 판단하는 가장 중요한 기준은 고객 목소리입니다. 혹자는 고객의 요구에만 매달리면 오히려 경쟁우위를 잃을 수도 있다고 합니다만, 고객의 목소리가 조직 내에서 사그라지는 현상은 더 무섭습니다.

A사는 시장에 안착하느라 사업 초기에는 어려움을 겪었지만 고객이 상당히 확보되자 안정적인 성장을 하게 되었습니다. 어려울 때는 똘똘 뭉쳤지만 어느 정도 성공하니 공동창업자 간에 파벌이 나뉘었습니다. 외부에 나가서는 자신의 공이 더 크다고 포장하기 바빴습니다. 내부에서는 자기 세력을 모으고 정치 싸움을 하느라 바빴습니다. 어느새 고객의 목소리는 그들 귀에 들리지 않았고 눈앞에 있는 내부 경쟁자를 무너뜨리는 일에만 집중하게 되었습니다.

[사회, 문화, 기술 등 환경 변화에 무감각해지기 시작할 때]

B사는 한때 우리나라 최고의 레스토랑 체인점이었습니다. 1992년에 한국의 모 기업이 제휴를 맺고 들여왔습니다. 외환위기를 벗어나면서 경기가 살아나자 패밀리 레스토랑 산업이 성장하기 시작했습니다. 그 열풍에 힘입어 B사가 거느린 체인점은 수십 개로 늘어납니다. 네티즌들은 맛있는 메뉴를 가장 저렴하게 먹을 수 있는 조합을 발굴해 경쟁적으로 공유하기도 했습니다. 그 정도로 유명했습니다.

B사는 초반에 고급스러운 콘셉트로 포지셔닝했습니다. 고급스러운 탁자와 식기를 사용했고 실내 디자인도 우아하게 치장했습니다.

그러던 B사는 시나브로 내부 효율화에만 집중합니다. 원래 B사를 국내에 들여온 모기업은 '마른 수건도 쥐어 짜내기'로 유명합니다. B사는 어느새 모기업의 성공 방식을 무의식적으로 모방하기 시작했던 것입니다. 이들의 눈에는 비용과 원가만 보입니다. 그러자 사회적으로 어떤 변화가 일어나고 있는지, 외식 문화가 어떻게 흘러가는지를 감지하지 못합니다. 결국은 도태되고 말았습니다.

['우리가 최고다'라는 생각이 팽배할 때]

여러 경영자가 "최고로 잘 나갈 때 그때를 조심하라."라고 말하곤 합니다. 앞서 노키아 사례를 생각해보시지요. 그들은 핸드폰 시장에서 전세계 1위를 하고 있었습니다. 그들의 모국인 핀란드 전체를 먹여 살린다는 자부심도 컸지요. 우리가 직접 땀 흘리지 않고 노력하지 않아도 잘 나간다 믿었습니다. 외부 업체에 기술개발을 소싱만 하더라도 성공한다고 생각했습니다. 결국 기술 중심의 기업이 그 본질을 잃은 셈입니다. '우리가 하면 무조건 된다.'라는 자만심이 강해질 때 헛발질이 빈번하게 늘어납니다.

[모두가 똑같은 말을 할 때]

모두가 똑같은 생각과 말을 한다면 '강한 문화'가 형성되어 있다는 증거이기도 하지만 때로는 강한 문화가 환경 적응에 걸림돌이 될 수도 있다는 점을 기억해야 합니다. 1부에서 살펴본 휴렛팩커드는 천편일률적으로 기업용 메인프레임 컴퓨터 시장이 대세고 개인용 컴퓨터 산업은 별 볼 일 없다고 믿었습니다. 그래서 스티브 워즈니악이 배척당했습니다. 월트디즈니에서는 작화 방식의 애니메이션이 최고의 경지라 생각했습니다. 그래서 컴퓨터 애니메이션에 미래가 있다고 주장한 존 래시터가 축출당했습니다. 마치 광신도 집단에서 살짝 다른 의견을 말한 사람을 배교자로 낙인찍듯이 말입니다.

우리나라 굴지의 기업 C사가 있습니다. C사 오너 회장을 지근거리에서 모시는 임원급 비서와 같이 식사를 할 일이 있었습니다. 그분이 회장을 모시고 해외에 나가던 비행기에서 자신도 모르게 불쑥 이런 질문을 드렸다고 합니다. "회장님은 리더십이 무엇이라고 생각하십니까?" 그러자 회장은 일말의 지체도 없이 곧바로 "리더십 정의가 많고 많지만, 저에게 리더십은 이것입니다. 바로 저의 의중과 생각을 제 주변 사람들이 모르게 하는 일입니다." 그 뜻이 이해되지 않아 "그게 무슨 의밉니까?"라고 묻습니다. 그러자 회장은 "제 생각이 항상 맞을 수는 없습니다. 틀릴 경우도 많습니다. 그런데 제 주변 사람들이 제 생각을 알아채고 모두가 그에 맞추기 시작한다면……. 우리는 살아남을 수 없습니다. 이 사람은 이런 생각을 하고 저 사람은 저런 생각을 할 수 있어야 합니다. 서로 다양한 생각을 하고 토론을 통해 중지를 모아야 지속 가능한 기업을 만들어나갈 수 있습니다."라고 말했다 합니다. 회장은 모두가 똑같은 생각과 똑같은 말을 하는 현상을 경계하고 있었습니다.

[우리가 어떤 조직이냐고 그 정체성에 회의가 시작될 때]

300여 명이 넘어선 스타트업 D사에서는 구성원 대상으로 설문을 했습니다. 우리 조직에 대해 느끼는 감정을 자유롭게 얘기해달라고 하였지요. 그러자 20여 명의 구성원들이 '우리가 스타트업인지, 대기업인지 잘 모르겠다.' '내가 스타트업에서 일하는 것 같으면서도 때로는 대기업에서 일하는 기분이 든다.'라는 뉘앙스의 글을 제출했다고 합니다. 이 회사는 조직문화 차원에서 중요한 변곡점에 이르렀음이 분명합니다.

경영자는 그 초기부터 이를 예민하게 감지하고 심각하게 받아들여야 합니다. D사의 경우, '신속함, 역동성'이 상징인 스타트업 문화가 분기하는 지점이기 때문입니다. '우리 회사가 변질되어 가는 것 같아요.'라는 신호탄이자 구성원들이 정체성에 혼란을 겪는 시기가 곧 닥치는 시점이기 때문이기도 합니다.

어떻게 리더로서 조직문화를 바꾸어나갈 수 있을까?

조직문화 형성과 변화에서 리더급의 역할이 가장 중요하다고들 말합니다. 사실 그럴 법도 합니다. 기본 가정을 이루는 가장 기본적인 원자들인 사람, 돈, 관계, 성공 등과 관련된 굵직한 의사결정을 주체적으로 내리는 위치에 있기 때문입니다. 이 책 전반에 걸쳐 강조드린 바와 같이 조직문화를 제대로 관조할 수 있어야만 무엇을 어떻게 개선할지가 눈에 보입니다. 무슨 무슨 변화 추진 방법론, 진단 모델에 눈을 돌리기 전에 '우리 조직문화 그 자체'를 봐주시기 바랍니다.

무엇보다 문화의 본질은 '기본 가정'에서 출발합니다. '표방하는 가치'와 '인공물'은 나무로 치면 줄기와 가지입니다. 기본 가정인 뿌리가 제대로 땅에 박혀 있지 않으면 나무가 크게 성장할 수 없습니다. 따라서 조직문화 변화는 리더 스스로 '기본 가정'을 점검하는 일에서 출발합니다. 앞에서 이미 충분히 다루었지만 다음과 같은 질문에 자문을 먼저 해보시길 권해드립니다.

- 나는 타인과 연결되어 있다고 생각하는가? 독립적이라 믿는가?
- 나와 타인은 같은가? 다른가?
- 우리 조직은 인간을 어떤 존재로 보는가?
- 우리 조직은 능력이 타고난다고 믿는가, 개발될 수 있다고 가정하는가?
- 우리 조직은 실제로 무엇을 위해 존재하는가?
- 우리 조직에서 '돈'은 무슨 의미인가?
- 우리 조직에 '성공'은 어떤 의미인가?
- 우리 조직이 성공하기 위한 핵심 원리는 무엇이라고 믿는가?
- 경쟁에서 승리 또는 패배한다는 것은 우리 조직에서 어떤 의미인가?
- 우리 조직에 고객은 누구이며 어떤 위치를 차지하는가?

리더로서 본인의 특성에 대한 성찰도 필요합니다. 대표적으로 다음 질문을 스스로 던져볼 수 있습니다.

- 나는 어떤 성격을 가지고 있는가?
- 내가 중시하는 가치관은 무엇인가?
- 내가 자라온 성장 배경은 어떠한가?
- 나는 누구를 롤모델 또는 반면교사로 삼고 있는가?

현장에서 고민하고 궁구하는 리더들을 위해 「성숙한 리더로 성장하기 위한 101가지 질문」을 브런치brunch 사이트에 정리해두었습니

다. 필요하신 분은 참조하실 수 있습니다.[*]

앞서 살펴본 대원칙 1~4번을 생각하면서 일관성을 추구해야 합니다. 문화현상에서 가장 왜곡이 크게 일어나는 지점이 바로 기본 가정 – 표방하는 가치 간에 괴리가 일어날 때입니다. 겉과 속이 다른 표리부동이 가장 심한 병폐를 일으킵니다. 조직과 경영진이 무슨 일을 하더라도 구성원은 냉소적으로 변해갑니다. 아무리 멋들어진 비전 선포식을 하더라도, 이러저러한 이벤트를 하더라도, 구성원 간에 유대감을 강화하는 교육을 하더라도 시베리아 영구동토층처럼 변화가 일어나지 않습니다.

문화를 바꾸는 가장 빠른 방법은 구성원들 모두가 함께 빈번하게 모여서 우리 조직이 가진 기본 가정을 계속해서 이야기하는 일입니다. 그 가정이 '인류 보편적 가치와의 조화 원칙' '적자생존의 원칙'에 부합하는지, 위배하는지 따져야 합니다. 폐기해야 할 기존 가정은 무엇이고 약화하거나 새로 창조할 가치는 무엇인지를 토론하고 공감대를 형성해야 합니다. 조직문화는 '학습된learned' 그리고 '공유된shared' 산물이기 때문입니다. 그리고 그 기본 가정에 따라 표방하는 가치 인공물의 변화를 추진해야 합니다.

상징론, 즉 인공물에 먼저 제약과 변형을 가해 구성원들에게 강력한 메시지를 빠르게 전한다는 관점으로 접근하더라도 그에 따라 '표방하는 가치' '기본 가정'과 같이 전방위에 걸쳐 변화를 유도해야 합니다.

---

[*] 성숙한 리더로 성장하기 위한 101가지 질문 (https://brunch.co.kr/@student/4)

나가며

　지금까지 긴 여행을 함께해주셔서 감사합니다. 각양각색의 사람들이 한곳에 모여 그들이 그려내는 그림, 그들이 함께 만드는 화음은 참 흥미롭습니다. 그 그림과 화음을 제 머리로는 정리할 수 없고 손으로 만져볼 수 없어서 괴로워하던 시절을 보낸 지 벌써 10여 년이 지났습니다. 여전히 갈 길이 멉니다.

　2012년에 썼던 초고를 지금 보면 무척이나 부끄럽습니다. 그토록 질 낮은 수준의 사유라니……. 한편으로는 그만큼 제 눈이 높아져 성장한 탓이겠지요. 앞으로 10년 뒤에 이 책을 보면 또 어떤 생각을 하게 될까요? 아마도 부끄러워 몸서리를 칠 듯합니다. 두렵습니다. 그런데도 부끄러운 원고를 세상에 냅니다. 조직문화를 호기심 어린 눈길로 바라보는 모든 분에게 한 가닥 도움이 될 수 있으면 좋겠습니다.

참고 문헌

1) Allaire, Y., & Firsirotu, M. E. (1984). Theories of organizational culture. Organization Studies, 5(3), 193-226.

2) 한국문화인류학회 (2007). 처음 만나는 문화인류학. 일조각.

3) Rousseau, D. M. (2005). Developing psychological contract theory. Great minds in management: The process of theory development, 190-214. New York: Oxford University

4) Hambrick, D. C. (2005). Upper echelons theory: Origins, twists and turns, and lessons learned. In K. G. Smith & M. A. Hitt (Eds.), Great minds in management: The process of theory development: 109-127. New York: Oxford University

5) Collier, R. B., & Collier, D. (2002). Shaping the political arena critical junctures, the labor movement, and regime dynamics in Latin America. University of Notre Dame Press.

6) Schein, E. H. (2009). The corporate culture survival guide. John Wiley & Sons.

7) Lombardo, M. M., & Eichinger, R. W. (1996). The career architect development planner. Lominger p. iv, 1st ed. Minneapolis.

8) Williams, L. J., & Anderson, S. E. (1991). Job satisfaction and organizational commitment as predictors of organizational citizenship and in-role behaviors. Journal of Management, 17(3), 601-617.

9) 이수상 (2014). 언어 네트워크 분석 방법을 활용한 학술논문의 내용분석. 정보관리학회지, 31(4), 49-68.

10) Geertz, C. (2008). Thick description: Toward an interpretive theory of culture. In The Cultural Geography Reader (pp. 41-51). Routledge.

11) Barney, J. B. (1986). Organizational culture: can it be a source of sustained competitive advantage? Academy of Management Review, 11(3), 656-665.

12) Ostroff, C., Kinicki, A. J., & Tamkins, M. M. (2003). Organizational culture and climate. Handbook of Psychology, 565-593.

13) Groysberg, B., Lee, J., Price, J., & Cheng, J. Y. (2018). The leader's guide to corporate culture. Harvard Business Review, 96(1), 44-52.

14) Gregory, K. L. (1983). Native-view paradigms: Multiple cultures and culture conflicts in organizations. Administrative Science Quarterly, 28(3), 359-376.

15) 브렌트 슐렌더, 릭 테트젤리 (2017). 비커밍 스티브 잡스. 안진환 역. 혜윰.

16) 리드 호프먼, 벤 카스노카, 크리스 예 (2017). 얼라이언스 4차 산업혁명 시대의 인재 관리법. 이주만 역. 한국경제신문사.

17) Sørensen, J. B. (2002). The strength of corporate culture and the reliability of

firm performance. Administrative Science Quarterly, 47(1), 70-91.

18) Denison, D. R. (1996). What is the difference between organizational culture and organizational climate? A native's point of view on a decade of paradigm wars. Academy of Management Review, 21(3), 619-654.

19) Culture (n.). (n.d.). Retrieved from https://www.etymonline.com/word/culture

20) Climate (n.). (n.d.). Retrieved from https://www.etymonline.com/word/climate#etymonline_v_13813

21) 소종섭 (2015). "[新 한국의 재벌] #20. 신격호와 동생 9명 재벌가와 문어발 혼맥." 시사저널. Retrieved from http://www.sisapress.com/journal/article/141068

22) 소종섭 (2015). "[新 한국의 재벌] #20. 신격호와 동생 9명 재벌가와 문어발 혼맥." 시사저널. Retrieved from http://www.sisapress.com/journal/article/141068

23) 유규하, 고윤희, 신성식 (1997). [커버스토리]IMF 무풍 3총사 기업 '롯데 · 태광산업 · 대성'. 중앙일보. Retrieved from https://news.joins.com/article/3572674

24) Schein, E. H. (2010). Organizational culture and leadership. John Wiley & Sons.

25) Schneider, B., White, S. S., & Paul, M. C. (1998). Linking service climate and customer perceptions of service quality: Tests of a causal model. Journal of Applied Psychology, 83(2), 150-163.

26) Schein, E. H. (2000). Sense and nonsense about culture and climate. In N. M. Ashkanasy, C. P. M. Wilderom, & M. F. Peterson (Eds.), Handbook of organizational culture & climate (pp. xxiii – xxx). Thousand Oaks, CA: Sage.

27) Schneider, B. (2000). The psychological life of organizations. In N. M. Ashkanasy, C. P. M. Wilderom, & M. F. Peterson (Eds.), Handbook of organizational culture & climate (pp. xvii – xxi). Thousand Oaks, CA: Sage.

28) Edgar Schein Biography. Tobias Leadership Center, Indiana University. Retrieved from https://tobiascenter.iu.edu/research/oral-history/audio-transcripts/schein-edgar.html

29) Schein, E. H. (2010). Organizational culture and leadership. John Wiley & Sons.

30) 라즐로 복 (2015). 구글의 아침은 자유가 시작된다. 구글 인사 책임자가 직접 공개하는 인재 등용의 비밀. 이경식 역. 알에이치코리아.

31) 노태호 (2017). 京畿地域 中世 鐵刀子와 粧刀의 特徵과 文化樣相 檢討. 한국학연구, 61, 111-148.

32) Schein, E. H. (2010). Organizational culture and leadership. John Wiley & Sons.

33) 강구귀 (2013). 남양유업, 강매주장 대리점주 고소…대리점주들 "맞고소 할 것". 이투데이. Retrieved from http://www.etoday.co.kr/news/section/newsview.p휴렛팩커드?idxno=699194

34) 박상숙 (2013). 남양유업, 닷새만에 대국민 사과했지만… 피해자협 "사과 아닌 쇼". 서울신문. Retrieved from http://www.seoul.co.kr/news/newsView.p휴렛팩커드?id=20130510008020

35) 설승은 (2013). 남양유업 영업직원 '떡값요구' 녹취록 공개 논란. 연합뉴스. Retrieved from https://news.naver.com/main/read.nhn?mode=LSD&mid=sec&sid1=101& oid=001&aid=0006246929

36) Verbeke, W., Volgering, M., & Hessels, M. (1998). Exploring the conceptual expansion within the field of organizational behaviour: Organizational climate and organizational culture. Journal of Management Studies, 35(3), 303-329.

37) Markus, H. R., & Kitayama, S. (1991). Implications for cognition, emotion, and motivation: culture and the self. Psychological Review, 98, 224-253.

38) 최윤희 (2013). 문화 간 커뮤니케이션. 커뮤니케이션북스.

39) Markus, H. R., & Kitayama, S. (1991). Implications for cognition, emotion, and motivation: culture and the self. Psychological Review, 98, 224-253.

40) Markus, H. R., & Kitayama, S. (1991). Implications for cognition, emotion, and motivation: culture and the self. Psychological Review, 98, 224-253.

41) Nisbett, R. (2004). The geography of thought: How Asians and Westerners think differently... and why. Simon and Schuster.

42) Triandis, H. C., & Gelfand, M. J. (1998). Converging measurement of horizontal and vertical individualism and collectivism. Journal of Personality and Social Psychology, 74(1), 118.

43) 레비-스트로스 (1996). 야생의 사고. 안정남 역. 한길사.

44) 레비-스트로스 (2005). 신화학. 1 날것과 익힌것. 임봉길 역. 한길그레이트북스.

45) 주휘정 (2012). 신규 대졸자의 직장적응 곤란 유형별 영향요인 분석. HRD 연구 (구 인력개발연구), 14(1), 73-93. / Allen, D. G. (2006). Do organizational socialization tactics influence newcomer embeddedness and turnover? Journal of Management, 32(2), 237-256.

46) Feldman, D. C., & Tompson, H. B. (1992). Entry shock, culture shock: Socializing the new breed of global managers. Human Resource Management, 31(4), 345-362.

47) 김호인, 최현우 (2007). 일본의 3대 기업가: 경영의 神, 기술의 天才, CEO 가 존경하는 리더. POSRI CEO REPORT, 2007년 5월 7일호, 포스코경영연구소.

48) Rothfeder, J. (2015). Driving Honda: Inside the World's Most Innovative Car Company. Portfolio Trade.

49) Buss, A. R. (1981). The trait-situation controversy and the concept of interaction. In The Psychology of Social Situations (pp. 227-234). Pergamon.

50) Buss, A. R. (1981). The trait-situation controversy and the concept of interaction. In The Psychology of Social Situations (pp. 227-234). Pergamon.

51) Mischel, W. (1973). Toward a cognitive social learning reconceptualization of personality. Psychological Review, 80(4), 252-283.

52) Diener, E., Larsen, R. J., & Emmons, R. A. (1984). Person × Situation interactions:

Choice of situations and congruence response models. Journal of Personality and Social Psychology, 47(3), 580-592.

53) Byrne, D. (1971). The attraction paradigm. New York: Academic Press.

54) Woolley, K., & Fishbach, A. (2017). A recipe for friendship: similar food consumption promotes trust and cooperation. Journal of Consumer Psychology, 27(1), 1-10.

55) Arvey, R. D., & Campion, J. E. (1982). The employment interview: A summary and review of recent research. Personnel Psychology, 35(2), 281-322.

56) Kanter, R. M. (2008). Men and women of the corporation: New edition. Basic books.

57) Martin, J., & Siehl, C. (1983). Organizational culture and counterculture: An uneasy symbiosis. Organizational Dynamics, 12(2), 52-64.

58) 봉현철 (2011). 성공하려면 액션러닝하라. 행성:B웨이브.

59) Nicholls, C., & Ellement, G. (1997). Ellen Moore (A): Living and working in Korea. Richard Ivey School of Business, The University of Western Ontario.

60) http://thesawon.blogspot.com/

61) Kocken, M. (2015). "나한테 회식이란 업무보다 더 스트레스를 받는 일이다." Retrieved from http://thesawon.blogspot.com/2015/04/blog-post.html

62) 박상우 (2016). "회식은 업무의 연장선? 직장인 회식하며 스트레스 받는다!". 잡코리아. Retrieved from https://m.jobkorea.co.kr/GoodJob/News/View?News_No=10638

63) 사람인 (2017). "직장인 10명 중 6명, 회식부담스럽다!". 사람인. Retrieved from http://www.saramin.co.kr/zf_user/help/live/view?idx=46796

64) 심완섭 (2017). 회식문화의 패러다임 변화와 새로운 실천방안을 위한 모델링 수립: 구조적 문제와 개선방향의 질적접근을 중심으로. 문화산업연구, 17(4), 25~32.

65) Chaillé-Long, C (1989). Corea, The Choson Land. Harpers Weekly, 1월 12일 판, 37~40.

66) 오세영 (2005). 현대 한국 식문화에 나타난 함께 나눔의 성격. 韓國食生活文化學會誌, 20(6), 683-687.

67) 이효지, 박영선 (2003). 일상식과 의례식에 담긴 식문화 교육. 비교민속학, 25, 385-420.

68) 레비-스트로스 (1996). 야생의 사고. 한길사.

69) 오세영 (2005). 현대 한국 식문화에 나타난 함께 나눔의 성격. 韓國食生活文化學會誌, 20(6), 683-687.

70) 신선영 (2013). 밥 한번 먹자. 문예운동, 2013. 3. 191-193.

71) 최수경, 최윤정, 안소영 (2009). "의좋은 형제" 그림책에 나타난 문화적 상징 읽기. 육아지원연구, 4(1), 69-94.

72) 심은정 (2005). 한일 전래동화 비교연구: 일본 소학교 국어교과서에 실린 한국전래동화를 중심으로. 동덕여자대학교 대학원 박사학위논문.

73) 이효지, 박영선 (2003). 일상식과 의례식에 담긴 식문화 교육. 비교민속학, 25, 385-420.

74) 조미숙 (2010). 법과 건강한 식생활. 동아시아식생활학회 학술발표대회논문집, 2015.5, 17-24.

75) 이효지, 박영선. (2003). 일상식과 의례식에 담긴 식문화 교육. 비교민속학, 25, 385-420.

76) Ayres, L. (2008). Semi-structured interview. The SAGE Encyclopedia of Qualitative Research Methods, 811-813.

77) Schwartz, N. L. (1979). Distinction between Public and Private Life Marx on the zōon politikon. Political Theory, 7(2), 245-266.

78) Van Gennep, A. (2013). The rites of passage. Routledge.

79) 클리퍼드 기어츠 (2009). 문화의 해석. 문옥표 역. 까치.

80) Trice, H. M., & Beyer, J. M. (1984). Studying organizational cultures through rites and ceremonials. Academy of Management Review, 9(4), 653-669.

81) Hodgkinson, G. P., Langan-Fox, J., & Sadler-Smith, E. (2008). Intuition: A fundamental bridging construct in the behavioural sciences. British Journal of Psychology, 99(1), 1-27.

82) Hardin, C. D., & Higgins, E. T. (1996). Shared reality: How social verification makes the subjective objective. In R. M. Sorrentino & E. T. Higgins (Eds.), Handbook of motivation and cognition (pp. 28 – 84). New York: Guilford Press.

83) Echterhoff, G., Higgins, E. T., & Levine, J. M. (2009). Shared reality: Experiencing commonality with others' inner states about the world. Perspectives on Psychological Science, 4(5), 496-521.

84) Weick, K. E. (1995). Sensemaking in organizations. Thousand Oaks, CA: Sage.

85) Weick, K. E. (1993). The collapse of sensemaking in organizations: The Mann Gulch disaster. Administrative Science Quarterly, 38(4), 628-652.

86) Lee, C. Y., & Lee, J. Y. (2014). South Korean corporate culture and its lessons for building corporate culture in China. The Journal of International Management Studies, 9(2), 33-42.

87) Won, E. S. (1989). Organizational Structure, Information Sharing, and Personnel Recruitment: Centralized or Decentralized?. Pacific Focus, 4(2), 181-199.

88) https://en.wikipedia.org/wiki/Geert_Hofstede

89) Hofstede, G. (1983). The cultural relativity of organizational practices and theories. Journal of International Business Studies, 14(2), 75-89.

90) Hofstede, G. H., Hofstede, G. J., & Minkov, M. (2010). Cultures and organizations: Software of the mind. Maidenhead: McGraw-Hill.

91) 이종건 (2010). 최고경영자의 윤리실천이 윤리풍토 및 조직성과에 미치는 영향. 윤리교육연구, 23, 287-303.

92) 조영호, 김관영, 김태진 (2007). 한국대기업 기업문화의 10년간 변화. 한국경영학회 통합 학술발표논문집, 1-32.

93) Kahn, W. A. (1990). Psychological conditions of personal engagement and disengagement at work. Academy of Management Journal, 33(4), 692-724.

94) Edmondson, A. (1999). Psychological safety and learning behavior in work teams. Administrative Science Quarterly, 44(2), 350-383.

95) Walumbwa, F. O., & Schaubroeck, J. (2009). Leader personality traits and employee voice behavior: mediating roles of ethical leadership and work group psychological safety. Journal of Applied Psychology, 94(5), 1275-1286.

96) Edmondson, A. (1999). Psychological safety and learning behavior in work teams. Administrative Science Quarterly, 44(2), 350-383.

97) Garvin, D. A., Edmondson, A. C., & Gino, F. (2008). Is yours a learning organization?. Harvard Business Review, 86(3), 109.

98) 이혜림, 최규상 (2017). 반 강제적 회식이 직무만족과 이직의도에 미치는 영향: 개인-조직 적합성의 조절효과. 경영컨설팅연구, 17(3), 47-56.

99) 심우섭 (2018). "주 52시간 시대 바뀐 풍경…회식은 줄고, 나만의 저녁". SBS. Retrieved from https://news.sbs.co.kr/news/endPage.do?news_id=N1004845390

100) 인성경 (2006). 회원 투고 2: 건전한 음주문화와 주도 (酒道). 군사논단, 45, 194-205.

101) 박종권 (2016). "막걸리의 추억". LIQUOR. Retrieved from http://www.liquorjournal.com/post/2913

102) 인성경 (2006). 회원 투고 2: 건전한 음주문화와 주도 (酒道). 군사논단, 45, 194-205.

103) 손은영 (2003). "[출향인을 만나다] 저서 '술 보약인가 독약인가' 발간한 인 성 경 예비역 장군". 당진시대. Retrieved from http://www.djtimes.co.kr/news/articleView.html?idxno=18836

104) 최진호 (1999). 우리나라 식문화의 변천과 향후 대책. 한국작물학회 학술발표대회 논문집, 25-79.

105) 윤내현 (1994). 고조선연구. 일지사.

106) 임재해 등 (2007). 고대에도 한류가 있었다. 지식산업사.

107) 신채호 (2014). 조선상고사: 국사 교과서가 가르쳐주지 않는 우리 역사. 역사의 아침. 김종성 역.

108) 위안텅페이 (2015). 테무친 그리고 칭기즈 칸. 강은혜 역. 재승출판.

109) 서혜경, 이효지, 윤덕인 (2000). 몽골의 음식문화. 비교민속학, 19, 249-270.

110) 금장태 (1996). "향음주례(鄕飮酒禮)". 한국민족문화대백과사전. 한국학중앙연구원.

111) 서돈영 (1986). 한국(韓國)의 음주예법(飮酒禮法)에 관한 고찰(考察). 韓國食生活文化學會誌, 1(2), 171-176.

112) 최성종 (2017). "향음주례(鄕飮酒禮)의 연례홀기(燕禮笏記)". 우리문화계승선양회. Retrieved from http://www.msr.or.kr/gboard/bbs/board.p휴렛팩커드?bo_

table=confucian&wr_id=3&page=2

113) 서돈영 (1986). 한국(韓國)의 음주예법(飮酒禮法)에 관한 고찰(考察). 韓國食生活文化學會誌, 1(2), 171-176.

114) http://www.beer2day.com/769; http://blog.daum.net/cnd1588/13479529

115) Graeber, D. (2001). 가치 이론에 대한 인류학적 접근. 서정은 역. 그린비.

116) 주사우디아라비아대사관 (2018). "이슬람 상식 및 예절". Retrieved from http://overseas.mofa.go.kr/sa-ko/brd/m_11060/view.do?seq=622082

117) 김동운. (2014). [해외통신: 말레이시아의 할랄] 신이 허락한 음식. 월간 샘터, 98-99.

118) Holder, M. K. (1997). "Why are more people right-handed?" Scientific American. Retrieved from https://www.scientificamerican.com/article/why-are-more-people-right/

119) Brandler, W. M., Morris, A. P., Evans, D. M., Scerri, T. S., Kemp, J. P., Timpson, N. J., ... & Monaco, A. P. (2013). Common variants in left/right asymmetry genes and pathways are associated with relative hand skill. PLoS genetics, 9(9), e1003751.

120) 딜고켄체린포체 (2012). 마음닦기(일곱가지 핵심비결). 체링 최잘 역. 여래.

121) Gately, Iain (2009). Drink: A Cultural History of Alcohol. New York: Gotham Books.

122) McGovern, P. E., Zhang, J., Tang, J., Zhang, Z., Hall, G. R., Moreau, R. A., ... & Cheng, G. (2004). Fermented beverages of pre-and proto-historic China. Proceedings of the National Academy of Sciences, 101(51), 17593-17598.

123) 이현희 (1966). 유화부인 (柳花夫人)의 비련 (悲戀). 새가정, 106-110.

124) EBS 〈역사채널 e〉 (2016). 역사 e. 5 세상을 깨우는 시대의 기록. 북하우스.

125) L'Illustration (1867). EXPEDITION DE COREE. Retrieved from https://babel.hathitrust.org/cgi/pt?id=mdp.39015069785247;view=1up;seq=72

126) Chaillé-Long, C (1989). Corea, The Choson Land. Harpers Weekly, 1월 12일 판, 37~40.

127) 인권환 (2012). 조지훈, 민주주의를 사랑하고 민족문화를 노래한 시인. 한국사 시민강좌, 50, 344-359.

128) 서익환 (2013). 조지훈 시인의 시와 인생. 문예운동, 45-59.

129) 조효남 (1985). 술에 관한 常識 (6 · 완). 대한토목학회지, 33(3), 71-76.

130) Hwang, W. S., Ryu, Y. J., Park, J. H., Park, E. S., Lee, E. G., Koo, J. M., ... & Ahn, C. (2004). Evidence of a pluripotent human embryonic stem cell line derived from a cloned blastocyst. Science, 303(5664), 1669-1674.

131) 조성관 (2005). "손재주는 국력"…초대 '젓가락 왕' 납시오~". 주간조선. Retrieved from http://weekly1.chosun.com/site/data/html_dir/2005/04/20/2005042077024.html

132) 이유주 (2003). 한. 중. 일 식공간에서의 취식문화 (取食文化) 비교. 韓國食生活文化學會

誌, 18(3), 279-291.

133) Wade, L. (2018). Feeding the gods. Science (New York, NY), 360(6395), 1288-1292.

134) Denison, D. R. (1996). What is the difference between organizational culture and organizational climate? A native's point of view on a decade of paradigm wars. Academy of Management Review, 21(3), 619-654.

135) Tax, S., & Mednick, L. (1960). 'Primitive'peoples. Current Anthropology, 1(5-6), 441-445.

136) Hsu, F. L. (1964). Rethinking the Concept "Primitive". Current Anthropology, 5(3), 169-178.

137) 이언 모리스 (2016). 가치관의 탄생. 이재경 역. 반니.

138) 이언 모리스 (2016). 가치관의 탄생. 이재경 역. 반니.

139) Ostroff, C., Kinicki, A. J., & Muhammad, R. S. (2012). Organizational culture and climate. Handbook of Psychology, 643-676.

140) González-Romá, V., Peiró, J. M., & Tordera, N. (2002). An examination of the antecedents and moderator influences of climate strength. Journal of Applied Psychology, 87(3), 465-473.

141) Malinowski, B. (2013). Argonauts of the Western Pacific: An Account of Native Enterprise and Adventure in the Archipelagoes of Melanesian New Guinea [1922/1994]. Routledge.

142) 홍수민 (2019). 매출 달성 실패하자 직원들 기어다니게 한 '갑질 기업. 중앙일보. Retrieved from https://news.joins.com/article/23298011

143) 에드거 샤인 (2006). 기업문화 혁신전략. AT커니 코리아 역. 일빛.

144) Louis, M. R. (1980). Surprise and sense making: What newcomers experience in entering unfamiliar organizational settings. Administrative Science Quarterly, 25(2), 226-251.

145) 金東勳 (1991). 地方自治 7 個月間의 評價. 한국지방자치학회보, 3(2), 131-160.

146) 황창연 (2003). 행정조직에서 조직문화 및 하위문화의 비교. 한국행정학보, 37(1), 37-58.

147) 조성한 (2005). 수사적 행정개혁과 문화적 갈등. 한국사회와 행정연구, 15(4), 23-47.

148) 정용균 (2007). 수출마케팅 협상과 국가문화의 연관성에 관한 연구. 국제지역연구, 11(1), 253-290.

149) 권인석 (2004). 신공공관리론의 논리, 한계, 그리고 극복. 한국공공관리학보, 18(2), 31-46.

150) 삼성경제연구소 (2000). 직급파괴 현황과 개선방안.

151) 신윤동욱 (2000). 호칭이 파괴된다. 한겨레21. Retrieved from http://legacy.h21.hani.co.kr/h21/data/L000403/1pbt4301.html

152) 신윤동욱 (2000). 호칭이 파괴된다. 한겨레21. Retrieved from http://legacy.h21. hani.co.kr/h21/data/L000403/1pbt4301.html

153) 조득진 (2007). IMF 10년 사라진 기업, 사라진 직원. 주간경향. Retrieved from http:// weekly.khan.co.kr/khnm.html?mode=view&code=115&artid=16174

154) 이명재, 이웅재 (1997). 나는 일하고 싶다. 동아일보 1997년 9월 12일 판, 7페이지

155) 통계청. 취업자 수/실업률 추이. 「경제활동인구조사」

156) 삼성경제연구소 (2000). 직급파괴 현황과 개선방안.

157) 최상진, 김의철, 홍성윤, 박영숙, 유승엽 (2000). 권위에 관한 한국인의 의식체계 - 권위, 권위주의와 체면의 구조에 대한 토착심리학적 접근. 한국심리학회지: 문화 및 사회문제, 6(10), 69-84.

158) 김연석 (2000). IMF체제 여파로 중년 장기실업자 증가. MBC 뉴스데스크. Retrieved from http://imnews.imbc.com/20dbnews/history/2000/1868356_19530.html

159) 정구학. (2000). 대기업 '직급파괴' 바람 거세다. 매일노동뉴스. Retrieved http:// labortoday.co.kr/news/articleView.html?idxno=2425

160) 신동아 (2002). 나는 한국의 '작은 독재자'로 만족한다. 신동아. Retrieved from http:// shindonga.donga.com/Library/3/07/13/101731/2

161) 박세희 (2018). 이승우의 "나와 나와"로 생각해보는 히딩크 감독의 "축구장 존대 금지". Huffpost. Retrieved from https://www.huffingtonpost.kr/entry/story_kr_5b8c8741e4b0cf7b003770f4

162) 김명미 (2016). 이천수 "월드컵 당시 선배들에 반말…명보 선홍이라 불러"(올드스쿨). 뉴스엔. Retrieved from http://www.newsen.com/news_view.p휴렛팩커드?uid=201604041730240310

163) 이현상, 권혁주, 김승현, 조영호, 김관영 (2007). 지식 창조 시대 … 4대 그룹 기업문화는. 중앙일보. Retrieved from https://news.joins.com/article/2560257

164) 조영호, 김관영, 김태진 (2007). 한국대기업 기업문화의 10년간 변화. 한국경영학회 통합학술발표논문집, 1-32.

165) 이현상, 권혁주, 김승현, 조영호, 김관영 (2007). 지식 창조 시대 … 4대 그룹 기업문화는. 중앙일보. Retrieved from https://news.joins.com/article/2560257

166) 이현상, 권혁주, 김승현, 조영호, 김관영 (2007). 지식 창조 시대 … 4대 그룹 기업문화는. 중앙일보. Retrieved from https://news.joins.com/article/2560257

167) 이현상. (2007). [취재일기] 기업문화의 핵은 '사람'. 중앙일보. Retrieved from https://news.joins.com/article/2566968

168) 이본영 (2007). 미국발 금융위기 '나비효과' 일으키나. 한겨레. Retrieved from http:// www.hankookilbo.com/News/Read/200903262358710033

169) 전정권 (2003). 지식창조 Community 활성화 사례. 삼성전자 구미사업장 내부 강의안 자료.

170) 조범상, 김현기 (2009). 기업의 위기 대응 인사 관리 실태 조사. LGERI리포트.

171) 정지은 (2009). 창조경영과 유연근무제. SERI 경영 노트, 제25호. 삼성경제연구소.

172) 박지원 (2009). 자율적인 기업문화 만들기. LGERI리포트.

173) Schein, E. H. (2004). Organizational Culture and Leadership (Jossey-Bass Business & Management Series). Jossey Bass Incorporated.

174) Schein, E. H. (2004). Organizational Culture and Leadership (Jossey-Bass Business & Management Series). Jossey Bass Incorporated.

175) 이문열 (2006). 우리들의 일그러진 영웅 (1987년도 제11회 이상문학상작품집) 3판, 문학 사상사.

176) 함승민 (2017). [기업 '호칭파괴'의 허와 실] "홍길동님, 까라면 까세요". 중앙시사매거 진. Retrieved from https://jmagazine.joins.com/economist/view/315579

177) 장수덕, 최석봉 (2013). 중소기업 중간관리자들의 조직내 기업가정신 인식과 혁신적 업 무행동 간의 관계. 인적자원관리연구, 20(2), 27-54.

178) 구기욱 (2017). 수평적 조직문화의 숨은 두려움. Retrieved from https://brunch. co.kr/@giewookkoo/12

179) 범기수, 김은정, 백세진. (2011). 소집단 커뮤니케이션이 구성원의 집단 응집력, 집단 만 족도, 노력회피성향에 미치는 영향. 한국광고홍보학보, 13(2), 134-170.

180) 전민성 (2018). 수직적'에서 '수평적' 조직문화로, 달라지는 기업문화. 소비라이프뉴스. Retrieved from http://www.sobilife.com/news/articleView.html?idxno=16351

181) Fleming, P., & Sturdy, A. (2009). "Just be yourself!" Towards neo-normative control in organisations?. Employee Relations, 31(6), 569-583.

182) Collinson, D. L. (2002). Managing humour. Journal of Management Studies, 39(3), 269-288.

183) 이연재, 채명신 (2008). 펀 (fun) 경영과 펀 리더십 행동이 직무스트레스와 직무태도에 미치는 영향에 관한 실증연구. 대한경영학회지, 21(3), 1029-1058.

184) Ford, R. C., McLaughlin, F. S., & Newstrom, J. W. (2003). Questions and answers about fun at work. Human Resource Planning, 26(4), 18-34.

185) Emerson, R. M. (1976). Social exchange theory. Annual Review of Sociology, 2(1), 335-3

186) Ashforth, B. E., & Mael, F. (1989). Social identity theory and the organization. Academy of Management Review, 14(1), 20-39.

187) Huselid, M. A. (1995). The impact of human resource management practices on turnover, productivity, and corporate financial performance. Academy of Management Journal, 38(3), 635-672.

188) Fleming, P. (2005). Workers' playtime? Boundaries and cynicism in a "culture of fun" program. The Journal of Applied Behavioral Science, 41(3), 285-303.

189) Plester, B. (2009). Crossing the line: Boundaries of workplace humour and fun. Employee Relations, 31(6), 584-599. / Fleming, P. (2005). Workers' playtime? Boundaries and cynicism in a "culture of fun" program. The Journal of Applied

Behavioral Science, 41(3), 285-303.

190) 김병욱 (2008). "강한 조직문화가 진정한 성장을 이룰 수 있게 하는 동력". 이투뉴스. Retrieved from http://www.e2news.com/news/articleView.html?idxno=20685

191) 박정철. (2008). 구자균 LS산전 사장 "강한 기업문화가 진정한 성장동력". 매일경제. Retrieved from http://news.mk.co.kr/newsRead.p휴렛팩커드?year=2008&no=170607

192) Saffold III, G. S. (1988). Culture traits, strength, and organizational performance: Moving beyond "strong" culture. Academy of Management Review, 13(4), 546-558.

193) Cooke, R. A., & Rousseau, D. M. (1988). Behavioral norms and expectations: A quantitative approach to the assessment of organizational culture. Group & Organization Studies, 13(3), 245-273.

194) Cooke, R. A., & Rousseau, D. M. (1988). Behavioral norms and expectations: A quantitative approach to the assessment of organizational culture. Group & Organization Studies, 13(3), 245-273.

195) Cooke, R. A., & Rousseau, D. M. (1988). Behavioral norms and expectations: A quantitative approach to the assessment of organizational culture. Group & Organization Studies, 13(3), 245-273.

196) Saffold III, G. S. (1988). Culture traits, strength, and organizational performance: Moving beyond "strong" culture. Academy of Management Review, 13(4), 546-558.

197) 김지현, 김용석 (2013). '한지붕 4세대'… 몸살난 대기업. 동아일보. Retrieved from http://news.donga.com/3/all/20130715/56448832/1

198) Saffold III, G. S. (1988). Culture traits, strength, and organizational performance: Moving beyond "strong" culture. Academy of Management Review, 13(4), 546-558.

199) Dennison, D. (1984) Bringing corporate culture to the bottom line. Organizational Dynamics, 13(2), 5-22.

200) Pascale, R. T., & Athos, A. G. (1981). The art of Japanese management: applications for American business. New York: Simon and Schuster.

201) Ouchi, W. G. (1981). Theory Z: How American Business Can Meet the Japanese Challenge. Avon Books.

202) Wilkins, A. L., & Ouchi, W. G. (1983). Efficient cultures: Exploring the relationship between culture and organizational performance. Administrative Science Quarterly, 28(3), 468-481.

203) Sørensen, J. B. (2002). The strength of corporate culture and the reliability of firm performance. Administrative Science Quarterly, 47(1), 70-91.

204) Sørensen, J. B. (2002). The strength of corporate culture and the reliability of

firm performance. Administrative Science Quarterly, 47(1), 70-91.

205) 최영경. (2015). 자진해 야근하는 한국인에게 프랑스인 동료가 남긴 말. 국민일보. Retrieved from http://news.kmib.co.kr/article/view.asp?arcid=0010184783

206) Weick, KE (1985). The Significance of Corporate Culture. In Organizational Culture, Frost, Moore, Louis, Lundberg and Martin, eds. Beverly Hills, CA: Sage Publications

207) S ø rensen, J. B. (2002). The strength of corporate culture and the reliability of firm performance. Administrative Science Quarterly, 47(1), 70-91.

208) Loria, K. (2015). Everything that's wrong with psychology studies in 2 simple charts. Retrieved from https://www.businessinsider.com/psychology-study-replication-finds-series-problems-2015-8

209) 김병욱 (2008). "강한 조직문화가 진정한 성장을 이룰 수 있게 하는 동력". 이투뉴스. Retrieved from http://www.e2news.com/news/articleView.html?idxno=20685

210) 박정철 (2008). 구자균 LS산전 사장 "강한 기업문화가 진정한 성장동력". 매일경제. Retrieved from http://news.mk.co.kr/newsRead.p휴렛팩커드?year=2008&no=170607

211) 이춘우 (2014). 한국기업의 조직문화. 인사조직연구, 22, 39-93.

212) 장영임. (2013). 가부장적 리더십 연구의 현황과 과제. 리더십연구, 4, 111-134. / Cheng, B.-S., Chou, L.-F., & Farh, J.-L. (2000). A triad model of patemalistic leadership: Constmcts and measurement. Indigenous Psychological Research in Chinese Societies, 14, 3-64.

213) Pellegrini, E. K., & Scandura, T. A. (2008). Paternalistic leadership: A review and agenda for future research. Journal of Management, 34(3), 566-593.

214) 이태영, 이광현 (2001). 필코전자 "불신(不信)에서 혁신(革新)으로". Korea Business Review, 4(2), 25-48.

215) 이규형, 이영면 (2015). 무경계 경력태도가 직장이동에 미치는 영향-한국기업과 외국계 기업의 비교를 중심으로. 인적자원관리연구, 22(4), 255-276.

216) 조영호, 조윤형, 안지혜 (2002). 조직구성원의 개인주의-집합주의 성향과 심리적 계약에 관한 연구. 한국심리학회지: 산업 및 조직, 15(3), 89-111.

217) 박기찬, 최병우 (2001). Empowerment 의 개념 재정립및 구조조정기 하에서의 도입방안. 노사관계연구, 12권, 101-133.

218) 조영호, 조윤형, 안지혜 (2002). 조직구성원의 개인주의-집합주의 성향과 심리적 계약에 관한 연구. 한국심리학회지: 산업 및 조직, 15(3), 89-111. / 이덕로 (2004). 노동유연성과 고용안정. 연세경영연구, 연세대학교 경영연구소, 41(1), 255-283.

219) 조영호, 김관영, 김태진 (2007). 한국대기업 기업문화의 10년간 변화. 한국경영학회 통합학술발표논문집, 1-32.

220) 이덕로 (2004). 노동유연성과 고용안정. 연세경영연구, 연세대학교 경영연구소, 41(1), 255-283.

221) Mowday, R. T., Steers, R. M., & Porter, L. W. (1979). The measurement of organizational commitment. Journal of Vocational Behavior, 14(2), 224-247.

222) Meyer, J. P., Allen, N. J., & Smith, C. A. (1993). Commitment to organizations and occupations: Extension and test of a three-component conceptualization. Journal of Applied Psychology, 78(4), 538-551.

223) Van Knippenberg, D., & Sleebos, E. (2006). Organizational identification versus organizational commitment: self-definition, social exchange, and job attitudes. Journal of Organizational Behavior: The International Journal of Industrial, Occupational and Organizational Psychology and Behavior, 27(5), 571-584.

224) Meyer, J. P., Allen, N. J., & Smith, C. A. (1993). Commitment to organizations and occupations: Extension and test of a three-component conceptualization. Journal of Applied Psychology, 78(4), 538-551.

225) Van Knippenberg, D., & Sleebos, E. (2006). Organizational identification versus organizational commitment: self-definition, social exchange, and job attitudes. Journal of Organizational Behavior: The International Journal of Industrial, Occupational and Organizational Psychology and Behavior, 27(5), 571-584. / Riketta, M. (2005). Organizational identification: A meta-analysis. Journal of Vocational Behavior, 66(2), 358-384.

226) Gautam, T., Van Dick, R., & Wagner, U. (2004). Organizational identification and organizational commitment: Distinct aspects of two related concepts. Asian Journal of Social Psychology, 7(3), 301-315.

227) Van Knippenberg, D., & Sleebos, E. (2006). Organizational identification versus organizational commitment: self-definition, social exchange, and job attitudes. Journal of Organizational Behavior: The International Journal of Industrial, Occupational and Organizational Psychology and Behavior, 27(5), 571-584. / Riketta, M. (2005). Organizational identification: A meta-analysis. Journal of Vocational Behavior, 66(2), 358-384.

228) Van Knippenberg, D., & Sleebos, E. (2006). Organizational identification versus organizational commitment: self-definition, social exchange, and job attitudes. Journal of Organizational Behavior: The International Journal of Industrial, Occupational and Organizational Psychology and Behavior, 27(5), 571-584.

229) Shore, L. M., & Tetrick, L. E. (1991). A construct validity study of the survey of perceived organizational support. Journal of Applied Psychology, 76(5), 637-643.

230) 차형석. (2013). 시간은 아팠던 기억도 무디게 만든다. 황해문화, 81, 437-446.

231) Pierce, J. L., Kostova, T., & Dirks, K. T. (2001). Toward a theory of psychological ownership in organizations. Academy of Management Review, 26(2), 298-310.

232) O'Reilly, C. (2002). The wrong kind of 'ownership'. Across the board, 39(5), 19-20.

233) Van Dyne, L., & Pierce, J. L. (2004). Psychological ownership and feelings of possession: Three field studies predicting employee attitudes and organizational citizenship behavior. Journal of Organizational Behavior: The International Journal of Industrial, Occupational and Organizational Psychology and Behavior, 25(4), 439-459.

234) Pierce, J. L., Kostova, T., & Dirks, K. T. (2001). Toward a theory of psychological ownership in organizations. Academy of Management Review, 26(2), 298-310. / Avey, J. B., Avolio, B. J., Crossley, C. D., & Luthans, F. (2009). Psychological ownership: Theoretical extensions, measurement and relation to work outcomes. Journal of Organizational Behavior: The International Journal of Industrial, Occupational and Organizational Psychology and Behavior, 30(2), 173-191.

235) Van Dyne, L., & Pierce, J. L. (2004). Psychological ownership and feelings of possession: Three field studies predicting employee attitudes and organizational citizenship behavior. Journal of Organizational Behavior: The International Journal of Industrial, Occupational and Organizational Psychology and Behavior, 25(4), 439-459.

236) Pierce, J. L., Kostova, T., & Dirks, K. T. (2001). Toward a theory of psychological ownership in organizations. Academy of Management Review, 26(2), 298-310.

237) Pierce, J. L., Kostova, T., & Dirks, K. T. (2001). Toward a theory of psychological ownership in organizations. Academy of Management Review, 26(2), 298-310.

238) Amiot, C. E., Terry, D. J., & Callan, V. J. (2007). Status, equity and social identification during an intergroup merger: A longitudinal study. British Journal of Social Psychology, 46, 557 – 577.

239) Vasilaki, A., Tarba, S., Ahammad, M. F., & Glaister, A. J. (2016). The moderating role of transformational leadership on HR practices in M&A integration. The International Journal of Human Resource Management, 27(20), 2488-2504.

240) 강동철 (2015). "스타트업처럼"… 혁신 DNA 이식받는 대기업. 조선일보. Retrieved from http://biz.chosun.com/site/data/html_dir/2015/11/22/2015112202295. html

241) 박원익(2018). 스타트업 삼성!… 창의 문화 확산·개방형 혁신올인. 조선일보. Retrieved from http://biz.chosun.com/site/data/html_dir/2018/12/19/2018121902444.html

242) 강동철 (2015). "스타트업처럼"… 혁신 DNA 이식받는 대기업. 조선일보. Retrieved from http://biz.chosun.com/site/data/html_dir/2015/11/22/2015112202295. html

243) 스티브 블랭크, 밥 도프 (2014). 기업 창업가 매뉴얼 창업가를 위한 린 스타트업과 신규 비즈니스 성공 전략. 김일영, 박찬, 김태형 역. 에이콘 출판

244) 에릭 리스 (2012). 린 스타트업 지속적 혁신을 실현하는 창업의 과학. 이창수, 송우일

역. 인사이트

245) 임정욱 (2018). 미디어 스타트업 어디까지 왔나. 관훈저널, 60(3), 130-138.

246) 전국경제인연합회 (2015). 우리나라 기업생태계 – 대기업 중소기업 비중 분석. 통권 제 214호.

247) 벤처확인 공시시스템. (2018). 벤처통계시스템, 총괄현황. Retrieved from https:// www.venturein.or.kr/venturein/data/C61100.do

248) 구은서 (2018). [BIZ Success Story] "대기업, 스타트업처럼 조직문화 바꾸고… 직원 역량 길러줘야". 한국경제. Retrieved from http://news.hankyung.com/ article/2018050340991

249) 여헌우 (2016). "대기업에 유행처럼 번지는 '스타트업 문화' 득인가 실인가". COMPANY. Retrieved from http://www.econovill.com/news/articleView. html?idxno=300586

250) 이길주 (2018). 대기업이 스타트업을 키우는 이유. 키뉴스. Retrieved from http:// www.kinews.net/news/articleView.html?idxno=200051

251) 원다라. (2018). 삼성전자, '배민'·'야놀자'에서 배운다...스타트업 조직문화 워 크숍 진행. 아시아경제. Retrieved from http://www.asiae.co.kr/news/view. htm?idxno=2018110511302658622

252) Gregory, K. L. (1983). Native-view paradigms: Multiple cultures and culture conflicts in organizations. Administrative Science Quarterly, 28(3), 359-376.

253) Malinowski, B. (2013). Argonauts of the Western Pacific: An Account of Native Enterprise and Adventure in the Archipelagoes of Melanesian New Guinea [1922/1994]. Routledge.

254) 미셸 퓌에슈 (2013). 나는 오늘도. 2: 설명하다. 심영아 역. 이봄.

255) Ayres, L. (2008). Semi-structured interview. The SAGE Encyclopedia of Qualitative Research Methods, 811-813.

256) 그랜트 맥크래켄 (2011). 최고문화경영자 CCO 기업의 운명을 결정짓는 문화에 말을 거는 방법. 유영만 역. 김영사.

257) Allaire, Y., & Firsirotu, M. E. (1984). Theories of organizational culture. Organization Studies, 5(3), 193-226.

258) Schneider, B. (1987). The people make the place. Personnel Psychology, 40(3), 437-453.

259) 한규석 (1991). 집단주의-개인주의 이론의 현황과 그 전망. 한국심리학회지: 일반, 10(1), 1-19.

260) Simler, K. (2012). Anthropology of Mid-Sized Startups. Retrieved from https:// www.ribbonfarm.com/2012/10/29/anthropology-of-mid-sized-startups/

261) Cameron, K. S., & Quinn, R. E. (2011). Diagnosing and changing organizational culture: Based on the competing values framework. John Wiley & Sons.

262) Cameron, K. S., & Quinn, R. E. (2011). Diagnosing and changing organizational

culture: Based on the competing values framework. John Wiley & Sons.

263) 스타트업얼라이언스 (2018). 스타트업 트렌드 리포트 2018. Retrieved from https://startupall.kr/wp-content/uploads/2018/10/Start-up-Trend-Report-2018_181217_최종본_revised_KOR.pdf

264) 한국 스타트업 생태계 포럼 (2016). Korean Startup Ecosystem Forum: White Paper 2016. Retrieved from http://ebook.sba.kr/Viewer/WJ8MBDBOGYRR

265) Shaw, J. D., Gupta, N., & Delery, J. E. (2002). Pay dispersion and workforce performance: Moderating effects of incentives and interdependence. Strategic Management Journal, 23(6), 491-512.

266) 박초롱 (2018). '젊은 꼰대' 될까 두렵다면, 이 세 가지를 기억하라. 오마이뉴스. Retrieved from http://www.ohmynews.com/NWS_Web/View/at_pg.aspx?CNTN_CD=A0002461304

267) Peltoniemi, M. (2011). Reviewing industry life-cycle theory: Avenues for future research. International Journal of Management Reviews, 13(4), 349-375.

268) French, J. R., Raven, B., & Cartwright, D. (1959). The bases of social power. Classics of organization theory, 7, 311-320.

269) 원다라 (2018). 삼성전자, '배민'·'야놀자'에서 배운다...스타트업 조직문화 워크숍 진행. 아시아경제. Retrieved from http://www.asiae.co.kr/news/view.htm?idxno=2018110511302658622

270) Oliver, P. H., Gottfried, A. W., Guerin, D. W., Gottfried, A. E., Reichard, R. J., & Riggio, R. E. (2011). Adolescent family environmental antecedents to transformational leadership potential: A longitudinal mediational analysis. The Leadership Quarterly, 22(3), 535-544.

271) Tett, R. P., Simonet, D. V., Walser, B., & Brown, C. (2013). Trait activation theory. Handbook of Personality at Work, 71-100.

272) Rotter, J. B. (1966). Generalized expectancies for internal versus external control of reinforcement. Psychological Monographs: General and Applied, 80(1), 1-28.

273) Rotter, J. B. (1990). Internal Versus External Control of Reinforcement: A Case History of a Variable. American Psychologist, 45(4), 489-493.

274) 플래텀 미디어팀 (2016). 스타트업 전성시대. 롤링다이스.

275) 손요한 (2016). 김종화 봉봉 대표, "창업 성공? 가장 중요한 것은 '운(運)'이다". Platum. Retrieved from https://platum.kr/archives/56124

276) 신현묵 (2016). 스타트업, 시작하기 전에. VENTURE SQUARE. Retrieved from http://www.venturesquare.net/716980

277) 우카다 타카아키 (2018). 퍼스트 스타트업 - 스타트업, 역설적 사고와 전략으로 시작하라! 비전코리아.

278) Ramli John (2014). Luck: The Secret Sauce of Successful Startups. Medium.

Retrieved from https://medium.com/@ramlijohn/luck-the-secret-sauce-of-successful-startups-80dd716d479

279) 이제경, 박수호 (2009). 구자열 LS전선 회장, 해저케이블 · 전기차부품 신성장동력 됐죠. 매경이코노미 제1500호. Retrieved from http://news.mk.co.kr/newsRead.p휴렛팩커드?year=2009&no=213073

280) 정혜련 (2017). 대기업 출신이 중소기업서 연봉 값 못하는 이유. 중앙일보. Retrieved from https://news.joins.com/article/22179091

281) Epstein, S., Pacini, R., Denes-Raj, V., & Heier, H. (1996). Individual differences in intuitive - experiential and analytical - rational thinking styles. Journal of Personality and Social Psychology, 71(2), 390-405.

282) Cacioppo, J. T., & Petty, R. E. (1982). The need for cognition. Journal of Personality and Social Psychology, 42(1), 116-131.

283) Epstein, S., Pacini, R., Denes-Raj, V., & Heier, H. (1996). Individual differences in intuitive - experiential and analytical - rational thinking styles. Journal of Personality and Social Psychology, 71(2), 390-405.

284) 김소연, 김병수, 정광재 (2006). 그들은 어떻게 임원이 되었을까 대한민국 100대 기업 임원 25인에게 듣는다. 아인북스.

285) Schmit, M. J., Kihm, J. A., & Robie, C. (2000). Development of a global measure of personality. Personnel Psychology, 53(1), 153-193.

286) 뉴시스 (2013). [정주영 이야기⑪]세계가 감탄한 서산 간척지 '정주영 공법'. Retrieved from http://www.newsis.com/view/?id=NISX20130524_0012109387

287) 뉴시스 (2013). [정주영 이야기⑪]세계가 감탄한 서산 간척지 '정주영 공법'. Retrieved from https://news.joins.com/article/11617912

288) 박상하 (2014). 이기는 정주영 지지 않는 이병철. 경영자료사.

289) 매일경제 (2007). [현대건설] 현대가 남긴 신화…故정주영회장 `유조선 물막이`. 매일경제. Retrieved from http://news.mk.co.kr/newsRead.p휴렛팩커드?year=2007&no=235791

290) 윤경현 (2003). 서산간척사업 해낸 '정주영공법'. 파이낸셜뉴스. Retrieved from http://www.fnnews.com/news/200307150948517534

291) 곽정수 (2015). 이봐 해봤어?…위기의 경제, 정주영 도전정신에 길을 묻다. 한겨레. Retrieved from http://www.hani.co.kr/arti/economy/economy_general/718943.html

292) Patton, J. R. (2003). Intuition in decisions. Management Decision, 41(10), 989-996.

293) Jobs, S. (2005). Commencement address. In Presented at: Stanford University.

294) 리앤더 카니 (2014). 조너선 아이브 위대한 기업 애플을 만든 또 한 명의 천재. 안진환 역. 민음사.

295) 문현구 (2017). 대기업 vs. 스타트업. ㅍㅍㅅㅅ. Retrieved from https://ppss.kr/

archives/53935

296) 이다원 (2018). SK하이닉스 'M16 공장' 착공…최태원 "새 성장신화 써달라". 서울경제. Retrieved from https://www.sedaily.com/NewsView/1S8IXN8Y1W/GD0102

297) Blume, B. D., & Covin, J. G. (2011). Attributions to intuition in the venture founding process: Do entrepreneurs actually use intuition or just say that they do?. Journal of Business Venturing, 26(1), 137-151.

298) La Pira, F. (2011). Entrepreneurial intuition, an empirical approach. Journal of Management and Marketing Research, 6, 1-22.

299) Noopur, R. (2017). How To Make Your Intuition Work. The Startup. Retrieved from https://medium.com/swlh/how-to-make-your-intuition-work-112b5866f5f2

300) Allinson, C. W., Chell, E., & Hayes, J. (2000). Intuition and entrepreneurial behaviour. European Journal of Work and Organizational Psychology, 9(1), 31-43.

301) Allinson, C. W., & Hayes, J. (1996). The cognitive style index: A measure of intuition-analysis for organizational research. Journal of Management Studies, 33(1), 119-135.

302) 한국 스타트업 생태계 포럼 (2016). Korean Startup Ecosystem Forum: White Paper 2016. Retrieved from http://ebook.sba.kr/Viewer/WJ8MBDBOGYRR

303) Horwitz, S. K., & Horwitz, I. B. (2007). The effects of team diversity on team outcomes: A meta-analytic review of team demography. Journal of management, 33(6), 987-1015.

304) Muchinsky, P. M., & Monahan, C. J. (1987). What is person-environment congruence? Supplementary versus complementary models of fit. Journal of Vocational Behavior, 31(3), 268-277.

305) 배운철 (2018). [배운철의 창업전략] 스타트업 성장엔진, 팀워크. STARTUP4. Retrieved from http://www.startup4.co.kr/news/articleView.html?idxno=10978

306) Zilmer, K. (2018). "Nobody Owns the Myths": Adaptations of Old Norse Myth in Tor Åge Bringsværd's Vår gamle gudelære. Scandinavian Studies, 90(2), 161-194.

307) Schneider, B., Smith, D. B., Taylor, S., & Fleenor, J. (1998). Personality and organizations: A test of the homogeneity of personality hypothesis. Journal of Applied Psychology, 83(3), 462-470.

308) Nisbett, R. (2004). The geography of thought: How Asians and Westerners think differently... and why. Simon and Schuster.

309) Nisbett, R. (2004). The geography of thought: How Asians and Westerners think differently... and why. Simon and Schuster.

310) 강지남 (2007). 족집게 컨설팅 수업 받고 한국 기업들 성적 '쑥쑥'. 주간동아. Retrieved

from http://weekly.donga.com/List/3/all/11/83834/1

311) 홍석민 (2005). [뉴 파워그룹 그들이 온다]〈1〉외국계 컨설턴트. 동아일보. Retrieved from http://news.donga.com/List/Series_70030000000572/3/70030000000572/20051231/8261936/1

312) 강지남 (2007). 족집게 컨설팅 수업 받고 한국 기업들 성적 '쑥쑥'. 주간동아. Retrieved from http://weekly.donga.com/List/3/all/11/83834/1

313) 김응철 (2007). [단독] 남용 LG전자 부회장 '맥킨지경영' 시동. 매일경제. Retrieved from http://news.mk.co.kr/newsRead.p휴렛팩커드?year=2007&no=9011

314) 에단 라지엘 (1999). 맥킨지는 일하는 방식이 다르다. 이승주 외 역. 김영사.

315) 사이토 요시노리 (2003). 맥킨지식 사고와 기술. 서한섭, 이정훈 역. 거름.

316) 바바라 민토 (2004). 논리의 기술 (바바라 민토). 이진원 역. 더난 출판사.

317) 파이낸셜뉴스 (2017). 중국 청년들 기술 자신감.. 스타트업 하루 1만5000개 탄생. Retrieved from http://www.fnnews.com/news/201706221801410956

318) 이승우 (2018). "中 선전에선 3일이면 스타트업 창업…실리콘밸리보다 하드웨어 생태계 뛰어나". 한국경제. Retrieved from http://news.hankyung.com/article/2018110715871

319) Steve Lohr (2016). G.E., the 124-Year-Old Software Start-Up. The New York Times. Retrieved from https://www.nytimes.com/2016/08/28/technology/ge-the-124-year-old-software-start-up.html

320) GE리포트 코리아 (2015). 패스트웍스 - GE의 새로운 경영 혁신 도구. GE리포트 코리아. Retrieved from https://www.gereports.kr/ge-fastworks/

321) 한동희 (2016). 삼성전자, '스타트업 조직문화' 구축 위한 행동양식 9가지 발표. 조선비즈. Retrieved from http://biz.chosun.com/site/data/html_dir/2016/05/20/2016052002302.html

322) Schein, E. H. (2010). Organizational culture and leadership (Vol. 2). John Wiley & Sons.

323) 머윈 S. 가바리노 (2011). 문화인류학의 역사: 사회사상에서 문화의 과학에 이르기까지. 한경구, 임봉길 역. 일조각.

324) 윤필구 (2014). 한국/미국 회사의 주차장에서 느끼는 문화차이. Retrieved from https://liveandventure.com/2014/09/06/parking/

325) Martin, J., Feldman, M. S., Hatch, M. J., & Sitkin, S. B. (1983). The uniqueness paradox in organizational stories. Administrative Science Quarterly, 28(3), 438-453.

326) Elevator. (2018, December 07). Retrieved from https://en.wikipedia.org/wiki/Elevator

327) Newman, A. (2017, December 15). Riding a Time Capsule to Apartment 8G. Retrieved from https://www.nytimes.com/2017/12/15/nyregion/manual-elevators-operators.html

328) 이행화, 이경규 (2017). 일제강점기의 직업여성에 관한 담론. 일본근대학연구, 57, 195-207.

329) 서지영 (2006). 식민지 조선의 모던걸. 한국여성학, 22(3), 199-228.

330) Karlinsky, N. (2018). How a door became a desk, and a symbol of Amazon. Retrieved from https://blog.aboutamazon.com/working-at-amazon/how-a-door-became-a-desk-and-a-symbol-of-amazon

331) Staff, D. O. (2018). How to build your own Amazon door desk. Retrieved from https://blog.aboutamazon.com/working-at-amazon/how-to-build-your-own-amazon-door-desk

332) Elsbach, K. D., & Bechky, B. A. (2007). It's more than a desk: Working smarter through leveraged office design. California Management Review, 49(2), 80-101.

333) 양원모 (2018). 한국과 '같은 의자' 않은 아베, 속내는. 한국일보. Retrieved from http://www.hankookilbo.com/News/Read/201803131871338593

334) Kotlyarov, A. (2015). History of the office. Politecnico di Milano. Retrieved from https://www.politesi.polimi.it/bitstream/10589/103923/3/Book%20-%20History%20of%20the%20Office.pdf

335) Saval, N. (2014). Cubed: A secret history of the workplace. Doubleday.

336) Habegger, J., & Osman, J. H. (2005). Sourcebook of modern furniture. WW Norton & Company. / Pina, L. (1998). Classic Herman Miller. Schiffer Publishing.

337) The Economist (2014). Inside the box. Retrieved from https://www.economist.com/international/2014/12/30/inside-the-box

338) The Economist (2014). Inside the box. Retrieved from https://www.economist.com/international/2014/12/30/inside-the-box

339) Abercrombie, S. (2000). George Nelson: the design of modern design. MIT press.

340) The Economist (2014). Inside the box. Retrieved from https://www.economist.com/international/2014/12/30/inside-the-box / Friedman, R. (2015). Why Our Cubicles Make Us Miserable. Retrieved from https://www.psychologytoday.com/intl/blog/glue/201504/why-our-cubicles-make-us-miserable

341) 이광표 (1998). [노스트라다무스 '1999년 지구종말'예언]. 동아일보. Retrieved from http://news.donga.com/3//19981231/7408553/1

342) 하지윤 (1998). [컴퓨터 2000년 밀레니엄버그] 어떤일 일어나나. 중앙일보. Retrieved from https://news.joins.com/article/3611850

343) IBM attire. (n.d.). Retrieved from https://www.ibm.com/ibm/history/exhibits/waywewore/waywewore_1.html

344) Berger, J. (1995). Black jeans invade big blue; First day of a relaxed I.B.M. Retrieved from https://www.nytimes.com/1995/02/07/nyregion/black-jeans-invade-big-blue-first-day-of-a-relaxed-ibm.html

345) Sanchez, J. (1995). Casual comes out of the closet: But as IBM, others scrap the suit, some say it's a faux pas. Retrieved from http://articles.latimes.com/1995-02-04/business/fi-27870_1_casual-wear

346) Berger, J. (1995). Black jeans invade big blue; First day of a relaxed I.B.M. Retrieved from https://www.nytimes.com/1995/02/07/nyregion/black-jeans-invade-big-blue-first-day-of-a-relaxed-ibm.html

347) 이창명 (2016). 정태영 현대카드 부회장 또 PPT 금지령. 머니투데이. Retrieved from http://news.mt.co.kr/mtview.p휴렛팩커드?no=2016031016420359660

348) 홍하상 (2015). 삼성의 운명을 바꾼 이건희의 프랑크푸르트 선언. 조선일보. Retrieved from http://premium.chosun.com/site/data/html_dir/2015/11/15/2015111500701.html

349) 오은지 (2014). [기자수첩]이건희 회장의 품질경영 정신은 어디로. 전자신문. Retrieved from http://www.etnews.com/20140414000173

350) 박종민 (2016). "휴대폰 화형에 성과급 반납 다짐까지"…삼성의 눈물 속 리콜 역사. 뉴스1코리아. Retrieved from http://news1.kr/articles/?2765480

351) 송정렬, 김병근 (2009). 15만대 화형식… 집념序 탄생한 '애니콜 신화'. 머니투데이. Retrieved from http://news.mt.co.kr/mtview.p휴렛팩커드?no=2009110209083335890

352) 이춘우. (2014). 한국기업의 조직문화. 인사조직연구, 22, 39-93.

353) 애드 캣멀, 에이미 월러스 (2014). 창의성을 지휘하라 지속 가능한 창조와 혁신을 이끄는 힘. 윤태경 역. 와이즈베리.

354) Cameron, K. S., & Quinn, R. E. (2011). Diagnosing and changing organizational culture: Based on the competing values framework. John Wiley & Sons.

355) Rhoades, L., & Eisenberger, R. (2002). Perceived organizational support: a review of the literature. Journal of Applied Psychology, 87(4), 698-714.

356) 장용선, 문형구 (2006). 사업다각화에 따른 하위문화의 형성과정-비영리조직을 중심으로. 인사조직연구, 14, 1-51.

357) Van Maanen, J. (1979). The fact of fiction in organizational ethnography. Administrative Science Quarterly, 24(4), 539-550.

358) Van Maanen, J. (1979). The fact of fiction in organizational ethnography. Administrative Science Quarterly, 24(4), 539-550.

359) Garfinkel, H. (1967). Studies in ethnomethodology. Englewood Cliffs, N.J.: Prentice-Hall.

360) Bennis, W. & Nanus, B. (1997). Leaders: Strategies for taking charnge. HarperCollins, New York, NY.

361) Waterman Jr, R. H., Peters, T. J., & Phillips, J. R. (1980). Structure is not organization. Business horizons, 23(3), 14-26.

362) Peters, T. J., & Waterman, R. H. (1982). In search of excellence: Lessons from

America's best-run companies. New York: Warner.

363) Peters, T. J. (2011). A Brief History of the 7-S ("McKinsey 7-S") Model. Retrieved from https://tompeters.com/2011/03/a-brief-history-of-the-7-s-mckinsey-7-s-model/

364) Peters, T. J. (2011). A Brief History of the 7-S ("McKinsey 7-S") Model. Retrieved from https://tompeters.com/2011/03/a-brief-history-of-the-7-s-mckinsey-7-s-model/

365) Peters, T. J. (2011). A Brief History of the 7-S ("McKinsey 7-S") Model. Retrieved from https://tompeters.com/2011/03/a-brief-history-of-the-7-s-mckinsey-7-s-model/

366) 임효창, 권윤화, 박소희, 한혜중 (2017). 7S 모델과 경쟁가치 모델을 활용한 기업보안 조직문화 진단 도구 개발. 경영컨설팅연구, 17(3), 183-192.

367) Quinn, R. E., & Rohrbaugh, J. (1983). A spatial model of effectiveness criteria: Towards a competing values approach to organizational analysis. Management Science, 29(3), 363-377.

368) Campbell, J. P. (1977). On the nature of organizational effectiveness. In P. S. Goodman & J. M. Pennings (Eds.), New perspectives on organizational effectiveness (pp. 13–55). San Francisco, CA: Jossey-Bass.

369) Campbell, J. P. (1977). On the nature of organizational effectiveness. In P. S. Goodman & J. M. Pennings (Eds.), New perspectives on organizational effectiveness (pp. 13–55). San Francisco, CA: Jossey-Bass.

370) Cameron, K. S., & Quinn, R. E. (1999). Diagnosing and changing organisational culture. Reading: Addison-Wesley.

371) https://www.ocai-online.com/about-the-Organizational-Culture-Assessment-Instrument-OCAI

372) Denison, D. R. (1996). What is the difference between organizational culture and organizational climate? A native's point of view on a decade of paradigm wars. Academy of Management Review, 21(3), 619-654.

373) Denison, D., Nieminen, L., & Kotrba, L. (2014). Diagnosing organizational cultures: A conceptual and empirical review of culture effectiveness surveys. European Journal of Work and Organizational Psychology, 23(1), 145-161.

374) 정혜신 (2016). 정혜신의 사람 공부: 공부의 시대. 창비.

375) Deutskens, E., De Ruyter, K., Wetzels, M., & Oosterveld, P. (2004). Response rate and response quality of internet-based surveys: An experimental study. Marketing letters, 15(1), 21-36. / Galesic, M., & Bosnjak, M. (2009). Effects of questionnaire length on participation and indicators of response quality in a web survey. Public Opinion Quarterly, 73(2), 349-360.

376) 김주엽 (2004). 조직문화 연구에 대한 비판적 검토. 인적자원개발연구, 6(1), 123-143.

377) Stinchcombe, A. L., & March, J. G. (1965). Social structure and organizations. Handbook of Organizations, 7, 142-193.

378) Spalding, D.A. (1873 [1902]). Instinct. With original observations on young animals. Popular Science Monthly, June, 126–142.

379) Lorenz, K. (1937). On the formation of the concept of instinct. Natural Sciences, 25(19), 289–300.

380) Stinchcombe, A. L., & March, J. G. (1965). Social structure and organizations. Handbook of Organizations, 7, 142-193.

381) Chang, S. J., & Hong, J. (2000). Economic performance of group-affiliated companies in Korea: Intragroup resource sharing and internal business transactions. Academy of Management Journal, 43(3), 429-448.

382) Holmes, R. M., Hoskisson, R. E., Kim, H., Wan, W. P., & Holcomb, T. R. (2015). Business groups research: A comprehensive review, theoretical framework, and future research agenda (Doctoral dissertation, Miami University Oxford).

383) Ramachandran, J., Manikandan, K. S., & Pant, A. (2013). Why Conglomerates Thrive (Outside the US). Harvard business review, 91(12), 110-119.

384) Marquis, C., & Tilcsik, A. (2013). Imprinting: Toward a multilevel theory. Academy of Management Annals, 7(1), 195-245.

385) Azoulay, P., Liu, C. C., & Stuart, T. E. (2017). Social influence given (partially) deliberate matching: Career imprints in the creation of academic entrepreneurs. American Journal of Sociology, 122(4), 1223-1271.

386) Higgins, M.C. (2005). Career imprints: Creating leaders across an industry (1st ed.). San Francisco, CA: Jossey-Bass

387) 명순영 (2018). M&A 승부사 최태원 회장 20년…SK, 혁신 DNA로 재계 3위 부상. 매일경제. Retrieved from http://news.mk.co.kr/newsRead.p휴렛팩커드?year=2018&no=548309

388) Prahalad, C. K., & Bettis, R. A. (1986). The dominant logic: A new linkage between diversity and performance. Strategic Management Journal, 7(6), 485-501.

389) Schein, E. H. (1983). The role of the founder in creating organizational culture. Organizational Dynamics, 12(1), 13-28.

390) Kagan, J., & Snidman, N. (2009). The long shadow of temperament. Harvard University Press.

391) 뉴시스. (2016). [이병철이야기⑪]사장단 벌벌 떨게한 '마의오찬'. 뉴시스. Retrieved from http://www.newsis.com/view/?id=NISX20130712_0012222669

392) John, O. P., Donahue, E. M., & Kentle, R. L. (1991). The Big Five Inventory—Versions 4a and 54. Berkeley, CA: University of California, Berkeley, Institute of Personality and Social Research.

393) Schwartz, S. H. (1994). Are there universal aspects in the structure and contents of human values?. Journal of social issues, 50(4), 19-45.

394) Berson, Y., Oreg, S., & Dvir, T. (2008). CEO Values, Organizational Culture and Firm Outcomes. Journal of Organizational Behavior, 29(5), 615-633.

395) https://www.kdvi.com/tools/18-inner-theatre-inventory 참고

396) 이수강 (2004). '이승복 사건' 발생부터 '조선일보 패소'까지. 미디어오늘. Retrieved from http://www.mediatoday.co.kr/?mod=news&act=articleView&idxno=29000

397) Durkheim, E., & Swain, J. W. (2008). The elementary forms of the religious life. Courier Corporation.

398) Smith, K. K., & Simmons, V. M. (1983). A Rumpelstiltskin organization: Metaphors on metaphors in field research. Administrative Science Quarterly, 28(3), 377-392.

399) 윤호우 (2014). 위기와 도약의 시기엔 충무공을 재조명했다. 주간경향 1309호. Retrieved from http://weekly.khan.co.kr/khnm.html?mode=view&art id=2014081817251917

400) Clark, B. R. (1972). The organizational saga in higher education. Administrative Science Quarterly, 17(2), 178-184.

401) 노경목 (2016). 조성진 LG전자 부회장 "학벌보다 중요한 건 치열함…1만 시간의 법칙처럼 인내 가져야". 한국경제. Retrieved from http://news.hankyung.com/article/2016120478261

402) Collier, R. B., & Collier, D. (2002). Shaping the Political Arena Critical Junctures, the Labor Movement, and Regime Dynamics in Latin America. University of Notre Dame Press.

403) 김병용(2007). 중세 말엽 유럽의 흑사병과 사회적 변화, 대구사학, 제 88권, 159-181.

404) Acemoglu, D., & Robinson, J. (2012). Why nations fail: The origins of power prosperity, and poverty, Crown Business.

405) Cohn, S. K. (2003). The Black Death Transformed: Disease and Culture in Early Renaissance Europe. Arnold Publication.

406) Gasquet, F. A. (1893). The great pestilence A.D. 1348 to 1349; now commonly known as the Black Death.

407) 김병용 (2007). 중세 말엽 유럽의 흑사병과 사회적 변화, 대구사학, 제 88권, 159-181.

408) 서형도, 조윤형, 조영호 (2009). 조직구성원의 고용가능성 인식과 조직과 직무에 대한 태도와의 관계에 관한 연구. 인사관리연구, 제 33권 3권, 27-62.

409) 이수연, 노연희 (2006). 외환위기 전ㆍ후 노동력 유연화와 한국 기업복지제도의 변화, 한국사회복지학, 제 5권 2호, 143-166.

410) 한국노동교육원 (1999). 노사협력을 통한 성공적 구조조정 사례. KEF경총플라자.

411) 임우선 (2006). [노사 행복찾기](주) 노루페인트의 노조-회사 '유쾌한 갈등'. 동아일보. Retrieved from http://news.donga.com/3/all/20061209/8383105/1

412) 김영욱 (2010). '비즈 리더와의 차 한잔' 강덕수 STX 회장. 중앙일보. Retrieved from https://news.joins.com/article/4174300

413) 오수현 (2011). 10년만에 재계 12위..강덕수 STX회장의 M&A철학. 중앙일보. Retrieved from https://news.joins.com/article/5428871

414) 정유진 (2013). 3조 투자한 STX 다롄조선, 중국에 그냥주고 나올판. 디지털타임스. Retrieved from http://www.dt.co.kr/contents.html?article_no=2013080102010332673007

415) 장박원 (2016). 잘나가는 리더는 왜 함정에 빠질까?: 고전 우화에서 발견한 경영 인사이트 60. 매경출판.

416) Trice, H. M., & Beyer, J. M. (1984). Studying organizational cultures through rites and ceremonials. Academy of Management Review, 9(4), 653-669.

417) 클리퍼드 기어츠 (2009). 문화의 해석. 문옥표 역. 까치.

418) 원다라 (2017). LG 시무식···구본무 회장, 혁신 · 정도경영 강조. 아시아경제. Retrieved from http://www.asiae.co.kr/news/view.htm?idxno=2017010211345948262

419) 성상우 (2019). 캐주얼 차림으로 '확 바뀐' LG시무식...32년만에 마곡서 열려. 뉴스핌. Retrieved from http://www.newspim.com/news/view/20190102000339

420) 안상희, 조지원 (2019). LG 시무식에 등장한 '로봇'···곳곳에서는 헌혈 · 대담 행사도. 조선비즈. Retrieved from http://biz.chosun.com/site/data/html_dir/2019/01/02/2019010202230.html

421) Mary Kay. (2017). Be like the bumblebee: Fly when it's impossible! The Mary Kay Foundation Blog. Retrieved from http://blog.marykayfoundation.org/corporate/archive/2017/04/17/be-like-the-bumblebee-fly-when-it-s-impossible.aspx

422) 최정숙 (2008). 핑크 벤츠를 모는 여자: 톱 세일즈우먼이 밝히는 실천 성공 전략서. 21세기북스.

423) 윤완준 (2018). 中화웨이 부회장 캐나다서 체포돼··· 美-中 또 출렁. 동아일보. Retrieved from http://news.donga.com/3/all/20181207/93188549/1

424) 김중호 (2018). 화웨이 부회장 체포 소식에 中기업 미국산 제품 불매운동 나서. 노컷뉴스. Retrieved from http://www.nocutnews.co.kr/news/5073115

425) 헤럴드경제 (2019). 화웨이, 아이폰으로 직원들에게 신년인사?. Retrieved from https://news.v.daum.net/v/20190102111755956

426) Argyris, C. (1976). Single-loop and double-loop models in research on decision making. Administrative Science Quarterly, 21(3), 363-375.

427) Shaw, J. D., Gupta, N., & Delery, J. E. (2002). Pay dispersion and workforce performance: Moderating effects of incentives and interdependence. Strategic Management Journal, 23(6), 491-512.

428) Shaw, J. D. (2014). Pay dispersion. Annual Review of Organizational Psychology and Organizational Behavior. 1(1), 521-544.

429) 박기주 (2013). 보험설계사 70%, 개인사업자 신분 선호. 중앙일보. Retrieved from https://news.joins.com/article/12291599

430) 맹자 (2005). 맹자. 박형환 역. 홍익출판사.

431) 장 자크 루소 (2015). 에밀: 인간 혁명의 진원지가 된 교육서. 이환 역. 돋을 새김.

432) 니콜로 마키아벨리 (2012). 군주론. 김현영 역. 책만드는집.

433) Jensen, M. C., & Meckling, W. H. (1976). Theory of the firm: Managerial behavior, agency costs and ownership structure. Journal of Financial Economics, 3(4), 305-360. / Eisenhardt, K. M. (1989). Agency theory: An assessment and review. Academy of Management Review, 14(1), 57-74.

434) Davis, J. H., Schoorman, F. D., & Donaldson, L. (1997). Toward a stewardship theory of management. Academy of Management Review, 22(1), 20-47.

435) 김남이 (2018). 기아차, 미국 역전한 멕시코공장…'생산성이 경쟁력'. 머니투데이. Retrieved from http://news.mt.co.kr/mtview.p휴렛팩커드?no=2018041316314058222&type=1

436) 강동호, 송종효 (2018). 구글 도약 원동력은 20%룰…호기심이 혁신인재 키웠다. 서울경제. Retrieved from https://www.sedaily.com/Photo/NewsView/1RZGS7X3SR

437) 최창봉 (2009). [책갈피 속의 오늘]2002년 日다나카 노벨화학상 수상. 동아일보. Retrieved from http://news.donga.com/List/3/07/20071009/8497896/1

438) 다나카 고이치 (2003). 생에 최고의 실패. 아사히 신문사.

439) 기초과학연구원 (2012). 샐러리맨 노벨상 수상자 '다나카 고이치', "시료 잘못 섞은 게 수상계기". Retrieved from https://www.ibs.re.kr/cop/bbs/BBSMSTR_000000000736/selectBoardArticle.do?nttId=13486

440) 이용성 (2018). 자유로운 연구 풍토로 대졸 연구원 노벨상 쾌거. ECONOMYChosun, 264호. Retrieved from http://www.economyplus.co.kr/client/news/view.p휴렛팩커드?boardName=C00&page=21&t_num=13605614

441) 장영희 (2003). 한국을 뒤흔든 '이건희의 꿈'. 시사저널. Retrieved from http://www.sisapress.com/news/articleView.html?idxno=77811

442) Kuppler, T., Garnett, T., & Morehead, T. (2014). Build the culture advantage: Deliver sustainable performance with clarity and speed. Culture Adantage, LLC.

443) 게리 클라인 (2012). 40년간 연구한 인지과학 보고서 인튜이션 이성보다 더 이성적인 직관의 힘. 이유진, 장영재 역. 한국경제신문사.

444) 존 코터 왜 (2004). 변화관리. 현대경제연구원 역. 21세기북스.

445) Nisbett, R. (2004). The geography of thought: How Asians and Westerners think differently... and why. Simon and Schuster.

446) Nisbett, R. (2004). The geography of thought: How Asians and Westerners think differently... and why. Simon and Schuster.

447) Nisbett, R. (2004). The geography of thought: How Asians and Westerners think differently... and why. Simon and Schuster.

448) Kurri, S. (2012). The story of Nokia MeeGo. Retrieved from https://muropaketti.com/mobiili/the-story-of-nokia-meego/

449) Eichenwald, K. (2012). Microsoft's lost decade. Retrieved from https://www.vanityfair.com/news/business/2012/08/microsoft-lost-mojo-steve-ballmer

450) Abadi. (2018). The 15-year-old book CEO Satya Nadella handed his execs to start defusing Microsoft's toxic culture explains exactly how the words we use can get people on our side — or turn them against us. Retrieved from https://www.businessinsider.com/satya-nadella-microsoft-nonviolent-communication-feelings-2018-11

조직문화 통찰

초판 1쇄 발행 2019년 8월 30일
초판 6쇄 발행 2024년 7월 15일

지은이 김성준
펴낸이 안현주

기획 류재운 **편집** 안선영 김재열 **브랜드마케팅** 이승민 이민규 **영업** 안현영
메디컬 기획 김우성
디자인 표지 최승협 본문 장덕종

펴낸 곳 클라우드나인 **출판등록** 2013년 12월 12일(제2013-101호)
주소 우) 03993 서울시 마포구 월드컵북로 4길 82(동교동) 신흥빌딩 3층
전화 02-332-8939 **팩스** 02-6008-8938
이메일 c9book@naver.com

값 23,000원
ISBN 979-11-89430-35-1 03320